旅游服务与管理专业“十三五”规划系列教材
国家示范院校专业建设项目成果

旅游景区服务与管理

LVYOU JINGQU FUWU YU GUANLI

主　编　刘亚轩　肖鸿燚
副主编　刘　萍　金丽丹
　　　　李笑白　朱　晖
　　　　刘　莹

旅游景区是旅游产业的核心要素，是旅游产品的主体成分， 是旅游消费的吸引中心，是旅游产业面的辐射中心，了解旅游景区应当从景区的定义和分类开始

中国商业出版社

图书在版编目(CIP)数据

旅游景区服务与管理/刘亚轩,肖鸿燚主编.—北京:中国商业出版社,2018.10

ISBN 978-7-5044-8487-1

Ⅰ.①旅… Ⅱ.①刘…②肖… Ⅲ.①旅游区-商业服务②旅游区-经济管理 Ⅳ.①F590.65

中国版本图书馆CIP数据核字(2014)第097599号

责任编辑:蔡凯

中国商业出版社出版发行
010-63180647 www.c-cbook.com
(100053 北京广安门内报国寺1号)
新华书店经销
北京市兴怀印刷厂印刷

* * * * *

787×1092毫米 1/16 19印张 410千字
2018年10月第1版 2018年10月第2次印刷

* * * *

定价:49.80元

(如有印装质量问题可更换)

前　言

随着国际和中国旅游业的发展，旅游景区的服务与管理显得特别重要。为此，我们编写了《旅游景区服务与管理》这本书。本书首先讲述了景区的基本概念、分类和发展状况，然后从服务与管理两大方面进行了深入探讨：一方面介绍了景区接待服务、解说服务、商业服务等服务规范与技能；另一方面介绍了游客管理、环境管理、安全管理、营销管理、景区资源管理、人力资源管理、标准化管理、景区创新管理等管理理念与方法，较全面地反映了当今旅游景区服务与管理的重点与关键。本书充分考虑教与学的需要，案例丰富、难度适宜。

本书由刘亚轩、肖鸿燚担任主编；副主编由刘萍、金丽丹、李笑白、朱晖、刘莹担任。

本书编写分工如下：第1章、第4章由肖鸿燚编写，第2章、第7章、第8章由刘亚轩编写，第3章由朱晖编写，第5章、第10章由金丽丹编写，第6章、第9章由李笑白编写，第11章由刘莹编写，第12章由刘萍编写。

本书涉及内容庞杂，在编写过程中作者参考了诸多文献，并在本书最后列有主要参考书目，对于相关作者，深表感谢。

由于编者水平有限，书中纰漏之处在所难免，敬请专家、学者批评指正。

编　者

2018年10月

目 录

第1章 旅游景区概述

学习目标

了解旅游景区的基本概念、分类体系、发展过程与发展趋势；理解旅游景区服务与管理的基本内容，掌握旅游景区服务与管理的方法。

引例

云台山旅游业的快速发展

云台山位于河南焦作修武县境内，以独具特色的“北方岩溶地貌”、“云台山水”被联合国教科文组织列入全球首批世界地质公园名录。同时又是河南省惟一一个集国家级风景名胜区、首批国家AAAAA级旅游景区、全国文明风景旅游区、国家森林公园、国家自然遗产、国家水利风景区、国家级猕猴自然保护区、国家文化产业示范基地等八个国家级于一体的风景名胜区。景区面积240平方公里，含泉瀑峡、潭瀑峡、红石峡、茱萸峰、子房湖、万善寺、百家岩、叠彩洞、猕猴谷、青龙峡、峰林峡等十一大景点。还有亚洲落差最大的瀑布——云台天瀑。2003年7月7日，在北京召开的我国世界地质公园推荐会上，云台山地质公园以103.85分的高分，排名黄山、庐山之后，成为我国向联合国教科文组织推荐的8个地质公园之一。2004年2月13日北京时间23时，在法国巴黎召开的联合国教科文组织世界地质公园专家评审大会上，云台山金榜题名，成为了首批28个世界地质公园中的一员。云台山景区以世界第五、全国第三的名次被联合国教科文组织命名为全球首批世界地质公园而在国内外引起瞩目，名扬世界。2011年7月11日，在由国家旅游局发布的旅游行业第一份“中国旅游百强景区”排行榜中，该景区以2010年391万人次的接待量排名第22位。

云台山的快速发展带动了当地经济的腾飞，景区所在的修武县，曾是焦作市最贫困的县，云台山景区发展起来以后，依靠旅游业的带动，修武县经济步入了发展的快车道。从事旅游服务业人员3万余人，占全县“三产”从业人员总数的40%以上，成为增加就业的重要渠道；全县宾馆饭店由2000年的52家增长到去年的375家，床位总数达21927张；旅游定点超市和旅行社分别由2000年的没有一家增长到去年的15家和29家。由此带动焦作市的旅行社由2000年的3家发展到去年的116家。修武县旅游综合收入达到22.91亿元，占全县GDP的32%；全县旅游业税收达到7587万元，占全县财政收入的21.3%，真可谓“一个景区带富一个县”。

结合上述案例，谈谈云台山旅游业发展的启示。

导读

随着我国旅游业的快速发展，旅游景区在给地方带来经济效益的同时，其社会、环境、文化等综合效益也日益显现。特别是近年来随着经济结构转型和就业问题的日益突出，旅游景区因其综合性强、就业容量大、就业方式灵活等优势，在拉动就业、增加收入、带动服务业发展、帮助传统行业寻求新的增长点等方面发挥着越来越重要的作用。

1.1 旅游景区的定义及分类

旅游景区是旅游产业的核心要素，是旅游产品的主体成分，是旅游消费的吸引中心，是旅游产业面的辐射中心，了解旅游景区应当从景区的定义和分类开始。

1.1.1 旅游景区的定义

国内外对旅游景区定义的认识莫衷一是，本书采用的是国内政府部门发布的权威性定义，也是目前国内学者普遍较为认可的一种定义。

2004 年 10 月 28 日，中华人民共和国国家质量监督检验检疫总局发布的《旅游景区质量等级的划分与评定》(GB/T17775 － 2003)中指出:旅游景区是以旅游及其相关活动为主要功能或主要功能之一的空间或地域。该标准中旅游景区是指具有参观游览、休闲度假、康乐健身等功能，具备相应旅游服务设施并提供相应旅游服务的独立管理区。该管理区应有统一的经营管理机构和明确的地域范围，包括风景区、文博院馆、寺庙观堂、旅游度假区、自然保护区、主题公园、森林公园、地质公园、游乐园、动物园、植物园，以及工业、农业、经贸、科教、军事、体育、文化艺术等各类旅游景区。

1.1.2 旅游景区的特征

从上述关于旅游景区的定义可以看出，旅游景区具有 5 个明显的特征:

1. 综合性

旅游景区都是有多种不同的要素组成，这些要素在旅游行为发生前就已经到位。这些要素在不同的文化、经济、环境背景下相互组合成不同类型的旅游景区。构成景区的各要素之间应当成为互为补充、互相协调的有机统一体，才能保障景区的正常运转;各要素的质量必须保持一致，任何一个要素出现问题，都会影响游客的旅游质量。

2. 功能性

无论是山地旅游景区、滨海旅游景区，还是主题公园、民族风情旅游景区，人们都能从中获取相应的旅游需求，不同类型的旅游景区能够向游客提供丰富多彩的旅游体验，比如方特欢乐世界，作为大型的主题游乐园能够给游客带来全新的刺激性的游乐体验。滨海度假区则能为游客提供舒适的度假环境和高质量的度假服务。

3. 地域性

旅游景区是以一定的地域空间为载体，每一个旅游景区都以一定的地域背景为基础。旅游景区的地域性特征表现在多个方面:

(1)有一个相对明确的空间范围。旅游景区有的只是一幢建筑或一个庭院，如河南登封的嵩岳寺塔只是一个单体佛教建筑;有的是绵延几十公里的风景区，如四川九寨沟风景名胜区，纵深40多公里，总面积达6万多公顷。但无论其规模大小，都有一个相对明确的空间范围。

(2)景观资源具有明显的地域性特征。一个地区的自然风光，反映了它所在地区的地质、地貌、气候、水文、土壤、生物等自然要素及其相互作用的结果和特征，因而不同的旅游景区会有不同的自然景物，如平原与高原的旅游景区、沿海与内陆的旅游景区，它们的景观特征就有很大的差异。

(3)文化和习俗具有明显的地域特征。人们在长期同自然打交道的过程中所创造的文化和所形成的习俗，也具有明显的地域特征，如建筑风格、饮食习惯、宗教信仰、音乐、服饰等，都具有各地区各民族的地方特色。

正是由于旅游景观、旅游资源的地域差别，才形成风格迥异、类型不同的旅游景区。认识和理解旅游景区的地域性对景区产品开发意义非凡，比如丽江古城地处茶马古道枢纽，为多种文化的融合提供了便利条件，形成了独具特色的纳西文化，纳西族学者宣科先生对这种文化进行整理发掘，创办了纳西古乐演奏队，形成了相当大的市场号召力。

4. 服务性

旅游吸引物、旅游设施和服务共同构成了景区产品，景区必须根据游客的旅游消费需求，依托景区的旅游服务设施为游客提供具有相应水准的服务。旅游服务的优劣往往成为影响游客旅游体验的关键性因素，因此，服务性是旅游景区的重要特征，景区中的各项旅游活动都与服务息息相关。

5. 创新性

旅游景区的开发是一个动态的过程，任何一个旅游景区都会经历初创期、发展期、成熟期、衰退期等几个过程，要想延长旅游景区的生命周期，甚至实现旅游景区的长盛不衰，必须时刻对旅游景区产品进行更新换代，不断推出符合市场需求的新产品。

景区的创新表现在观念的创新以及服务管理工作的创新上，比如对于杭州宋城的修建有不少反对声，但它符合市场需求规律，获得了极大成功，这是一种创新;景区产品包含更多的服务成分，而服务质量的高低反映在员工的服务意愿、技能和效率3个方面，提高景区服务质量需要各项管理工作的创新。

1.1.3 旅游景区的分级分类

对景区进行纵向的分级和横向上的分类，有利于对景区进行全面的认识。分级主要依据景区管理的级别、旅游资源的品位等因素，分类主要从景区旅游资源的差别、景区经营的性质入手。

1. 旅游景区的分级

景区分级的目的主要是根据景区资源吸引力和保护的级别进行分级管理，这是国内外景区管理的共性特征。由于景区的类别、所在国家、主管部门等方面存在较多不同，景区的分级可以归纳为二级和五级两种体系:

(1)二级系统

在国际上，以美国为代表的国家公园系统是典型的二级系统，其分级的基础是美国的“联邦政府——州”行政管理体系。美国公园依据其本身重要性的大小分为国家公园和州立公园两级。我国的风景名胜区也是这种分类管理体系，2006年12月1日起施行的《风景名胜区条例》

将我国风景名胜区分为国家级和省级两级。《风景名胜区条例》第八条规定:“自然景观和人文景观能够反映重要自然变化过程和重大历史文化发展过程，基本处于自然状态或者保持历史原貌，具有国家代表性的，可以申请设立国家级风景名胜区;具有区域代表性的，可以申请设立省级风景名胜区。”第十条规定:“设立国家级风景名胜区，由省、自治区、直辖市人民政府提出申请，国务院建设主管部门会同国务院环境保护主管部门、林业主管部门、文物主管部门等有关部门组织论证，提出审查意见，报国务院批准公布。设立省级风景名胜区，由县级人民政府提出申请，省、自治区人民政府建设主管部门或者直辖市人民政府风景名胜区主管部门，会同其他有关部门组织论证，提出审查意见，报省、自治区、直辖市人民政府批准公布。”

截止到 2012 年底，国务院共审定公布了 8 批 225 处国家级风景名胜区，约占国土总面积的 1%。

(2)五级系统

2003 年 2 月 24 日发布的《旅游景区质量等级的划分与评定》(GB/T17775 – 2003)将旅游景区质量等级划分为五级，由高到低依次为 AAAAA、AAAA、AAA、AA、A 级旅游景区，其分级思路主要参考了宾馆饭店的分级管理，划分主要是依据旅游交通、游览、旅游安全、卫生、邮电服务、旅游购物、经营管理、资源和环境的保护、旅游资源吸引力、市场吸引力、年接待海内外旅游者数量、游客抽样调查满意率等方面进行评定。截止到 2011 年 12 月，我国共有各类 A 级旅游景区 5573 家，其中 5A 旅游景区 147 家、4A 旅游景区 1814 家、3A 旅游景区 1840 家、2A 旅游景区 1661 家、1A 旅游景区 128 家。

2. 旅游景区的分类

(1)按照旅游景区资源类型划分

按资源类型划分，旅游景区可分为自然类旅游景区、历史文化类旅游景区和人工型旅游景区。自然类旅游景区包括山、河、湖、海等自然风景区、自然保护区、森林公园等，如世界自然遗产九寨沟、武陵源、三江并流等;历史文化类旅游景区是人类社会经济发展的产物，如世界文化遗产故宫、长城、颐和园、秦始皇陵及兵马俑等;人工型旅游景区主要是指主题公园，如迪斯尼乐园、开封清明上河园和深圳世界之窗等。

(3)按照旅游景区功能特征划分

按照功能特征划分，旅游景区可分为观光体验类景区、度假休闲类景区、科考探险类景区、体育运动类景区和宗教活动类景区。观光体验类景区是以观光游览为主要内容的旅游景区，具有较高的审美价值，如黄山、武夷山、长江三峡;度假休闲类景区拥有高等级的环境质量和服务设施，通常是以气候、温泉、矿泉、海水为条件，为旅游者提供度假、康体、休闲等服务的景区，如海南三亚的亚龙湾;科考探险类景区是以科学考察和开展探险活动为主要内容的景区，如四川汶川卧龙沟大熊猫自然保护区、登封嵩山“五世同堂”地质剖面等;体育运动类景区主要是指以体育锻炼为主要功能的旅游景区，如黑龙江的亚布力滑雪旅游景区;宗教活动类景区主要是开展宗教朝拜和宗教圣地观光旅游活动的景区，如四大佛教名山(五台山、普陀山、峨眉山、九华山)和四大道教名山(武当山、青城山、龙虎山、齐云山)。

(3)按照旅游景区形成的原因划分

美国学者 C. R. 戈尔德耐、J. R. 布仑特 · 里奇、罗伯特 · 麦金托什在 2003 年所著的《旅游业教程》一书中，根据旅游景区形成的原因将景区划分为文化、自然、节庆、游憩和娱乐等五种类型，这种分类方法被人们称为景区类型的“五分法”。

①文化景区：历史遗址、考古遗址、建筑物、风味菜系、纪念碑、工业遗址、博物馆、民俗、音乐会、剧场。

②自然景区：地貌风景、海景、公园、山地、动物群、植物群、海岸、岛屿。

③节庆活动：超大型活动、社会活动、节事、宗教仪式、运动赛事、专业展览、企业活动。

④游憩景区：观光、高尔夫、游泳、网球、远足、自行车游、雪地运动。

⑤娱乐景区：主题乐园、游乐园、赌场、电影院、购物设施、表演中心、运动设施。

(4)按照旅游景区经营目的划分

依据景区经营目的的不同可将旅游景区划分为经济开发型景区和资源保护型景区两大类。

①经济开发型景区

该类景区以经济开发为主要目的，基本上采用了现代企业管理模式，采用"产权清晰、责权明确、政企分开、管理科学"的现代企业制度。分为主题公园和旅游度假区两类：

主题公园：主题公园是根据某个特定的主题，采用现代科学技术和多层次活动设置方式，集诸多娱乐活动、休闲要素和服务接待设施于一体的现代旅游目的地。主题公园用舞台化的环境气氛为游客提供主题鲜明的旅游体验。主题公园以盈利为主要目的，主要功能是为游客生产快乐，为投资者赢得利润，完全采用市场化运作的方式经营。世界上最早的主题公园是由美国人沃尔特·迪斯尼于1955年创建的洛杉矶迪斯尼乐园，我国的主题公园则发端于1989年深圳的锦绣中华。

旅游度假区：1992年，国家推出国家级旅游渡假区发展战略，在全国选择了12个地点发展度假旅游，希望推动中国旅游目的地由观光、度假、商务会议综合型目的地转型。

它的主要功能是为国际游客提供度假场所。游客度假区的管理采用的是政府指导下的企业化管理模式。在行政上设立国家旅游度假区管理委员会负责规划、基础设施建设与招商。比如。北海银滩国家旅游度假区管理委员会是北海市人民政府的派出机构，代表北海市政府对北海银滩国家旅游度假区实行统一管理，属机关事业单位(正处级)。国家级旅游度假区的开发与经营则采取企业市场化运作方式，企业自主经营、自负盈亏。

【小资料】

三亚亚龙湾国家旅游度假区

亚龙湾国家旅游度假区位于三亚市东南28公里处，是海南最南端的一个半月形海湾，全长约7.5公里，是海南名景之一。沙滩绵延7000米且平缓宽阔，浅海区宽达50~60米。沙粒洁白细软，海水清澈洁莹，能见度7~9米。年平均气温25.5℃，海水温度22℃－25.1℃，终年可游泳。海水浴场绝佳，被誉为"天下第一湾"。该湾除阳光、海水、沙滩俱佳外，尚有奇石、怪滩、田园风光构成了各具特色的风景。该湾的锦母角、亚龙湾激浪拍崖，怪石嶙峋，是攀崖探险活动的良好场所。海面上以野猪岛为中心，南有东洲岛、西洲岛，西有东排、西排，可开展多种水上运动。海底世界资源丰富，有珊瑚礁、热带鱼、海底珍品、野生贝类等。亚龙湾中心广场有高达27米的图腾柱，围绕图腾柱是三圈反映中国古代神话传说和文化的雕塑群。广场上，四个白色风帆式的尖顶帐篷，给具有古老文化意蕴的广场增添了现代气息。目前区内有凯莱度假酒店等多家酒店。该区开展多种水上活动和潜水活动，有贝壳馆、蝴蝶谷供参观。

亚龙湾国家旅游度假区是我国目前惟一具有热带风情的国家级旅游度假区，位于中国最南端的热带滨海旅游城市——三亚市东南面25公里处。度假区规划面积18.6平方公里，是一个拥有滨海公园、豪华别墅、会议中心、高星级宾馆、度假村、海底观光世界、海上运动中心、高尔夫球场、游艇俱乐部等国际一流水准的旅游度假区。亚龙湾气候温和、风景如画，这里不仅有蓝蓝的天空、明媚温暖的阳光、清新湿润的空气、连绵起伏的青山、千姿百态的岩石、原始幽静的红树林、波平浪静的海湾、清澈透明的海水，洁白细腻的沙滩以及五彩缤纷的海底景观等，而且8公里长的海岸线上椰影婆娑，生长着众多奇花异草和原始热带植被，各具特色的度假酒店错落有致地分布于此，又恰似一颗颗璀璨的明珠，把亚龙湾装扮的风情万种、光彩照人。

②资源保护型景区

以保护为主的旅游景区往往是以公共资源为依托的，景区的目标具有多重性，景区资源的社会文化与环境价值往往超过经济价值，景区资源具有不可再生性，因此在经营上具有明显的排他性与垄断性，政府对这类景区的干预程度较高。

a. 风景名胜区：指具有观赏、文化或者科学价值，自然景观、人文景观比较集中，环境优美，可供人们游览或者进行科学、文化活动的区域。是经政府审定命名的风景名声资源集中的地域。其功能是保护生态、生物多样性与环境；发展旅游事业，丰富文化生活；开展科研与文化教育，促进社会进步；通过合理开发，发挥经济效益和社会效益。此类景区有黄山市黄山风景区、池州市九华山风景区、武陵源风景名胜区等。

b. 森林公园：以良好的森林景观和生态环境为主体，融合自然景观与人文景观，利用森林的多种功能，以开展森林旅游为宗旨，为人们提供具有一定规模的游览、度假、休憩、保健疗养、科学教育、文化娱乐的场所。例如张家界国家森林公园，黄山国家森林公园等。

c. 自然保护区：自然保护区指对有代表性的自然生态系统、珍惜濒危野生动植物物种的天然集中分布区，有特殊意义的自然遗迹等保护对象所在的陆地、陆地水体或海域，依法划出一定面积予以特殊保护和管理的区域。如长白山自然保护区、卧龙自然保护区等等。

自然保护区管理的目标是：保护动植物的栖息地、生态系统和使动植物种群尽可能小地受到外界的侵扰；保持遗传资源的进化演替；保持现有的生态进化过程。

d. 历史文物保护单位：历史文物保护单位本身并不是景区概念，但绝大多数历史文物保护单位都是旅游景区。文物保护单位是指具有历史、艺术、科学价值的古文化遗址、古墓葬、古建筑、石窟寺和石刻。如周口店北京人遗址、秦始皇陵、应县木塔、郭沫若故居都是全国重点文物保护单位，这些文物保护单位都是古代科学技术信息的媒体，对于科技史和科学技术研究有着重要意义。根据其价值，一般分为国家级、省级、县(市)级三个级别，分别由国务院、省、县(市)人民政府公布。根据文物类型，一般可分为古遗址、古墓葬、古建筑、石窟寺及石刻、近现代重要史迹及代表性建筑、其他等。

e. 地质公园：地质公园是以其地质科学意义、珍奇秀丽和独特的地质景观为主，融合自然景观与人文景观的自然公园。截至2011年底，中国已有24处世界地质公园、183处国家级地质公园。如丹霞山世界地质公园、秦岭终南山世界地质公园等。

1.2 旅游景区的发展

国内外景区都有着各自的发展道路，人们对于景区、旅游等概念的认识，奠定了景区日后的发展的形态和消费方向。

1.2.1 旅游景区的发展过程

1. 国外旅游景区的发展

(1)萌芽阶段

国外最早的景区可以追溯到古希腊和古罗马时代。古希腊人和古罗马人常常外出访问艺术和建筑珍品的所在地，或到温泉、海滨进行休闲娱乐活动。出于这种目的的出游构成了古代社会最主要的旅游景点，也可以看作是旅游景区的最早萌芽。公元前4世纪，罗马人就有了导游手册，主要介绍雅典、斯巴达和特洛伊等地的温泉和海滨度假胜地。

(2)中世纪缓慢发展阶段

中世纪时的欧洲和西亚地区宗教活动兴盛，人们长途跋涉涌向宗教圣地朝圣。尽管宗教朝圣是出于宗教信仰的动机和目的，但同时也进行社交活动、产品交换和游山玩水。欧洲和西亚的基督教、伊斯兰教圣地每年都接待大批的朝圣者，同时也接待大批的游客，这些宗教圣地也成为著名的旅游景区和商业较为发达的城镇。同时，围绕宗教旅游的各项旅游设施和服务大量出现，如旅店、旅行指南等，而这些又促进了中世纪旅游的迅速发展并且进入兴盛时期。

此外，值得注意的是:中世纪的欧洲，许多国家的大教堂都专门开辟了珍品室，用以保管和陈列珍奇物品、法器，圣像、写本以及教主的遗物等。

(3)文艺复兴时期

欧洲文艺复兴时期，思想文化的活跃和人们对健康的关注，刺激了旅游活动的发展和旅游景区的繁荣，一些新的温泉疗养胜地进一步兴起。如比利时的一个小镇叫斯巴(SPA)，镇上有一个矿泉，人们发现饮用这里的矿泉水或在矿泉中洗浴，都有利于健康，于是周边地区的人纷纷来此取水饮用、洗浴，小镇便成了著名的矿泉疗养地。欧洲其他地区相继也出现一些矿泉胜地，英国的矿泉胜地多达上百个。地中海沿岸的法国、意大利和西班牙，既拥有自然条件良好的海滨和沙滩，又有丰富的历史文化遗址，涌现出许多旅游景区，成为人们旅行、游览、休闲的重要目的地。

这一时期，大批希腊著作的手抄本和从罗马废墟中发掘发来的艺术珍品，引发了人们的收藏和欣赏古董的热潮。在当时，德、意、法、荷兰等国的收藏者多达千余家。这些私人藏品后来多被博物馆所收买，奠定了欧洲各大博物馆的藏品基础。

此外，1414年，英国的苏格兰圣安德鲁斯建成了世界上第一座标准的高尔夫球场，从此，高尔夫运动成为人们喜爱的一种户外娱乐活动。

(4)近代加速发展阶段

从17世纪到20世纪上半叶，欧洲工业革命的爆发和资产阶级大革命，极大的促进了社会生产力的发展和生产关系的变革，推动了现代国际旅游的形成和发展，同时促进了国际旅游景点(区)的开发和发展。交通工具的不断改进(特别是火车的发明与轮船的高速大型化以及汽车的出现),使得旅游者能进入更远的地区,异地之间的流动更加方便;生产力的提高则促进了财富的积累,越来越多的人经济实力增加,余暇时间增多,旅游主体队伍不断扩大,打破了古代限于少数人奢侈活动的局面;1841 年,英国人托马斯库克利用包租火车的方式组织了一次从莱斯特到洛赫伯勒的团体旅游,这次活动被公认为近代旅游和旅游业开端的标志。旅行社的出现则使得人们旅行活动越来越方便、轻松和舒适。因此,旅游活动空前地发展壮大,完全打破了古代旅行那种相对封闭的地域空间局限,旅游者不再满足于在本国、本民族的疆土上游历观光,对旅游经历的追求也不再满足于简单的"游山玩水",旅游需求的多样性已日趋明显,旅游的休闲娱乐性从根本上得到了确立和增强。

旅游活动的这一系列变化,使得景区得以全面的构建起来。1851 年,英国在海德公园举办了首届世界博览会,博览会期间,共接待来自世界各地 630 万人次的参观者。1872 年 3 月 1 日,美国国会批准在怀俄明州建立了面积达 898 平方公里的黄石国家公园,并颁布了《黄石公园法案》,黄石公园被公认为世界上第一个国家公园,随后国家公园的概念在美国、加拿大、澳大利亚、新西兰等国家被广泛认可和推广。1894 年芝加哥建立了世界上第一座现代化游乐园——保罗伯恩顿水滑道公园。1925 年,扎伊尔在维龙加火山建立了世界上第一座真正意义上的野生动物园。1910 – 1930 年是机械游乐园的黄金时期,美国成为世界游乐园的发展先锋,安装旋转木马、摩天轮、过山车等刺激性游乐设施蔚然成风。

为了迎接大批蜂拥而至的游客,世界上许多旅游胜地都迅猛发展,尤其是紧靠城市的一些山地和海滨风景区,竞相建设配套各种相关服务设施、先进娱乐设施、基础设施和综合性服务企业,风景旅游区空前兴起和发展。而对景区的规划、开发、经营和管理,也全面具体地展开了,但是,此时的旅游景区大部分只重视经济效益,科学化管理水平较低,旅游资源破坏也比较严重。

(5)现代综合发展时期

第二次世界大战结束以后,随着各国经济的复苏和发展,现代化的高科技带来了交通工具、通讯工具、娱乐设备和住宿设施的迅猛发展,促使世界旅游业逐渐进入大众旅游时代。经济和交通的快速发展,使人们到达更远更偏僻的地方成为可能,景区的数目和种类都迅速增加。旅游景点(区)的发展在以下几个方面有了突出的表现:以国家公园为主的自然景点(区)的发展,以博物馆为主的人文景点(区)的发展,以主题公园为主的人造景点(区)的发展,以海岛海滨为主的休闲度假旅游景点(区)的发展和以节庆、会展为主的特殊旅游活动的发展。以主题公园为例,自 1955 年 7 月 17 日美国加利福尼亚州的迪斯尼乐园开园后,主题公园开发在全世界范围内迅速展开,其他各类旅游景区和景点的开发建设出现全面繁荣的局面。

这一时期,旅游者的需求品位不断提升,激烈的市场竞争迫使旅游企业尽力迎合市场需求,改进自身产品,尽可能不断推出新的项目,突出产品的个性。完善服务,加强营销。反过来,旅游者在游览过高品质的景点之后又会有新的更高的要求。这种相互的作用促进了景区经营管理水平的不断提升,对景区各要素进行综合性系统管理,以发挥其最大的经济、社会、生态效益。

2. 中国旅游景区的发展

(1)古代漫长的萌芽阶段

我国古代主要的游历活动是皇帝的巡游和士大夫的漫游,他们所到之处,也是旅游现象出现之后大量游客光顾的重要景区。

秦朝时，开国皇帝秦始皇在他称帝的第二年就开始巡游。那时，各民族都有各自崇拜的神山，秦始皇巡游又制定了祭招名山大川的制度，开始令大臣统计名山，确定了必须出游的12座名山，包括恒山、泰山、华山等。对这些名山，官府投入大量的人力、物力进行建设，有些至今仍是我国著名的风景名山。

魏晋南北朝时期，道教、佛教兴盛，开发了道教名山如青城山、罗浮山、茅山、龙虎山等，还有一些佛教名山如五台山、峨眉山。

隋唐时期，掀起了文人墨客漫游之风，自然的名山、秀水和温泉、花木，人文景观中的陵墓、楼台、园林、道观、佛寺，成了文人吊古感叹、抒发情怀的重要场所。

宋朝，南宋都城临安（令杭州）集中大量人力、物力和财力开发西湖，修筑了湖岛、湖堤，湖周的群山上修建了楼台、桥梁、庄园等。

明清时期，园林建设盛行，主要有两类，一类是皇家园林，如圆明园、畅春园、钓鱼台等，另一类是私家园林，如南京的随园、苏州的拙政园等。

由于中国古代游山玩水只是极少数人的行为，所以并未形成"旅游景区"的概念，自然景观只是大自然的空间存在形态，人为开发少，没有经营部门的介入。但有些地方已经具备了旅游景区的形态特征，是旅游景区开发的原始形态。

（2）近代低迷发展阶段

1840年至新中国成立，我国景区的发展步入近代的低迷发展阶段，一些景区遭受破坏，具体表现为：其一，帝国主义列强的入侵和战乱，圆明园、颐和园、清东陵等文物古迹曾一度被焚毁；其二，西方列强在中国的风景名胜区如北戴河海滨、庐山等地，建造房舍作为居住区。同时，在西方文化的影响下，国内出现了现代旅游景区的案例：1868年，上海外滩修建了一座"公花园"，即现在的黄浦公园，1905年无锡建造了完全满足中国人自己需求的公园，这些公园与传统的园林相比，在功能上游乐较大的拓展，例如在景观营造之余，公园内开始建有大面积的空地，供人们开展各种球类活动和其他体育运动，有的公园还建造了一些基础性的游憩设施。此时的公园已经初具现代旅游景区的雏形。

到19世纪的下半叶，一些活跃在洋务运动和维新运动中的有识之士，提出要引进西方类型的现代博物馆，以作"开民智"的途径，但却遭到清政府的反对。而中国第一座具有现代意义的博物馆，是由清代实业家、教育家张謇先生在1905年自筹经费创建的南通博物苑，其馆舍、库房均依据博物馆的功能进行建设，是专门的博物馆建筑，也是中国最早的真正意义上的博物馆建筑。到20世纪30年代，受世界博物馆运动的影响，中国出现了博物馆发展第一个高峰，许多城市建造了新型的博物馆。作为供搜集、保管、研究和陈列、展览有关自然、历史、文化、艺术、科学、技术方面的实物或标本之用的公共建筑，在继承和发扬民族传统、同时又兼及功能性的方面进行了有益的探索。博物馆的发展是近代中国景点发展中值得一提的一笔。

（3）现代景区开发阶段

1949年新中国成立后，中央有关部委及地方政府有关部门、企业先后在一些风景、温泉胜地修建了一批有利于身体健康的疗养院，一般是事业性质，隶属于某个"系统"、部门或企业，负责接待本"系统"内的职工、离退休干部或"优秀职工"、"先进工作者"、"劳动模范"等，直到改革开放后，一些疗养院开始从事业型转变为企业型，从内部接待型转变为经营型。

20世纪70年代，旅游业开始在我国兴起，来华旅游者数目不断增加，我国的文化古迹和著名山水成了吸引外国旅游者来我国旅游的重要因素，北京、西安和苏州等地的古代历史遗迹、伟大工程、博物馆、园林等人文景观和长江三峡、桂林山水、杭州西湖等成为我国早期游览重地，旅游景区和景点的概念形象随之建立。我国的旅游景区开发建设进入到前所未有的大发展阶段。进入 20 世纪 80 年代，我国旅游业进入快速发展时期。80 年代初，国家公布了首批 24 个历史文化名城和 44 个重点风景名胜区，推动了我国旅游景区的开发和建设，并在经营管理与服务上得到很大的提高。80 年代中后期以后，我国许多地方相继出现了一些人造景观或主题公园。最初人造景观一般以一定的文学艺术作品或历史资料等为创作蓝本，进行原物的模仿，运用现代的科学技术，如声、光、电、自动控制技术等，营造出形象逼真的景观效果，吸引游客观赏，如河北正定的“西游记宫”和“封神演义宫”等；随后又出现了以微缩、移植或仿古景观为主的主题公园，如深圳的“锦绣中华”、“中华民俗村”和“世界之窗”，无锡的“唐城”、“水浒城”，北京和上海的“大观园”等。

在这一阶段，中国景区发展呈现出四大特点：①旅游景区得到规划与开发；②旅游景区开始进行经营管理；③旅游景区的规划只注重经济效益而忽视社会和生态效益，旅游资源开发破坏较严重；即旅游景区的旅游产品以观光项目为主，缺乏对旅游市场需求的调查分析，产品单一，没有特色。

（4）当代景区快速发展阶段

进入 90 年代，由于我国长期以来缺少度假旅游产品和专项旅游产品，这方面的旅游资源优势得不到发挥。1992 年 7 月，国务院作出了试办国家旅游度假区的决定，首批国家旅游度假区有 12 个，即大连金石滩旅游度假区、青岛石老人旅游度假区、苏州太湖旅游度假区、无锡太湖旅游度假区、北海银滩旅游度假区、三亚亚龙湾旅游度假区、昆明滇池旅游度假区等。

90 年代中期，随着可持续发展理念的引入，以及工农业资源综合利用的推进，各类旅游示范区纷纷出现，如生态旅游示范区、农业旅游示范区和工业旅游示范区等。1995 年，国家计委、国家环保总局开始开展全国生态示范区建设，将生态示范区建设这一环境上程列为“九五”重点。国家旅游局在此基础上开始试办国家生态旅游示范区，并将有特点的工农业生产单位列为景点。2005 年，国家旅游局公布首批全国工农业旅游示范点，其中农业旅游示范点 303 个，工业旅游示范点 103 个。这些举措对中国旅游向可持续发展的目标迈进起到了促进作用。

从 20 世纪 90 年代至今，中国景区发展的重点从开发转向规范管理，国家旅游局对各类景区加强了旅游行业规范管理。为了规范和提高各类景区的经营管理和服务水平，促进景区升级上档，国家出台了《旅游区（点）质量等级的划分与评定》国家标准，从 1999 年到 2005 年，国家旅游局先后 6 批公布了国家 A 级景区，其中 4A 级景区共 671 处。2006 年，经有关省、自治区、直辖市旅游景区质量等级评定委员会推荐和辅导创建，全国旅游景区质量等级评定委员会组织评定，66 家试点景区达到国家 5A 级旅游景区标准的要求，批准为国家 5A 级旅游景区。其中包括北京故宫、四川九寨沟、云南石林等知名景区。截止到 2011 年 12 月，我国共有各类 A 级旅游景区 5573 家，其中 5A 旅游景区 137 家、4A 旅游景区 1 814 家，发展速度之快前所未有。

进入 21 世纪以来，中国旅游业的产业化和国际化水平不断提高，在此背景下，中国景区的类型逐渐多元化，世界遗产、森林公园、地质公园、野生动物园、主题公园、工业旅游园区、商贸园区、乡村生态旅游、海滨度假区等类型逐步规模化和系统化，景区经营日益市场化和国际化，景区管理更加专业化和规范化，景区的数量和质量全面进入提升发展阶段。

1.2.2 旅游景区的发展趋势

改革开放以来，旅游景区作为旅游业的基本元素和重要业态，得到了前所未有的发展，已成为我国旅游业重要的生产力要素和旅游创汇创收的基础。旅游景区未来发展有6个特点：

1. 景区类型多元化

截至2011年底，全国共有各类旅游景区20976家，其类型有世界遗产、自然保护区、风景名胜区、地质公园、森林公园、A级旅游区、重点文物保护单位、历史街区、旅游度假区、工农业旅游点等。事实上，伴随着人们旅游消费需求多样化和个性化发展的新特点，新的景区业态将不断进入人们的视野，丰富着景区的内涵，扩大着景区的外延。尤其随着体验式旅游的发展，景区旅游也逐渐发展到创意和活动互动阶段。如以锦绣中华、世界之窗、欢乐谷、方特欢乐世界为代表的主题公园，随温泉、高尔夫、滑雪等新业态蓬勃发展起来的休闲度假景区，以井冈山、西柏坡为代表的红色旅游景区，以青岛啤酒、茅台酒厂等知名企业为代表的工业旅游景区，以成都市郊三圣花乡为代表的农业景区，以上海的外滩、北京中央电视台新楼等为代表的城市地标型景区，以鸟巢、水立方为代表的奥运遗产景区，以上海世博会中国馆为代表的大型节事活动场馆景区等迅速产生。

2. 景区功能的综合化

许多景区更加注重提供游客休闲娱乐、康体健身、增加知识等综合旅游功能，景区内容综合化趋势更加明显，这样既满足了人们多样化的旅游需求，又扩大了企业利润空间。如大连万达集团，在昆明滇池国家旅游区内投入30多亿元，开发了包括大型游乐园、高尔夫球场、五星级酒店、风情小镇等在内的大型综合休闲度假旅游区。

3. 景区投资多元化、规模大型化

旅游景区的投资，除了自有资金、正常的银行信贷和政府政策性支持外，证券化、项目融资模式、风险基金、金融控股等形式正逐渐成为投资开发的重要资本运作手段。国内主要大型旅游集团，如港中旅等，都参与了若干大型项目的开发，同时国际资本也在积极介入。旅游景区投资规模趋大，占地面积趋大，接待游人的规模也在不断扩大。

4. 景区主题特色化

为了提高旅游景区的吸引力，许多景区更加重视突出主题特色，体现差异性。主题需要依托深厚的文化，这种文化可以是历史传统文化的传承，也可以是现代文化的创新，也可以是几种文化的整合。

【小资料】

开封清明上河园

清明上河园是由开封市人民政府与海南置地集团公司合作建设的一座大型宋文化主题公园，坐落在开封市风光秀丽的龙亭湖西岸，是国家首批AAAA级旅游景区，现在是国家AAAAA级风景区。中国旅游知名品牌，全国文明风景区示范点。它是依照北宋著名画家张择端的传世之作《清明上河图》为蓝本建造的。景区占地600余亩，其中水面180亩，大小古船50多艘，房屋400余间，景观建筑面积30000多平方米，形成了中原地区最大的仿宋古建筑群，成为中原大黄河旅游线上的一个重要景区。

清明上河园建筑古朴典雅。在景观中融入了一系列北宋民俗风情和市井文化的剧目表演，具有极高的观赏性、娱乐性、参与性。不仅恢复再现了女子马毬、蹴鞠表演、水上秋千、斗鸡、斗狗、皇家皮影、水上傀儡、晟钟乐舞，而且还开发了古代攀岩、鬼谷探险漂流、水上竞标、大宋游艺等宋代游乐项目，使之成为中国最大的古代娱乐集中表现地。许多反映宋时的民风民俗、工匠生活的场景，配上景区创编的汴河漕运，大宋科举，王员外招婿，梁山好汉劫囚车等精彩的剧目表演，会让您目不暇接，意犹未尽。

2008年4月5日晚，《大宋·东京梦华》在开封清明上河园正式公演。这项演出是一卷关于北宋王朝鼎盛时期的印象画卷，是《清明上河图》和《东京梦华录》的历史再现。它运用《虞美人》、《醉东风》、《蝶恋花》、《满江红》等八首耳熟能详的经典宋词及其意境，勾勒出北宋都城东京的历史画面。整场演出共分为六幕四场，分别为《序·虞美人》、《醉东风》、《蝶恋花》、《齐天乐》、《满江红》、《尾声·水调歌头》，豪华的场景，经典的宋词，高科技的舞美，带给广大游客的是强烈的视听震撼，生动、真实地再现了北宋京都汴梁的盛世繁荣。清明上河园让您"一朝步入画卷，一日梦回千年"。

5. 景区理念生态化

2007年9月，为加强对旅游资源和生态环境的保护，促进旅游业的健康协调可持续发展，国家旅游局颁布了《旅游资源保护暂行办法》(以下简称《办法》)。《办法》覆盖已开发的各类自然遗产、文化遗产、地质、森林、风景名胜、水利、文物、城市公园、科教、工农业、湿地、海岛、海洋等各类旅游资源，也包括未开发的具有旅游利用价值的各种物质和非物质资源。《办法》还对各地建立旅游资源开发情况资料库、旅游资源的招商开发活动、旅游景区的接待容量、建立旅游资源保护情况通报制度等做出了具体规定。近年来，国家环境保护部、国家旅游局先后印发了《关于加强资源开发生态环境保护监管工作的意见》、《关于进一步加强旅游生态环境保护工作的通知》等文件，两部门正在共同编制《全国生态旅游发展纲要(2008－2015)》和《国家生态旅游示范区标准》。

【小资料】

武夷山建设精品景区，实现可持续发展

1999年12月1日，武夷山被联合国教科文组织世界遗产委员会列入《世界自然遗产和文化遗产名录》，成为世界第22个、中国第4个双重遗产地。武夷山列入"世遗"的区域总面积达999.75平方公里，是目前全国面积最大的世界遗产地。2005年武夷山风景名胜区被国家文明委、旅游局、建设局授予十佳全国文明风景旅游区；2006年被国家旅游局授予5A景区。武夷山旅游资源丰富，其中最精华、最具魅力的景区当数九曲溪竹筏漂流和天游峰景区。

近年来，为加强景区环境管理，景区共投资500余万元，重点对居民拆迁安置点、九曲溪两岸、景区入口、九曲竹筏码头等重要地段进行绿化美化、彩化香化，种植桂花、杜瑛、银杏、枫香等阔叶风景树30余万株，新增绿地面积50余万平方米，使景区绿化率从原来的80%提高到97.6%以上。景区现有环卫管理清洁人员150余人，按照"四定"(定人员、定路段、定标准、定奖惩)，全面负责对景区全天候跟踪保洁及垃圾及时清运。

与此同时，严格行政执法力度，成立景区行政执法大队，2008 年 5 月，武夷山市成立市综合行政执法局。为统一城市管理，武夷山市委确定景区行政执法大队归口武夷山市行政执法局管理，日常工作在景区管委会的统一领导下开展，业务上接受市行政执法局的指导，以市行政执法局名义对外行使执法权。在景区内行使环境卫生、城乡规划、景区绿化、环境保护、市政、国土资源、公安交通、旅游、风景名胜区与世界遗产地、森林资源、历史文化名城名镇名村保护、水土保持、河道、水环境保护、文物保护、工商、渔政、野生动植物保护等 18 个方面法律、法规、规章规定的部分行政处罚权。景区行政执法大队的成立在一定程度上强化了景区行政管理和依法行政的能力。

"长风破浪会有时，直挂云帆济沧海"，虽然武夷山景区在保护与发展过程中，随着社会的发展，人民需求的变化，会不断出现了新问题、新矛盾，但是严格保护与科学发展是景区永恒不变的主题，我们坚信，只要坚定信念、锐意进取、勇于创新、依法治景，依法行政、科学发展、群策群力，在武夷山保护与管理上会迈出更坚实而坚定的步伐！

6. 景区管理标准化、创新化

《旅游景区质量等级的划分与评定》国家标准是 1998 年国家旅游局为有效地实现旅游资源的科学保护，借鉴国内外旅游景区先进的规划建设和管理经验的基础上研究出台的，2003 年，根据旅游景区发展的实际情况，国家旅游局又对该标准进行了修改。经过十多年的宣传贯彻和实施，在社会各界的影响日益扩大，已逐步成为旅游景区规划、建设、经营以及旅游者衡量景区质量的重要标尺。《旅游景区质量等级的划分与评定》国家标准，引导了景区环境生态化，促进了景区功能完善化，带来了景区管理现代化，提升了景区服务细微化，引导了景区发展品牌化。

近年来，我国一些旅游景区和旅游企业进行了旅游景区开发的新尝试，出现了如合资、独资、股份制合作、租赁、承包和出让开发权等旅游景区开发的新模式，初步探索出了政府配置模式、市场配置模式、景政合一模式、国家公园模式等景区治理四大模式。景区体制和机制创新的目标是要按照现代法人治理结构的要求，建立一个责权明晰、激励有力、约束有效的各利益相关者利益兼顾的机制。随着景区现代产权制度的建立，景区的管理体制和运行机制将逐步朝着更加科学规范、更加适应改革和发展要求的方向前进。

【小资料】

北京市 A 级旅游景区解说系统建设规范引入物联网、RFID 等技术

2010 年 9 月 1 日，北京市旅游局组织相关专家、区县旅游局和部分重点旅游景区代表，对《北京市 A 级旅游景区解说系统建设规范》进行了论证。

北京达沃斯巅峰旅游规划设计院专家汇报了《北京市 A 级旅游景区解说系统建设规范》编制情况。该规范对解说系统的概念、内容、功能、建设原则、建设要求、适用范围等作了明确规定。北京第二外国语大学等院校和旅游研究机构的专家、各区县旅游局主管局长及故宫博物院、八达岭长城风景区、颐和园、首都博物馆、北京欢乐谷、什刹海风景区等各类型景区代表，对该规范进行了讨论，分别对该规范给予充分肯定，认为该规范在景区传统解说设施的基础上，创新旅游景区应用计算机技术和通信技术推动业务流程再造，从硬件上引入了物联网、RFID 射频识别、GPS 全天候的定位与导航服务、GIS 三维可视网络虚拟旅游和智慧旅游区等新概念和新手段。为进一步拓展景区解说服务覆盖面，提升解说服务质量提供了科学的标准和依据。

与会领导与专家指出，创新旅游景区解说系统并制定建设规范，是凭借信息技术实现旅游景区适时管理、动态管理、精确管理的重要环节，我们要站在国务院、北京市委市政府有关大力推动北京旅游产业实现跨越式发展，努力把旅游业培育成为人民群众更加满意的现代服务业的高度，从建设旅游信息化、数字旅游、智能旅游方面入手，提高景区管理的科学技术含量，提高运用现代科技成果的能力，实现景区的数字化管理和数字化经营，全面提高服务效率和管理水平。

1.3　旅游景区服务与管理的内容

景区服务是旅游服务的一个种类，有其自身的工作特点和方法。景区服务是有形产品与无形产品的结合，没有有形产品就可能影响无形产品的质量，好的无形产品也会促进有形产品作用的更好发挥。只有认识景区服务，才能提供优质的服务。旅游景区员工在服务过程中只有做到态度积极、热情，善于运用交际技巧，按照服务的程序和规范，才能及时有效地向顾客提供服务，从而提高游客的满意度。

1.3.1 旅游景区服务

1. 旅游景区服务概念

旅游景区服务是指景区工作人员凭借一定的旅游吸引物、旅游服务设施和服务技能，通过一定的手段和方法，为游客提供各种方便，帮助其顺利完成旅游活动，获得相应旅游体验的总和。

旅游景区的产品包括有形的旅游设施和无形的人员服务。其中无形的服务是旅游景区产品的核心内容，没有高质量的服务水平，再吸引人的游乐设施也不能有效地发挥娱乐游客的作用。所以，旅游景区的经营管理要以服务为中心，提高景区整体服务的质量和水平，提升景区的整体竞争力。

2. 旅游景区服务的特点

同其他类型服务产品一样，旅游景区服务也具有非实物性、不可贮存性、生产与消费的同一性、不可转移性等一些服务产品所具有的最基本的特点，此外，旅游景区服务的特点还有其独特的方面，如服务内容的多样性、复杂性与综合性；服务过程的双向互动性；服务所借助的资源（环境）、设施的室外性与珍惜性等。

3. 旅游景区服务的内容

旅游景区所提供的服务产品具有很强的综合性，它是由多种服务内容组合而成，此外，旅游景区类型众多，各类景区的特点、景点内容、功能体系和所处区域等都有所不同，因此每一个旅游景区在服务组合上都别具一格，形成自己的风格和特点。这里所说的旅游景区的服务内容是基于一般景区的服务流程来归纳其主题内容。包括景区票务服务、排队服务、咨询及投诉处理服务、解说服务以及相关商业服务。

(1)旅游景区票务服务

票务服务是旅游景区服务的第一个窗口，主要包括售票服务和验票服务两部分内容。票务服务中要求服务人员能熟练回答游客对票价的询问、点票、收款找零、检票等服务技能。

(2)旅游景区排队服务

排队服务是游客验票进入景区之前或游客在参加景区内某项活动时的一个等候环节，在游客密集时段，对于旅游景区来说这是个关键环节。主要从队列队形的设计安排和人员服务技巧的角度来进行引导性的服务，重点是疏导游客等。

(3)旅游景区的咨询及投诉处理服务

游客特别是散客和自由行的游客往往通过咨询获取所游览旅游景区的详细资料，他们有时预先通过电话咨询，或者网络平台咨询，有时在旅游景区内当面向接待人员咨询。

由于游客的期望是难以完全控制的，旅游服务各环节可能出现的不足与缺陷都会导致游客的投诉。游客可能直接向当时接待的服务人员投诉，也可能事后向质监部门或管理部门投诉。任何情况我们都须认真对待、慎重处理，力求弥补。

(4)旅游景区解说服务

这是让游客获得旅游体验，增强活动兴趣的关键性服务，也是大部分景区的核心服务。旅游解说服务包括有声的和无声的，有向导式和自导式两种。不同景区的导游服务、景点讲解、电子导游等所采用的方式和设备也存在差异。

(5)旅游景区商业服务

包括接待设施服务、交通服务、商品服务(提供各种旅游商品)、生活服务(餐饮服务、日用品零售服务)、游客设施维修服务(照相、摄录设备和交通工具的维修服务)等等。

(6)景区的其他接待服务

能提供优质服务的一个景区，能把服务工作做得全面到位。例如在接待服务工作中除上述外，还会提供如欢迎宴会服务、寄存物品服务、休憩服务(贵宾休息厅)、告别客人服务(视情况致欢送词或安排送别仪式)、主动向客人征求意见以利于改进今后工作，等等。

1.3.2 旅游景区管理

1. 旅游景区管理概念

旅游景区管理就是指管理者通过有效运用景区的人力、物力、财力、信息等资源，达到景区的工作目标的活动。

当前，国内外景区管理有着不同的模式，由于历史发展原因，国外的模式较为成熟规范，如美国国家公园管理体系、东南亚海滨度假区管理模式、南非野生动物保护区管理模式等等。近年来，随着国内景区的快速发展，政府专营的传统经营模式逐渐发生变化，景区租赁经营、建立现代企业管理模式成为景区管理创新过程中的新亮点。

2. 旅游景区管理的内容

景区管理是为了使景区运行更加有序、高效，“管什么”、“怎么管”成了景区管理的中心问题。怎么管，取决于管理的理论和思想;管什么，则是景区管理的对象和内容。

景区是由多种业务、多个部门综合而成的一个整体组织。各部门的业务各不相同，这就形成了庞杂的业务和繁琐的事务。因此，在景区管理中，主要做好以下几个方面的管理工作:

(1)景区资源和环境管理

现代旅游景区的竞争在很大程度上取决于资源和环境质量的竞争，旅游景区的旅游资源及其所处地区的自然环境和社会经济文化环境将深刻地影响着旅游景区的经营和发展。景区资源和环境及其质量也是旅游景区产品的重要组成部分。

旅游景区的资源和环境管理包括景区各种资源的管理、景区内部自然环境的管理和社会人文环境的管理。景区资源的管理包括景区内旅游资源、人力资源等的管理。景区内部自然环境的管理主要包括景区卫生管理、绿化管理、野生生物保护与管理、处理环境压力与社会经济之间的关系等。社会人文环境管理主要包括员工和当地居民的环保意识、服务意识、友善程度等。

(2)景区安全管理

从旅游运行的环节和旅游活动的特点来看，旅游安全贯穿于旅游活动的六大环节，可相应分为饮食安全、住宿安全、交通安全、游览安全、购物安全、娱乐安全六大类。可以说，没有安全就没有旅游。旅游安全事故不仅给旅游者带来伤害，还给旅游地、景区、旅游业带来损失，破坏旅游地(旅游景区)的形象。

旅游景区安全管理主要包括:建立旅游景区安全保障体系、培训各类旅游安全员、依法进行安全事故处理。

(3)景区人力资源管理

景区内的相关人员包括三个部分:景区的管理与服务人员、景区内旅游者和景区内社区居民。旅游景区必须由人进行管理与服务来完成一切工作，所以景区管理以人为中心，包括人的个体和由个体组成的团队。管理内容包括:①制定完善的员工管理制度;②旅游景区人力资源的配置、管理与培训;③建立旅游服务质量管理及监督体系。管理的意义就在于提供有服务意识、创新能力和管理能力的，精通服务技能的高素质景区服务与管理人才。

(4)景区游客管理

游客是旅游活动的主体，是旅游景区的“主角”。可以说景区的建设与管理在一定程度上是围绕着游客而开展的，做好游客的服务与管理是旅游景区的核心工作之一。在游客管理中主要包括:①正确引导游客的行为;②建立良好的与游客的沟通机制;③服务性管理与控制性管理相结合。

(5)景区营销管理

为了实现旅游景区的战略目标，需要实施市场营销的管理，尤其是在市场竞争越来越激烈的情况下，营销更是关系到景区的生存和发展。市场营销管理的内容:在旅游市场调查和分析的基础上，确定景区的目标市场，针对市场进行景区产品设计和经营决策，制定有效营销策略，促销景区产品，及时有效地接受消费信息反馈。

旅游景区的经营模式复杂多样:有大型的国有企业进行的开发经营活动，也有民营企业的参与，还有当地居民从事的私有小型经营实体，如家庭旅馆、餐馆等。

(6)景区标准化管理

旅游景区实施标准化管理，是市场经济内在规律的要求，是保障旅游者权益的有效手段，是对旅游景区自身权益的保护，促进环境的保护，是对旅游业发展的更高要求。

旅游景区实施标准化管理重点要解决三大问题，即:“服务质量和环境质量”、“景观质量”和“游客意见”。“服务质量和环境质量”包括旅游交通、游览、旅游安全、卫生、通讯、旅游购物、综合管理、旅游资源与环境保护等内容;“景观质量”包括资源要素价值与景观市场价值;“游客意见”是旅游景区标准化管理的重要参考依据，包括总体印象、可进入性、游路设置、旅游安排、观景设施、路标指示、景物介绍牌、宣传资料、讲解服务、安全保障、环境卫生、旅游厕所、邮电服务、购物、餐饮、旅游秩序、景物保护等内容。

1.3.3 旅游景区管理的基本任务

1. 保护旅游景区资源

旅游景区的健康发展是有利于社会的一项公益事业，具有环境、社会和经济等多重效益。旅游景区的各种自然和人文旅游资源组成各具特色的景观，是旅游景区的基础。对旅游景区风景旅游资源的保护是保护生物多样性的需要。发展旅游景区事业，一可把旅游资源保护好，二通过对旅游景区的审批和建立，逐步把地区经济带动起来。

鉴于旅游景区风景旅游资源的珍贵性、脆弱性和不可再生性，需要人们更加爱护和珍惜。为此完全有必要将风景旅游资源的保护工作放在高于一切的首位加以考虑，不可掉以轻心。严格保护各种风景旅游资源，使之能够永续流传。

2. 加强景区经营管理，为游客提供满意的服务

旅游景区管理的目标之一，就是为了使顾客满意地实现旅游活动。旅游者满意与否是旅游景区各项工作的中心和基础。为旅游者提供良好的服务，是让游客高兴而来，满意而归的重要一环。

3. 编制发展规划与开发建设

规划是建设的先导，是为合理开发建设勾绘蓝图。旅游景区管理工作的一项重要任务，就是要在所属人民政府领导与主管部门的指导和支持下，组织有关科技力量，深入调查研究，认真编制发展总体规划和详细规划，并负责规划的具体实施和定期的修订工作。

4. 发展旅游事业，促进地方经济发展

旅游景区要充分利用自身的资源特色，积极开展健康、有益的游览和文化娱乐活动，按合理的环境容量和现有的物质、技术条件，安排好旅游。将环境优美、秩序良好的旅游景区建设成有益于人民群众身心健康、进行科普教育、普及历史文化知识、激发爱国主义热情、社会主义精神文明建设的游览胜地。

旅游景区可以带动整个地区旅游业的发展。旅游业本身就是一个创收高、收益快、创汇便利的综合性经济产业。旅游景区要积极为地方经济腾飞“搭台”，开展旅游活动，向外界宣传当地自然和社会风貌，交流信息，扩大地方的知名度，在招商引资方面发挥媒介作用，在促进国家和地方经济建设全面发展方面充分发挥积极推动作用。另外，旅游景区的开放，大量游客进入，给周边乡村发展为旅游服务的副产品、工艺品、园艺和果品、土特产品等提供了大好机遇，为村民致富开辟了新门路，从而为促进地方经济全面发展注入了新的活力。

5. 处理好利益关系，实现可持续发展

曾被誉为“无烟工业”的旅游业，自19世纪中期崛起以来，取得了重大的飞跃，成为全球第一大产业。但是，伴随旅游业的迅速发展，对一些地区环境、生态和社会造成的不良后果是严重的:旅游业在促进社会经济和文化发展的同时，对旅游资源的掠夺性开发、对旅游景区的粗放式管理、对旅游环境的污染、对旅游氛围的破坏、对旅游文明的践踏比比皆是，结果导致旅游的社会经济和文化作用也在减弱。人们逐渐认识到，旅游业并不是天生的“无烟工业”，只有从有效利用资源和环境保护的角度出发，才能使旅游业得到可持续发展，才能使旅

游业成为永远的朝阳产业。所以，旅游景区的管理就是要处理好景区的环境、社会和经济三大效益的关系，从而实现旅游景区的可持续发展。

1.3.4 旅游景区管理的一般方法

1. 行政方法

行政方法是依靠行政机构和领导者的权力，通过强制执行的行政命令，直接对管理对象发生影响的方法，如旅游景区制订员工手册，对员工的行为进行监督。行政方法一般是按照管理层次自上而下实施，大致经过制定规章制度或准则、贯彻实施、检查监督、调节处理几个过程。旅游景区通常设有行政机关，对景区行使行政管理。

2. 经济方法

经济方法是用经济的手段，通过协调景区相关利益团体的经济利益来管理景区。经济手段主要包括运用价格、工资、利润、利息、税金、奖金和罚金等经济杠杆。价格手段是景区管理中最为敏感的问题，景区是否收取门票、如何收取、收取多少等问题近年来引起广泛关注。不同类型的景区在这个问题上存在不同的收费依据：风景名胜区收取门票的目的之一是对景区建设和保护投入的某种补偿，弥补环境维护开支的不足；重点保护的文物古迹景区，收取门票是为了控制人流，减少对古迹的破坏；热点景区收取门票是为了分流游客，保证旅游者有适宜的游览环境。景区合理运用价格杠杆，能起到调节利益、促进管理的作用。为了对员工和游客进行管理，景区还使用工资、奖金和罚金等手段，奖励景区工作中表现突出的单位和员工，对不遵守规章制度、损害景区环境、妨碍景区秩序和安全的员工和游客给予处罚。

3. 法律方法

法律方法是运用法律规范及类似法律规范的各种行为规则进行管理，方法带有强制性。国家和地方政府有关景区管理的法令、条例、规章等是景区开展工作的依据，也是督促和检查景区管理工作的依据。法律手段能有效地保证各种经济政策、经济措施和经济合同的贯彻执行，保护景区市场主体的权利和利益，制止各种违法犯罪活动，保证市场经济的顺利进行。

目前，《中华人民共和国旅游法》草案已经向社会公布并广泛征求意见，旅游行业缺少基本法的时代即将结束，针对旅游景区的经营管理活动，国家也出台了一些相关的法律法规，如《风景名胜区管理暂行条例》、《风景名胜区管理处罚规定》、《城市动物园管理规定》、《国家级森林公同设立、撤销、合并、改变经营范围或者变更隶属关系审批管理办法(2005 年 6 月 16 日国家林业局令第 16 号发布)》、《森林和野生动物类型自然保护区管理办法》、《中华人民共和国自然保护区条例》(1994 年 9 月 2 日国务院第 24 次常务会议讨论通过，1994 年 10 月 9 日中华人民共和国国务院令第 167 号发布，自 1994 年 12 月 1 日起施行)、《旅游安全管理暂行办法》、《旅游安全管理暂行办法实施细则》、《漂流旅游安全管理暂行办法》、《关于严格限制在风景名胜区内进行影视拍摄等活动的通知》、《中华人民共和国文物保护法》(2002 年 10 月 28 日第九届全国人民代表大会常务委员会第三十次会议通过)等，以加强旅游业管理，合理开发、可持续利用和保护旅游资源，规范旅游市场秩序，维护旅游者和旅游经营者的合法权益，加快旅游景区建设，促进旅游业发展。在景区发展旅游业，应当遵循旅游资源开发、利用与保护并重，发挥旅游资源的区位优势，不仅禁止各种侵害旅游开发主体的违法行为，也对旅游资源开发主体的开发行为进行约束，禁止开发主体对旅游资源进行掠夺和破坏，实现社会效益、经济效益、环境效益相统一的原则。

本章小结

本章介绍了旅游景区的基本概念，概括了旅游景区具有综合性、功能性、地域性、服务性及创新性等5个特性；介绍了旅游景区以质量等级、资源类型、形成原因、经营目的等为标准的分类方法；分析了国内外旅游景区的发展历程和未来发展的趋势；剖析了旅游景区服务主要内容应包括票务服务、排队服务、咨询及投诉处理服务、解说服务以及相关商业服务等；指出景区管理的主要内容包括景区资源与环境管理、游客管理、人力资源管理、营销管理、标准化管理等等，提出了旅游景区可运用行政方法、经济方法、法律方法等加强管理。

主要概念

旅游景区　地域性　旅游景区质量等级　主题公园　旅游度假区　旅游景区服务　旅游景区管理

基础训练

1. 简述20世纪90年代以后我国旅游景区进入快速发展时期的具体表现。
2. 简述旅游景区服务的内容。
3. 简述旅游景区管理的主要内容。

案例分析

皇城相府管理创新之道

山西省晋城市阳城县皇城相府不仅拥有自然山水观光型产品——“北方小漓江”九女仙湖；乡村观光体验型产品——生态农业园；乡村休闲度假型产品——相府庄园；参观考察型产品——小康新村，还兴办了90余个“农家乐”家庭旅馆，旅游景点由1个增加到5个，景区面积由0.1平方公里增加到15平方公里，形成人文景观、自然景观、生态农业相互配套，吃、住、行、游、购、娱等功能完善的景区。2011年接待游客160万人次，实现门票收入7800万元，旅游综合收入3.5亿元。皇城相府的成功之道源于景区管理的不断创新：

一、构建绿色生态环境

皇城相府景区在日常管理上，把构建绿色生态环境看成是一件大事。

近年，该景区实施“绿满皇城工程，做大景区绿肺量”战略，坚持以保护生态为前提，投资6000余万元，让皇城生态景区范围内的荒山2100亩绿荫满目，退耕还林300亩，空地变绿地240亩，绿化面积占皇城村总面积的70.4%，人均植绿2281平方米。把景区周围的所有煤矿都建成了花园式矿区，彻底改变昔日“煤炭企业‘黑山场’、煤矿工人‘黑娃娃’”形象，使矿山变成了一个绿色葱茏、独具特色的靓丽风景，展现以树为屏、以绿为景的皇城相府生态景观。

皇城相府景区在修缮古迹、丰富文化内涵的同时，在生态工程方面也做出不懈努力。眼下，景区及周边的绿地覆盖率逐年增大，空气和水质也随之提升，“皇城人”提出发展“绿色观光农业”的口号。近年共投资1.5余万元，建成占地1072亩，具有优质、高效、观光和商品属性的生态农业园区，并采用国内最先进的农业科学技术，栽培不同品种的水果和蔬菜，不仅展示了现代科技农业的发展成果，而且生产的蔬菜和水果也凸显“环保绿色”，凡来皇城旅游的人，都要带走一些产品拿回去尝鲜。近年，投资2亿元建造的国际休闲娱乐中心——相府庄园酒店，实现四面环山，郁郁葱葱，瀑布、小桥流水穿插其中，一派江南山水园林的格调。

二、让文化与商情互动

徜徉于皇城相府明清文化商业街的游人，走入仿古街后，大多有“穿越时空”之感。老式服装、老字号名品、老式建筑以及凸显传统礼数的迎来送往，让众多游客恍若隔世。近些年，皇城相府景区在精心营造良好生态环境的同时，着力打造“相府文化产品研发生产销售基地”，包括在仿古商业街开发特色皇家菜系，研制、生产、销售与“相府文化”相关的系列旅游文化商品，其中包括：深度挖掘清代宫廷饮食文化，开发、烹制传统美食进士小格、相府小炒肉、相爷枣花馍以及相府家宴等当年“迎驾”的系列吃食，并且将现代餐饮文化元素和传统餐饮制作技艺巧妙融合，推出既有宫廷文化模式也有时尚接待特色的服务项目，形成我国北方山区独具特色的餐饮文化；研制、销售的生产系列文化旅游特色商品，包括：相府蜂蜜酒、相府陈醋、相府玻璃内画球等具有养生保健、收藏、观赏功能的旅游商品，投放市场后，年收入高达400多万元。而今，这座以明清文化为背景，总投资4000余万元，经营店铺达60多家的明清文化商业街，销售的旅游特色商品类别多样、涵盖古今，深受游客欢迎，年营业额达到1000万元以上。

让文化与商情精彩互动，这是皇城相府景区相关领导一直深入探索、积极进取的奋斗目标。近年，该景区除了力推仿古商业街之外，还在影视文化产业与旅游文化促销方面互动上下功夫，让景区既有传统文化氛围也有现代文化特色，比如，景区管理部门在集团的大力支持下，近年，开始大规模进军影视产业，吸引名编、名导来到景区考察、洽谈，景区投资拍摄影视剧5部，吸引摄制组到景区拍摄影视剧15部。通过投拍影视剧，进一步宣传皇城历史，再次扩大了皇城知名度和影响力，除了合作投资拍摄了大型历史连续剧《康熙王朝》，又连续拍摄了《我认识的鬼子兵》、《契丹英后》、《三滴血》、《关中女人》、《烽火别恋》、《缘定今生》、《文化站长》、《别拿豆包不当干粮》等近20余部大型影视剧，使皇城相府享誉三晋、名扬全国、蜚声海外。

三、“刷新”与品牌“一个不少”

皇城相府景区管理层通过10余年来的实践经验一致认为：旅游市场一旦走上自主创新、创建品牌之路，就像汽车开上了高速公路，随之而来的品牌力量能推动企业飞速向前。

在5A景区创建过程中和挂牌之后，皇城相府景区始终不忘两个关键词：拓展、品牌。2011年10月底，“皇城人”完成投资2.51亿元。完成了居民住宅区从古迹中搬迁以及景区内的五星级酒店的主体建设和内部装潢，改造了相府景区至紫云阡的道路和停车场，改造了相府景区入口停车场及通往相府庄园的道路。与此同时，在东书院修建了四星级厕所一座，对东书院的长廊和地面进行了改造，对樊家院进行了全面维修，对大学士第进行了保护性修缮，对河山楼、御史府、容山公府、宰相府、树德院等院落的瓦坡进行保护性修缮，对城墙角楼、院落进出口等路段进行了合理改建，对东城墙、跨城楼进行了全面改造，对中道庄进行了保护性修缮，通过投资、改进，让“迎圣驾”表演的服装、道具以及开城仪式焕然一新。

“皇城人”在拓展旅游市场的同时，始终注重品牌建设牌，由此，也为皇城相府集团与所属的景区管理公司带来可观的品牌效应。从2001年至今，皇城相府高层管理部门共申请、注册"皇城相府"商标45大类、200多小类，有关部门先后认定为省级著名商标、全国驰名商标，商标估价约在20亿元左右，成为企业宝贵的无形资产。以"皇城相府"命名的药业、酒业、电池等产品畅销市场，特别是与"皇城相府"有关联的旅游纪念品、小食品等200多种产品深受景区游客的青睐。皇城相府景区在打造"会展品牌"方面，近年也有了长足发展：先后举办了山西省第三次省情论坛、山西省新农村建设走向暨"皇城现象"论坛、陈廷敬诗学研讨会、海峡两岸《康熙字典》研讨会、《康熙字典》暨辞书学国际研讨会、第九届全国"村长"论坛等多项国内、国际大型活动，引得多家国际、国家级媒体聚集皇城，为企业打造品牌形象营造了良好的舆论氛围，有效地提高了皇城相府的知名度和美誉度，使"皇城相府"更为风光地进入广阔的旅游市场。

阅读材料请思考：你认为皇城相府旅游景区在管理上有何创新？

第 2 章　旅游景区入门接待服务

学习目标

理解景区服务概念的分解，掌握景区优质服务的标准和程序；了解景区游客投诉的原因及类型，掌握景区游客投诉的处理方法；熟悉景区门票的分类及功能；掌握售票业务流程及规范；掌握验票服务流程；熟悉顾客排队心理、队形的安排。

引例

优惠票之争

广州某高校的研究生小蒋周六和三个同学去陈家祠景点游玩，当他们按照售票处前公示的“大学生可享受半价”的价格标准购买门票时，却被工作人员告知，“大学生不包括研究生，你们不能享受半价优惠”。小蒋和他的同学只好购买了 10 元的全价票。当被询问研究生能否购买半价门票时，景点工作人员说：“不行！因为很多研究生都是工作了的，都有工资拿，所以不能购买半价票。”在越秀公园、西汉南越王墓博物馆等景点，绝大部分的景点不对研究生销售优惠门票，即使有些景点能买到，也往往需要和售票人员打“口水仗”。

请思考：

1. 售票过程中怎样辨别伪钞？服务人员需要具备哪些服务素质与技巧？
2. 优惠票的售票服务中有哪些容易存在的问题？要怎样解决这些争端？

导读

服务对于旅游行业而言，其重要性众所周知。为游客提供优质服务是景区获得游客认可和青睐的重要因素。一个游客如果对服务感到不满就不会再光顾这个景区了，而且他会将自己的不满散布给其他人，不满的传播面会比满意的传播面大得多。这就是服务起到的口碑营销(word of mouth)作用。加强服务质量的管理，提高服务质量是景区经营管理的一个重要课题。

2.1　旅游景区接待服务概述

景区是一个综合的服务部门，景区接待服务具有自身的特殊性。对员工进行服务意识的培养是上岗前的一项重要工作。没有服务意识，缺乏服务理念，景区接待服务工作就不可能做好，员工的敬业思想也难巩固。

2.1.1 景区服务概念的分解

根据服务的英语单词“service”，我们可以得出景区对员工服务的七个基本要求，具体含义为:S 微笑服务(Smile)。每一个员工都必须以微笑来接待所有游客，使旅游景区更具亲和力。E 优质服务(Excellence)。为游客提供最优质服务，力求在每一项工作里都做得十分出色。R 快捷服务(Ready)。随时做好一切服务的准备工作，按照游客的需求提供快速敏捷的服务。V 游客至上(View)。员工要树立游客至上的观念，把每一位游客都视为需要提供特殊照顾的贵宾。I 盛情邀请(Invite)。员工在面对游客时都要热情招呼、接待，热心为游客解决困难。C 创新能力(Creat)。员工能根据游客的具体需求，在自身权限和能力范围内为其提供创新性的服务。E 热情目光(Eye)。员工以热情目光关注游客，准确预测游客的需求，及时提供个性化的服务。

2.1.2 景区接待服务标准

视为游客服务为己任，乐于为游客服务;以能提供优质服务为自豪;热情地工作;积极耐心对待难缠的游客;能自我激励，努力成为一名专业服务人员;把服务视为既有挑战性也充满乐趣的工作;认真对待服务过程中的每个环节;为得到别人的赞扬而快乐。

达到标准需要注意的事项:外表修饰、注意力集中、形体语言、语气语调、精神状态。

2.2 旅游景区票务服务

2.2.1 门票的分类及功能

门票，按字面理解是“入门凭证”，是指提供公众游览参观、科学教育、文化娱乐功能等场所印制的带有宣传、留念性质的入门凭证。

2.2.1.1 门票的分类

1. 按门票的性质划分，门票可分为单张门票、联票、套票、多用票、综合票、儿童票、联合票等

(1)单张门票

我国大多数景点使用单张门票的门票形式，其中又以单张纸质的门票居多。早期的单张门票设计简单,制作低廉，缺乏美感，不利于游客收藏。现在的单张门票，追求票面精美，构思巧妙。

(2)联票

它是在单张票的基础上发展起来的，将普通门票和特殊参观点门票或相邻的游览参观点门票合并成一张门票。这种门票借鉴邮票的设计方法，几张单张门票联成一体，组成一幅完整的画面。票与票之间以虚线分开，每一张又自成一体，形成独立画面。每张都有单独价格，购买时，既可购买联票，也可以于虚线处撕开购买单张票。

(3)套票

指材料统一、规格一致、与景点相关的两张以上的门票。套票又分为两种:一种指某个活动或景点比较完善的门票。二是多景点套票和一景点套票。多景点套票就是同一地区的景点

统一设计的几种门票。一景点套票，就是一个景点统一设计几种门票，交替使用。

(4)通票

旅游通票是由若干景区按照一定规则将门票组合而成的。我国多省市都已推出旅游通票，满足公众的旅游需求，有效组织和分流客源，促进各景区协调发展，从而实现“多赢”。

(5)儿童票

这种门票是针对儿童而言，每个景区的儿童票的规定是不同的。儿童票的标准是按照身高来衡量，不少景区规定1.2米以下的儿童免费，身高1.2－1.5的儿童收成人费用的一半。

(6)年票(卡)

这是为那些长期入园游玩的游客或与景区建立长期关系的顾客群体而设立的一种票，如深圳欢乐谷设有单人行、亲子游、合家欢三种主要的年票，另外由针对喜爱极限运动的人而设立的极限运动VIP年票。

(7)优惠票(券)

景区用来促销或针对某种群体实行优惠的门票，如学生、老人、军人等。

【小资料】

云台山门票的优惠方案

云台山景区现执行的门票价格即为120元/张(不含保险费)、区间交通费为60元/人，但考虑到景区开放的七个景点各具特色，游览一遍至少需要两天时间，而大部分游客来自省外，如果按照国家规定的标准去执行，60%以上的游客就得二次购票，大大增加了游客的负担。为此，无论是门票还是车票，云台山都将有效期延长为两天，这样做虽然景区每年损失了1亿多元的门票收入，但可以让每一位来到云台山的游客，都能充分享受到自然山水的乐趣，领略到景区丰富的内涵。同时，为充分调动旅行社的组团积极性，景区对签约旅行社所组织的一般团队、旅游专列和境外团队实行不同的优惠政策。另外，还对身高低于1.3米的儿童、现役军人、革命伤残军人、离休干部、70岁以上老人、新闻媒体记者和中国作家协会、中国摄影家协会会员实行免票政策，对全日制在校学生、残疾人、60～69岁的老年人、省级以上优秀教师实行半价优惠政策，受到了广大游客的好评。

2. 按门票材料分类

(1)代用票

此种门票是用竹签、塑料圈、硬纸片等材料作为准入凭证。这种门票盛行于20世纪三四十年代，适应于当时的经济条件和生产力水平。由于只具有实用价值，缺少艺术审美价值，这种门票已逐步被淘汰，现在几乎看不到。

(2)纸质门票

此种门票比较普遍，使用比较广泛，是我国各园林景点的主要门票。

纸质门票分简易型门票和华贵型门票。简易型门票比较简单，大小规格不一，纸的颜色各异。因其缺乏美感，现逐步被华贵型门票所代替。

华贵型门票，不但注意了实用需要，更讲究艺术审美需要。门票设计巧妙，工艺考究，印制复杂，票面精美，成为门票艺术中的主旋律，深受门票收藏者的青睐。随着我国生产力水平的提高，科学技术的广泛应用，旅游事业的发展和人们审美观念的增强，绝大多数的公园、纪念馆、展览馆等都使用这种门票。

(3)塑料门票

这种门票用塑料材料，采取特殊工艺印制而成。目前，比较常见的有两种:一种是简易型塑料门票。如黄鹤楼的塑料币。一种是华贵型塑料门票。其优点是结实耐用，不怕水湿、污染、虫蛀和霉烂，便于存放和使用;缺点是票面色彩不如纸质门票华丽，印制比较粗糙，票面图案易于磨损，受热易变形。但随着科技水平的发展，塑料门票的缺点被克服，将会继续被应用在景区。

(4)工艺门票

采用现代工艺美术技术制作。这种门票制作复杂，图案精美，立体感比较强，成为门票收藏者追逐的珍品。但这种门票材料昂贵，成本较高，通常仅有少量出售，成为收藏者的抢手货。

3. 按形式分类

按照门券的各种不同式样分类收藏。如纪念币式、票证式、明信片式、书签式、请柬式、地图式、磁卡式等。深圳锦绣中华、人民大会堂、雍和宫用的是小如名片的光盘门票，游客可以在电脑上阅读它的内容，而条码技术又可有效防伪，张家界、平遥古城、河南云台山等用的是指纹门票，技术含量业界领先，指纹门票具有科学、安全、规范的优点;颐和园推行隐形门票，交钱后在手上沾有隐形液的图章即可入园，肉眼看不到任何痕迹，但在紫光灯的照映下，游客的手背上就清晰地显现出一个蓝色印记，24 小时后自动消失，对人体无害;苏州拙政园已启用二维电子门票，游客可先在网上订票，网上支付后，便可下载相应的二维条码到手机上，持手机直接扫描入园，无需再排队购票。

2.2.1.2 旅游景区门票的功能

1. 收藏功能

首先，门票记录了历史。这其中既有游客游览景区的经历，也有景区的发展史。其次，通过收藏门票，能丰富人们的知识;再者，有些制作精美的门票本身就因其艺术性而具备收藏价值。另外，通过收藏门票，你还能收藏、了解到民俗文化，积累各方面的知识。门票收藏已经成为收藏的一个专门类别。

2. 广告功能

即宣传企业形象。对景区来说，景区门票还是一种不花钱的广告，对宣传和扩大景区的知名度有着很大的帮助。有些景区将成套的门票包装成册，用于宣传珍藏，如昆明世博园门票册、九寨沟门票珍藏册、北京颐和园门票册等，一册在手，美景全拥有。

3. 基本功能

即入场凭证。门票是参观旅游的凭证，有利景区管理的规范化、科学化，有利维持景区的治安。收费的门票还帮助景区扩大收入。

4. 导游功能

不少门票上还印有景区的介绍和游览路线图(或全景图)，可作为旅游的向导。景区门票上往往还印有“注意事项”，提醒游客相关事项，对游客的行为有劝诫的作用。

5. 其他功能

有的门票印成书签，系有丝带或打孔后自己拴上丝带。还有的门票，印制成明信片，其作用与普通明信片相同，一面印有景区图或介绍，另一面为明信片。右上角有邮资(不需另外贴邮票)，左上角有写邮政编码的红方框，左下角印有国家邮政局发行字样，右下角为邮政编码字样，可在旅游中邮寄，也可带回作收藏。

【小资料】

景区门票应该免费吗?

休闲旅游已成为世界旅游市场的主流发展趋势，但我国旅游业仍然停留在“门票经济”。围绕景区是否应该免费，社会上掀起一股讨论热潮。有人研究中国景区与国外旅游景区的门票价格管理发现，国外旅游景区更重视社会效益，淡化经济效益。法国大量的博物馆免费向公众开放，英国几乎所有的公园都是免费的。国外旅游景区收费多数也只是象征性地收费，往往只占职工月收入很小的比例。发达国家代表性景区的门票价格与当地居民月收入的比例不足1%，而我国至少占3.5%以上，热点旅游区甚至占到25%。

四川旅游发展研究中心顾问陈兴中教授说，旅游景区免门票，这在国际上有很多成熟的案例，国内也有许多地方在尝试。免门票可以让吃、住、行、游、娱、购等要素均衡发展。游客逗留的时间长了，住宿、购物、交通、饮食上的花销也增加了。景点门票收入的减少，完全可以通过对旅游以及相关产业的带动，将这部分损失补回来。相反，如果紧紧抱住“门票经济”不放，就会成为旅游市场发展中的一个严重问题和发展瓶颈，并扼杀当地旅游业的发展。虽然说免门票有利于资源整合，有利于社会和谐，旅游资源向公众开放，但对目前众多依赖门票经济的景区来说，这无疑是自断财路。

我国部分景区景点开始实行门票免费制。中宣部、财政部、文化部、国家文物局联合下发《关于全国博物馆、纪念馆免费开放的通知》。根据通知，全国各级文化文物部门归口管理的公共博物馆、纪念馆，全国爱国主义教育示范基地将全部实行免费开放。实施步骤为:2008年起，中央级文化文物部门归口管理的博物馆全部向社会免费开放;各省级综合博物馆全部向社会免费开放;各级宣传和文化文物部门归口管理的列入全国爱国主义教育基地的博物馆、纪念馆全部向社会免费开放;浙江、福建、湖北、江西、安徽、甘肃和新疆等7省(区)文化文物系统归口管理的省、市、县级博物馆全部向社会免费开放。鼓励有条件的省(区、市)探索全面实行免费开放。

2.2.2 旅游景区订票服务

2.2.2.1 订票范围

景区景点订票范围一般包括两类:一是该景区景点的门票，这在景点订票中占了绝大多数;二是与景区景点相配套的其他服务票，如景点观光车票、酒店住宿、餐饮、旅游纪念品预订以及其他预订功能。

2.2.2.2 订票渠道

1. 网上预订

自1999年出现国内首家旅游咨询网站后，近些年来旅游网站发展速度很快，专业网上订票的网站很多，各景区景点也纷纷开设网上预订业务。网上预订程序一般为:首先填写预订人信息，以便及时确认订单，一般需要提前一天或数天以上进行预订;预订的有效证件指的是身份证、学生证、老年证、士兵证、护照等，有效证件号码是预订人到达景点购买门票的惟一凭证；预订人到达景点售票处后，告知景点是通过何种订票机构预订的，可以购买到相应门票。网上预订门票的票价视各订票机构而定，有些是全价票，有些是优惠折扣票，有些网站收取订票费用，有些网站不收取任何费用。

2. 电话订票

电话订票为各景区经常使用的订票方式。办公电话可设置在售票处，但一般由游客中心咨询处受理电话订票事务。电话订票一般不接受少量票的预订，例如香港迪斯尼乐园有专门的订票热线，但只是针对100名以上的大宗游客而服务。电话预订程序和网上预订相似，首先电话询问、填写预订人信息，也需要提前预订，需要有效证件作为取票凭证，并确定和落实取票方式和地点。

3. 代理点订票

在各大城市中，代理点订票逐渐成为最为普遍的订票方式。这是迎合散客越来越多的旅游趋势的。

旅行社代理点 。游客可以通过客源地的当地旅行社或者目的地旅行社了解景区景点的相关信息，并实现预订功能。

宾馆代理点。不少景区景点和其所在城市的各大宾馆合作，游客可以通过其住宿的宾馆，在其住宿期间预订景点门票。

商场代理点。在城市最繁华的商场密集群和大型超市集中地，往往设立有景区景点的门票预订代售窗口。

2.2.2.3 订票流程

不管采用以上何种订票方式，其基本的预订流程是相似的。

1. 填写预订日期

当游客打入订票电话热线或成功登录电子商务网站后，首先选择预订景区，再选择预订日期。

2. 选择要订购的票务类型和数量

票务类型指团队票或散客票、成人票或儿童票、普通票或优惠票等分类，不同种类票价因情况不同而有所不同；数量指订票人实际需要预订的票的张数。

3. 填写领票人信息

领票人是订票过程中最重要的直接联系人，需要将其确切信息详细记录备案，订票是否确立以及何时何地来领票都需要凭此信息进行传递。

4. 确认订单订票是否成功

自订票开始到信息反馈的时间跨度，要视具体情况而定。有些网站预订时，可以即时查阅是否预订成功的信息，但也有一些网上订票或现场订票需要一定的等待时间，尤其是在旅游旺季等特殊时期。

5. 网上或现场支付

如选择网上支付，在欲支付银行右边点击“在线支付”，将进入银行的在线支付系统。如支付成功，将提示您“交易成功”，订单状态从“未支付”改变为“已支付”。操作完成后，未获得上述提示，则说明预订支付不成功，需要直接登陆该银行的网上银行操作界面，查看该订单是否支付成功，或者与网站系统管理人员联系。

6. 现场取票

当订单支付成功后，订单状态为“已支付”，即可以在规定时间内由取单人到指定的领票点取票。取票时取单人必须提供订单号和订单上所注明领票人的有效证件。例如旅行社的取单导游到现场取票，则需提供该导游本人的导游证，并现场报出订单号才能取票。

尤其需要注意，景区门票有一个阶段的预订时间，最早只能提前15天左右，同时预订时间与出票时间一般不得少于1小时，到出票口取票时间视不同景区而定。

2.2.3 旅游景区售票服务

景区门票的销售有多种渠道，可分为直销和分销两种。景区直接销售的方式主要有上门推销、邮寄促销、电话销售、网上销售、会议推广以及设立驻外办事处等等。景区还可以与旅行社、饭店、旅游电子商务企业、大型机关团体联合销售。旅行社和饭店是游客集中接触的企业，也是游客获取景区景点信息的重要来源，所以景区要与旅行社、饭店保持密切的合作关系，如旅行社将景区景点纳入旅游路线，饭店将景区景点的推介材料置于大堂中显目的位置等。在景区票务的处理上，景区与饭店、旅行社更是达成利益联盟：旅行社和饭店可以从景区获取佣金，作为回报，带给景区大量的游客；而景区可以通过饭店、旅行社的销售渠道迅速扩大客源市场。

旅游电子商务可以帮助景区实现门票销售的数字化无障碍销售，降低票务经营的成本，最大程度上方便游客。景区可以建立自己的信息化营销平台，也可借助旅游电子商务企业，如携程、驴妈妈等电子商务网站。电子票务系统可以让游客在网上浏览、网上预订、网上支付、实时出票、本地打印、网下验票等功能。

大型团体机关往往是旅游景区的大客户，每年定期组织员工出游，因此，旅游景区通常会与上述单位达成协议，为其提供一定数量的折扣票价以吸引其将景区作为组织员工旅游的目的地。

下面介绍景区直销中的传统售票服务规范及流程。

2.2.3.1 售票员职业规范

1. 按时上班，坚守岗位，履行岗位职责，积极完成售票任务。

2. 售票工作中要注重礼仪仪表，说话文明、礼貌待人、热心为游客服务。

3. 售票过程中要认真负责、动作迅速、准确无误、钱票无差错。

4. 售票回笼的现金（大面额钱要检验是否有伪钞）清点后要及时上交。票款要做到日清月结，严禁坐支（从售票的现金收入中直接用于现金支付）和挪用，库存现金按规定定额入保险柜保管。

5. 售票处要严格执行门票管理规定，坚决杜绝擅自加价、降价和逃票、漏票现象，做到唱收唱付（收款时要唱票“您的商品多少钱”，“收您多少钱”、找零时要唱票“找您多少钱”）。

6. 负责组织持票游客有序进入景区，防止拥挤，及时处理好检票中的突发事件。

7. 做好旅游车辆登记工作，按规定标准足额收取停车费。

2.2.3.2 售票前准备工作

售票前，售票员需做好以下准备工作：

1. 穿着工装，佩戴工牌，按规定要求签到。提前15分钟到岗，有事需提前24小时请假。

2. 查看票房的门窗、保险柜是否正常。

3. 做好票房内及售票窗外的清洁工作。

4. 开园前挂出当日门票的价格牌。若当日由于特殊原因票价邮编，应及时挂出价格牌及变动原因。

5. 领班根据前日票房门票的结余数量及当日游客的预测量填写门票申领表，到财务部票库领取当日所需各种门票，票种、数量清点无误后领出门票，并分发给各售票员。

6. 根据需要到财务部兑换所需的零钞。

2.2.3.3 售票工作流程

(1)游客购票时应热情服务，主动问好，并询问客人需要购买的票种和票数。售票人员应掌握识别伪钞的技能。

(2)游客付款时应做到准确、迅速将票款收清并将门票及应找零钱递给游客，票面应盖有效日期章。如客人符合优惠条件，主动向客人介绍优惠方案。

(3)主动向闭园前一小时内购票的游客提醒景区的关闭时间以及景区内仍有的主要活动。

(4)游客购错票或多购票，在售票处办理退票手续，售票员根据实际情况办理，并填写退票通知单，以便清点时核对。

(5)旅行社购团体票时应查阅对方与本单位的购票协议及派团单或出团计划书。

(6)认真、仔细、按规定填写发票。

(7)交接班时认真核对票、款数量，核对门票编号。

(8)热情待客，耐心回答客人提问。

(9)收集客人意见，向上级领导反映。

【小资料】

美国运通对口碑营销效果的调查

美国运通公司进行的一项调查表明：

·96%的不满意的顾客不会投诉。

·65% –90%的不投诉的顾客是不会再到你的企业内消费。

·54% –70%的投诉者如果感受到你的关注是可以赢回来的。

·95%的投诉者可以成为企业的忠诚顾客，如果你能及时有效地解决问题。

·一个有不愉快经历的顾客会将自己的经历告诉12个人，而一个有愉快经历的顾客只会告诉3个人。

·吸引一个新顾客的成本是留住老顾客的5倍。

2.2.3.4 售票服务工作难点

1. 假钞问题

售票工作中，很容易收到假钞。假钞和其他假货一样在现实生活中大量存在，售票人员一旦收到假钞，按规定需由当班人员进行赔偿；有时售票人员在找补过程中也会和游客为钞票的真伪进行争执，弄得双方都不愉快。所以，售票人员应具备一定的鉴别货币真伪的知识，以避免收到假钞。所以，景区如有条件，应为每一个售票岗位购置功能齐全、准确的验钞机。景区应有计划地请专业人员(如银行工作人员)来为有关员工开展防伪钞培训活动，掌握辨认假钞的能力。一般来说，可以用“一看、二摸、三听”的方法辨认假钞。看就是看颜色、变色油墨、水印。真钞印刷精良，颜色协调，水印具有立体感；假钞颜色模糊，色彩不协调，水印只有一边或无立体感，纸张较差，防伪金属线或纤维线容易抽出。摸即摸水印、盲文。真钞手感较好，水印、盲文立体感强；假钞较绵软或很光滑，盲文不明显。听为听声音，假钞抖动发出的声响太清脆或无声响。值得注意的是，收款时，最好不要当着游客的面，把钞票一张一张地拿到灯光下去看，这样做让人很不舒服，缺乏信任感。这也要求售票人员掌握较娴熟、自然的方法有效地鉴别货币的真伪；如发现有疑问的钞票，应与游客礼貌协商，请其重新换一张，找补后请游客自己验证。

2. 钱在人在，交接清楚

在售票的工作当中，必须要保管好自己的钱箱。钱一定要当面点清，一转身，出现差错，就无法说清了。但在实际的工作过程中，特别是旅游旺季、游客众多的时候，难免会发生顶替上岗或请人代换零钞等现象，这个时候有些工作人员可能会因为嫌麻烦或面子问题（担心当面点钱是对对方的不尊重和不信任）而省略了当面交接这一程序，事后一旦发生差错往往会懊悔莫及、有口难辩。所以，每一位售票工作人员都应树立这样的观念，即钱在人在，交接清楚。这不仅是保护自身利益、减少事后麻烦，同时也是尊重对方、保护对方利益的表现。

3. 优惠票之争

一般的景区都会对不同人群实行差别定价，如小孩身高在1.1米至1.3米之间的只需买半票，而在1.1米以下的则免票。虽然在售票窗口和验票处都会有测量身高的刻度，但每个售票人员可能都有过与游客争论高矮的经历。有部分工作人员因不愿与游客发生争论，便选择听之任之的方法，把球踢给了验票口。殊不知，这样做至少会带来三个后果：一是给验票人员的工作增加难度，影响景区闸口的畅通与效率；二是使其他游客心里产生不平衡的感觉，甚至也会提出享受同等待遇的要求，导致其他游客对景区产生不良的印象；三是如果这些游客再回来补票，不仅增加售票的工作量，也会延长其他游客的购票等候时间。因此，遇到类似的情况，景区售票人员应掌握以下原则：

第一，不要与游客发生争执，应热情、礼貌地向游客说明门票价格优惠制度，争取游客的理解。

第二，向游客解释时，应注意说话的方式，尽量站在游客的立场上进行表达，比如适当赞美游客的小孩，并善意提醒家长孩子知道他（她）有多高，不要在孩子心里留下阴影。

第三，遇到个别特别固执的游客，也可以灵活处理，比如干脆请他（她）做一次质量监督员，对景区服务的各个方面提意见，作为回报，他（她）可以免票入园。这样做皆大欢喜，游客心里得到了极大的满足，景区也得到了关于服务质量的一手资料。

除了上述案例中讲到的儿童优惠票以外，景区还有团体票、假日票、甚至导游票等。售票人员应灵活机动，具体问题具体分析。

2.3　旅游景区验票服务

2.3.1 验票服务

游客游览景区必须出示门票，经验票员验票后方可出入景区。验票员应按以下操作规范进行验票。

(1)验票人员衣着整齐，态度和善，验票要准确、迅速，并使用标准普通话及礼貌用语。

(2)熟悉本景区门票价格及优惠规定，熟悉免票、优惠票的条件并按要求查验，熟悉景区常用证件。

(3)对于持团体票的游客，实际人数与票据人数相符的，应加盖验票人员检章后放行。

(4)对于散客实行一人一票制，验票人员应在本部门检验的位置上打孔，不得错打在其他景点的检票位置，打孔后放行。

(5)当游客不能出示门票时，验票员要热情礼貌告知游客到相应的购票处购票。

(6)对在景区内提供旅游服务行业(如餐饮、娱乐、零售等)的从业人员，凭本人工作证进入景区。

(7)集中保管门票副券，当天副券投入副券箱，每月底由主管开启销毁。

(8)对发生强行入内或围攻等紧急情况时，验票员应及时与部门领导联系，交由领导安排处理，不得因此中断验票。

(9)遇有突发紧急情况(抢险、灭火、急救)急需进山的人员，由上级及有关部门通知，各检口按通知要求放行。来不及通知的，各检票口可先放行再汇报。

验票员应认真遵守景区制定的有关规章制度，认真负责，敢于坚持原则，严禁利用职务之便私自放人进入景区。售票、验票人员更不得出售假票、废票。贪污、受贿及挪用票款者，一律予以除名，并移送司法机关依法处理。售票、验票人员要主动接受旅游行政管理部门和执法人员的监督检查，自觉改进工作方法，提高工作效率，维护景区形象。

【小资料】

如何防止逃票

逃票是景区与游客常见的一种博弈。网上有众多教人们如何逃票的文章，甚至连《全国景点逃票大全》都有了。很多景区为逃票现象头疼不已，尤其是客流量巨大的黄金周，连协助逃票的生意都很火。景区加派人手围追堵截，甚至建铁丝网，也不能杜绝逃票现象。

除了少数的恶意逃票行为，逃票现象的深层原因还是在于门票价格偏高，对于一些有旅游兴趣却又囊中羞涩的人来说，逃票是出于无奈，尤其是学生群体。所以要从根本上解决逃票现象，景区还是得从价格方面做文章，降低价格或推出更多优惠方案，探索景区其他的盈利渠道，如购物、餐饮、商场等。当景区不再依赖“门票经济”时，逃票不再是个问题了。

其次，景区应加强游客行为管理。景区应引导游客遵守旅游者道德，对良好行为进行鼓励表扬。游客逃票达到一定次数，景区将其列入不良信用档案。

塑造一个环境优美、整洁有序的游览环境有助于减少逃票行为。美国纽约地铁在80年代犯罪率很高，治理工作是从打扫车厢开始。车厢干净了，站台变干净了，社区变干净了，逃票行为不见了，犯罪率降低了。这件事被称为“纽约引爆点”，在管理学中人们管这种环境暗示对非道德行为的影响叫“破窗谬论”。

借助高科技手段也可在一定程度上减少逃票行为。如电子门禁系统（后面作专门介绍）、电子眼等。

景区自身在门票管理方面要规范化，我国景区常因特殊原因送出大量的“人情票”、“关系票”，这也让公众心理失衡，诱发逃票行为。其实本质上，“关系票”也是种逃票。

2.3.2 验票工作难点

2.3.2.1 无票入园

无票入园几乎是每位检票人员都遭遇的问题。在传统的人工检票情况下更容易出现。这给景点带来的不仅仅是经济利益的损失，同时也使目睹此过程的游客对景区规范管理置疑，有损景区形象，所以，无票入园不是小事。目前也受到了景区的高度重视。作为景区的检票处服务人员，务必要坚持公私分明的原则。首先自身要以身作则，坚决杜绝自己的亲朋好友或其他社会关系人员无票入园，当发现其他同事有此情况时，首先应以景区规章制度做劝说工作，并礼貌地向游客做解释工作，维护景区形象。作为检票服务的管理人员，应从制度上根本解决隐患。景区员工的朋友来到景区旅游，是员工热爱景区、以景区为傲的一种正常表现，是一种特殊的表现形式，可以考虑到其特殊性，找到既能满足员工心理需求、又不影响景区利益的合理解决途径。例如，定期给员工分发赠票，邀请员工的亲友来景区游玩并担任质量监督员。

2.3.2.2 人工验票与机器验票的差别

景区电子门票是当前景区信息化建设的一大热点。电子门票管理系统并非简单的售票管理系统，而是集智能卡工程、信息安全工程、软件工程、网络工程及机械工程为一体的智能化管理系统，涉及磁卡门票制作、广告与营销、发售票系统、通道验票系统、景点客流监控系统、景点资源开发决策系统及财务管理等诸多环节。其强大的智能化功能，克服了人工售检票模式固有的速度慢、财务漏洞多、出错率高、劳动强度大等缺点，为景区的科学管理提供了技术支持。随着景区电子门票系统应用需求不断扩大，类型繁多的电子门票的解决方案应运而生，如磁卡电子门票、条码电子门票、光盘电子门票、IC卡电子门票、指纹电子门票等。大型风景名胜区、公园、展览馆等各种类型旅游景点应视其不同情况和要求，因地制宜，合理选择。在做何种电子门票的决策过程中，应考虑的关键因素如下：

（1）景区传统门票管理的弊端。

（2）景区大小、出入口的复杂程度和管理的难度。

（3）景区门票政策的多变性和复杂性。

（4）景区实施电子商务提出的需求。

（5）出入口人流量特征及对检票速度的需求。

（6）系统成本和应用效益。

（7）电子门票作为促销载体的作用。

2.4 旅游景区排队服务

排队现象在景区内随时随处可见。排队现象之所以产生，原因在于服务现场抵达者的数量或服务需求量超过服务系统的处理能力。旅游景区中最常见的排队现象出现在旅游旺季时的售票处、景点入口处、景区热点旅游娱乐项目游玩等候处、特色景点摄影处、餐饮场所，甚至在景区内各旅游活动主要场所和旅游集散地的公共厕所门前，都有可能排起长队。这成为旅游景区服务的卡口，景区长队的出现，使景区的排队系统管理成为景区研究的话题。

2.4.1 排队队形安排

排队的队形应根据景区的游客流量、游客集中程度、热门参观点、排队项目点、排队区地形等特点来安排，符合客流规律的队形有助于提高排队效率。一般可将队形分为传统单行队形、多列队形、主题队形等5种形式，每种队形各有优缺点。如下图所示。

(1)单列单人型。这种队形只设一名检票员，游客排成单列。优点是人工成本低，缺点是游客等候时间难以确定，而且游客的视觉受到阻碍。可以通过设置座位或护栏，标明等候时间来加以改进。

(2)单列多人型。这种队形设置多名检票员，游客排成单列。优点是接待速度快，缺点是人工成本增加。队列后面的游客仍然感觉视线较差。可通过将队列从纵向改为横向来加以改进。

(3)多列多人型。这种队形设置多名检票员，同时游客排成多列。优点是接待速度较快，视觉进入感缓和，适用于游客量较大的场合。缺点是人工成本增加，队列速度可能不一。改进措施:不设栏杆可以改善游客视觉进入感。

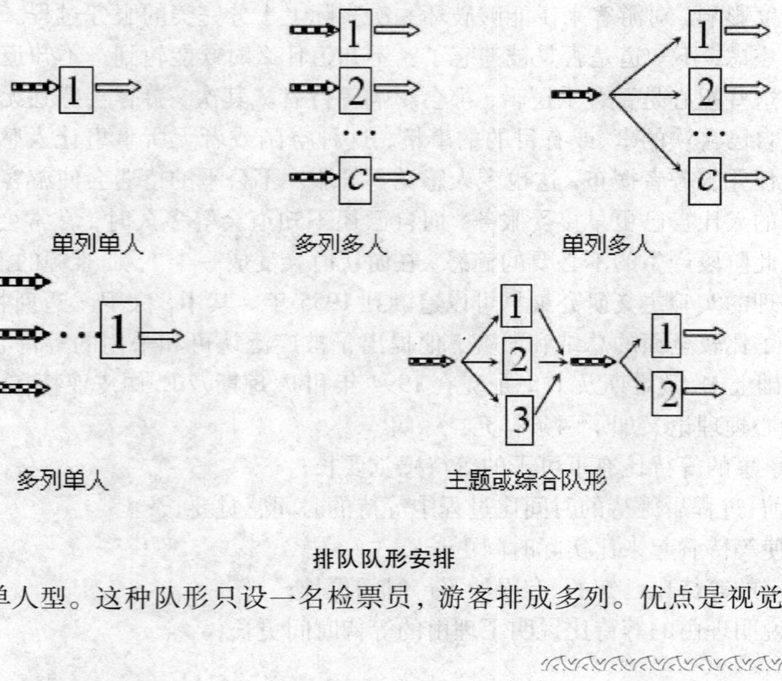

排队队形安排

(4)多列单人型。这种队形只设一名检票员，游客排成多列。优点是视觉进入感缓和，人工成本低。缺点是栏杆多而导致成本增加，游客需要选择进入哪一队列。改进措施:外部队列位置从纵向改为横向，可以改善视觉。

(5)主题或综合队列:这种队形设置两名以上的检票员，队列迂回曲折，一般游客排成单列。优点是视觉及时改善，有信息展示空间和时间，适度降低了排队的枯燥感。缺点是增加了硬件建设成本。可通过将单列变双列来加以改进。

2.4.2 排队产生的原因

服务的生产和消费是同时进行的，需求波动性的存在是必然的。游客的特点是随机到达，并且想立即得到服务。如果游客到达时，所有的服务台都已经被占用，那么游客就需要耐心地排队等待。到达率和要求服务时间二者都不是均值;这就导致了排队的产生，即游客排队等待接受服务。排队是等待一个或多个服务平台提供服务的一列游客。游客需求的自然波动，如同时性波动，造成了景区景点在某些时间服务处于闲置状态，而在某一特定的时间段游客不得不为接受服务而等待——排队现象就出现了。旅游浪潮的兴起，以及双休日及黄金节假日的制定，使近年来人们逐渐养成了双休日和节假日出游的习惯，因此在周末和五一、十一、春节等长假期间形成了集中的出游高峰期，高峰期期间，景区售票处、验票处、景区内的餐饮场所、娱乐场所都排起了长队。服务不像其他的产品那样能够贮存在仓库中以待未来的消费，一个景区在初期的投资中就确定了其服务能力，如景区接待游客数、景区各景点容量的设计、服务流程，景区经营者每天都要面对动态变化的环境，每天都要调整供给和游客需求之间的矛盾。

2.4.3 游客等待的心理

等待在经济意义上，对于消费者来说，等待的成本是放弃了在这段时间里可以做的其他事情，另外还有厌烦、焦急和其他的心理反应的成本。等待行为对于经营者来说都有着与事实不相称的高度影响，对游客来说能够破坏一次实际上十分完美的服务过程。游客在等待中首先感到的是焦虑，不知道是否是被遗忘了？不知道什么时候能轮到？不知道能否公平地对待？……无论这些担心是否合乎逻辑，都会影响等待者。其次，游客会感到无聊。在排队期间人们无法做自己喜欢的事、或有目的的事情，这种空闲或者无所事事让人感觉很难受，通常排队时只能任凭服务者摆布，这也令人感觉不舒服。不公平的待遇会使游客不满。当一位游客看到后来的人比自己更早接受服务，而自己还不知道会等多久时，常常会很恼火，甚至暴跳如雷。在此阶段产生的不必要的恼怒，在游玩时会变成一个挑剔、难缠的消费者。

对等待心理的实验主义研究最早可以追溯到1955年。其中，大卫·迈斯特尔在1984年对排队心理作了比较全面的总结和研究，他提出了被广泛认可和采用的等待心理八条原则，另外，在此基础上M.戴维斯及J.海尼克在1994年和P.琼斯及E.佩皮亚特在1996年分别对顾客排队等待心理理论又加了两条补充:

(1)无所事事的等待比有事可干的等待感觉要长；

(2)过程前、过程后等待的时间比过程中等待的时间感觉要长；

(3)焦虑使等待看起来比实际时间更长；

(4)不确定的等待比已知的、有限的等待时间更长；

(5)没有说明理由的等待比说明了理由的等待时间更长；

(6)不公平的等待比平等的等待时间要长；

(7)服务的价值越高，人们愿意等待的时间就越长；

(8)单个人等待比许多人一起等待感觉时间要长；

(9)令人身体不舒适的等待比舒适的等待感觉时间要长；

(10)不熟悉的等待比熟悉的等待时间要长。

针对以上特殊心理，当有些排队现象不可避免时，景区管理者和服务者应该设身处地地为游客着想，一方面提高服务效率，另一方面要掌握排队服务中的技巧，以降低游客的流失率，提高游客的满意度。

【小资料】

迪斯尼的 Fast Pass(预约直通车)

迪斯尼的 FP 卡(fast pass)是为缩短等候游乐和表演而设的排队系统，持有预约直通车的游客只要按照指定时间到达游乐设施，就无须排队，直接进入游乐设施或表演场。游客每次只能取一张直通车，持有的直通车上会有下一张直通车何时领取的提示。游客不可以连续拿两个景点的直通车，下一张直通车必须在这张直通车所指示的时间领取。FP 可以帮助游客节省很多时间，在等待期间，游客可以慢慢玩人少的游戏，到了预约时间段再去玩指定游戏。领取 FP 的过程很简单：直接进入 FP 登记区域，将门票插入 FP 机口，FP 便自动弹出，同时退出你的门票，你要在 FP 指示的时间内玩指定的游戏。

2.4.4 排队管理的原则

游客是一种加入服务过程的潜在的资源，即使每天只失去几个游客，日积月累在不知不觉中景区的营业额会下滑，等经营者注意到这个问题时，已无可挽救。因此制定相应的排队管理战略，缩短游客等待的心理时间，消除游客因等待而形成的负面影响是营运人员的基本职责。

(1)让游客知道服务人员知道他们在等待派一名员工与等待的游客接触，使游客明白景区知道他正在等待。如景区可以仿效某些餐饮场所的办法，由领位员发号，按到达的顺序排号就餐。

(2)使等候时间变得令人愉快设置专门的等候区，并将其布置得宁静、素雅，播放舒缓的轻音乐，并将等候区与游乐区隔开，避免直接的刺激。

(3)景区应有效、自然地利用游客的等待时间。游客在等待时无其他事可做，但会仔细反复地熟悉周围的环境，每一细微的事都会注意。

(4)建立清晰的排队规则。排队规则是在队伍中挑选下一位接受服务的游客。进入景区的游客会领到一个连续的号码，然后等待被叫号。

2.4.5 排队管理的法宝

服务需求的波动是一件不可避免的事情，排队是绝对的，不排队是相对的，但服务系统可以通过使用主动和被动的方法来调节需求，降低服务需求周期性的变化。

2.4.5.1 培养服务人员的敬业精神

当服务需求大于服务供给时，服务人员的工作态度、敬业精神成为游客更为关注的对象，它不但能提高服务效率，更为重要的是在安慰游客方面起到重要作用。试想游客在焦急的等待之中，而服务人员还在聊天或做一些与工作无关的事情，当然会引起游客的极大不满。如在一些骑马类游乐项目等候处，有些服务人员只在验票时出来验票，其他时间则坐在工作室内，外面队伍变化情况、游客情绪变化情况都与他没有任何关系。

当然，长时间尽职尽责的服务容易使服务人员产生疲劳感，但不能在游客面前有所流露，更不能借此发泄自己的不满与牢骚。作为管理者要尽量安排好服务人员的休息，保证服务人员在提供服务时有一个良好的精神面貌。

2.4.5.2 制定排队规则

公正对于每一位参加排队的游客来说都是非常重要的，景区必须制定出一系列的排队规则，并严格加以执行，以维护排队中的公正性。一般排队等待要遵循以下几个优先：

(1)预订者优先预订游客已提前确定了服务消费需求，应该实行优先服务。

(2)先到者优先对先到达的游客提供优先服务，杜绝强行插队、熟人插队的不良现象。

(3)团队优先考虑到团队的规模消费、服务所需时间相对较短，更为重要的是团队是由与景区有长远利益关系的中介机构发送的，因此，只要不与其他原则发生明显冲突，景区可以对其实行服务优先。如在许多景区餐饮场所实行团队餐的预订，这些都是景区应优先照顾的。

(4)特殊人群优先对老人、幼儿、残疾人、军人等社会特殊人群，在排队优先中都应该有不同程度的体现。

2.4.5.3 设计合理的队列结构

队列结构在设计时要注意以下问题：

(1)根据排队游客的人数，以及游览、娱乐活动的特殊要求，灵活运用单通道、多通道、混合通道等多种队列通道设计模式。

(2)注意队列的流动性和队列方向的变化，给游客以队伍在不断前进的感觉，并以四周的景色来分散游客等待时的焦急心情。

(3)以必要的隔离设施对队列结构进行固定，避免队列秩序的混乱。有关队列队形设计，请参看前一节中的叙述。

2.4.5.4 提供“等待服务”

在游客排队等待时，景区应该提供一些必要的“等待服务”。

(1)提供良好的排队环境，以调整游客等待时的心理感觉。良好的排队环境包括舒适的坐椅、具有吸引力的可视画面、优美的音乐、丰富的阅读材料、电视录像等，让游客在不知不觉中度过等待时间。

(2)等候区的设置。每天都有排队的餐饮场所常会专设等候区，放置一些舒适、小巧的沙发、椅子，放置几个烟灰缸。再附设一个小酒吧，既便于客人聊天，又可提供开胃酒、饮料，增加餐厅的收入。景区有其特殊性，大多数景区景点的等候区设在室外，因此在设置等候区时应充分发挥室外宽敞、自如的优势，用鲜亮的色彩，抒情的音乐，使环境令人心情舒畅；同时还可展示新项目，提供当天的报纸及企业自办的报纸供游客阅读，设置定期更换的企业宣传栏，公布游客来信，张贴优秀员工的照片和事迹，发布促销活动通知等。

(3)采用关怀服务。冬天送热饮，夏天送冷饮，为老人搬椅子，为小孩提供手偶玩具，使游客清楚你知道他正在等待，并尽所能安排其顺利游玩。享用了景区提供的免费服务的游客，基本没有中途离去的，相反，犹豫中的游客不会享用提供的服务。

(4)提前开始服务。为等候的游客送上景区的宣传册，介绍正在开办的节日或者是正在举行的项目，待其排号一到，就可以立即选择自己喜欢的游乐项目或其他服务，缩短了游客在其他服务上的等待时间。

(5)及时与游客沟通信息，告知真实情况，并鼓励游客去游玩其他景点，避开旅游高峰时段，或延长票证的使用时间，让游客改天再来。

(6)为游客提供等待时的人员服务，组织做一些小游戏，讲一些故事或笑话，猜一些谜语，分散游客注意力，消除游客焦虑情绪。

(7)及时提醒等候时间，让游客对等待有充足的思想准备。

(8)维护排队秩序，避免插队现象的发生。

缩短游客等待的时间，提供快速的服务不仅是企业经营的潮流，同时也是一个企业市场竞争的优势。仔细分析游客在景区内的游玩过程，我们会发现：游客等候的时间是从排队等待买票开始，到排队乘坐车辆离开景区而结束，其中等待的时间和内容各不相同，但都是等待。要努力提高景区服务的速度，缩短游客显性和隐性的等待时间。

2.5 旅游景区咨询与投诉处理服务

一个旅游景区，无论其基础设施如何完善、服务如何到位，都会有一些意外情况发生，如游客在游玩过程中遇到疑问需要咨询、游客对景区内的服务或者设施现状不满要投诉等，因此景区内专门为游客提供咨询服务和投诉处理的服务中心是必不可少的。服务中心提供的为游客解答疑问、投诉处理的服务质量，或者游客的满意度直接影响到整个景区的外在形象和声誉，影响到今后的客源市场，因此景区应当对游客的咨询和投诉提高重视。咨询服务可以分为电话咨询服务和当面咨询服务，其中电话咨询服务主要设在景区的接待服务中心，由经过专门培训的服务人员来承担，解决游客的疑问，以及受理所反映的问题。另外当面咨询服务总部也应设在景区的服务中心，同时景区内所有的工作人员对于游客来说都是可以咨询的服务人员。投诉处理服务是景区服务工作的一个重点也是难点，因此要由有经验的优秀服务人员来担当。

2.5.1 电话咨询服务

随着社会的发展，电话作为现代社会中快捷、高效的通讯工具，已经成为人们在日常交往中交流思想、洽谈业务、沟通信息最重要的渠道，也是交往过程中使用最频繁、最重要的沟通方式。因此游客在了解景区的渠道中，电话咨询是必不可少的，电话服务的好坏可以同样影响到一个景区的整体形象。因为在电话服务过程中，一个人的态度、表情、举止、语言、内容以及时间的把握都会给对方留下一个直观的印象，这一印象被称为是“电话形象”。电话形象可以说是个人文明修养及企业良好形象的组成部分。因此负责接待游客的电话咨询和投诉的工作人员应当重视电话使用艺术。

2.5.1.1 电话形象四要素

(1)时间要素

打电话时，要在通话中达到自己的目的，确保电话的质量，首先要注意打电话时间的选择。第一，休息时间如果没有紧急的事情，最好不要给别人打电话，比如每天早上7点以前，晚上22点以后;就餐时间以及节假日休息期间，这些时间段一般都是私人休息放松的时间，最好不要打扰人家。第二，注意时差问题，如果是打国外电话要注意时差和生活习惯。

(2)语言要素

接打电话时电话语言要准确、简洁、得体，音调适中，说话的态度自然，声音甜美。尤其要注意敬语、谦语等礼貌用语的使用。如:不时在姓名之后加上“先生”或“女士”等称呼让人听起来感觉更舒服;还要注意“您好”、“请”、“谢谢”、“再见”等礼貌用语的使用。

(3)姿态要素

姿态要素包括打电话时的姿势和打电话的态度。首先，打电话过程中绝对不能有吃零食、喝茶、吸烟等行为，即使是懒散的姿势对方也能够“听”得出来。如果你打电话的时候弯着腰躺在椅子上，对方听你的声音就是懒散的，无精打采的;若坐姿端正，所发出的声音也会亲切悦耳，充满活力。因此打电话时，即使对方看不见，也要当作对方就在眼前，尽可能注意自己的姿势。同时要具有正确的服务态度，首先语气要热诚、亲切，口音清晰，语速平缓，同时还要学会微笑，这就要保持自己的良好的心情和愉悦的表情。人们常说“如闻其声，如见其人”，可见心情和表情可以通过声音来传递。因此即使在电话中，也要抱着“对方看着我”的心态去应对。

(4)内容要素

打电话前要理清思路，拟好要点和顺序，切忌含混不清，语无伦次，这样既耽误时间、影响工作，还会破坏形象。

2.5.1.2 电话咨询工作流程

1.接电话流程

(1)尽快接听电话

电话铃响后，应该放下手中的工作做好接电话的准备，电话铃响三下之后立即接听。不要铃响的第一下就接听，对方可能还没有做好准备;不要故意拖延，若一时腾不出空，铃响超过三下后再接，拿起电话后就应先向对方致歉:“对不起，让您久等了。”

(2)拿起电话先问候

接听电话后第一句话应该是先向对方问好，然后自报单位名称及所属部门:“您好！这里×××景区，请问有什么需要帮忙吗?”、“您好！这里是×××景区，很高兴为您服务。”而不是拿起电话就直接问“找谁?”

(3)接听电话过程

电话接听的过程中，应当注意力集中、耐心倾听对方的讲话，并及时做出反馈，比如可以偶尔插上“嗯”、“好的”等肯定的话语。

(4)咨询服务电话

作为景区的服务电话，电话旁边应该备好记录用的办公用品，如咨询服务记录表和笔，确保在工作区域内能够随时记录咨询内容和需要转达、通知等的通话内容。如果在服务过程中遇到需要查询的情况，切忌让对方拿着听筒干等，需要较长时间时，应不时用电话和对方说:“请您稍等片刻”或“请挂了电话，我过会儿再打给您”。另外，在通话过程中，应当边听、边询问、边记录。

(5)转接电话

如果接电话的工作人员不是受话者时，若要找的人在附近，请对方稍等后，把话筒轻轻放下，走到受话人身边通知对方。不能话筒尚未放下就大声喊“×××，你的电话!”这样是很不礼貌的，应当礼貌地说“请您稍等”。如果受话者不在，不能把电话一挂了事，应耐心地询问对方，是否需要回电或转答，若需要则记录下来，以便转答。

(6)打错电话时

当接到打错电话的情况时，服务人员不能对其呵斥或者很不礼貌地将电话挂掉。应当有礼貌地回答:“对不起，您打错了，这里是×××景区”。这样既为景区作了宣传，还给对方留下好的印象。

(7)通话结束时

通话即将结束时，服务人员向对方说“很高兴为您服务”或“祝您玩得愉快”等祝福语后，等对方先挂电话后再轻轻放下话筒，切忌“啪”地扔下电话。

2. 打电话流程

景区服务人员接到的咨询电话如果不能当即回答的，应当问清楚以后在第一时间回复给咨询者，此时也应做好相应的礼仪规范。

(1)确认电话号码

拨打电话前再核对一下电话号码，确认无误以后再拨打。

(2)电话接通

电话接通以后，先问候对方，再确认是否是受话者。“您好，是杭州的张小姐吗?”如果是受话者，则先作自我介绍。自我介绍需要包括单位的全称或者规范的简称和打电话者的姓名。自我介绍完毕后转向正题。如:“您好，张小姐。我是×××景区的×××，针对您刚才提的问题，我经过进一步咨询以后……”如果不是受话者，感谢对方请受话者来接一下电话。

(3)注意通话的长度

通话时间是宜短不宜长，电话礼仪中有一个规则，叫做“电话三分钟原则”，主要是指在工作当中，要注意把握好打电话的时间，工作时间大家都比较忙，打电话时把要交代的事情讲明白，说清楚就好了。当然生活中的电话就另当别论了。

(4)愉快地结束通话

问题解决以后挂断电话前，要感谢对方对本景区的关心，希望对方能对景区多提宝贵意见，然后说再见，等到对方挂掉电话后再放下话筒。

(5)受话人不在

如果打电话要找的人不在，留言请对方转答:某单位的某某已经来过电话，然后问询对方回来的时间再打过来，致谢以后挂掉电话。这样可以体现一个景区的服务水平，又可以体现景区对咨询的游客的重视。

(6)拨错号码

如果拨错电话号码，也不要急于挂掉，应先向对方道歉后，再轻轻挂断电话。

2.5.1.3 电话咨询服务的难点问题

(1)同事未及时给人回电话，对方再次来电话催问当转接同事的电话，对方要求同事回电话，但是由于种种原因同事没有及时回电话，对方又来电催促时，再次接到电话应该实事求是、态度诚恳地答复对方。如："十分抱歉，由于一些原因，他没能按原定的时间赶回来，等他回来以后我让他马上给您回电话好吗？"或"十分抱歉，我已经将您的留言转交给他，但他回来以后被领导叫去谈话，现在还没回来，等他回来我再提醒他一下好吗？"如果是同事忘记回电了，可以婉转地讲些理由，以免对方不愉快和同事难堪，可以说"十分抱歉，他刚刚回来，正要给您回电话呢。"

(2)对方未及时打电话

如果电话打给对方，对方不方便接听，说再回复过来，可是等了好久没有回电，此时可以打电话过去再询问一下是不是还是不方便，如果是不方便那可以约定一个时间再打过来。

(3)没时间接对方的电话

在工作中可能会有客人来访或者忙于其他紧急的事情，而不能接听来电，如果是熟人来电则可以巧妙地告诉对方，自己现在不方便接听电话，等会再给您打过来。如："小李，您好，昨天我还惦记着你呢，正想今天给你打电话，没想到你先打过来了，可是我现在正有位重要的客人来访，等下我再给你打过去好吗？"这样既提醒来电者现在不便于谈话，同时又可以让客人感觉到自己被重视。如果是有客人来电咨询，这时候如果分不开身可以让周边的同事代接一下。可以告诉来电者："针对您的问题，我想请一位更有经验的工作人员来回答您好吗？"尽量不要让电话铃声响个不停，而不去接听，也不要把话筒拿起，让对方打不进来，这会让咨询者对该景区或者该岗位产生不好的印象。

(4)对方发脾气

在服务的过程中，总会遇到有些客人对一些服务不满意，反反复复后可能会发起脾气来，这个时候服务人员要学会适当地安抚客人，首先要静心地聆听对方的倾诉，在他们倾诉的同时要说些表示同情的话，让他们知道你还在听，比如说"我理解您的心情"，"对，是这样的。"同时分析导致其生气或失望的缘由，尽量做到理解他们生气的缘由。其次是提出解决方法。在听明白客人的抱怨以后，争取和对方一起寻找解决问题的合理方法，如果他们提出某些可行的建议，就可以马上解决。

(5)对方注意力不集中或离题

在打电话时，会遇到对方注意力不集中或者离题的情况，如果感觉出对方好像注意力不太集中，可能他那边正好有别的事情，就可以说"刘女士，刚才我说得不是很清楚，我再重复一遍吧。"或者提醒一下对方，"您现在是不是很忙，如果不方便我先挂掉等会儿再打好吗？"同样在谈话过程中对方可能会离题，这个时候要学会使用过渡技巧将话题拉回来。如"是吗？那刚才我们谈的那个问题，您怎么看？"

(6)对方喋喋不休，没有挂掉电话的意思

在电话服务过程中可能会碰到来电者喋喋不休，毫无挂断电话的意思，服务人员为了不影响个人和单位的形象，因此可以采用以下三种方法委婉地挂掉对方的电话：

第一，金蝉脱壳法。如果你已经给了对方一个明确的答复，这时你可以见机说"很高兴今天能为您服务，对不起，领导正在叫我呢，我们能否以后再聊？"或者"感谢您的来电，另一部电话在响，我们以后再聊好吗？祝您玩得愉快！"

第二，总结法。如果打电话的人得到了相应的服务以后，还想继续聊，那你可以说："李女士，我们来总结一下刚才为您服务的内容，看看还需要有什么补充吗？"

第三，幽默法。如果是老朋友在上班时间打电话给你，为了不影响正常的工作，事情讲完后你可以这样说："好了，老朋友，您的三分钟已过，挂断电话吧！否则你就会多付电话费了。"

2.5.2 当面咨询服务

一个优秀的景区都会设有专门的旅游咨询服务中心供游客前来咨询，这个服务中心一般设置在景区入口处的接待服务中心内部，为刚进景区的游客提供咨询。但是很大程度上游客是在景区内部现场碰到各种各样的问题，如景区内另外一个旅游项目的方位、开放时间、票价等等。因此，一个景区内除了具有专门的景区咨询服务人员外，其余所有员工同样都是兼职的咨询服务人员，也就是说每位员工都有可能会成为游客咨询的对象，因为在景区内部，他们最信任的人就是身着制服的工作人员。

2.5.2.1 咨询服务人员工作要求

景区内所有的工作人员在上班期间有以下的要求：

(1)统一着装

一个规范的景区从入门的闸口到景区内部的每一个景点、营销点及卫生间，所有的员工都应该有着统一的制服，这既是景区的形象，也便于景区的管理。

(2)学会微笑

正如格言所说"没有面带微笑，就不能说有完整的工作着装。"或者如同玩世不恭者所说的"微笑是人们很想知道你们想做什么。"但更为重要的是，它告诉顾客，他们来对了地方，并处在友好的环境里。因此所有的工作人员在面对顾客的时候始终牢记要保持微笑。

(3)保持良好的礼仪形象

工作人员在岗位上应该保持良好的礼仪形象，因为一个人的外在形象是人的思想感情和文化修养的外在表现，同时也反映着对工作的态度。因此工作人员保持良好形象的第一步就是穿着得体；其次除了微笑以外，一定要有正确的坐姿，坐得姿态端正以坐满座位的1/3至2/3为好，上身要挺直；典雅的站姿，站着为顾客服务时，身体正对着客人，腰身挺直，双腿不可抖动，最好与顾客保持1.5米至3米之间的交际距离；在服务时配上适当的手势指引。

(4)工作态度认真

要本着"游客就是上帝"的原则，认真地对待每一位顾客，准确、仔细地回答每一位顾客提出的问题。工作时不要与其他工作人员闲聊或大声说话，私人电话不应聊得时间太长。

(5)应用有技巧的语言

无论是电话咨询服务、当面咨询服务还是投诉处理服务，都需要与游客进行沟通和交流，这一过程中语言得体、应对大方可以给游客留下良好的印象，也可以缓解矛盾冲突，提高服务质量，因此合理地应用语言艺术是沟通和交流成功的重要保障。其中最重要的是礼貌用语的广泛使用，如"请"、"您"、"谢谢"、"对不起"等敬语，"您过奖了，这是我应该做的"等谦语以及雅语的使用。

(6)熟记景区内及了解景区周围的情况

游客的问题肯定是五花八门的，从问厕所在哪里到该景区附近还有哪些好玩的景点、好吃的小吃等等一系列问题。因此，景区内部应当定期给工作人员培训，让其了解该景区的现状和景区周围的情况，以便对所有的咨询都能流利解答。

(7)学会记录和总结

景区管理人员应该积极引导工作人员对游客提出的问题进行认真的记录和总结。游客提出的问题可能是由于景区内部规划或者管理不完善、做得不到位，因此可以根据工作人员的记录了解景区内现有资源的不足，以便起到更好地优化景区的作用。

2.5.2.2 当面咨询工作流程

(1)主动问候

在岗的工作人员当遇到满脸疑问、迷茫或正准备走向自己的游客时，应该主动迎上前去问询，"您好，请问有什么需要我帮助吗?"、"您好，我可以为您做些什么?"这样会给处在困难中的游客以温暖的感觉，并留下亲切、热情的好印象。

(2)专心倾听

对于游客提出的问题应该认真倾听，首先应双目平视对方，全神贯注，集中精力，以示尊重与诚意;对于提出的问题应该以点头或"嗯"等形式有所反馈，让对方知道你听明白了他刚刚的阐述。其次，要有优雅的姿态。在游客提问的时候不可以三心二意，不可以有左顾右盼、手指挠来挠去的表情和动作。要始终保持典雅的站姿、正确的坐姿和优美的步态，以及适当的手势。

(3)有问必答

对于游客的问询，要做到有问必答，用词得当，简洁明了，不能说"也许"、"大概"之类没有把握、含糊不清的话，自己能回答的问题要随问随答，决不推诿;对不清楚的事情，不要不懂装懂，随意回答，更不能轻率地说"我不知道"。经过努力确实无法回答，要向游客表示歉意，说"对不起，这个问题我现在无法回答，让我先了解一下好吗?"此时应该通过电话或向旁边的工作人员咨询的形式来解决游客提出的问题。若离开现场去别的地方问询，问清楚以后应马上回来告答，不能一去不复返。

(4)愉快的再见

对待游客的咨询，应当直到其满意为止。当游客满意地准备离开时应主动向游客道别，并祝其玩得愉快。可以说"再见，祝您玩得愉快!"

2.5.2.3 当面咨询服务的难点问题

(1)多人询问

如果多人同时问询，应先问先答，急问急答，注意游客的情绪，避免怠慢，使不同问询的游客都能得到适当的接待和满意的答复。如当回答前面游客的问题时，可以对后面问询的游客点头致意，并说"请稍候";当碰到有的游客非常着急插队到前面来问询时，需要征得下一位游客的同意，如果不同意，而当下这位游客又是非常着急，则可再同下一位游客协商。可以说"出门在外不容易，大家需要互相照顾，看来这位同志的确很着急，您看?"也不要和一位游客谈话太久，而忽略了其他需要服务的游客。

(2)了解最新的本景区动态信息

景区内的工作人员除了对本景区内所有的景点布置、游览路线以及景区内的基础设施都详细掌握，还应该对当天或者定期在景区内开展活动的内容、时间和参加办法等，及时向游客提供游览景点的路线、购物和休息等有关信息，为游客在本景区旅游做好参谋，并尊重游客的风俗习惯。

(3)回答对本地及周边区域景区情况的询问

游客在本景区游览尽兴的同时，可能意犹未尽，还想到附近其他的地方进行游玩。此时工作人员应该尽量多地掌握景区周围的好的景点、住宿、购物以及通往各大旅游城市的交通等等，为需要的游客提供相应的信息。如有可能可以备好本地及周围地区的旅游交通图。但是现在随着景区之间的竞争越来越激烈，尤其是同资源、同产品、同市场的景区。所以当服务人员被咨询到周边竞争对手的情况时，往往就有点不大情愿介绍或者有意无意地贬低对手。其实这样做很可能会适得其反。因为游客可以通过其他途径获取正确的信息，从而对你的景区产生不好的印象。从竞争上来讲，这样做也是下策。因为现在是一个合作竞争的时代，如果就像案例中那样景区之间工作人员能够互相宣传、互设游览资料，则会做大市场这块蛋糕，产生集聚效应，最后获得双赢。

(4)对方固执己见

在为游客服务时经常会碰到一些固执己见的游客，认为自己是对的、合理的，就得按照他的想法来解决，此时服务人员应该尽量地说服，如果顾客提出的要求在不违反岗位原则和部门规定的前提下，尽量满足顾客，但是如果是在部门规定之外的，那就应该坚持原则不应退让。正如下面案例中看到的，其实好多游客大都是通情达理的，但是需要得到景区的理解和服务人员的认真开导和解释，如果是违反规定的，他们一定会理解并接受。

【小资料】

热情的服务态度，灵活的服务技巧

某一景区的接待服务中心接待了一位前来咨询的游客，她的手里持着三张过期了一天的票，服务人员主动上来问候:服务人员:“您好，有什么可以为您服务的吗?”游客:“您好，我这里有三张前段时间的赠票，昨天到期了，我想问一下今天进去游玩可以吗?”服务人员:“对不起，您也知道您的票已经过期了，这是不允许的。”游客:“但是，仅仅一天而已啊，我已经讲过了，因为我们很忙所以没来得及来，正好今天有时间，就赶紧过来了。而且我对你们景区的印象也很好，所以才再次来光临的。”服务员:“谢谢您的赞誉，但是我们公司有公司的规定，过期的票就不能再用了。”顾客:“可是我仅仅过了一天啊，大家都对你们景区印象很好，也极力向我们推荐，我觉得您可以站在我们的角度来考虑，三张票如果不用的话肯定是个很大的浪费啊。”服务员:“我知道，我也很理解你们，但是您也不能让我违反规定吧。”顾客:“规定是死的，但是人是活的，我相信可以变通的啊，您看我们是听朋友推荐，才这么执著的一定要来游玩的。”服务员:“感谢您对我们景区的支持，我相信您也知道正是我们规范的管理才会赢得大家的信赖，您刚才这个问题正是违反了我们景区的规定，您这是在为难我啊。”顾客:“这个，没有这么严重的吧，我相信景区应该也会考虑我们顾客的权益的。”服务员:“这样吧，您如果重新来买三张票的话，我给您去经理那里审批打八五折好吗?”顾客:“还是要重新买啊?”服务员:“是的。”顾客:“好的，好的，也不差这些钱，算了，不为难你了。”服务员:“非常感谢您对我工作的支持，希望您在我们景区能度过快乐的一天。”

2.5.3 当面处理服务

当面处理服务是指景区内的管理人员或者服务人员对游客的投诉进行当面处理的服务。游客在游玩、接受服务的过程中可能会产生这样或那样的不满和抱怨，正是这些不满和抱怨成为景区前进过程中的钥匙。因为它们能让景区认识到现存的不足，然后找出解决的办法，从而促进景区的优化。一些游客有了不满或意见，不是找到景区来投诉，而是告诉周围的朋友来倾诉或者在景区内没找到合适的投诉环境而到当地的消费者协会、旅游局等监管部门去上诉或反映，这样会对景区起到消极的影响，影响到景区今后的市场。因此在正视游客投诉的同时，应积极为游客投诉提供机会和环境，如在景区内的不同地点设置专门受理投诉的服务台、投诉电话、意见箱或者意见簿等等。但是在这些受理投诉的方法中最好是当面投诉当面处理，让游客乘兴而来，满意而归，因为这样会让游客充分感到被重视，同时意见和不满也不会外泄。

2.5.3.1 投诉原因归结

游客投诉的原因比较多，投诉的内容也千奇百怪，大致可以分为以下几种：

1. 对景区人员服务产生的投诉

这一类投诉，是由于景区服务人员素质不高、服务水平低下、服务观念存在问题产生的，它占景区投诉量的绝大多数。

(1)服务态度太差

不回答游客的询问，或回答时不耐烦、敷衍了事、出言不逊。服务动作粗鲁，反应迟钝。不注重个人卫生，手放入杯中或盘中，点完钞票的手又去拿食品。冷落游客的意见，游客吩咐后久久不来。服务语言使用不当。

(2)服务技能欠缺

工作程序混乱，效率低下。账单金额错误，账单记错。上菜、上酒与所点菜单不一致。寄放物品遗失或调错。不征求游客的同意，强迫游客与不相识的人坐不愿意坐的位子，住不愿意住的房间，乘不愿意乘的车。漏点或错点游客人数。

2. 对景区服务产品产生的投诉

(1)价格投诉，如景区门票太高，特别是园中园，重复购门票，商品或服务项目收费过高，随意宰客。

(2)饭菜质量太差，口味、卫生不能令游客满意。

(3)样品和游客所要商品、酒水不一致。

(4)最佳观景点被承包经营者占据，拍照得付额外的费用。

(5)寄存物品、租车、乘船等不方便，结账方式落后。

3. 对景区硬件及环境产生的投诉

(1)没有或缺乏卫生设施，或卫生设施条件太差，如厕所有异味等。

(2)住宿条件简陋，桌面、椅子、毛巾、地毯、窗帘、碗筷破损，不干净。

(3)没有与景区配套的娱乐项目，没有歌舞表演，缺少儿童娱乐或活动项目。

(4)发生安全事故、意外事件，治安状况太差，缺乏安全感。

(5)旅游气氛太差，小贩穿梭其间，追客强行兜售。

(6)交通混乱，车辆摆放无指定。在分析游客投诉的原因后，需要运用正确的原则、适当的方法和技巧来巧妙地解决游客的投诉事件。

2.5.3.2 投诉受理

受理游客的投诉是一项需要耐心和技巧的工作，有些没有学会与不满的游客相处的服务人员，可能和愤怒的游客一样失去理智，使矛盾激化，从而失去游客，甚至失去工作。因此在受理投诉时不管游客是粗鲁、沮丧、糊涂还是发怒，尽量不要使矛盾升级。学会使用以下七个步骤来处理游客投诉：

1. 认真聆听

来投诉的游客大多情绪激动，怨气冲天，往往先不说清真相，就先表达对景区或者服务人员的不满，此时服务人员不要急于解释，要学会耐心聆听。首先要做到的是：聆听游客的发泄。面对愤怒的游客，有人可能认为解释最为重要，但恰恰相反。因为有效的聆听可以缓解游客的愤怒情绪，同时可以克服沟通中的障碍，如果服务员认真地听取游客的发泄缘由，就能避免误解、争论、错误和延误。聆听时，应心平气和，不可有任何反感情绪或不自然态度的流露。其次应该及时记录和回应，在认真听取游客的发泄的同时，还应根据游客的叙述，作认真的记录，同时做及时的回应，让游客知道，他的感受与信息内容一样已经得到了重视。可以配合专注的眼神或间歇的点头来做回应，或者可以加上几句："喔，这样的。""当时是……""那接下来呢?"如果没明白游客的意思，可以说"对不起，您可以慢点说吗，我没听清楚。"这样会使游客觉得自己在受重视，可以缓解对方的怨气。但当游客在发泄时绝对不能说："你可能搞错了……""我们不会……我们从没……我们不可能……""你弄错了……""这是不可能的""你别激动……你不要叫……你冷静一点……"最后不要计较游客的说话方式，愤怒的游客在对景区或者服务人员发泄不满的时候可能言语过激或者表达不准确，这个时候不要计较，即使是他对景区或者服务人员产生了误解，也不要打断他们的叙述。应当控制好自己的情绪，因为如果打断愤怒的游客，不仅听不清楚问题产生的根源，反而会刺激游客的情绪，不利于问题的解决。

2. 充分道歉

顾客是"上帝"，千错万错，游客没有错，这是景区管理的理念之一。不论是什么样的原因，游客来投诉，必然有自己的理由，或多或少是因景区服务管理工作不到位造成的。游客来景区消费，过得不愉快，过得不开心，产生抱怨，景区服务人员就应该向游客表示歉意。在表示道歉时，要注意用语的同时还要表示出一种诚意，可以说："真的非常抱歉让您遇到这样的麻烦……""对您在游玩过程中产生的不愉快，我们十分抱歉。"等等。道歉必须是发自内心的，这样才能使客人接受，平息当前的愤怒，从而积极配合找出真正的原因。

3. 问出相关信息

游客在听到抱歉之后，满腔的愤怒可能会得到暂时的平息，但是他们期望的是解决的办法，因此应当积极引导游客，进一步叙述出相关的信息。可以用以下的方法：

(1)复述游客所遇到的问题

愤怒的游客很难在一个平静的氛围内讲述完他们所经历的事情，此时服务人员可以根据记录用自己的话重复游客所遇到的问题，即根据你自己的理解对游客的话作一个总结，然后反馈给他们，这样可以确认工作人员所记录的游客愤怒的原因是否正确和完整，同时可以让游客知道自己的问题和要求已经被了解了。这样做能让游客充分感受到工作人员对自己的重视，有利于问题的圆满解决，也有利于事后存档总结。

(2)适当提问

自己在聆听过程中的不明之处，可以通过提问的方式，重新收集足够的信息，以便帮助对方解决问题。提问有以下三点好处：首先对方有时会省略一些重要的信息，因为他们认为这不重要，或恰恰忘了阐述，所以提问可以帮助更全面地了解问题。其次，很多时候工作人员所理解的和游客所表达的未必是一回事，即"所听非所言"，因此你需要通过提问题来确认。最后，当工作人员注意到游客话题转变时，可向对方提一些问题，使跳跃式的对话回到原来的轨道上。但对游客而言，他们可能认为给他们带来了不方便，有些问题没必要问，甚至认为问问题是对他们的非难。所以一定要使你的问题表达出一种友好的意图，同时告诉游客为什么要问问题。当然，不要忘了认真倾听对方的回答。

(3)积极思考

在游客的阐述和服务人员的重新确认和提问的过程中，服务人员应当根据经验积极思考，判断问题的严重程度，事件影响面的大小，确定投诉事件处理者的有限范围，考虑游客希望获得什么样的处理结果。

4. 提出解决问题的方法

在明确了游客的问题之后，很显然，下一步是要解决它。在处理投诉时既要站在景区的角度又要站在游客的角度。在自己的职权范围内如果当场就能答复或者解决的就不要含糊其辞或有意拖延，应给游客提供几种解决的办法供其参考。首先，在提出解决方案之前，工作人员应根据景区对投诉的处理规定和相关政策，对游客进行解释。不论是游客误解了景区及工作人员还是景区内部本身存在问题，服务人员都应该按照规定或政策做出相应的解释。其次，提出方案，根据相关规定和经验，工作人员可以提出几种不同的解决方案供游客来参考，和游客协商共同寻求解决方法，不可以把自己的处理意见强加于游客。但是如果直接问游客“这事您看怎么解决”是一个很不明智的或是很愚蠢的做法。因为如果游客提出更高的要求，再和客人讨价还价就不好了。一般的方法是如先对游客说“实在对不起，您看这样处理好不好，我让营销部给您重新换一个同样的商品或者退还现金?”

5. 征求游客的意见

首先是在问题解决之前的征求意见，如果游客选择你的其中某条建议，那问题会很快解决。但是如果游客不同意你的意见，这时再来征询游客的意见也不晚，这时可以问游客希望问题如何解决:“您希望我们怎么做?”问这样的问题很重要，因为能令游客满意的做法往往和景区想像的不同甚至会差一大截。如果游客的要求可以接受，那就迅速且愉快地完成。迅速是指不要与游客讨价还价，拖拖沓沓;愉快是指不要一脸很不情愿的样子。这些都会使游客失去对你的好感，使你之前所有的努力都白费。其次，问题解决之后，征求游客的意见。大多数人会想如果游客不再提什么其他的要求，又何必再提呢？这不是自己找事吗？但是请设想一下，一种情况是你为他解决了问题后他离开，另一种情况是你不仅解决了问题，而且在他离开之前还询问他是否还有任何要求，以便能够最大程度地帮助他。这两种情况哪一种会使你的顾客对你终身难忘呢？当然是后一种。

6. 对批评指正表示感谢

鉴于游客的投诉，实质上是对景区工作的改进，对景区今后的发展起到良好的促进作用。反而如果是游客不来投诉，而是去上诉到上一级的如旅游局等的管理部门，或者去和朋友抱怨，这些都会给景区带来负面的影响。如果是向景区投诉，处理结果又很满意的情况下，则会产生良好的积极效应。因此景区有理由对投诉的游客应该表示欢迎和感谢。如可以说“感谢您给我们提出批评和指导意见，我们以后会积极改进的。”，“××先生，您及时让我们知道服务中的差错，这一点太好了，非常感谢您。”，“××夫人，感谢您指出我们服务项目的短缺和不足，使我们及时发现并得以纠正。”

7. 跟踪服务

绝大多数的服务人员在第六步就“到此为止”了。虽然这时游客已经满意地走了，但你的服务水准仍然只能称得上“良好”，要想达到“优秀”，还得继续进行第七步——跟踪服务。跟踪服务可以是对游客的问候、感谢，也可以是景区新的活动介绍等等。主要方式有：

(1)电话问候如果是对游客身体或者心灵造成伤害的，可以隔一段时间打一个电话去问候一下，问其是否康复，还需要提供何种帮助。

(2)邮寄信件如果是游客的投诉是对景区有益的，那在景区改善之后可以通知游客，信件中可以提到：您的意见我们已经采纳，景区也得到了相应的改善，希望您能继续支持我们景区。另外还可以通过电子邮件等方式，通过这些跟踪服务，景区进一步向游客了解解决方案是否有用、是否还有其他问题。如果通过联系发现他(她)对解决方案不满意，则要回到第一步，继续这个过程以寻求一个更可行的方法。别小看一个小小的电话或信件，它可以强调景区对游客的诚意和工作态度，深深地打动你的游客，并足以让他(她)印象深刻，从而加强游客的忠诚度。景区的服务质量也正是在这样不断的螺旋式反复中得到了升华。

【小资料】

一把价值1.8亿美元的天价吉他

加拿大歌手戴夫·卡罗尔用互联网创造了一个奇迹，他不仅让自己一举成名，而且让美联航损失了1.8亿美元。事情的起因是2008年卡罗尔乘坐美联航的不愉快经历，他从加拿大的哈利法克斯飞往美国内布拉斯加演出，中途在芝加哥的奥黑尔机场转机。在飞机上，他目睹自己托运的吉他被美联航的行李运输工摔坏。后来卡罗尔花了1200美元修复了这把价值3500美元的吉他，但音质没有以前好了。

卡罗尔从此展开了长达9个月的索赔，他通过电话、传真、电子邮件等方式不断投诉，而美联航则以种种理由推卸责任，或者拖延时间。最后，一位名叫Irlweg的女客服代表，在电话里干脆地对卡罗尔的赔偿要求说了“No”。一怒之下，卡罗尔制作了一首《美联航摔坏吉他》的MV，并上传到知名视频网站Youtube上。在短短10天内，这段音乐视频获得近400万人次点击量。美联航管理层恐怕做梦也想不到，正是这首歌，使美联航的股价一周跌了10%，缩水1.8亿美元。为挽救美联航形象，美联航高管主动向卡罗尔示好，愿意无条件赔偿吉他维修费用，并赠送7000英镑的飞行优惠券。但卡罗尔拒绝了。美联航吸取了这次教训，将《美联航摔坏吉他》作为内部的培训教材，告诫员工要提供更好的服务。

有学者在解释这种现象时，引用了克雷·舍基在《未来是湿的》中提到的“无组织的组织力量”，即互联网上看似毫无组织的百万网友重创了美联航。即使美联航这样的大企业也不得不意识到：消费者的本位时代真正来临了。“以人为本”虽然看起来很老套，可依然是颠扑不破的真理。

2.5.3.3 投诉处理的难点

1.如何面对愤怒的游客

当服务人员面对愤怒的游客时，如果处理不当则会使得游客更加愤怒，如果巧妙地处理则可以使愤怒的游客成为忠诚的客人。

(1)情绪的稳定。服务人员应该理解顾客的愤怒是合乎情理的，因为每一个人愤怒的时候都是情绪异常激动的，而且对每一个讲道理的人都会产生敌意。如果是没有受到进一步的激怒，所有服务人员都认真地倾听其愤怒的诉说，其怨气会慢慢得到缓解，因为他本人也会因为发脾气而感到尴尬。

(2)心灵的安慰。服务人员可以讲一些肯定性、支持性的话语。比如可以说“您承受了如此巨大的压力，这种事情的发生对您来说肯定不太好受”；或者说“我明白这对您来说是一件令人不愉快的事情”。同时服务人员可以配合上一些身体语言，比如一个关切的眼神、一个轻轻的点头等等，这也可以让对方认为你理解了他(她)的感受。

(3)问题的解决。游客在得到了你的支持性话语以后，会慢慢地平息，并积极主动地帮助你找出让他(她)愤怒的原因。

2. 如何提供补偿性服务

在对投诉事件提出解决方案的时候，如果是游客在营销部购买的有形商品出现问题的投诉，可以采取保修、调换、退款等方式来解决。对于在景区内享受服务的这种无形产品来说，会面临更为复杂的局面，需要有更巧妙、更艺术的补偿性服务来弥补游客所受到的损失。这种具体行动目的是让游客知道你认为所犯的错误，不管是什么错误都是不能原谅的，也要让游客知道这种事情不会再发生，补偿性服务只是对游客的一种弥补，作为景区来讲很在意与他们继续保持联系。补偿性服务有以下几种常见的形式：

打折优惠：如游客可能会对所住的接待酒店的服务有不满，则可以在住宿价格上打折。

免费赠送：赠送的可以包括礼物、商品或服务，如果景区的员工与游客发生争吵，则可以给游客赠票或者赠送景区纪念品。

个人交往：当给游客造成不便时，景区的主管可以打电话给他(她)表示歉意，当感受到景区对他(她)的重视和诚挚的关心，这种私人交往会重建景区的形象和信誉。通过个人诚意的交往，可以化解所遇到的不愉快，改变景区或管理者在游客心中的印象。

3. 如何回答过分要求

在与游客的接触过程中，难免会碰到一些故意刁难服务人员的游客，他们可能会提出一些过分的要求。此时工作人员应该沉着、大方地应对，如可以用幽默的方式避开话题或回绝游客，或者说：“我觉得这样的问题不像是您这样有品位的人所提出来的。”如果游客还是一再要求，那就可以义正词严地回绝。

4. 如何应对顽固游客

在受理投诉服务的时候，总会碰到一些自以为是、比较顽固的游客，他们觉得总是别人的错、自己没有任何错、一口气不停地说个没完，总是以“他们总是……”、“他们应该……”、“他们绝对不可以……”来投诉别人，这样的游客是有的，但不是很多，如果碰到这样的人可以尝试以下办法：

(1)认真倾听他们的诉说，并从他们的话语中找到原因所在。用自己的话语叙述原因所在，可以说“对不起，您是觉得工作人员速度太慢，让您排队等的时间太久了，所以您才这样生气，对吗?”

(2)确定事实。这样可以避免对方过于夸大事实，如果对方说：“我已经排了一上午的队了，队伍怎么还这么长啊?”这时您可以确定对方排队等候的具体时间。

(3)向对方解释缘由，有必要时应做充分的道歉。如上面的例子，你可以说“这个项目想要玩的人特别多，而且大家都在等，实在没办法。我建议您可以先去玩一些别的项目。”

(4)如果对方仍不听你的意见，你可以告诉他“十分钟以后，有位客人要过来，我希望在此之前我们能解决问题。”这样做可以督促他迅速解决问题，避免纠缠。

本章小结

景区是一个综合的服务部门，景区接待服务具有自身的特殊性。对员工进行服务意识的培养是上岗前的一项重要工作。没有服务意识，缺乏服务理念，景区接待服务工作就不可能做好，员工的敬业思想也难巩固。员工要认真做好订票、售票、咨询和投诉等服务，以提升景区形象增加人气。

主要概念

景区服务　买票　售票验票　咨询　投诉　排队

基础训练

1. 旅游景区门票有哪些种类？
2. 旅游景区门票有哪些功能？
3. 简述景区售票的流程。
4. 简述顾客排队的心理。
5. 如何应对旅游投诉？

案例分析

敲错房门遭投诉 3 小伙借酒劲踢开门暴打情侣

今年 3 月初，市民小梅(化名)和男友去溧阳某景区度假。当天晚上约 10 点多钟，小梅和男友已经入睡，突然两人被一阵猛烈的敲门声吵醒。男友跑过去把房门打开后，看到两张陌生男子的脸。两人好像都喝了酒，有点醉醺醺的。

小梅男友问他们找谁，两人看了一下房门号，意识到敲错了房门，但没有说声道歉，而只是说，“敲错了，敲错了。”然后转身就走了。

经过这么一个小插曲，小梅睡意全消，怎么也无法入睡。她认为，这些人真无聊，打扰了人家居然不道歉，太没教养了。于是她拿起房间的电话，向酒店总台投诉。

宋某、曲某两人得知遭人投诉后，借着酒意，又赶到小梅房间，强行踢开门，进门就对小梅和她男友一阵乱打。不久，他们的同伙包某也跟着而来。见小梅男友反抗，包某拿起桌上的一只茶杯向小梅男友头上砸去，正好砸在了额头上。

等酒店保安闻讯赶来时，小梅的男友已经被打得瘫倒在地。经鉴定，小梅男友的伤构成轻微伤。

法院认为宋某等人构成寻衅滋事罪，一审判处宋某等 3 人拘役 5 个月。

问题：

1. 在该案例中，酒店应该如何处理小梅的投诉？
2. 该酒店如何防止类似的事情发生？

第3章　旅游景区解说服务

学习目标

了解旅游景区解说服务的基本原理；掌握解说服务技巧、解说服务方法。

引例

少林寺义务讲解团

为了更好地服务游客，少林寺成立了义务讲解团。讲解团的20多名成员全部是寺里的僧人，有的还是佛学院毕业的高材生，这次“上岗”前他们都经过了半个月的专门培训。僧人的讲解与导游有什么不同？读者王先生说，感觉导游讲解多是“戏说”，有时候还故意忽悠，而僧人的讲解，更多的是史料，还有很多佛学知识。少林寺外联处工作人员说，寺里对讲解团成员也有要求，比如“不妄言，不诳语”，讲解内容要有出处，多讲文物、历史，多讲佛学佛法。不知道的不讲，没有出处的不讲，要为游客讲解真实的少林寺，弘扬真正的佛法。

结合上述案例，谈谈你对景区解说的认识。

导读

解说系统是旅游景区诸要素中的重要组成部分，是旅游景区教育功能、服务功能、使用功能得以发挥的必要基础。游客在旅游中，常需要借助于理解景区空间环境和行动的信息。解说系统正是传递这种信息的一种重要手段。

我国近年来在旅游景区的建设过程中，多是以硬件建设、直接赢利项目为主，旅游景点景区普遍存在缺乏规范的解说规划和设计，普遍存在着信息内容不充分、主题不突出、文字错漏、语言呆板、设施缺乏艺术性、书写和语言不规范，景区导游词和标语标牌的英译错误比比皆是，如滥用词语、语法错误、翻译不当、缺乏对中西方文化差异的了解等问题，导致景区、景点解说模糊，路线与标志指示不明，使旅游者在旅游活动过程中感到茫然，不清楚景点方位，不清楚游览路线，对景点内涵也不能很好地了解，购买景区门票后享受不了应有的旅游服务。

因此，加强旅游景点景区的环境解说的管理，提高游客满意度，成为旅游景点景区管理的重要任务之一。

3.1　旅游景区解说服务原理

3.1.1 旅游解说基本概念

1. 内涵和发展历程

(1) 内涵

目前关于旅游景区解说的管理的概念尚未出现，而旅游解说已有相当研究。

中国台湾朝阳科技大学吴忠宏博士认为：解说是一种信息传递的服务，目的在于告知及取悦旅游者并阐释现象背后所代表之含义，借着提供相关的资讯来满足每一个人的需求与好奇，同时又不偏离中心主题，期望能激励旅游者对所描述的事物产生新的见解与热忱。可见吴忠宏对“解说”解释为一种信息的传递服务。

世界旅游组织认为：解说系统是旅游景区诸要素中十分重要的组成部分，是旅游景区的教育功能、服务功能、使用功能得以发挥的必要基础，是管理者管理游客的手段之一（世界旅游组织，1997）。这一定义突出了解说系统的重要性及功能特征。

吴必虎认为解说系统就是运用某种媒体和表达方式，使特定信息传播并到达信息接受者中间，帮助信息接受者了解相关事物的性质和特点，并达到服务和教育的基本功能。

综上所述，笔者认为，所谓旅游景区解说管理就是景区以理论研究为基础，运用某些媒体与相应表达方式，使旅游相关信息传播并到达信息接收者（游客）中间，帮助其了解相关旅游景区事物的性质和特点，从中实现服务、教育、使用等基本功能，以实现景区经济、社会和生态效益的统一。

(2) 发展历程

景区解说研究从20世纪60年代至今分为4个阶段。

20世纪60年代至70年代，解说仅仅停留于修辞手段对概念的描述。

20世纪70年代中期到80年代，人们开始寻找与游客沟通的媒介及其效果，例如把解说手册与幻灯片进行比较。但是这一时期仅把解说孤立地看待成一种活动体验，缺乏理论基础。随着游憩心理学以及社会学的成熟，出现了完整的解说媒介谱，游客可以根据游憩活动的类型选择合适的解说方式。但是此时人们还没有意识到解说所具有的管理功能。

20世纪80年代早期，学者对解说开始进行系统评价，这意味着解说的研究开始向量化方向转变，作为手段，解说不再只具有娱乐性，还增加了管理功能。尽管这方面的研究数量不多，但是解说研究已经开始为自己寻求合法的地位。

20世纪90年代以后，社会学、心理学、行为学等更多的成熟理论运用到解说的研究中，使得研究者更加注重解说给游客思想带来的长期影响，研究内容上逐渐偏向于对沟通过程的探讨，同时分析手段采取定性与定量相结合，使研究日渐成熟。

2. 类型和功能

(1) 类型

从景区解说管理系统为旅游者提供信息服务的方式来分析，将其分为向导式解说系统和自导式解说系统两类。

①向导式解说系统。向导式解况系统是通过导游向旅游者提供信息传导，同旅游者交流思想、指导游览、进行讲解、传播知识。

向导式导游是一种面对面的双向型信息传播方式。其最大特点是双向沟通，能够回答游客提出的各种各样问题，可以因人而异提供个性化服务。导游接待的旅游者千差万别，有种族、身份、年龄、性别、职业、文化程度、生态意识等方面的差异。讲解时要认识到这些差异，针对不同的对象提供满足不同对象需要的个性化服务。导游是信息传播的主导者，在导游给旅游者提供讲解服务时，旅游者可以随时对导游的讲解作出反应，导游收到旅游者的反馈信息后，针对性回答问题。

其次，向导式解说系统讲解具有激发性解说，不仅沟通信息，更重要的是引起信息互动。

由于导游一般掌握了较多的专业知识，信息量一般非常丰富，但它的可靠性和准确性不确定，这要由导游员的素质决定。通过导游语言的激发作用引起导游信息的互动。导游采用不同的手法，巧妙地运用语言艺术，唤起旅游者愉悦的反应，以良好的心态去欣赏秀美的山川、秀丽的森林、厚重的人文景观；导游向旅游者提供包括新知识、新内容及态度、情感成分的讲解，进行信息的传递和交流。同时接受旅游者的反馈，解答他们提出的问题，通过双向沟通引起旅游者的共鸣。

②自导式解说系统。自导式解说系统是由书面材料、标准公共信息图形符号、语音等无生命设施、设备向游客提供静态的、被动的信息服务。它的形式多样，包括牌示、解说手册、导游图、语音解说、录像带、幻灯片等，其中牌示是最主要的表达方式，但由于受篇幅、容量限制，自导式解说系统提供的信息量有一定限度。图文导游、语音导游、声像导游等无生命的设施、设备向旅游者提供静态的、被动的信息服务。反馈一般不及时、不明显。属于单向性传播类型。

从另一角度看，正是由于这一限制，使得自导式解说系统的解说内容一般都经过了精心的挑选和设计，具有较强的科学性和权威性。旅游者获取自导式解说系统提供的信息，没有时间上的限制，他们可以根据自己的爱好、兴趣和体力自由决定获取信息的时间长短和进入深度。自导式解说系统容易受到自然的和人为的破坏。

无论旅游解说系统采用何种介体，它们都必须依赖特定的语言。景区内解说的各种类型和形式的有机组合就是该景区的解说系统。旅游解说系统存在语言选择。对于外国旅游者经常到达的地区来说，外语解说显得极为重要。下表是另一种旅游景区解说的分类。

景区解说系统类型

	景区解说系统类型	频次(景区)	比例／%
1			
	合格导游的带队	56	76
	专家授课或讲座	9	12
	音像室播放	18	24
	其他互动式教育活动	14	19
	未答	3	4
2			
	行前可购买的出版物	14	19

续表

	景区解说系统类型	频次(景区)	比例 / %
	互联网上的教育材料	22	30
	印刷品	52	70
	音像材料	12	16
	标志系统	12	16
	自助式小道	15	20
	含自然、文化和社会信息的小型图书或资料馆	10	14
	其他	0	0
	未答	9	12

(2)功能

①明确旅游线路，提高旅游空间可识别性。心理学研究表明，寻找通路的直觉是不存在的，人寻路能力来自对于外界环境明确感觉所形成的连贯和组织。一旦迷路，焦急甚至恐惧的心情会打破旅游者的内心平衡。清晰可识别的环境不仅给旅游者以安全感，而且还增强旅游者内在体验的深度和强度。

通过对旅游景区解说系统的规划设置，形成景区空间结构构成要素在视觉环境意义上的体系化，并强化景区内的联系与促成景点、游乐设施、公共设施、观光设施等的网络化，诱导空间秩序的形成。

②信息传递与文化启迪。旅游者产生旅游动机多种多样，其中就有精神上动机因素，包括对知识、见闻的追求，解说物通过文化信息的传递，反映景区的历史文脉，说明景点的独特内涵，不但可以增添景区的魅力，提高景区文化品位，也可以满足旅游者精神上的需要。

③有助于形成具有特色的景区形象，增强景区吸引力与空间活力。设计得宜的景区解说物能够表现刻画具有特色的景区形象，丰富景区色彩，活跃环境气氛。

④提示时空变化，增强游览乐趣。通过旅游解说系统的规划，使旅游者在旅游行进中，在解说物的强化下，对环境空间的时空演进产生明晰的印象，从而在头脑中整理出清晰的秩序，体验到喜人的序列空间和环境形态，从而使景区充满吸引人的活力。

3. 内容

景区解说管理系统一般由软件部分(导游员、解说员、咨询服务等具有能动性的解说)和硬件部分(导游图、导游画册、牌示、录像带、幻灯片、语音解说、资料展示栏柜等多种表现形式)构成，一般分为以下4个方面：

(1)旅游景区解说系统

旅游景区解说系统是指景区通过一定方式使旅游者理解旅游景区的系列手段方法。包括导游、文字说明、模型与模拟、录音等解说方法。一般认为，只有导游才具有旅游景区说明功能。事实上，旅游者一经购票进入景区，景区就应该给旅游者提供最佳游览服务，在给定的门票条件下，让旅游者读懂景区，帮助旅游者实现旅游目的，导游只是旅游者在景区购买的特殊游览服务。

(2)旅游景区标志的设置

景区标志系统是帮助旅游者完成景区考察的必要指示系统，主要反映空间位置、方向、地点等内容。如果旅游者能按照景区的标志系统顺利地完成在景区的旅游活动，则该景区的标志就是成功的。

(3)景区游览路径的设计

旅游景区应该为旅游者设计并提供最佳的活动路径，以安全为前提，让旅游者在最合理的时间内完成相关参观内容，保证旅游者自己能够循景区提供的路径完成景点游览。

(4)旅游生活设施的布设

生活设施是景区旅游活动设计必须考虑的要素之一。作为旅游景区服务，不仅要考虑如何让旅游者顺利完成游览活动，还应该充分考虑到旅游者的生活、身体需要，在游览中途补充能量、临时休息，为旅游者提供最好服务。

4. 必要性

(1)改善景区解说是加强管理最重要的途径之一

在世界旅游组织为云南省编制的旅游发展总体规划中曾多次指出，解说和展示的落后限制了云南文化遗产和生态资源在市场上的竞争力。

因此，从旅游景区的管理上来说，首先应该加强相关解说系统的建设和完善。

正如著名哲学家维特根斯坦曾经指出的，一个不习惯在森林里寻找花朵、浆果或植物的人是不可能找到它们的，因为他的眼睛没有受过发现它们的训练，而且他不知道必须在什么地方专心致志地进行搜索。训练旅游者发现美的眼睛，引导旅游者进行专心致志地搜索体验的兴奋点，帮助他们发现“花朵”、“浆果”的重任就落在了旅游解说系统的建设与管理上。

(2)解说系统建设与完善是发展核心竞争力的要求

文化创新是指用文化来包装景区、用文化来武装景区的管理人员和普通员工、用文化来优化景区整体旅游环境、用文化来深化旅游产品的内涵的庞大复杂的系统工程。在我国“人文山水”的传统里，人文性较强的景区除了纯文化景点外，还有很大一部分自古开发、文人墨客常至的自然山水。

对于人文性较强的景区(点)，文化创新主要是将内化于景点、景观内的文化韵味挖掘出来，使内化的文化内涵能够遵循“外化—内化”的转换模式，通过完善的旅游解说系统，形成旅游者的旅游体验的一种过程。

3.1.2 设计程序

旅游景区解说系统设计程序，包括5个步骤。

1. 确定目标

旅游景区解说系统应具备以下三个基本目标：

(1)加深游客对景区的了解

要加深游客对景区旅游资源价值的理解，使之实现“了解—理解—欣赏—保护”的深化过程，并最终促进旅游资源的保护；同时提高游客旅游体验的满意度，提升旅游景区的美誉度，应通过进一步加大宣传力度来达此目的。

①在公路沿线设置大型广告，宣传景区的风景名胜和名优特新产品。

②邀请省、市电台、电视台制作系列专题宣传片，免费滚动播放。

③组织有一定专业水准的人员编辑有关景区的系列书刊，广泛发送，扩大影响。

④开展知识竞赛。

⑤开展大型演唱会。通过多种途径，采取多种形式，扩大宣传效果。

(2)促进景区管理目标的实现

通过向游客提供管理政策信息，引导游客的行为，使其在游览过程中积极地、有意识地约束自己的行为，配合景区的管理。

忽视游客体验与缺乏可持续发展观念是造成中国旅游景区经营失败的根源。解决问题的关键是:景区既要为游客创造快乐体验，又要保护地方资源与环境并促进社区长期发展。快乐的游客体验是由新鲜感、亲切感与自豪感构成的，要塑造快乐的游客体验，景区应根据产品差异性、参与性与挑战性原则配置旅游产品和服务，同时，在开发与经营过程中保持生态与文化的多样性，促进景区的发展。

(3)增进游客与管理机构的沟通

旅游解说系统是景区管理机构与游客交流的主要途径之一，可帮助管理机构建立起积极的公共关系，争取游客对管理结构、目标和政策的理解和支持，从而减少新政策的推行阻力。

组建项目组使得景区旅游解说系统的策划具备了“管理”要素，是成功策划的前提。策划一个良好的旅游解说系统，需要来自多方面的专业知识与技能。项目组的成员可以是景区内部的人员，也可以是外聘的专业工作团体，还可以二者合作。成员既要具备管理的知识和技能，还要对景区的资源、旅游解说系统有正确和足够的认识。

2. 分析解说对象

解说对象承载了游客所要接受信息的事物。确定解说对象时，不但要考虑景区的资源状况，同时还要考虑游客及其他一些限制因素。主要包括以下几个方面：

(1)景区资源调查

景区资源是最为重要的一类解说对象，其范围很广。景区资源调查内容既包括自然和人文景观，也包括基础设施、旅游服务、旅游商品等等，尽可能涵盖所有的可利用资源。旅游市场调查是旅游市场营销理论体系的起点，是旅游景区管理的一个重要环节，是体现管理是否真正以“市场导向”为原则的一个标准。旅游景区市场调查的初步分类及其主要内容：

①按调查地点划分。按照调查地点，我们把对规划景区的调查分为旅游景区调查，近程客源市场调查，中、远程客源市场调查三种。由于不同距离的游客对规划景区的认知、了解不一样，针对距离不同的客源市场调查内容应该有所偏重，有所取舍，有所不同(见下表)。在旅游景区进行的直接调查，主要内容应该侧重调查游客在景区的消费行为，游客游览后对景区的综合评价，游客对景区发展的想法和建议等。在进行近程客源市场调查时，调查内容应该侧重居民对本地区旅游景区的认知和了解，居民对短途出游的偏好及出游特征。对规划景区的合理建议，对规划景区初步方案的评价等。在进行中、远程客源市场调查时，应侧重调查居民的出游行为(包括出游方式，出游目的，出游偏好、出游花费，出游时间等)，居民对规划景区的认知、了解，对规划地周边景区的认知、合理建议，对规划景区初步方案的评价等。

按调查地点划分

地点因素	主要内容
旅游景区调查	游客人文特征；景区消费行为特征；游后综合评价；对景区的发展、改进建议
近程客源市场调查	居民人文特征；居民对短途出游的偏好及出游特征；对本地区旅游景区的认知和了解；对规划景区的合理建议；对规划景区初步方案的评价
中、远程客源市场调查	居民人文特征；出游行为特征（包括出游方式、出游目的、出游偏好、出游花费、出游时间等）；居民对规划景区的认知、了解，对规划地周边景区的认知、了解、出游情况等

②按景区发展阶段划分。按调查阶段，即旅游景区生命周期划分，把对旅游景区的调查分为旅游景区探索、参与阶段市场调查，旅游景区发展、稳定阶段市场调查，旅游景区衰退或复苏阶段市场调查三类。不同的发展阶段，规划景区所面临的市场特征与规划任务是不一样的，如在探索与参与期内，景区更为关注的可能是市场的需求，景区竞争的优劣势，产品的设计与开发，基础设施的建设，环境的整治等；在发展与稳定期内，景区需要重点研究的可能是产品的提升，服务的完善，形象的塑造，市场的推广，品牌的建设等；在停滞、衰退期，景区更为关注的是产品的更新，服务的精细，形象的重塑，营销问题的诊断等。因此，在旅游景区发展的不同阶段，旅游景区市场调查应该有不同的主题，不同的内容，不同的任务。

按调查阶段划分

发展阶段因素	主要内容
探索、参与阶段市场调查	市场的需求特征，竞争景区的优劣势，产品的设计与开发，基础设施的建设，环境的整治等
衰退或复苏阶段市场调查	产品的更新，服务的精细，形象的重塑，营销的问题诊断等

（2）游客调查

游客不同的人口统计学特征（如性别、年龄、学历、收入、旅游偏好等），不仅影响解说对象的确定、解说资料的选用等工作，还决定景区能否为游客提供"个性化"的解说服务。调查的技术有：问卷调查、访谈及其他一些市场分析技术。

（3）其他限制因素

旅游解说系统具有整体性，要使局部功能之和大于整体，就必须考虑其他的限制因素，主要有资金、人力资源、相关的基础设施等。

3. 组织解说内容

解说内容必须经过适当的组织，才能做到中心明确、重点突出、条理清晰并易被游客接受。步骤如下：

（1）提出话题

即从众多的解说事物中提炼出一个能最精练的概括解说内容的整体性话题。

以"红色旅游"为例：随着"红色旅游"工程和"红色旅游年"的提出，红色旅游景区、景点开发建设的策划、规划自然就成了当前旅游规划、策划工作的重点。如何作好"红色旅游"开发的策划、规划正是当前景区管理部门要研究的重要课题。

产品创新，要深入挖掘红色文化、红色精神，不挖掘文化是没有感染力的；不要重硬轻软，不要贪大求洋，动不动就搞什么场馆；要政府主导和市场运作有机结合，探索新内容，开发新模式；在开发中，“红色旅游”要加强规范管理，避免庸俗化。从而，形成一种多层次的，适应旅游市场需求和现代革命教育需要，且有时尚感的产品网络，构筑融观念创新、体制创新、文化理念创新、营销创新、产品创新、管理创新、技术创新、服务创新于一体的“红色旅游创新体系”。

(2)明确主题

主题是与话题相关的特定信息，具有层次性。可以先确定一个涵盖主要信息的整体性主题，再进一步细分出几个与之相关的次级主题，从而完整地传达所有的内容和信息。

主题化是营造环境、营造气氛、聚焦顾客注意力，是顾客在某一方面得到强烈印象、深刻感受的有效手段，它是在对广大消费者的心理需求和欲望进行准确把握之下的，是定位在消费者心理的。如何确定一个明确的主题呢？主题的确定应取决于产品本身的特性及定位、地脉、史脉与文脉，应根据主导客源市场的需求，突现个性、特色与新奇，避免与周边邻近同类产品雷同。如海南呀诺达给人的感觉是湿润的热带雨林；蜈支洲岛让人感叹是上帝遗忘在人间的珍珠，号称中国马尔代夫；深圳华侨城的波特菲诺，给游客感觉是异国情调的海滨小镇；万科的四季花城给客户带来的感觉是社区四季如春。因为它们都点出了明确的社区主题即产品个性。确定明确的主题可以说是经营景区产品的第一步。如果缺乏明确的主题，消费者就抓不到主轴，就不能整合所有感觉到的体验，也就无法留下长久的记忆。

(3)具体内容

指解说的具体表现。具体内容既要切合主题，还应当包含学习(即希望游客获得的知识等信息)、行为(即希望游客的情感发生的改变)方面的内容。

4.选择解说媒体

即选择最适合主题、资源和旅游者的传播介质。各种解说媒体都有自己的特点(见下表)，选择了合适的解说媒体，才能更好地将解说信息传达给游客。

各种解说媒体的优缺点

媒体	优点	缺点
标志牌	耐久性、稳定性强，使用不受时间限制 一般设立于被解说物旁，对照性强 可多人同时使用 展物集中，参观方便	一次性投入大，启动成本高 文字有限，信息易陈旧化 无人管理，易受外界因素的破坏 参观时间长，易导致疲倦
陈列室	真品实物配以照片、图表，容易理解 受天气及蚊虫等外界因素干扰小	吸引力随陈列项目的增多而递减
语音	效果增强，减少周围干扰 能实现音响效果戏剧化，吸引力较高	音响效果受设备影响，成本高 一次只供一位游客使用，互动性差
幻灯片	制作简单，内容更换相对容易 重点突出，可同时欣赏摄影艺术	受拍摄，配音、制作水平的制约 非动态的视觉效果

续表

媒体	优点	缺点
影视	可视，故事性强，景区内外使用均可 效果高且持久，适合特定主题的解说 使用时间长久，具有纪念价值	制作难度大，修改困难，成本高 互动性差 对游客的文化水平要求较高
出版物	可用多种语言撰写，适合国际游客的需要 效果高且持久，适合特定主题的解说 使用时间长，具有纪念价值	易被丢弃，易损坏，空间有限 需要一定的分发系统支持
人员	面对面的交流，具有亲切感，信息接受快	人员招聘、培训的成本高
解说	适时调整，能动性与互动性强	讲解时间受限，服务人数有限

(1)解说内容的书写

解说内容文字部分的书写要做到：文法有礼得体，行文简洁优美；严格切题，字数恰当；尽量减少术语的使用；多次检查，避免错别字和语法错误。必要时可以聘请知名人士书写。

(2)解说内容构成要素设计

解说内容构成要素包含文字、图片、照片等等。应当做到：信息的分布与受众一般浏览顺序相同；构成要素布局平衡；使用恰当比例的照片和图片；简单不复杂，色彩鲜活，对比明显；突出景区的文化内涵等。

5. 后续工作

经过上述几道步骤完成了景区旅游解说系统的初步策划，经过检查与修正，就可具体实施。但策划工作还需要维护与更新、评价与改进等后续工作。

(1)维护与更新

残破的解说标志牌、粗制的旅游书籍和破旧的多媒体解说工具等，不仅使旅游解说系统丧失了应有的功能，同时还使游客失去兴趣，使景区的美誉度下降，对景区造成长远的负面影响。因此，应及时进行旅游解说系统的维护与更新工作，常保旅游解说系统处于最佳状态。

(2)评价与改进

景区、资源以及游客都处于不断变化和发展之中，因此旅游解说系统的目标、内容、媒体等都要随之改变。适时地进行评价工作，尽早发现不足，方能使景区的管理者准确地把握动态变化，及时调整改进旅游解说系统的各个步骤。

【小资料】

海南呀诺达热带雨林景区电子导游

海南呀诺达雨林文化旅游区是国家“AAAAA”级旅游区、国家文化产业示范基地。景区位于三亚市郊35公里处，是中国惟一地处北纬18度的热带雨林，是海南岛五大热带雨林精品的浓缩，堪称中国钻石级雨林景区。为保证景区一开始就体现高端、关爱生态、体现人文关怀，海南呀诺达雨林文化旅游景区从2008年春节VIP接待期开始实行限时限量之举的同时，用高科技武装景区，推出一种针对性强，完全智能化、自动化，无须操作，人人会用的电子导游器系统。该系统具有智能引导、自动讲解和多语种语音同步的三大功能，可真正意义上实现为每位观众提供智能化的高水平讲解服务，使游客在雨林游览时，既能体验热带雨林的神秘、神奇，又能获得人性化贴身信息服务。这是继国内故宫颐和园、天坛、北京动物园、长春伪满皇宫、南岳衡山、无锡灵山等知名景区之后，海南第一家使用电子导游的景区，它将彰显呀诺达雨林文化旅游区的品质，引领景区高端服务。

根据国内市场相关调查，有44.6%的游客对景导游的讲解不甚满意，8.17%的游客不满意，还有将近20%的游客表示不会接受讲解服务，其原因主要是人员讲解价格高，讲解水平参差不齐。人工讲解往往只是走马观花一带而过，讲解员大多是照本宣科，很难作到高质量、有深度、语言优美的讲解，很难符合情景环境。这充分说明现有专业讲解队伍总体水平远远没有达到游客的需求。为保证讲解高质量，呀诺达电子导游的讲解内容，邀请国内知名语言艺术家进行编撰录制，游客走进任何一个呀诺达文化旅游区内的景点，无需对机器操作，讲解器会自动感应，把相关的景点信息含量通过优美的系统语言传递给游客，其解说不论是从内容还是音质音响效果上都将给游客一种至高的享受。这样就可避免由于导游个人因素带来的服务质量的不稳定性，从而为游客提供更加全面客观而标准化的服务。呀诺达景区导游系统在科技含量上，还包括动态电子导游图，游览方向识别，自动语音提示，指南针、语音指路、图文显示、提示归还等功能，还能显示游客所在位置，显示游览过和尚未游览过的景点。

同时，由于境外客源市场高速增长，海南外语导游急缺，在海南全省7152名导游中，外语导游仅有599人，不足总数的十分之一，远远不能满足市场需求。省内地陪导游尚如此短缺，海南各大景区的外语导游状况可想而知，外语导游的缺乏已成为海南各大景区国际化进程的主要瓶颈之一。为了将信息较好的解释和传达给国际游客，呀诺达景区选择了具有多种语同步功能的电子导游器。2008年奥运会前呀诺达雨林文化旅游区正式营业，电子导游器系统提供英语、西班牙语、法语、阿拉伯语、俄语、德语、意大利语等的四十余种语言解说，可让来自世界各地的游客在第一时间感受体验呀诺达热带雨林风情及其所蕴含的浓郁的中华民族优秀传统文化。

3.2 旅游景区解说服务技巧

3.2.1 旅游景区解说服务原则

1. 以人为本

针对旅游者的旅游目的，充分考虑旅游者的感受，深入研究旅游者的行为和心理，力求满足旅游者一定层次的旅游需要，并进行抽象性趣味性的考虑。要坚持以人为本定位目标市场，搞好旅游服务。旅游景区的各种标志、解说文字设计等细节要考虑周全精细，多增加人性化关怀，让游客有好的心情。

同时，景区应坚持以人为本，完善双语解说牌，增加自助措施，最大限度满足游客需要，强化整改旅游商品市场环境，建立统一规范旅游商品市场，加强员工培训，提升景区管理水平。对旅游资源进行全面包装、促销，擦亮品牌，提升景区整体形象，扩大品牌优势。

2. 与环境相协调

从风景美学角度来看，解说物设置直接影响和制约整个环境景观。因此，要注意解说物与环境的融合，刻画具有个性的景区表情，创造各景区具有鲜明特色的景区形象，增强景区的魅力。一般而言，风景名胜区内旅游解说设施的规划和设计应能满足以下三个要求：必须与自然景观、自然生态相协调；必须满足旅游活动的需要；应具有自身的特色和协调的风格。以湖南武陵源风景名胜区为例，由于该景区是以观赏自然景观为主的风景名胜区，因此作为景区的人工设施规划，应以强调自然景观的真实性、完整性为首要，各类人工设施作为开展旅游活动的辅助性设施，应控制在适度的范围内，不可喧宾夺主，既不应破坏原始的自然景观、自然生态，亦不应成为新的人文景观。

3. 简洁鲜明清晰

现代旅游心理学研究表明，旅游者在一定时间内并不感受所有刺激，而仅仅指向能够引起注意的少数刺激物。旅游者对信息的筛选，使那些不清晰的或没被感知到的事物成为衬托对象的背景，因此旅游者往往对那些特色比较鲜明的解说物更加以注意。故解说词标题拟定直接关系到解说词的基调和色彩，以及内容的阐述、立意。一般要求是要准确、新颖、简洁，能够鲜明而深刻地体现作品主题，具有吸引人的观赏力，又有可读易记性。

4. 尊重景区历史文化内涵

注重表现景区的历史文化内涵，提高景区景观的文化品位。通过为游客提供多种体验，以自然为导向的解说活动，令游客参与其中并控制注意力，建立解说员与游客个人体验和感受的纽带，通过解说激发游客的智慧，鼓励游客提问，从而构建景区与游客之间的互动过程，提高解说的质量，但不注意提升文化品位，则有可能使景区的吸引力降低。如北京的旅游资源一直以历史文化观光类产品起主，而且业内人士认为，文化旅游仍将是北京最具竞争优势的旅游产品。然而，北京的文化旅游在蓬勃发展的同时也出现一些问题，有的甚至很严重，不能不引起重视，“文化危机”就是其中之一。

各个景区景点的解说系统不到位。北京的文物古迹密集，品位高、价值大，可观赏度强，但是却没有为游客提供与资源品质相当的解说服务。一些旅游产品的展示方式陈旧、解说词乏味、信息量不够，致使浓郁的文化内涵得不到展现。而且，北京的文化旅游产品多以历史遗址为主，游客能亲身参与其中的活动较少，客观上造成旅游产品的活力不足。还有一些旅游企业，不顾自身的资源现状，模仿现象严重，旅游产品雷同。北京的主题公园建设和全国一样，也经历了一哄而上——惨淡收场的阶段。世界公园在1993年成为北京第一个主题公园后，北京随之出现了微缩景观热，明皇蜡像宫、老北京微缩景园、中华民族园、天下第一城等相继建成，但有的惨淡经营，有的已彻底消失；1997年北京又掀起海洋馆建造热，先后有富国海底世界、北京海洋馆、太平洋海底世界三大海洋馆建成营业，形成激烈的竞争和供大于求的态势。我们应该从这些例子中吸取教训，避免那种劳民伤财的建设。

3.2.2 旅游景区解说服务技巧

1. 主题确定恰当

就是要确定传递内容的主要信息，并把它们的本质特点准确地表达出来，解说系统主要从以下三个方面对内容进行定位。

(1)景区主题

景区主题是解说系统进行内容定位要考虑的首要因素。不同景区主题不同，解说系统所要展现的内容、用词风格侧重也会有所差别。

①地方文化要素。每一个地方都有自身鲜明的民俗文化、民族文化和地方文化，这些文化特质往往隐含在民居建筑、服饰等载体中。解说系统的设计应从地方文化和民族民俗文化中提炼出具有典型特色的符号，抽象诠释出系统的设计符号，使每一个标志标牌的设计都遵从地方文化，在整体效果上成为一件代表地方文化的艺术品，从而增添景区的地方文化性。

此外，标志、标牌设计所提炼的地方文化符号，还要通过完美的艺术形式表达出来，它需要设计者对地方文化、民族民俗文化和艺术有深刻的理解，然后选取设计作品的艺术表达形式。

②主题形象要素。景区形象是一个景区所要呈现给旅游者的、代表该景区的资源特征、服务理念等整合出来的最具代表性的旅游产品，并通过经历、传播等过程在旅游者心目中树立起来的一种可回忆或向往的图像。这种整合出来的图像就是旅游者对景区的感知和认知印象，是景区的象征。

主题形象是景区的生命，是形成竞争优势和垄断最有力的工具。旅游作为一项大众化、审美化的经济文化参与活动，区域旅游主题形象便成了关系其旅游业繁荣的关键心理指标。纵观世界及中国旅游业莫不如此，大凡万众神往、游人如织的旅游胜地，无不具有鲜明独特的形象。解说系统需要挖掘景区主题形象中最精华的部分，让游客深刻地感受景区的形象特征，然后把这些形象特征运用到景区整个解说系统设计中，使其成为标志、标牌设计中不可缺少的重要组成部分。这样，通过凝固化的标志、标牌设施来增强旅游者心目中的景区整体形象。

如武汉东湖，根据旅游资源的独特价值及区域环境条件，其主题旅游形象确定为：江城明珠、人间瑶池——都市生态与文化休闲旅游者的乐园。其旅游形象表现为：山清湖秀景色秀丽，楚风汉韵花园美。美丽的景区与漂亮的市区连为一体，相互映衬，使旅游者能全方位、多视角的体验到江城明珠——东湖山水大观的魅力。

③环境景观要素。环境景观要素至少包括三个层次：首先是吸引要素，即各类旅游吸引物，包括有形的、无形的吸引物，也包括物质性的、非物质性的因素，旅游吸引物产生的是吸引旅游者从客源地到景区的基本吸引力，以此为基础，形成的旅游景区自然是“第一产品（primary products）”；其次是服务要素，即各类旅游服务的综合，景区的其他设施及服务虽然不是旅游者访问景区的主要因素，但是它们作为“第二产品（secondary products）”将会影响旅游者的整个旅游经历，因此当两地旅游吸引物存在替代关系时，服务质量优劣、设施完善程度、交通便捷程度将会对旅游者的景区决策产生重大影响，从而使交通、旅游设施及服务作为辅助吸引力的依托，与旅游吸引物共同构成景区的整体吸引力的来源；第三是环境要素，环境要素既构成了吸引要素的组成部分，同时也是服务要素的组成部分，更重要的是形成了一个旅游景区发展条件，这其中供水系统、供电系统、排污系统、道路系统等公用设施，医院、银行、治安管理等机构以及当地居民的友好态度等将构成“附加产品（additional products）”并与旅游吸引物等共同构成景区的整体吸引力，因此也是非常重要的。

目前，人们对整体环境的设计越来越重视，在设计中要遵从环境的理念，体现对环境景观的重视；将环境景观特征融入各种解说标志、标牌之中，使游客感受到人与自然的和谐。因此，在标志、标牌的造型创意和用材上保持统一的整体风格，形成特色景观效果。

（2）游客需求

确定解说主题之后，解说内容的设计还要考虑游客需求。不同游客对解说内容深度、侧重点要求会有所不同，许多问题并没有技术和财力的制约，相当一部分是设计的时候该考虑而没有考虑到。要根据景区已确定的目标市场，进行模拟实验，从人口因素和心理因素入手，分析考虑游客的需求，进而确定解说内容。

(3)表达风格

现代旅游心理学研究表明，旅游者在一定时间内并不感受所有刺激，而仅仅指向能够引起注意的少数刺激物，由于旅游者对信息筛选以及客观上展示物面积大小和解说材料篇幅限制等原因，表达内容时要力求精炼、准确。在选择表达风格时需要旅游解说系统专家对地方文化要素和景区主题形象要素进行总体规划。在挖掘出解说系统所要表达的元素、符号和形象特征基础之上，结合环境设计、艺术设计和工艺设计等，在环境景观要素、视觉景观要素上对造型、风格和用材上进行筛选，把好制作工艺质量关，并根据具体的环境、安装角度等因素按设计要求进行安装，这样才能规划设计出高质量的解说服务产品，提升景区整体形象。

2. 素材选择得当

素材选择设计要充分考虑以人为本的原则，不要选用强反光材料，载体尽量选用光滑的圆角和弧边。

(1)造型、质地、颜色的选择要符合主题服务。

(2)解说物特别是牌示解说物还要能突出解说物的功能和整体，故还要考虑与安置场所和环境之间关系。

(3)色彩的运用要醒目，易于游客寻找。在不喧宾夺主的情况下，力求各种引导标志(包括全景图、导览图、标志牌、景物介绍等)的造型特点突出，艺术感和文化气息浓厚，从形式到色彩都要为烘托主体服务，做到简洁、清晰、美观。

①设计解说物的高度和体量。通过确定解说物使用距离来设计解说物高度和体量。在对外部空间的研究中，距离是一个非常重要的影响因素。载体的高度、信息物的最佳阅读高度的设计不但要考虑一般身高的人观看方便，还要考虑儿童和残疾人的使用，车辆通行的道路，要考虑车上旅游者的观看高度。

②材料的选择和信息物的处理。景区解说物载体固定方法有墙面固定式、地面固定式和悬挂式等多种，并以地面固定式为主。解说物载体结构一定要坚固，受力合理，必要时进行强度验算，保证安全性和可靠性，墙面固定式和悬挂式建议采用轻型材料。

解说物载体主件制作材料，主要选用耐久花岗岩类天然石及一些坚固耐用竹木材，可少量设置不锈钢、铝、瓷砖等材质的解说物。构件的制作材料，除选择与主件相同的材料外，一般采用混凝土、钢材、砖材等。不同材料制作的载体，其所承载的信息物的处理也不同。对信息物的设计，要注意信息物清晰、醒目、明确和简洁。

③字体大小与环境协调。解说信息采用中英双语，消除中外旅游者的心理反差。解说信息内容要规范，尤其是英语解说物信息，内容要准确，地名的英语解说物的色彩、造型设计应充分考虑景区的风俗、历史、建筑和环境景观等因素。色彩要确定基调，各功能解说物背景颜色要尽量统一，并通过主题色和背景颜色的变化搭配，突出其功能。

出入口处解说物配备照明，建议外部集中照明，可烘托周围的绿化环境，也可内藏式照明，将照明灯具安装在解说物载体之内。英文译名应参照国家规范，采用汉语拼音拼写。

3. 空间布局合理

改变游客滞留景区的无效时间和空间布局。过多游客进入景区的确会对景区可持续发展产生影响，但游客量只是其中的一个因素，还应考虑到游客在景区的滞留时间，尤其是无效滞留时间的影响。

如果能够有效改善景区内部游路系统的设计和基础设施建设，完全可能在游客量增加的情况下降低对景区生态和景观的破坏。其次，真正要提高景区的可持续能力应该通过景区内部解说系统等相关设施的建设，来缓解游客数量增加对生态环境的影响。从这个层面上看，景区涨价如果希望获得消费者的认同，应该将涨价的收益更多地用于我国景区行业还很薄弱的解说系统的建设与完善上。景区解说的空间布局主要包括三个内容：

(1)标志系统

在景区内主要景点、路口、游路中途设置位置标识、服务设施标志、方向标志等内容。

(2)服务系统

景区旅游接待设施不同于城市商务接待设施，有独特性的景观要求，旅游接待设施主要指宾馆、饭店、餐饮、演艺场所、购物场所等地方，这些旅游接待设施与城市的商务性接待设施对于景观的要求有很大的区别。而且观光接待、休闲接待、度假接待之间，对于景观的要求也非常不同，形成主题化的酒店餐饮、奇异建筑、步行商业街区等等旅游设施。为了使老、少旅游者有休息、补充能量的机会，可以在景点之间设置生活服务设施(凳子、厕所、副食部等)。

观赏景区要求引导和休憩服务系统必须与原生风景及人文景观形成高度协调：对于观光景区而言，自然景观或历史文化景观已经非常独特，成为景区游客吸引力所在。不是景区设计本身的目标。相反，一切建筑物、构筑物、园艺等等，都应该以凸显和支持核心吸引物为宗旨，而不应该去抢“风头”，破坏和谐。观光旅游的吸引物和观赏目标，主要就是自然景观和历史文化景观。因此，任何新建设服务系统的人造景观，都处于从属的地位；其中，引导服务系统(指示牌、地图、路标、标志等)应该尽量与环境协调，明显而又融洽；山门、停车场、道路系统、交通工具、休憩节点、服务设施、其他功能性建筑等等，属于景区休憩与服务系统，应该与核心吸引物的景观特色相互协调，成为提升景观吸引力的工具，而不能成为破坏景区原生态景观的“罪人”。

(3)景区内外交通安排

对旅游车辆的接送点进行调整，来保证旅游者基本不走回头路，旅游交通方便。在游憩型旅行的描述中，有三个基本概念：节点、路径和方式。本书将节点和路径的概念从大尺度的旅游空间行为引入景区旅游解说系统规划。其中节点反映了旅游者停留地的区位，路径是节点之间的移动条件，又是它们产生的结果。

全景解说物可以让游客在游览之前对景区有一个整体的认识，展示的是景区的整体形象。一般只有一个，在入口处或主要游径旁。景点解说物位于景点的附近，对景点进行文字介绍。

指路牌主要起引导作用，随景区规划的线路、景点而设置，以引导游客的活动。

忠告解说物用于劝阻游客的不规范行为或写一些注意事项，这些解说物应定位于易遭破坏、需要保护的景点处，随旅游线路适时出现，以提醒、规范游客行为。

服务牌设置的主要目的是方便游客寻找服务功能建筑物，例如，餐厅、小卖部、厕所等，应设在游客集散地和服务功能建筑物附近。

录像带、幻灯片应设置在景区的展室中，以便于游客能更多、更好地了解景区的内容。

人员解说技巧
- 音量——以大多数人能听到为准
- 位置——解说员要居明显位置
- 语速——不急不慢
- 语言运用——(演讲方式)起伏跌宕、幽默生动
- 内容——健康、主题变化、提供适合游客需要的、与游客切身利益相关的
- 方法过程——以提问的方式开始、运用对比的方法、注意游客的反馈、注意回答游客的提问等

非人员解说技巧
- 解说牌——要注意其历史性、科学性、文学性、规范性、情趣性
- 书面材料解说(简介、书籍)——要有吸引力、要有文化和科学内涵,适合阅读、印刷版面要巧安排,但不一定是标准规格
- 门票解说——正面印主景照片,背面可印景区主要景点;中英文对照简介;游览图和游客须知;简介和参观须知;主要景观介绍和区位图;旅游景点景区平面图和简介
- 导游图——要适合参观游览用(而非专业人士看),所以要注意导游对图的阅读和辨认能力;信息准确、通俗易懂、便于携带;颜色、符号、注记要讲究艺术性、通俗性、科学性、规范性

3.3 旅游景区解说服务方法

在景区解说中运用适当的语言技巧,可使解说工作更圆满。人员解说技巧通过解说人员的语言风格体现,如说话轻松幽默,灵活运用地方色彩的语言。此外,解说人员的表情、语气、态度和仪表等都会影响到解说效果。非人员解说的技巧表现在文字和画面介绍的质量、编排和选材方面的高超。

3.3.1 导游解说

一名合格的解说人员,仅有热情和信心是不够的,还需要有扎实的基本功、丰富的知识和良好的心理素质,同时适当地运用解说技巧,可使游客更乐于接受。解说时解说员居明显位置,声音清晰洪亮。以大多数人能听到为准,语速不急不慢,急则游客听不清楚,慢则容易使人注意力不集中。在语言的运用上,适当地运用抒情性的演讲方式,起伏跌宕,错落有致,幽默生动,使游客的情绪随艺术化的语言而波动。其特点是:

(1)信息传递

告知游客专门设施和特殊机会、地点的使用。

(2)导游解说

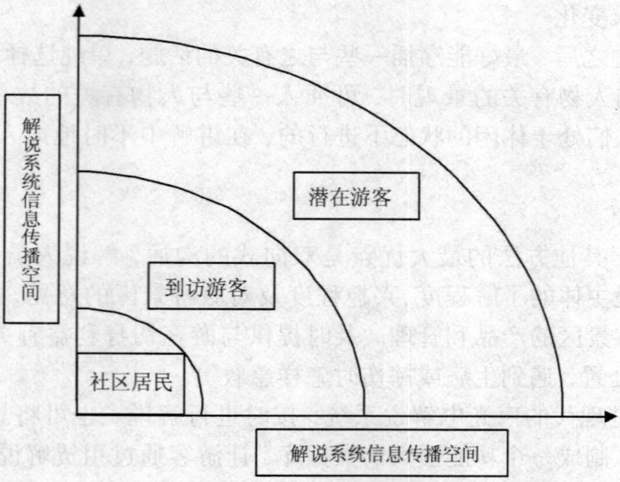

自导式解说系统

其优点有:①容易使游客产生兴趣。②交互式。③符合团队的游览行为。

其缺点有:①对人员素质要求比较高。②费用难以管理。③服务水准难保持。④人员数量的要求比较高。

总体思路:设计要大胆创新，体现地方特色，适合整体环境，达到提升景区整体形象的目的。

负责经营管理的部门不重视，即便自导式解说系统设计出来，与环境不协调，选型缺乏创意，造成人为环境破坏;旅游规划设计单位或公司在设计自导式解说系统时往往简单、缺乏具体可操作性。

在解说过程中，必须集中游客的注意力，避免冷场。人员解说比较容易针对不同的对象安排解说内容，针对不同的游客作针对性的讲解。对一般的游客主要在于引导，使其对景物产生一定认识，对特殊的游客，要尽量满足要求，积极回答游客的提问。讲解时，吸引游客的注意力可以从以下几个方面入手:

1. 制造悬念

以提问方式开始解说，造成一种悬念，引起游客的好奇心和怀疑，进而引起求知欲。在讲解过程中向游客提出一些问题，让游客参与回答，加深问题的印象。同时缩短讲解人员与游客的距离。一篇好的导游词应较好地运用导游技巧，如制造悬念，组织故事，有问有答，导入意境等，而且要语言平和朴实，便于被游客理解、接受。

语言是内心世界的表现，一个人的教养和为人在交谈中会自然流露出来。因此，掌握交谈中的一些基本规则和技巧，是社交场合中拉近宾主间距离的良方。讲解是导游员的基本功，要讲解得好，就要练就一副好口才，将景点讲得有声有色，严肃起来像教授授课，幽默起来像相声大师，流畅起来像评书表演，将游客从一个高潮带到另一个高潮，让你不愿放弃他的声音，你会因他的讲解而欢笑，因他的讲解而悲伤，因他的讲解而愤愤不已——参加由这样的导游员带的团是一种艺术享受。

2. 运用对比方法

讲解游客不太熟悉的内容时，可同其他内容进行对比说明，使游客有所鉴别，从而更好的理解景物。

3. 解说主体力求变化

介绍了一个主题之后，最好能穿插一些与之有关的话题，单纯选择一种主题易显枯燥。

例如，在讲解与人物有关的景观时，可插入一些与人物有关的故事，引起游客的共鸣。此外，旅游讲解是人们处于休闲的状态下进行的，在讲解中不时地插入一些轻松的话题，减少游客的紧张感。

4. 注意游客反馈

人员解说区别于其他方法的最大优点是双向式的沟通，解说人员要注意从游客的反馈中，了解游客对解说主体的了解程度、兴趣程度及对旅游景区的意见，以便调整下一步的解说内容，并改进旅游景区的产品和管理。及时提供与游客切身利益有关的知识，例如，面对特殊情况时的紧急处置，遇到生病或摔伤时怎样急救等。

在著名景点引进现代的声光电解说系统，按时进行解说。也可将景区内各个景点编号，录制相应解说词，汇制成一个功能强大的数据库，让游客通过租赁解说器或随身听与数据库间接联系，获取详细的英文、日文或中文的解说词。还可将这种声像解说词制作成 VCD 当作纪念品进行销售，以促进宣传提升知名度。

5. 讲解内容内涵丰富

对自然风物和人文历史的解说要正确真实，向游客宣传真善美，陶冶性情，愉悦身心。

【小资料】

福州三坊七巷与朱紫坊历史街区导游知识背景解说架构体系

浅度讲解层面	中度讲解层面	深度讲解层面	精深度讲解层面
表象感知	内容识记	知识认知	理念感悟
1. 地理位置与面积（福州市区闹市一隅、占地 50 多公顷） 2. 旅游价值和地位（明清古建筑博物馆、中国“棋盘式”城市坊巷格局的活化石、江南地区最大的城市古民居建筑群、小桥流水人家的“秦淮河风光”） 3. 整体传统风貌（石板深巷、青瓦粉墙、多进院落、河道古桥、古榕苍髯、水路环绕） 4. 内部格局（南后街为中心，三坊、七巷与朱紫坊的名称与分布）	1. 历史沿革与各大坊巷名称由来 2. 与坊巷有关的历史名人史话（官宦名人、文化名人、商界名人、革命志士、爱国将领） 3. 代表性古建筑由来与特色（水榭戏台、欧阳花厅、“五子登科”宅院、“六子科甲”宅院、林聪彝故居、陈季良故居、二梅书屋、小黄楼、光禄吟台、鄢家花园、程家小院、芙蓉园、萨镇冰宅院、天后宫、文庙、刘齐衔故居、方伯谦故居、郑氏宅院、双抛桥、金斗桥）	1. 闽越古城民居构件艺术（风火墙、门罩、排楼、主座、厅堂、花厅、戏台、假山、阁楼、亭子、古井、小桥、水池、戏台、墙塑） 2. 与名人有关的福建船政文化主要思想与有关史迹遗存 3. 福州花灯文化 4. 福州科举名人与科举文化 5. 近代福州工商业文化 6. 福州首府历代建制沿革 7.《与妻书》和《小橘灯》的思想内涵与文学价值	1. 福州古城历史变迁脉络与地方人性 2. 百年船政与复兴中华民族 3. 中国古代城市规划布局理念与风水观 4. 近代资产阶级民主思想对近代中国历史的影响 5. 闽台文化的历史渊源与海峡两岸未来发展关系愿景 6. 闽商文化与海峡西岸经济区的崛起与建设

续表

浅度讲解层面	中度讲解层面	深度讲解层面	精深度讲解层面
表象感知	内容识记	知识认知	理念感悟
5. 与坊巷直接有关的福州籍名人及其故居的名称、数量、历史评价 6. 代表性古民居名称及地位（列为国家级、省级、市县级文物保护单位的数量）	4. 革命遗址与纪念性建筑（新四军办事处、林觉民故居） 5. 古街民俗物产（字画裱褙、古书刻印、花灯制作）与风味小吃 6. 海军将领与海军街的关系	8. 名人家族的姻亲关系趣史（林氏、陈氏、沈氏、刘氏、萨氏、廖氏家族之间的门户结亲）	

3.3.2 解说牌解说

1. 功能

(1)指导

①路口标志(景区名字)。

②欢迎标志。

③指示标志(方向、距离)。

(2)管理

通过对法规规章的明示，限制或禁止游客活动。

(3)教育游客

自导式步道解说牌，一般的解说牌，环境教育，树木名牌。

2. 设置原则：

(1)最能代表景区特色、地方特色。

(2)方便性，易被游客看见和阅读。

(3)安全性。

(4)便于游客游览，提高观赏质量。

3. 材料

防水纸(布)，塑胶，金属(主题公园)，木材(自然景区)，漆画，文字、石材，真石漆。

4. 设计

(1)要求

①与环境协调。

②形状避免新潮、怪异、突出。

③有景观效果。

④施工及维护要有稳定性、平衡感。

⑤避免设置太多的解说牌，风格统一。

(2)大小和高度

根据各自需要制作。

(3)颜色

①配合环境，警告性、禁止性用红色、黄色。

②单色为宜(约5%的男人是红绿色盲、弱)。解说牌上的解说词不仅要注意其历史和科学的准确性，同时还要注意其文学性。解说牌上的解说词要避免错字病句和其他不规范的现象。按照文献记载重新书写的作品，应尊重原作的完整性和正确性，切忌望文生义。

警示类的解说牌应尽量避免使用生硬、冷淡和训诫式的言辞，防止忽视游客的心理感受，避免游客反感。如能换一种说话方式，不仅能提醒游客注意，而且充满情趣。如:禁止践踏草坪的警示牌可以写成“小草有生命，请你脚留情”，营造出优美的文字环境。

3.3.3 物品解说

(1)游客中心

(2)展品

包括鸟瞰图(全景解说牌);手工制品(仿制品)，旅游商品(纪念品)，文化性、地域性、形象包装;模型(沙盘)。

优点:

①游客可自我调整。

②实物(文物)。

③可充分利用高科技。

缺点:易损(维护)。

3.3.4 书面材料解说

书面材料解说是旅游景点环境解说的重要组成部分，现在许多管理较好的旅游景点印制了专门介绍自己的读物，常见的有简介和书籍，但要使这些读物更有吸引力，适合旅游时阅读，读物的印制可以巧做安排，而不一定是标准规格的。

优点:

(1)携带方便。

(2)价格低。

(3)提供详细情形。

缺点:

(1)容易引起反感。

(2)环保问题。

(3)对设计的要求比较高(平面设计，美术)。

(4)需要不断地修订。

如泰山风景名胜区将区内著名的名胜和石刻拍成一幅幅照片，每一个照片都附以文字解说，所有名胜和石刻编印成18厘米×8厘米的《泰山风景名胜介绍》，游客可对照照片和文字，了解泰山风景名胜区的历史文化。书面材料解说的内容要突出旅游景区文化和科学的内涵。

3.3.5 门票解说

1. 普通门票

旅游景区景点的门票也是一种相当实用的解说媒体，可发布有关旅游景区的信息。在门票上印制解说内容，因面积有限，应突出重点，只将要强调的内容印制在门票上。门票解说内容的安排一般是正面印主景照片，背面印制有以下几种：

(1)印景区主要景点，如苏州拙政园。

(2)印旅游景区景点的中英文对照的简介，如甘肃鸣沙山月牙泉介绍。

(3)印游览图和游客须知，如庐山风景区。

(4)印旅游景点的简介和参观须知，如洛阳龙门石窟风景区。

(5)印旅游景点的游览图，如庐山三叠泉景区。

(6)印主要景观的介绍和区位图，如上海东方明珠塔。

(7)印旅游景点的平面图和简介，如淮安周恩来纪念馆。

2. 多媒体电子门票

随着我国旅游经济的发展，目前已成为令世界瞩目的旅游大国，但大多旅游景区还采用手工售验票的方式，存在着不少假票、错票、漏票、逃票及入口拥挤混乱等现象和问题。多媒体电子门票大小如名片，实际上是一个容量为50M小光盘，可储存5～10分钟的VCD画面或装入500幅图片或20万文字，可实现VCD、DVD、CD－ROM播放，光盘外形可根据景区管理者的需求设计成不同图形，也可根据实际需要设置成不同场馆的多个副券。旅游景点的电子门票能向游客生动展现景区风光，再加上中英文景点解说，可将景区宣传推广至全世界。全国众多景点和博物馆如北京龙门涧景区、杭州岳飞庙、云南石林、秦皇岛祖山风景区等都将采用这种多媒体电子门票和技术。

3.3.6 导游图解说

导游图是非常重要的自助式解说方法，是帮助游客进行参观游览的重要工具，而非专业人士看的地图。故游览图应从使用者的眼光编制，留意旅游者对导游图文的阅读和辨认能力。因此，导游图的设计应信息准确，通俗易懂，便于携带，否则可能产生误导或者使用不方便。

1. 符号设计

导游图的编制需要在符号、颜色和注记等方面巧做安排。符号是风景点和服务设施等在图上的表示，讲究艺术性、通俗性、科学化和规范化，虽然我国许多旅游景点编制了旅游图，但却没有形成一套规范化、科学化的符号系统。颜色差别可以增强不同要素的视觉差别，便于区别不同要素和寻找同类要素，从而增强地图的易读性和表现力。

2. 颜色选择

导游图要素的选择应视不同的主题、类型和用途而定，如蓝色表示水面，绿色表示原野，建筑用棕色，风景点用红色等。符号颜色与实际景物色彩接近，符合人们的习惯。导游图上的注记，其字体、字级和颜色的差别可表示要素的类别与级别，同时不对画面表现效果、美感和阅读产生影响。对一些重要的界标加以三维空间的投射，更能引起游客的兴趣，注记应避开图中主要内容，合理布局，注记的字体、字级要与符号的等级系统相适应，注记的颜色一般与被注记符号的颜色相同。

【小资料】

旅游景点景区环境解说服务的方法的比较

解说方法			含义	主要方式	实例	优点	缺点
人员解说			指在旅游景点景区入口、接待中心、观赏点进行解说，也可沿途引导解说	我国大多数博物馆、纪念地类型的景点、景区设有专门的讲解员	韶山毛主席纪念馆 重庆大足石刻	人际交流 现场调整解说内容 利用群体反应，提高个人的好奇心	解说效果取决于解说人员的水平 讲解人数和时间有限 招募和培训人员需要一定的费用
非人员解说	视听解说	影视	主要通过电影、录像、幻灯、触摸屏和录音等设施，将旅游景点景区有关内容传达给旅游者	以旅游景点景区为背景拍摄成电影、电视片	《庐山恋》		
		录像、光盘		旅游景点景区概况、精彩表演等制作成录像、光盘	黄山 广东肇庆（七星岩、鼎湖山） 重庆大足	效果高而持久 影响范围广	制作难度大 所需经费多
		幻灯		一般是作为旅游商品向游客出售		制作简单 可同时欣赏摄影艺术 更换内容容易	需以配音和文字介绍来增强效果 受摄影、配音和文字水平制约 动态不强
		语音		声讯解说系统（用手提耳机可以了解自己想要知道的信息）	上海博物馆	手提耳机解说，减少干扰 用语言和音响表达	设备要求高

续表

解说方法			含义	主要方式	实例	优点	缺点
非人员解说	展示与陈列	陈列室	主要采用照片、图表、模型、标本等，向人门提供旅游景点景区的有关知识	（室内陈列）博物馆和纪念馆常用的方法	周庄	集中展示，参观方便 实物、照片图表、模型、文字多种符号表达，容易理解 不受天气影响	游客长时间参观易疲劳
		指示牌	主要在景物附近设置标牌和图表，言简意赅地向游人介绍旅游景点景区的内容和活动特点	（室外陈列）	南京音乐台门前的乐谱符号型标牌 闽江公园南园石雕	游客可根据自己的时间和兴趣阅读往往能触景生情	露天放置，易受风吹雨打或人为破坏 文字有限，信息量有限
	出版物		指旅游景点景区的简介、小册子、导游图、明信片、画册和书籍等读物	分赠阅和出售两类 景点简介 旅游书籍 旅游地图 图片	安徽的《中国明清民居博物馆西递》	使用时间长，可对旅游景点景区详细、深入的了解 具有纪念价值 可用多种语言描述，适合国际旅游的需要	一般在旅游景点景区出售，其他地方不易买到 游客要有一定的文化水平 出版成本可能较高

3.3.7 提高解说服务水平

1. 提高认识

环境解说服务的优劣，是衡量景区文化品位与管理水平高低的标志之一。环境解说是一个景区的窗口，游客可根据它来判断景区的文化品位和管理水平。因此，要提高景区管理人员和全体员工对环境解说服务重要性的认识，并体现在日常管理和服务过程中，提高环境解说服务的意识和水平，增强主动性和自觉性。

2. 提高景区英译水平

景区标语标牌对游客有最直接的影响，这几年，我国新景区开发的数量多。景区标语标牌的英译错误也比比皆是。如滥用词语、语法错误、翻译不当、缺乏对中西方文化差异的了解。这些与导游词翻译中存在的错误大致相同。对于怎样正确翻译英语标语、标牌，主要有以下几种建议。

(1)进行系统化规范化的专题研究

就旅游景点英译、景点简介、旅游中文化特有事物的名称等进行系统化规范化的专题研究。

(2)全面研究国外的旅游景区解说系统

中国人的思维与外国人截然不同，中国人盖房子，外型是趋同的，而外国人则是趋异的。趋同是纵向思维，趋异是逆向思维。旅游者的动机是趋异，如果出游地和家里吃、住等都一样，人就不会有欲望去旅游了。现在旅游产品的设计多用横向思维、逆向思维，这是符合观光型大众化旅游向休闲型个性化旅游产品发展的趋势的。

(3)对旅游景区的牌示解说可做进一步分析研究

从内容着手，分别就全景牌示、指路牌示、忠告牌、服务牌示加以细化研究。

(4)导游解说词

可根据景点类型特点进行分类，编写出通用专题解说模块。

(5)英文解说在景区规划设计过程中的地位。英文解说应作为一项重要内容。

(6)加强学科交融

语言研究者应学习旅游学，旅游研究人员应强化文化语言功底。

3. 加强服务监督

在景区规划不同层次(总体规划、控制性详规、修建性详规)，对环境解说的规划设计的内容和深度进行具体规定，并由专家进行评审和论证。此外，由旅游行政主管部门根据《景区(点)质量等级的划分与评定》(GB/T17775－2003)规定，对景区环境解说服务进行监督、协调工作，是景区提高环境解说服务水平的外部约束和动力。如《景区(点)质量等级的划分与评定》中对5A景区(点)环境解说服务的要求是:游客中心位置合理，咨询服务人员配备齐全，业务熟练，服务热情;各种引导标志要保持位置合理、数量充足，没有污损、毁坏，造型特色突出，艺术感和文化气息浓厚;导游(讲解)人员持证上岗，人数及语种能满足游客需要，导游(讲解)要科学、准确、有文采;公众信息资料特色突出、品种齐全、内容丰富、文字优美、制作精美、适时更新;公共信息图形符号的设置合理、设计精美、特色突出、有艺术感和文化气息，等等。

4. 加强多学科合作研究

旅游景区环境解说系统规划是一项系统工程，它涉及到心理学、传播学、旅游学等学科知识，需要多学科专业人士之间的联合研究，以提高景区环境解说研究水平，为景区环境解说的规划、设计、管理提供理论依据。同时，加强研究队伍建设，要有专业人员从事解说系统的规划和管理，并指导实践工作。

5. 遵循规划设计程序

环境解说规划设计由确定目标——调查——确定主题——选择媒介——确定解说——内容——评估几个步骤组成。策划人员在进行景区环境解说服务规划设计时，要严格遵守这一程序，在确定解说目标后，进行系统、深入、准确的环境调查和受众分析，确定解说主题，解说主题应与景区的主题一致，然后根据景区的经济承受能力和实际情况选择解说媒体，准备解说内容，并在实施过程中根据游客的反馈信息不断调整和优化。如此循环反复，才能规划设计出既符合景区实际情况，又通俗易懂、深入浅出的受游客欢迎的解说服务。

6. 促进解说手段多元化

手段多样化、文化的多元化决定了景区解说手段的多样化。而且在实践中，实现手段本身，甚至也成为一种吸引物。

(1)科技手段

普遍运用机械、建筑、声、光、电、计算机等现代高科技手段，特别是数字化模拟手段成为现今最新的实现手段。

西安过去的旅游市场主要是以人文观光游为主，这与现代人喜山好水及亲近和参与等有一定距离。因此，今后的遗产旅游战略就要改变“以观光为主导的文物事业游为以能听、可视、体验感受为主的文化旅游”。特别是在历史与文物旅游产品中要立体和活化。可以开展“讲故事”工程，以发生地在西安(长安)的历史或传奇故事吸引游客，感染游客，从而留住游客，使游客在这片神奇的都城里能流连忘返。“因此，文物旅游部门要借助声、光、电等科技手段，创新现代化、主题化的遗产旗游解说系统，开展专题游览活动。在文物旅游景区，创造场景感与历史感强烈的场面和氛围，以增强产品的参与性和娱乐性、体验性。”

(2)文化手段

通过丰富的文化手段来表现深厚的文化内涵。文化手段的运用是从硬件到软件的全方位应用，处处体现文化手段的多样化与文化内涵的深层挖掘，由此形成总体的文化氛围和各个方面的文化细节。

要挖掘旅游产品的文化特色，发挥文化优势，借助文化手段进行促销，尤其是要按照市场经济规律，实现旅游与影视、广播、音像、演出、网络等现代文化传媒的联合。以前佛指舍利赴台供奉、“华山论剑”受到广泛关注的事实，充分说明这种联合的影响力，应该更自觉地沿着这个路子走下去。要发挥政府的主导作用，按照市场规律，整合各种文化宣传资源，实现广播影视、文学艺术、报刊，出版业的有机组合，形成文化促铺的整体效应。要继续加强全省旅游信息网的建设，通过网络抢占更多的市场份额。

(3)商业手段

商业手段作为主要经济手段，在各国旅游娱乐业中广泛应用，在各国的主题公园中更是花样繁多。如多种组合的门票价格，就是商业手段的普通运作方式。在经营过程中，从广告到具体销售的各种商业手段的运用，体现了现代成熟的商业技巧和按照市场导向发展的吸引力。

【小资料】

“看人下菜”式的导游讲解方式

导游员戏称是靠嘴皮子吃饭的，“江山美不美，全在导游一张嘴”，事实上，导游人员应具备掌握和运用语言技巧。导游人员掌握的语言知识越丰富、驾驭语言的能力越强，信息传递的障碍就越小，游客就越容易领悟和理解。

祖国的江山有千千万，名胜古迹、人文景观遍布全国，但是作为导游员，不能为了博取游客的满意和喜欢，就瞎讲，胡讲。应该坚持以客观事实为依据的原则。但讲解也要有针对性，也要把握灵活性原则，就是俗说的“看人下菜”式的讲解。

旅游团队的人员构成非常复杂，游客当中有国家公务员、有知识分子、有普通老百姓、有企业家、有个体老板。其涉及到各个行业不同阶层，年龄大小也不一，素质参差不齐，兴趣爱好价值取向也都不一样。如果导游员在讲解中面对所有的游客都采取同样的导游词，千篇一律，自然就会众口难调，显得枯燥、乏味，游客没有游览的兴致。所以。导游员在实际讲解中。要针对游客的年龄、性别、职业、知识层次适当地调整导游词的内容，尽量找到游客的兴趣结合点。

比如像登上中央电视台《百家讲坛》迄今为止最年轻的主讲嘉宾、年仅36岁的女导游赵英健，在清东陵讲解不下千余次。可每次的导游词都不雷同，对机关公务人员，她以正史为主，讲康熙皇帝的廉洁治吏，评雍正王朝的功过是非；接待百姓旅游团，她会结合当年正在热播的清宫题材的影视作品，为孝庄皇后正名，为慈禧平反；对小朋友，“还珠格格其人”、“香妃的故事”便成了主讲的内容。而这种因人而异的讲解方法，却是建立在渊博的知识积累和形象生动的语言表达技巧的基础之上的，需要下一番真功夫和苦功夫。“看人下菜”式的讲解法，充分考虑到了观众的兴趣和不同层次人群的接受能力，这既是导游员讲解过种中语言服务技巧的体现，也是对游客的尊重和“以人为本”在旅游活动中的生动诠释，让游客在景点实物从导游员讲解细节中都感受到关怀和体贴。

本章小结

解说服务是旅游景区为游客获取和体验景区各种资源信息的一种重要途径，是景区对外服务的“窗口”，是提高旅游景区服务水平和管理水平、满足游客旅游体验要求、增强游客满意度的重要手段。本章重点介绍了解说的方法与技巧。

主要概念

旅游景区解说服务　解说媒体　向导式解说　自导式解说

基础训练

1. 旅游景区解说应该注意哪些问题？
2. 旅游景区解说系统包括哪些方面？
3. 什么是自导式解说？
4. 解说牌解说的优缺点是什么？

案例分析

黄鹤楼导游词

刚过了九月九重阳节，我们知道，中华民族向来就有登高抒怀的传统。所以在风景优美、视野开阔的山地、湖边以及江边建造的高大楼阁，就成为古代观景吟诗的最佳场所，像洞庭湖边的岳阳楼、南昌赣江之滨的滕王阁，还有就是我们的黄鹤楼，都因为宏伟的规模、复杂的建筑结构和奇特的屋顶造型而著称于世，并称为“江南三大名楼”。黄鹤楼又以其历史之悠久，楼姿之雄伟而居三楼之首。但是黄鹤楼开始建筑时，并不是为了观赏风光用的。

三国时期的吴黄武二年也就是公元223年，孙权为了实现“以武治国而昌”，就在长江边上的蛇山上建了一座楼用来瞭望军情，这是黄鹤楼的前身。后来战争过去了，黄鹤楼也逐渐成为了人们游山玩水的好地方。尤其是唐朝时的几位文人，更在黄鹤楼的历史上留下了非常特别的痕迹。大家可以猜猜是哪几个人？有“昔人已乘黄鹤去，此地空余黄鹤楼。黄鹤一去不复返，白云千载空悠悠。”对了，这是崔颢的，大概也是关于黄鹤楼最有名的诗句了。那么还有一首，“故人西辞黄鹤楼，烟花三月下扬州。孤帆远影碧空尽，惟见长江天际流。”这是李白写的。说到他们两个，还有个有趣的故事呢。据说崔颢在黄鹤楼题诗后不久，李白也来到了黄鹤楼。李白是个豪放而又浪漫的诗人，登上黄鹤楼，看滚滚长江东流去，诗兴大发，也准备写首诗，可是正当他要提笔时，突然看见了崔颢的诗。他觉得崔颢的诗写得太好了，自己如果再写，岂不毁了一世英名。所以李白就写了一首打油诗，然后搁笔走了。“一拳打碎黄鹤楼，一脚踢翻鹦鹉洲。眼前有景道不得，崔颢题诗在上头！”听到这首诗大家也可以知道，面对如此美景，却没有写出好诗，李白的心中肯定是非常惆怅的了，所以总希望有一天可以与崔颢比个高低。后来，他的好朋友孟浩然要去扬州，来到黄鹤楼，分别之际，他依依不舍，满怀激情地写下了一首送别诗，也就是“故人西辞黄鹤楼”。这首诗将黄鹤楼雄伟壮丽、登高望远的意境描写得非常美妙，一鸣惊人，成为千古绝唱。诗评家评论，在描写黄鹤楼的上千首诗中，崔颢的七律——《登黄鹤楼》，李白的七绝——《黄鹤楼送孟浩然之广陵》，可以称得上是并列第一。这就是历史上有名的崔颢题诗，李白搁笔，引来李白同崔颢斗诗，最终赢得并列第一，使黄鹤楼名传千古的一段文坛佳话。后来有好事之人据此在黄鹤楼东侧修建一座李白“搁笔亭”。现在黄鹤楼公园内有崔颢的题诗壁，对面就是李白的搁笔亭了。至于黄鹤楼名字的由来，有因仙得名和因山得名两种说法。

结合上述案例，试说一篇完整的导游词应该包括哪些内容。

第4章　旅游景区商业服务与管理

学习目标

了解旅游商品的概念和属性，熟悉旅游游客购物心理；了解景区餐饮服务与管理的任务，熟悉景区餐饮服务与管理的特点；了解景区住宿服务的分类和住宿服务管理的方式及意义，熟悉景区住宿服务的概念和住宿管理内容；了解景区交通服务的概念，熟悉景区交通服务管理的具体内容。掌握景区游客购物心理，熟悉景区旅游商品服务流程；掌握景区餐饮、住宿服务与管理的内容；掌握景区交通服务的设计方法。

引例

到了台湾买些什么

台湾地区的旅游纪念品做工精致、包装精美，文化气息浓厚，是礼物中的首选。台北故宫博物院是大陆游客必到之处，每次去那总能看见一群"同道中人"在纪念品店"慷慨解囊"。各具特色的纪念品中，"翠玉白菜"和"东坡肉"的手机吊饰最受追捧。这两件宝贝的真品，被称为台北故宫的"镇馆之宝"，"翠玉白菜"由一块半白半绿的翠玉为原材料，绿色的部分雕成菜叶，白色部分雕成菜帮，看上去鲜活欲滴；而"东坡肉石"雕得那叫一个逼真，就想上前咬一口。

除故宫之外，台湾各类博物馆都有自己的特色纪念品。历史博物馆卖的餐垫，上面印有齐白石的画、清明上河图、唐代仕女图……相当有文化气息。我和同事每次去都抱回一大堆，亲戚朋友家的餐桌已铺满来自台湾的餐垫。

除了不能吃不能喝的纪念品，还得买点能吃能喝的台湾土特产。说起台湾特产，十个台湾人有九个人的答案是：茶——冻顶乌龙。买茶既可到随处可见的茶庄，也可在一些产茶的旅游景点顺便采购。阿里山是大陆访客的必经之地，山下就有农会开设的农产品商店，里面卖的茶叶基本可信赖。

除了茶，笔者还怀着好奇买了一种叫"绿茶粉"的东西，按名字估计，应该是绿茶磨的粉。据说把它加到牛奶里喝，有减肥奇效，台湾女明星趋之若鹜。除了冻顶乌龙，花草茶也算台湾特产。特别值得一提的是"洛神花茶"，艳若玫瑰，酸中带甜，又养眼又养胃，台湾朋友自豪地介绍是"台湾独有"。此外，凤梨酥也是不错的土特产。

结合上述案例，谈谈你对景区商业服务与管理的认识。

导读

景区商业服务与管理是景区管理的核心内容之一，它直接关系到景区的经济效果甚至景区的生存和发展，也关系到旅游消费者合法权利的维护。要加强景区服务质量管理，就必须建立和完善景区服务质量管理体系，及时对其组织实施和评价，提高服务质量，增强游客满意度。

4.1 旅游景区购物服务与管理

旅游景区购物服务是旅游景区商业服务的一个重要组成部分。虽然绝大部分游客有购物的动因，但这些动因还需要有一定的条件才能转变成现实的购物行为。因此景区要在分析旅游商品特点和游客购物心理的基础上，有针对性地制定景区购物服务策略，为游客提供良好的购物服务。

4.1.1 旅游商品概述

游客在旅游景区的购物范畴通常包含旅游商品和一般性消费品两大类，旅游商品与日常消费品有所区别，它对于游客旅游体验的提升和旅游景区综合效益的提高影响较大，因此，本书仅就旅游商品进行介绍。

1. 旅游商品的概念

学术界目前对于旅游商品还没有公认的定义，不同的专家学者从不同的角度对旅游商品做出了不同的定义。世界旅游组织提出从旅游购物支出的定义来理解旅游商品的定义，认为旅游购物支出是指游客为旅游作准备或者在旅途中购买的物品（不包括服务和餐饮）的花费，其中包括衣服、工具、纪念品、珠宝、报刊书籍、音像资料、美容及个人物品、药品等，不包括任何一类游客出于商业目的作的购买，即为了转卖而作的购买。这些游客在旅游活动中购买的、以物质形态存在的实物即是旅游商品，也被称为旅游购物品。

结合国际旅游组织定义，并依据当前旅游景区服务管理，本书认为旅游商品是指旅游者在旅游活动过程中所购买的具有当地特色、具备纪念价值或者满足旅游活动需要而购买的各类实物商品。旅游商品的概念需要从四个方面去理解：购买主体是旅游者；客体是具有纪念性和当地特色或者满足旅游活动需要的商品；旅游商品是在旅游活动过程中所购买的物质商品；具有价值和使用价值。

2. 旅游商品的类型

旅游商品主要包括旅游纪念品、旅游工艺品、文物古玩及其仿制品、土特产品、旅游日用品等。旅游商品是不包含无形服务的，根据旅游者购买的实际用途情况进行分类（蒋冰华，2005），可分为：

（1）旅游工艺品

这主要是指用本地特色材料制作的，具有独特的工艺、精美的制作、新颖的设计的艺术品，它是传统文化艺术宝藏的重要组成部分。旅游工艺品主要有雕塑、金属、刺绣、花画工艺、蜡染、各种玩具等艺术品。

（2）旅游纪念品

这主要指以旅游区的人文景观和自然景观为题材，体现地方特色传统工艺和风格的、带有纪念性的工艺品。这类商品的品种多、题材丰富、数量大、纪念性强，具有很强的艺术性、收藏性、使用性和礼品性，其中艺术性是最基本最重要的特性。这种类型的旅游商品一般样式精美也不太昂贵，利于馈赠，还可留作纪念，以给旅游者带来美好的回忆。

(3) 文物古玩及其仿制品

这主要指国家允许出口的古玩、文房四宝、仿制古字画、出土文物复制品、仿古模型等。这类旅游商品真品相对比较昂贵，适宜于豪华型游客的购买。而仿制品则价格适宜，深受广大游客的欢迎。

(4) 土特产品

这类旅游商品种类十分丰富，而且具有很强的地方特色，深受旅游者的喜爱，成为旅游者必购的自用品和礼品。

(5) 旅游日用品

指旅游者在旅游活动中购买的生活用品，包括鞋帽、洗漱用具、箱包、地图指南、化妆品、防寒防暑用品以及常用的急救品等。

总之，旅游商品的名目繁多、各具特色，分类方法多种多样。随着旅游业的发展，对旅游商品的性质和分类的研究也将走向一个新的领域，旅游商品在旅游业的发展中也将发挥更大的作用。

【小资料】

提琴成北京平谷特色旅游商品

北京平谷区是大桃之乡，更是中国“提琴之乡”，平谷的提琴产量为世界之最，世界上每3把提琴，其中就有1把产自平谷东高村镇。2011年，平谷小提琴入选“北京礼物”并被评为“游客心中北京十大必购旅游商品”。

平谷区的提琴发展始于上世纪80年代，当时仅有几个小加工作坊进行提琴配件的加工，经过20多年发展，这里已成为产销游购一体化的乐器制造园区。至2008年时，东高村镇生产各类乐器近30万把(件)，其中绝大部分是提琴。2009年，平谷区东高村镇被中国轻工业联合会与中国乐器协会认定为“中国提琴产业基地”。中国提琴产业基地规划占地1000亩，目前已有几十家乐器生产企业，形成较为完善的产业和产品结构。可生产大提琴、小提琴、电子小提琴、电子大提琴、贝司、铜管乐、打击乐、二胡、吉他、箱包等10大类30个品种产品，以及舞台设备、舞美设计等音乐衍生品项目。如今，平谷提琴远销美国、欧盟、韩国、南美以及东南亚50多个国家和地区。

北京华东乐器有限公司是我国第二大提琴生产企业，是该镇从事提琴生产的龙头企业，年产量25万把。该公司建有全国第一家提琴体验馆、规模最大的展览厅，全国及世界各地的艺人、喜爱小提琴的人士及游客慕名而来，亲眼目睹小提琴的制作工序及流程，参观展厅内已经获奖的小提琴，并且还能聆听由音乐老师现场拉奏一首美妙动听的小提琴曲，形成工业旅游一道亮丽的风景线。2011年，鉴于提琴便于携带，体积小且具制造绿色环保、低能耗、高就业的特点，公司开始实施小提琴向旅游商品转化项目，真正使提琴产品成为具平谷特色的旅游商品。

2010年，平谷依托提琴产业资源将音乐、文化、旅游融于一体，“中国乐谷”横空出世。平谷区委书记在第29届世界音乐教育大会上做了积极建设北京音乐园区，全力打造“中国乐谷”的演讲。

启动和建设“中国乐谷”不仅可以提升平谷的产业结构，丰富北京的文化品位，对北京的世界城市建设起到重要的助推作用。平谷作为首都发展的新空间，具有得天独厚的发展优势。目前，北京乐谷已经有了比较高的起点，2011年5月9日，中国乐谷被国家新闻出版总署认定为国家级音乐产业基地。

3. 旅游商品的特性

同一般商品相比，旅游商品的特性具体表现在层次性和针对性、民族性和地域性、多样性和易带性、艺术性、纪念性和实用性的统一、价值和使用价值的特殊性及销售地点的灵活性等几个方面。总体来说，纪念性和地方性（或称地方特色）是旅游商品最为本质的特征，艺术性和实用性是旅游商品的本质属性，同时旅游商品还富有民族性和时代性，体现出多维度的特性。

（1）纪念性

旅游商品的核心部分是旅游纪念品，游客除了游览异域风光、欣赏人文遗产、领略风土人情外，一般都想从旅游目的地购买一些富有纪念意义的旅游商品。游客购买一件纪念性很强的旅游商品往往能唤起他们对旅游生活的美好回忆，增加他们对生活意义的认识和理解，以此来满足旅游的难忘经历和纪念意义的需要。例如，河南洛阳的唐三彩、禹州的钧瓷、信阳毛尖等，这些旅游商品蕴含着河南的地域文化特征，带有河南本地特色，成为游客的首选。

（2）地方性

旅游商品是用当地的原材料和传统的工艺流程进行制作和生产的，它的形成和发展反映着深厚的地方文化。地方性或称地方特色，是旅游商品的本质特征，地方特色从根本上解释了“旅游纪念品为什么有纪念意义，可以作为礼品”。游客到达一个旅游目的地总是希望能够买道具有浓郁民族风格和地方特色的商品，比如景德镇的瓷器、云南的翡翠、夏威夷的风情衫等等。

（3）艺术性

旅游商品应具有艺术性，在艺术表现力上要高于一般的生活消费品，要具有独特的创意和典型美观的特性。内容丰富、设计新颖独特、造型逼真、活泼有趣是旅游商品的核心所在，才能使旅游商品具有特殊的欣赏价值和收藏价值，旅游者购买作为礼品、纪念品和珍藏品，才能有广阔的市场。随着现代旅游者审美情趣的提升，他们不仅仅追求旅游商品的实用功能，更加重视其审美价值，因此，现代旅游商品的设计应当注重艺术性的表现。

（4）实用性

旅游商品的实用性是指商品具有一定的使用价值。旅游者在旅游过程中所购买的纪念品可以是有一定使用价值的生活用品或其他有特殊用途的物品，即要把实用性的日常商品赋予纪念性的文化内涵。这些物品既有实用功能，又因其特定的产地和特殊的工艺而具有纪念意义。比如一套景德镇青花茶具、一件海南的岛服等，既有观赏性、纪念性，还有较高的实用性。

（5）时代性

旅游是人们追求精神和物质享受的一种消费活动，具有鲜明的时代气息。旅游商品也必须适应人们这种消费活动的特点。无论是传统工艺产品，还是高科技渗透的商品，都是时代性的反映。体现时代特征的旅游商品也是旅游者所青睐的。

【小资料】

北京礼物:京味浓

2012 年 4 月，为弥补旅游购物短板，多家“北京礼物专卖店”相继亮相京城。这些彰显民俗风貌与时代特色的“北京礼物”，成为首都一张富含历史文化、知识趣味、文化创意的新名片。

北京市商务委员会相关人士介绍说，今年五一期间，名街、名景区内的“北京礼物店”，给很多来京游客带来惊喜。所展示的商品，涵盖传统工艺品、旅游纪念品、北京特产等。在“北京礼物店”，高品质的旅游商品，让游客挑选礼物时不再有“悬念”，同时，让只有烤鸭、果脯、酱菜等较为单调的北京礼品购物市场变得五彩缤纷。

据介绍，“北京礼物”包括字画、都市工业品、工艺美术品和旅游纪念品四大种类。产品设计完成后，须经专家评审认定后才能进店销售。特许运营商根据不同景区、不同街巷的受众特点、文化主题等，设计具有街区、景点特色的“北京礼物”，商品价位从几元到上千元不等，足够满足消费者多元化需求。

在颐和园东宫门仁寿殿南配殿的“北京礼物店”内，看到琳琅满目的橱柜中汇集了旅游纪念品、工艺美术品、都市工业品和字画等多类“北京礼物”，从多个角度体现了不同的北京文化元素。其中包括“老北京人”耳熟能详的老字号品牌，同时展现的还有代表新时期北京文化特色的现代工艺品，如以水立方等奥运场馆为造型的水杯、茶壶、钥匙扣、服装配饰等。绘集“老北京”衣、食、住、行等画面的生活用品，向游客展示了怀旧感的“北京记忆”。记者在采访中发现，凸显“亲民性”与实用性的“北京礼物”很得人气。在王府井工美大厦二层，服饰、茶具、手表、存钱罐等生活日用品的柜台前人头攒动。记者发现，所销售的“北京礼物”，其价格从 20 元到 400 元不等。关于“北京礼物”价格问题，王府井店运营商——工美集团负责人介绍，“北京礼物”的每件商品定价，都是参考、衡量市场同类商品价格和制作成本，估价后交付北京市旅游委进行审批的。据北京市旅游委相关负责人介绍，“北京礼物”均为市场化定价，按品类分为高、中、低档。

4.1.2 游客购物心理分析

总的来讲，游客的购物心理主要有以下几种：

1. 求实心理

即追求商品的使用价值。游客购买商品，看中的是实用、实惠，对商品的外观并不十分注意。尤其是中低收入阶层的游客，在旅游过程中购买所需要的用品时，不管是作为自用、收藏或馈赠，特别注意商品的质量和用途，要求商品经济实惠、经久耐用、实用方便。

2. 求名心理

即追求名牌和有名望的商品。优质名牌商品、具有纪念意义的商品、可荣耀身份的商品，都会使这类消费者爱不释手。对于有求名动机的游客来讲，往往不太注意商品的效用和价格，而是注意商品的名望、象征意义和纪念意义，并在感情冲动中作出购买决定。这类游客希望在景区购买到具有纪念意义的工艺美术品、古董复制品、旅游纪念品等旅游商品。一方面是为了留作纪念。因为很多旅游者都喜欢把在旅游景区买的纪念品连同他们在旅行中拍的照片保存起来，留待日后据此回忆他们难忘的旅游经历；另一方面是为了带回去馈赠亲友，并以此提高自己的声望和社会地位。

3. 求美心理

即重视旅游商品的艺术欣赏价值。对游客来讲，在旅游过程不仅希望欣赏到美丽怡人的风景，也希望能购买到精致美丽的旅游商品。他们往往重视旅游商品的美观性和艺术性，重视对人的审美作用，对环境的装饰作用，非常喜欢具有民族特色、地方特色、艺术特色和审美价值的旅游商品。

4. 求新心理

即追求旅游商品的新颖、奇特、时尚。标新立异、追新猎奇是许多游客固有的心理需要，游客大多喜欢新奇、新颖与众不同的商品，新的材质、颜色、款式、造型或情趣，可以满足人们求新的心理，调节枯燥、单调、烦闷的生活。因此，人们在旅游景区看到一些平时在家看不到的东西时，就产生好奇感和购买欲。例如，在厦门旅游，游客对鼓浪屿上售卖的“风师爷”就特别感兴趣等。

5. 求廉心理

在旅游景区，旅游者对旅游商品的价格特别敏感，他们追求价格低廉、经济实惠的商品。怀有这种动机的游客在购物时，主要精力放在价格上，希望来到这里购买同等价值的商品而花更少的钱，甚至有时对包装都不计较。这样，既不影响实用，又可以节约开支。当然，旅游活动是一种高级的、高消费的享受活动，游客通常不会像普通消费者那样过分追求廉价而讨价还价。

6. 求趣心理

对于游客来讲，由于生活经历、宗教信仰、受教育程度、家庭背景等方面的不同，其兴趣和爱好也各不相同。在旅游的过程中，他们一般只购买自己感兴趣或喜爱的商品。例如，爱美的女性游客往往会对景区的民族服饰、玉石配饰特别感兴趣。

7. 求知心理

这种心理的特点是通过购物获得某种知识。有些游客特别喜欢景区服务人员介绍有关商品的特色、制作过程等。例如，介绍字画的年代、作者的逸闻趣事以及鉴别商品优劣的知识等。有些旅游者也喜欢购买与景区有关的书籍、光盘等资料。

8. 求尊重心理

这种心理是游客在购物过程中的共同心理需要。这种需要表现在多方面。如希望景区服务人员能敬重游客，热情回答问题；希望景区服务人员能任其挑选商品，不怕麻烦；希望景区服务人员彬彬有礼，尊重他们的喜好、习俗、习惯等。

在游客的购物行为中，可能同时存在以上这几种购物动机的两种或两种以上。而且相互影响，相互制约。景区应该在分析游客购物心理的基础上，做好地方景区旅游商品的设计、生产，以及旅游购物服务。

4.1.3 旅游景区购物服务与管理

对于景区来说，旅游购物可能不是景区的主要收入来源，但这在增加景区收入上的作用却是不容忽视的。对于游客而言，购物可能不是其旅游的首要动机，但购物却可以增加一个旅游地的吸引力。因此，景区做好购物服务与管理工作也是相当重要的。

1. 营造旅游景区良好的购物环境

旅游购物环境主要指旅游购物建筑及其周边环境、旅游购物设施、购物场所内部环境以及旅游景区的人文环境等。旅游购物环境的优劣直接影响旅游商品的吸引力，影响着旅游者的购物消费。因此营造一个特色化、人性化的购物环境，能让游客买得舒心、买得放心。具体来说，营造良好的旅游购物环境应从以下几个方面着手：

(1)合理布局旅游购物网点

在旅游商店的布局上，可以将分散在景点内部和周边的购物品集中到旅游商品购物街上，或者在旅游者较为集中的集散地设立旅游购物中心及特色旅游商品专营店，还可以在景区游览线路上的休息点位置建设旅游购物点，从而将购物网点与景区休闲、游憩设施结合起来。另外，在景区特定的活动区域也可以设置旅游购物点，如景区烧烤区可以设置提供食品、饮料和炊具的购物店。

(2)科学规划购物建筑及周边环境

旅游景区内商业店铺的建筑和布局要统一规划、统一布局，做到位置适当、数量合理。旅游购物建筑的造型、色彩、材质也要与景区的特色相融合，与其周边环境相协调。例如，张家界风景区中有一家“银世界”专营店，利用当地少数民族喜欢带银饰的特色，在店内悬挂了大幅的苗族风情照片，柜台陈设着琳琅满目的银首饰，营业员由盛装的苗族少女担任，这吸引了大量的游人前来选购商品。

【小资料】

39号码头

美国旧金山的39号码头购物中心，是旧金山最吸引游客的地方。它每年吸引的游客高达1000多万人次，2005年营业收入达1.78亿美元。39号码头位于旧金山的北端，占地约18万平方米，与渔人码头相距两个街区。39号码头原为货物码头，后来被开辟为步行购物区。区内的街道由美国著名建筑师Walker Moody设计。从街道的地面、二楼的廊道及其护栏、天桥、楼梯、花坛，甚至建筑本身全部用木头搭成，给人强烈的亲切自然的感觉。这里聚集的商店有110家、餐馆13家。这里有吸引人的自然的和人造的景观和娱乐设施。自然景观包括漂亮的海景：远处是天使岛、旧金山湾、金门大桥全景；近处是码头西侧的海狮。海狮少时有400多只，冬天时会高达900只。它们爬到浮在海上的木排上，或睡觉、或嬉戏，非常可爱。人工的景观包括美国最早建成的水下水族馆、杂耍艺人表演等。水族馆设有400英尺长的水下通道可在水中近距离观赏水中动物。

(3)有效安排旅游购物商店内部环境

旅游购物商店内部的环境布置，如招牌、橱窗设计、内部装饰、货架排列与商品展示等方面是否具有吸引力；商店内的空间布局是否有利于与旅游者的交流，是否具有恰当的文化氛围特征；商店内的环境是否整洁、秩序是否良好、照明是否均匀、店堂是否卫生、空气是否新鲜等。这些都会影响旅游者的旅游购物消费。

(4)塑造良好的景区购物服务环境

旅游购物服务环境包括旅游购物经销商提供的旅游购物服务环境、导游人员提供的旅游购物服务环境、政府提供的旅游购物信息服务环境以及旅游购物售后服务体系环境等。旅游景区旅游购物商店是否诚信经营、服务人员服务态度的好坏、服务水平的高低、有无围追兜售和强买强卖、对所销售商品知识掌握的多少、对顾客的热情程度，以及有关旅游商品、旅游购物商店的信息宣传是否完善、售后服务体系是否健全等都对旅游者的购物活动产生重大影响。

【小资料】

景德镇景区完善旅游购物环境

购物是旅游要素中不可或缺的一个重要组成部分，绝大多数游客都希望在旅游的过程中，可以购买到具有当地特色的旅游商品。对照创建标准，江西景德镇古窑景区规划建设了商业服务区，进一步完善了旅游购物环境。购物点的建设与景区完美融合旅游购物点的设置不仅要考虑游客的消费习惯，同时还要与景区的整体环境和文化做到完美的融合。古窑景区在购物场所的建设中坚持以人为本的原则，购物场所的选址和布局契合游客的消费习惯，将购物点设置在景区的各个小景观处和景区的出口处。这些购物店与景区的特色紧密结合，既可以满足游客在旅途中休闲、娱乐的需要，又可以促使游客在放松、舒适的环境中发生购买的欲望。同时，购物点所销售的旅游商品也都是具有瓷都特色的陶瓷商品。

规范购物店销售制度

古窑景区对入驻的所有商家进行严格的筛选，诚信度不高的不许可入驻，这一举措保障了游客在景区内可以购买到质量有保障的商品。在日常管理中，古窑景区要求所有商家必须明码标价，禁止围追兜售、强买强卖的活动。

打造具有陶瓷特色的商品

旅游商品是旅游购物的基础，也是旅游购物收益的关键，很多旅游景区都十分重视对旅游商品的开发。古窑景区的购物点一般以特色的瓷制品为主要销售商品，包括众多种类的瓷质小饰品、工艺品及艺术品。同时，景区还将制瓷老师傅现场制瓷过程、女子瓷乐队的表演融入到购物点当中，增加了景区的趣味性、互动性，促进了商品的销售。

2. 景区购物服务的管理

对景区来说，好的旅游商品就是景区对外宣传的名片，它既是旅游者美好回忆的物质载体，又传播景区口碑的桥梁。因此，景区要加强统一购物服务管理，建立和完善旅游景区商店管理制度，将景区内的购物点作为展示景区管理服务的一个窗口展示给游客，满足旅游者的购买欲望。

景区购物统一管理措施和手段，包括质量管理、价格管理、计量管理、售后服务管理等。旅游商品货真价实、明码标价、种类丰富，突出本地区和旅游景区特色，符合《商品经营服务质量管理规范》(GB/T 16868－2009)的规定。食品应符合《中华人民共和国食品卫生法》的规定，禁止销售假冒伪劣、过期、变质及其他不符合食品卫生规定的食(饮)品，商品质量必须保障人体健康与安全。

景区购物服务人员统一服装，佩戴员工工作卡。客人靠柜时，服务人员主动招呼“您好”，面带笑容热情接待，主动向客人介绍旅游商品的性能、特点、用途、产地、价格等方面的有关知识，对提出的问题耐心解答，百问不厌，百拿不烦，把优质优价的商品介绍给客人。在接待客人较多时，服务人员做到“接一迎二联系三”。在服务过程中，双手托物，双手接钱，款、物当面点清，客人离店时应有道别词“谢谢，欢迎下次再来”。

3. 提供热情细致的销售服务

销售服务是景区购物企业在顾客选择、成交过程中提供的相应服务，这是使顾客的意向和决定转化为实际行动、达成交易的过程。销售服务的要点包含以下几个方面：

（1）善于接触客人

商品部服务人员不仅要注意自己的着装和仪容仪表，更要善于与客人沟通。要把握好与游客接触的最佳时机，过早或过晚接触游客都会影响到销售服务的效果。接触客人的最佳时机，是在客人认知与喜欢商品之间，需要了解产品信息的时候。通常表现为：当客人长时间凝视某一商品的时候；当客人从注意的商品上抬起头来时；当客人突然止步盯着看某一商品时；当客人用手触摸某一商品时；当客人像是在寻找什么的时候。

同时，服务人员要具有敏锐的观察力和判断力，善于通过游客的衣着打扮和言行举止，判断游客的心理状态，发现游客的潜在需求，并把这种潜在的需求变为及时的具体服务。

（2）准确展示商品

在把握游客需求的基础上，服务人员要有针对性地为旅游者提供个性化的商品展示服务。一方面，针对不同心理特征的旅游者提供不同的商品销售服务，如针对老年旅游者，要根据他们保守、固执的心理特点，推荐一些物美价廉的旅游商品；针对青年旅游者，根据他们新奇、主观性心理特点，推荐一些时尚、科技含量较高的旅游商品。另一方面，服务人员要准确地做好商品推荐工作，如提供咨询，推荐商品，介绍性能、特点、包装等。

商品展示要让客人观看、触摸、嗅闻等，目的是使客人弄清商品特征，对商品质量产生信任，引起其购买欲望，加快成交速度。展示商品是一项技术性较高的工作，需要服务人员具有丰富的商品知识和熟练的展示技巧。在展示时动作要敏捷、稳当，拿递、搬动、摆放、操作示范等动作不可粗鲁、草率，否则会显得服务人员对工作不负责任、对商品不爱惜、对客人不尊重。

（3）热情介绍商品

当客人对某一商品产生喜欢情绪并对商品进行比较、评价的时候，服务人员应适时地介绍商品知识，如名称、种类、价格、特性、产地、厂牌、原料、式样、颜色、大小、使用方法、流行性等等。但不可张冠李戴、以次充好、夸大其词，避免引起不信赖印象。

【小资料】

西湖旅游景区购物“无条件退货”

2005 年 12 月 23 日，中国旅游报发表了左雪文题为“为旅游景点购物‘无条件退货’喝彩”的文章，文中说，同事老王日前从杭州旅游归来，在西湖一景点给孩子买了一件风衣，可到家一试太小不能穿，家人嗔怪他不该在景点随便购物，而他说不碍事，可无条件退货。于是一个电话打过去，西湖景区工作人员说只要将衣服和发票寄过去就可以。果然没几天，老王便收到了商家寄来的全额退款。作者说，不久前他在一家媒体上也看到了类似的报道，不禁为杭州旅游景点购物开“无条件退货”先河而喝彩。

4.2 旅游景区餐饮服务概述

餐饮服务是旅游景区综合服务体系的重要组成部分，绝大多数旅游景区提供餐饮服务，它是景区向游客提供优质服务的基础和保障。景区提供餐饮服务的场所有餐厅、茶室、饮料店、小吃店等，热情服务、诚信待客、明码标价、出具服务票证是餐饮服务的基本要求，餐饮服务环境也要做到舒适、布局合理，方便游客，并与环境相协调。

4.2.1 旅游景区餐饮服务的特点

从旅游景区餐饮服务的实际情况来看有如下特点：

1. 餐饮服务内容丰富

旅游景区的餐饮服务内容较为丰富，有饮食一条街、农家乐、渔家乐、户外烧烤、特色餐馆、宴会餐厅、主题餐饮等多种形式。旅游者可以根据自己爱好，采用快餐、自助餐、宴会、烧烤等不同就餐方式，选择自由度较高。

2. 服务对象构成复杂

景区餐饮部门所面对的消费者绝大多数是来自异地的旅游者，这些旅游者在年龄、性格、喜好、口味、支付能力、个人经历以及心理需求等方面都存在较大差别，相应地他们对景区餐饮的要求也存在很多差异，这种差异给景区餐饮服务与管理带来了一定的困难和挑战。

3. 客源市场不稳定

旅游景区餐饮由于受当地旅游淡旺季的影响，客源市场具有较强的波动性。在旅游旺季、节假日、周末、大型娱乐活动期间客人较多，而其他时间客人较少。因此，旅游景区餐饮要重点抓住游人高峰期的用餐服务与管理，既要保证干净卫生、又要体现当地餐饮的特色。

4. 管理难度较大

由于餐饮市场竞争日益激烈，餐饮产品同质化现象严重，加之缺乏有效的监督管理机制，景区餐饮管理的难度较大。在制度缺位的情况下，一些餐饮企业制作的产品粗糙，缺乏地方特色；环境卫生得不到保证，质量控制随意性较强，使得顾客望而却步；餐饮价格虚高，宰客现象屡有发生。

4.2.2 旅游景区餐饮服务与管理

旅游景区餐饮与社会餐饮，在目标市场、餐饮类型以及对美学、环保、安全等方面都存在较多差异。所以，在景区餐饮服务与管理中，不能完全用社会餐饮服务与管理的标准来衡量，而应该从景区餐饮的特点出发，从餐饮单位的场地选址、建筑设计、餐饮服务基本要求、菜单设计以及餐饮服务质量管理等方面来综合考虑。

1. 景区餐饮场所选址

景区内的餐饮场所包括中餐厅、西餐厅、茶室、酒吧、果汁店、冷饮店等。其经营场地选址要注意以下几个方面：

(1)交通便利

旅游景区餐饮场所要有良好的外部连通性，一般要允许车辆直达，同时旅游者还应该能较为便捷地前往景点。因此，为满足交通的要求，餐饮单位一般要位于交通枢纽。

(2)不破坏景观

景区是游客游玩赏景的地方，优美和谐的环境是吸引游客的主要因素，餐饮场所的选址和建设不能破坏景观的美感，其建筑风格不能与周围环境冲突，应该避开景观优美、环境脆弱的地方。

(3)不污染环境

餐饮场所的废弃物会给景区带来一定的环境污染，应该将其带出景区进行无害处理。餐饮单位的规模也应该受到限制，应以快餐式服务为主。一方面游客来景区的目的是游览，其餐饮消费量不会太大，所占时间也有限;另一方面可以减少对景区造成的环境影响。因此，景区的餐饮点应该设置在景区内人流相对较多、游客进行休憩并且环境不敏感的地方，比如景区的出入口，景区内游客集中休憩的区域，景区内的娱乐活动区域。例如重庆大足的"荷花山庄"，巴渝特色鲜明、气氛浓烈，客人们三三两两坐在一艘花艇内，观看艇外各式荷花，品尝巴渝小吃，接受穿着古朴渔家服的"渔家女"热情淳朴的服务，令宾客仿佛来到了世外桃源。这个例子显示的是环境有特色的经营理念。舒适的环境能营造一个良好的就餐氛围，使食客心情舒畅、食欲大增，同时也让其得到享受和尊崇感。餐饮环境的营造是餐厅的无形资产投入。

2. 景区餐饮建筑物的设计

景区内的餐厅、饮品店的设计应该符合景区的主题，建筑风格和材质应该与景区环境协调一致，不能造成视觉污染，其设计风格还应该为景区起到锦上添花的作用。

(1)外观设计

根据以上原则，景区餐饮单位的外观设计应该和周围环境相协调，不能太突兀而影响到景观的美感，要做到醒目而不抢眼;在色调和材质上要慎重选择，做到既不会影响景观，又可以使其本身的结构、造型成为景观的一部分。此外，还要尽量减少广告宣传牌以及霓虹灯箱等。

(2)内部环境

餐厅内部的设计与布局应根据餐厅空间的大小来确定。由于餐厅内部各部门对空间的要求不同，所以在设计内部空间布局的时候，既要考虑到顾客的舒适、安全、便利以及服务员的操作效果等，又要注意全局与部分之间的和谐、匀称，通过装修和配饰、灯光和音乐、色彩等体现出餐饮单位独特的风情格调，突出景区特色。同时，内部的装修和配饰应该突出景区特色。在门窗的设计方面，应该尽量做到使游客在就餐的同时还能欣赏到外画优美的环境。

3. 旅游景区餐饮单位的菜单设计

菜单是景区餐饮单位提供的详细的、带价目表的菜肴清单，包括固定菜单、循环菜单、即时菜单等多种类型。菜单是餐饮单位对外沟通的窗口，具有展示餐厅经营理念、沟通旅游者、反映餐饮特色和水平等多重功能。旅游景区餐饮单位的菜单管理应包含以下内容:

(1)菜肴选择

根据旅游景区的饮食特点、地区特产和餐饮单位的经营定位、经营理念、目标市场的需要，以及餐饮单位厨师的技能特点，确定菜单的菜肴类型。菜单的设计应讲求营养平衡，突出地域特色，注重主流菜肴的相对稳定性和部分菜肴的动态调整。

(2)价格核定

旅游景区的餐饮定价要合理，要在诚信、服务游客的基础上盈利。餐饮产品和服务应明码标价，菜单上的菜肴除标明价格外还要标明分量，并要出具服务凭证或相应税票，不欺客、不宰客。

(3)菜单的包装设计

首先要根据旅游景区餐饮单位的类型和规格以及制作成本，选择合适的制作材料。然后，根据餐厅内部的环境颜色，设计能够反映餐厅经营特色、餐厅风格和餐厅等级的菜单封面和封底。在此基础上，设计菜单的文字，选择与餐厅风格相吻合的图片。这些文字和图片还要和景区的其他标志风格一致，共同组成景区标志化的识别系统。

4. 旅游景区餐饮产品的开发

旅游景区餐饮单位要针对游客求新奇、求生存、求安全和求尊重的需求，开发能满足游客需要的产品，重点开发以下3种餐饮产品：

(1)大众型餐饮产品

由于大多数游客在景区用餐主要是为了解决基本饮食和生存需要。中式快餐具有价格便宜、适合中国人的饮食结构、方便、快捷等优点，是大多数游客在景区内解决饮食需要的优先选择。因此，迎合大多数游客的餐饮需求，开发大众化的中式快餐，是景区餐饮业的发展趋势。

(2)特色型餐饮产品

特色型餐饮产品是满足游客求新、求奇的餐饮消费心理的需要，也是弘扬地方特色餐饮、特色小吃、底蕴深厚的饮食文化的需要。景区餐饮业的特色化经营主要体现在特色服务和特色食品上。景区餐饮业应根据自身的特点，在保证景区环境不受到破坏的前提下，将当地的特色小吃引进景区，满足游客求新、求异的需要。

(3)高档型餐饮产品

高档型餐饮产品主要满足高端游客的需要，满足他们追求身份地位的特殊需求。

5. 旅游景区餐饮服务基本要求

游客到景区餐馆进餐时，都希望得到良好的招待、诚信的服务，有整洁的环境、可口的味道、合理的价格、便利的位置与舒适的环境、良好的服务。

(1)清洁卫生

游客十分重视餐馆的环境、餐具和食品的卫生状况，这也是客人对安全需要的一种反映，同时，它对客人就餐情绪产生直接影响。客人总希望在餐厅吃的食物都是新鲜、卫生的，餐具都经过了严格的消毒，餐厅的环境整洁雅静，空气清新。客人只有在清洁卫生的就餐环境中，品尝美味佳肴，才能产生安全感和舒适感。餐馆卫生应符合《饭馆(餐厅)卫生标准》(GBl6153－1996)的要求，景区饮用水执行《生活饮用水卫生标准》(GB 5749－2006)的相关规定。

(2)快速上菜

游客到餐厅就餐时希望享受到快速、有序的服务。其原因主要是:游客在景区游览后产生强烈的饥饿感，当人处于饥饿时，血糖下降，容易发怒。就餐后，或者去其他景点游览，或是去购物等，时间对他们来说是宝贵的。另外，现代生活的快节奏使人们形成了一种对时间的紧迫感，养成了快速的心理节律定势，过慢的节奏使人不舒服，也不适应。餐厅点菜、上菜、结账时间过长，更会使客人难以忍受。为了满足客人的需求，餐饮单位应当从餐前服务、餐饮类型配置等方面做出改善，如准备一些快餐食品，为那些急于就餐的游客提供快速服务。

(3)公平合理

只有当客人认为在接待上、在价格上是公平合理的，才会产生心理上的平衡。如人在就餐的过程中，并没有因为外表、权势或消费额上的不同而受到区别对待，在价格没有吃亏受骗，就会觉得公平合理，感到满意而产生忠诚。因此，餐厅在制定价格、接待上都要注意尽量客观，做到质价相称，公平合理。

(4)尊重客人

根据马斯洛的需要层次理论，宾客外出对餐饮食品和饮料的需要出于两个原因：为了替代家中日常的进餐活动；二是把在餐厅进餐看作是消遣和娱乐活动。宾客对的需求实际上隐含了客人对情感、社交、自我实现等较高层次的需要。

俗话说，“宁可喝顺心的稀粥，决不吃受气的鱼肉”，道出了尊重客人在餐厅服务重要性。尊重客人体现在客人用餐服务的各个环节，如微笑迎送客人、恰当领座、尊重客人的饮食习惯等。

6. 餐饮服务工作流程

(1)准备工作

①参加班前会，按规定着装，佩戴工作牌，仪容整齐，化妆得体；

②查看餐厅门窗、保险柜、验钞机等设备及餐厅内餐桌椅是否正常；

③搞好餐厅内外的清洁卫生工作；

④根据需要到财务部兑换钱币，保证每日所需的零钞。

(2)点餐工作

①做好等待中的预订工作；

②礼貌迎接顾客，做好引导工作；

③礼貌询问，送茶递巾，准备免费食物；

④介绍菜点，当好参谋；

⑤接受点菜，开单下厨；

⑥补撤餐具，送上酒水；

⑦按序上菜，介绍菜点；

⑧餐间服务，热情周到；

⑨客人结账，迅速办理；

⑩用餐完毕，礼貌送别。

(3)餐后工作

①立刻收拾餐桌，做到手脚轻放，动作利索；

②临近下班仍有客人时，不能清扫地面、整理柜台，以免使游客产生被驱逐感觉；

③做好每日每月盘点工作，保证账、款相符，做到准确无误，并认真填写报表；

④结束营业后，将当日报表及钱款交景区财务部门；

⑤做好工作日志，搞好卫生，关闭门窗、保险箱等，切断电源，下班。

4.2.3 餐饮服务工作难点

景区餐饮服务除了要满足以上餐饮服务的基本要求以外，还有其特殊的要求。

1. 团队用餐的困境

景区经常会接待大批量的团队游客，团队用餐一般都统一标准、统一时间，这就要求景区具备能接待团队用餐的场地、足够的设施设备以及在短时间内提供大量优质食物的能力。

团队用餐一直是景区旅游餐饮服务的一大难点。一方面，团队游客人数多，用餐时间集中，供求矛盾比较突出，黄金周期间更甚。另一方面，来自四面八方的游客聚集到一起，健康情况比较复杂，疾病交叉感染几率高，容易诱发饮食卫生安全问题。

多年来，旅行社安排的团队用餐方式，大部分是“八菜一汤”或“十菜一汤”的桌餐。每逢黄金周，旅游景区内的饭店餐厅应接不暇，一批游客刚走，餐厅服务员忙着整理餐桌，清洗碗筷，招呼下一批游客，这一桌还是杯盘狼藉，那一桌已急着要上菜。面对此情此景，有些游客掏出餐巾纸擦拭碗筷。但这并不能阻断交叉感染。更加有效的方法是多备餐具，加强消毒，推广使用“公筷”，倡导科学、文明、卫牛的餐饮习惯。

2. 特色餐饮的供给

游客到景区游玩，“吃”不仅仅是为了填饱肚子，更是为了获得一种特别的体验，品尝到平时尝不到的美味佳肴。这就要求景区餐饮在做到卫生、可口的前提下，还要体现其特色。

特色餐饮不仅仅体现在食物本身，也体现在用餐的氛围、烹调技术、用餐方式等饮食文化上。因此，景区要根据当地的食物资源等，收集私房菜谱和开发风味独特的地方美食佳肴。如具有地方风味和民族风味的山珍海味、滋补药膳、山野美味等，使游客感受到异域的餐饮方式和习俗。例如洛阳久负盛名的“水席宴”，水席始于唐代，至今已有一千多年的历史，水席源于洛阳，是豫菜的重要分支，之所以称为水席，一是它的每道菜都离不开汤汤水水，二是一道道地上，吃一道换一道，仿佛行云流水一般，故称水席。游客在享受水席宴的同时，也会感受到浓郁的地方文化和历史文化。

4.3　旅游景区住宿服务与管理

旅游景区住宿服务是景区服务的一个有机组成部分，但并非所有景区都提供住宿服务，只有规模较大的景区或者是偏重休闲度假性质的景区才设有相应规模的住宿设施，包括旅游宾馆饭店、旅馆、度假村、野营地和能为游客提供住宿服务的场所。景区住宿服务的目标就是通过完善景区内的住宿服务体系，让游客获得舒适惬意的住宿体验，并实现景区游客接待的预期目标。

4.3.1 旅游景区住宿服务概述

1. 旅游景区住宿服务的概念

旅游景区的住宿服务就是借助旅游景区的住宿设施和服务人员向游客提供的以满足游客在景区住宿、休息等需求为基本功能，同时也可满足游客其他一些需求的服务。

2. 旅游景区住宿服务的分类

按照旅游景区住宿接待设施的档次和运作模式，可以分为标准酒店类（包括宾馆、饭店、疗养院、度假村）、小型旅馆类、特色小屋类和露营式等主要的类型。

（1）标准酒店类

对于规模较大的旅游景区和一些高端旅游度假区，其住宿接待配套有高档次的星级酒店，并按照国家星级酒店标准建设，严格执行标准化服务。它可使游客获得较为舒适的旅行生活，当然也需要支付较高的费用。

这一类酒店住宿设施通常具有较大的建筑体量，并且对周围环境影响较为明显。因此，建设时要充分考虑区位选址、能源环保、外观景观、规模体量等因素。

①区位选址。景区酒店要有良好的交通可进入性，能够允许汽车直接通达，并能便捷到达景区的核心区。但是不可过于靠近交通要道，以保持安静独立的住宿环境。另外，要考虑建筑设施不能影响周边景观环境，不能影响景区中的景观视线，更不能将其建设在生态环境较为脆弱的地段。

②低碳环保。景区住宿设施必然涉及能源和排污问题，要考虑采用低碳环保的能源和相关设施。酒店提供的服务越全面，能耗也就越大，因此，要根据实际情况，注意采用节能减排低耗的设施设备和用品，为建设低碳环保、生态优良的景区做出贡献。

③建筑外观。酒店接待设施不仅要拥有高等级的服务和设施，同时对其周边环境也有要求，特别是位于度假型旅游景区中的酒店，其对景观环境质量的要求就更高。因此，景区中酒店的建筑风格要与景区环境景观相协调、一致。外观设计力求特色化，采用本地特有的建筑样式，保持浓郁的民族气息；生态化，尽可能利用本地材料或本地的建设工艺来建造，做到与周边的生态环境协调，以减少景区内建设新建筑而带来的环境影响；外观造型景观化，景区酒店倾向于中低层，要具有可观赏性，并与景区景观相和谐。

④规模体量。景区酒店的体量大小要根据景区的最佳旅游容量来确定，不宜过大而显得突兀，要格外注意容易造成景区生态环境和视觉环境影响的因素。还要考虑内部设施的规模、质量等级和设施类型。同时，由于酒店住宿人员多，还要注意为旅游者提供休闲娱乐的场所。

【小资料】

亚龙湾成为亚洲五星级酒店密度最高的旅游度假区

海南省三亚市的亚龙湾国家旅游度假区，由中粮集团投资建设的两家世界顶级五星级酒店——三亚亚龙湾瑞吉度假酒店、三亚美高梅度假酒店，以及亚龙湾游艇会，于2011年11月30日同时开业。亚龙湾成为亚洲五星级酒店密度最高的国家旅游度假区。

19年前，碧海白沙风景怡人的亚龙湾没有一家星级酒店，如今，15家世界五星级酒店如明星布列于亚龙湾畔，以高品位的度假环境、高质量的服务体系、高档次的软硬件设施和高规格全方位的接待能力，向全世界展示着中国旅游文化产业的勃勃生机。

中粮集团与喜达屋集团首度合作打造的三亚亚龙湾瑞吉度假酒店是喜达屋集团瑞吉品牌在中国南区的首家滨海度假酒店，酒店总占地32万平方米，总建筑面积10万平方米，规划开发区域分为三个功能区：酒店区、游艇码头区以及可售私人别墅区。它拥有401间豪华客房，其中包括28栋独栋别墅。项目占据亚龙湾一线海景黄金位置，独享稀缺、珍贵的红树林和亚龙溪景观，整体呈现背山面海、溪流环抱之势。项目建设极具个性化，住客可通过乘船进入酒店大堂；酒店大堂下将建一豪华游艇码头，为住店客人带来尊贵体验。

三亚亚龙湾瑞吉度假酒店已被海南省政府、三亚市政府确定为具有国宾接待功能的酒店。

同时开业的三亚美高梅度假酒店同样系出名门，是中粮集团携手国际知名高端酒店管理公司美高梅国际度假集团打造的另一高端生活度假酒店。酒店位于三亚亚龙湾核心位置，占地面积近11万平方米，总建筑面积11万平方米，拥有676间创意设计客房，包括596间风格迥异的标准间、74间套房及6座高级海滩别墅，12间风格迥异的餐饮娱乐场及4000多平方米顶级会议空间等设施，糅合了本地传统文化和美高梅品牌标志性的新锐建筑设计理念。

(2)小型旅馆

景区小旅馆的接待功能不如酒店那么齐全，设施和环境上较星级酒店要求低，提供住宿、设施等基本服务，但像餐饮、铺床服务、整理房间等可能要由游客自己来做。例如国外较为流行的汽车旅馆、著名的青年旅馆以及家庭旅馆等，近年来，围绕景区建设的家庭旅馆在国内众多景区得到迅猛发展，例如洛阳栾川重渡沟景区就有很多这种家庭旅馆，接待能力大小不一。

①区位选址。小型旅馆在区位的选址上考虑的因素主要有交通便捷性和成本的低廉性。有良好的内外连通能力，与景区依托的城市交通枢纽站之间具有较为畅通的交通，便于旅游者进入；与景区之间也具有交通通道，因为该类旅馆接待的大多是散客，而不是团队游客，交通便捷性对其来说尤为重要。由于这类旅馆主要为旅游者提供住宿服务，对于接待设施的档次和住宿的环境要求不高，干净、卫生、整洁即可。

②建筑外观。景区小型旅馆在建筑形式上与景区风格一致即可。如家庭旅馆依托的空间是当地居民的住宅，外观相对来说不太重要，但不能破坏景区景观，并且要与周边居民建筑融合。

③规模体量。景区内小旅馆的体量一般不会很大，但可能家数比较多，也能满足供应。至少有2个以上房间，4个以上提供客人住宿的床位，人均居住面积不小于4平方米。

④服务设施。旅游者在服务设施上的要求也较为简单，主要表现为基本要求和安全性要求。而且提供的服务也较为单一。

基本要求包括：根据当地气候，有采暖、降温设备，通风良好；客房要经过一定的装修；供旅客住宿的房间配有床、桌、椅等配套设施，有必要的电源插座，照明充足；必须能够供应饮用水；有供旅客用餐的餐位，可以根据需要，提供餐饮服务；有卫生间，并配有较为齐全的卫生设施，必要时有热水供应；应有24小时能提供服务的人员，旅客所在房间能提供单独的钥匙；能用普通话作为服务语言。

安全性要求是指保障旅游者生命、健康及财产安全的要求，主要有：房屋建筑安全、牢固；底层、临街靠巷房屋和容易攀爬的阳台及、窗要有防护；厨房中应有消毒设施；有防蟑螂、老鼠、蚊子、苍蝇的措施；客房和卫生间每日全面清理一次，保持清洁、整齐；床单、枕套、被套等卧具应一客一换；供旅客使用的餐具、茶具、公共用具必须清洗消毒；空气质量、湿度、噪声、水质必须符合国家卫生标准；对旅客的财物有妥善保管办法；有应急照明灯或应急照明电筒；有灭火器等必要的消防设备及防火措施。

(3)特色小屋类

特色小屋类接待设施是根据旅游景区的自然和人文环境设计出的住宿系统，如吊脚楼、小竹屋、小木屋、小石屋、树屋等。该类住宿接待设施能够为游客提供别具特色的住宿服务体验，与此同时，它们也成为景区中独特的景观点。但是，此类接待设施往往较为简陋，服务内容也较为有限。

特色小屋周边要求景色优美，具有视野良好的观景点；地质稳定、坚固，避免在有断层或土质疏松容易塌陷的地区建造；充足的采光、良好的通风和排水；气候温和、白天温差大、过热（过冷）或者常有大风、暴雨的地区不适宜作为建设选址；必须要有较为广阔的腹地，以便为日后的扩充发展提供潜力空间；具有良好的可进入性，交通方便；环境的自然性强，受人为破坏少；具有充足的水源供应；在中近程距离内，为旅游者提供休闲活动。

（4）露营式

露营式接待设施是旅游景区中最为简陋的住宿接待设施。即旅游景区开辟专门一块营地作为旅游者夜间露营休息的场所，旅游者则使用自带露营设施，如露营下、帐篷或租用景区内提供的露营设施实现住宿。露营式接待设施较容易受外界环境的干扰，因此，一般只有在特定的季节或旅游旺季时才对旅游者开放。

目前露营在我国旅游景区还大多作为游憩项目存在，如临时营地、日间营地、周末营地等停留时间较短的营地，居住营地、假日营地（海滨、湖滨、森林、雪地等旅游资源质量较高的度假）、森林营地（配合森林游憩而开发）等居留时间较为长久的营地，而旅游营地是指按照较高标准建设的假日营地，通常位于旅游度假区内部。此外，国内部分旅游城市开始修建高标准、高规格的露营基地，这些基地功能设施完善，特色突出，如山东曲阜的石门山露营基地。

露营地的选择除关注可进入性和水源供给状况等要素外，还要考虑地表坡度、日照时间、植被状况、地面土壤以及危险物等因素。各类营地通常配有完备的服务设施，满足游客放松身心，享受野外生活乐趣的需求。

【小资料】

山东曲阜石门山文化特色露营基地

露营地作为满足房车、自驾车、帐篷等露营形式的生活补给和供人休息的场所，其关键作用就是在于满足房车、自驾车、帐篷等露营者的补给，这是露营地最根本也是最基本的功能。但如果仅仅是补给功能，那么也只是汽车加油站的性质，所以露营地应当具备休息的功能才能体现出露营文化来。所以，补给和休息构成了露营地最基本的特点。作为孔子故里曲阜的第一个露营地，石门山自驾车露营地总体设计思想是如何将中国传统文化元素融入现代休闲活动之中。

曲阜石门山自驾车露营地坐落于石门山国家森林公园景区，这里群山环抱，地势跌宕起伏。绿树成荫，风光秀丽，森林覆盖率达70%，是名副其实的天然氧吧。

一、突出文化教育的概念

露营地旨在打造一个文化教育基地，包括青少年教育基地和夏令营基地。

学“礼”：“不知礼，无以立也”。

学“农”：农场；一亩地菜园；生态水晶宫；动物观赏园。为城市人提供一个从实践中学的机会。

二、崇尚运动

孔子六艺：“礼、乐、射、御、书、数”。

露营地内设有许多运动类项目，CS野战基地；滑雪滑草场；射箭场；马术；拓展训练；山地自行车；垂钓等。

三、强调生态和谐

“礼之用，和为贵”“四海之内皆兄弟也”“天何言栽，四季行焉，百物生焉”。

返朴归真，回归自然的田园生活：农场（薰衣草、向日葵、油菜花等）；牧场（与牛羊作伴）；多禾坊、酒坊、油坊；房车区；帐篷区；木屋区；别墅区等。

4.3.2 景区住宿服务基本要求

1. 整洁舒适

干净整洁的客房是景区住宿服务的最基本要求，是客人获得舒适体验的基础。服务员在整理客房时应做好清洁卫生工作，内外设施整齐干净，使客人能够放心使用，产生信赖感和舒适感。清洁卫生是反映客房服务质量的一项重要内容，是宾馆档次和等级的一个重要标志。客房卫生还包括服务员个人卫生和服装整洁，让客人觉得服务员干净、利索、精神状态良好。

客房服务人员清理客房，一般在客人不在时进行，如有特殊要求，可以随机处理。即使是空房间，也要及时清理，准备迎接客人。如果客人到达客房后再去清扫，会给客人留下不良的印象。另外，可以采取一些措施来增加客人心理上可靠感。比如，客人入住前在马桶盖上张贴“已消毒”标签，为茶具、水杯套上消毒纸袋等。但要实事求是，不能欺骗客人。特别是大多景区在郊外或山区，空气湿度较大，床单、被褥、地毯和浴巾等容易潮湿，产生霉味，要适时采取通风、除湿等措施，保持客房舒适的住宿条件。

2. 安全便捷

游客总把自己外出旅游时的安全放在第一位，安全感的缺失会导致游客旅游体验的快速下降。安全感不仅局限于私密性，还包括防火、防盗和防人身意外伤害等。客人在住宿期间，希望自己的人身与财产得到安全保障，能够放心地休息和工作。

客房是客人单独拥有的空间，因而，他们对客房安全方面的要求比较高。客房的安全设施要齐全可靠；服务人员在没有得到召唤或允许的情况下，不能擅方进入客人房间，更不能去干扰客人。有事或清扫服务要先敲门，得到允许后方可进入，完成后即刻离开。日常清扫服务时，不容许随意翻动客人的物品，尤其在进入房间时不可东张西望，以免引起客人不安。景区住宿的对象大多是游客，他们舟马劳顿，在办理入住手续时，要提供便捷的服务，但应该遵循一定的程序，避免出现安全问题。

3. 安静轻松

客房环境宁静才能保证客人休息好。保持客房宁静也就是要防止和消除噪音，可从以下几个方面入手。首先，选配设备要考虑低碳环保、低噪无噪；其次，必要时要做好隔音措施，阻隔噪音的传入和传导；再次，张贴“请勿喧哗”等温馨提示标志；最后，员工服务须做到“三轻”——走路轻、说话轻、操作轻，以自己的言行去感染那些爱大声说笑的客人，引导客人自我克制，放轻脚步，小声说笑。服务员扮演好“管家”、“侍者”的角色，营造安静轻松的休息环境。

4. 亲切温馨

客房服务要为客人提供一个家外之“家”。客人总希望受到服务员热情接待，看到服务员自然的微笑，听到服务员真诚的话语，得到服务员周到的服务，希望服务员尊重自己的人格、生活习俗，并提供人性化和个性化服务，真正体验到“宾至如归”的感受。

客房服务员与客人关系最密切，服务员亲切的服务态度，能够最大限度地消除客人的陌生感、距离感等不安的情绪，缩短客人与服务人员之间情感上的距离，增进彼此的信赖感。

4.3.3 景区客房服务流程

景区客房的客源集中在景区观光、游览、度假的客人上，客源相对较为单一，并且易受景区旅游淡旺季的影响，因此，景区客房的规模相对较小，功能也不全面，需借助景区别的部门（如餐饮部、娱乐部等）进行弥补和配合。

景区客房服务部门在业务上和内部管理上与饭店管理差别不大，下面就以总台接待服务和客房服务为例介绍相关服务程序和要求。

1. 总台接待服务

（1）总服务台的基本功能

合理调整房间床位价格，进行宣传促销，促使客房顺利销售；对客房出租、会议安排、接待团队等信息严格控制，及时处理；最大限度地利用每间客房，合理进行安排协调，提高客房入住率。建立和接转客人账务，这直接关系到景区的经济利益能否得到保证；协调景区各部门工作的任务，各部门要根据总台的接待情况、游客类型和服务要求，进行组织和安排；整理和保存入住客人资料，为景区进行销售预测和制订经营计划提供依据。

（2）住宿登记制度

为做好安全保障工作，热情周到地为游客服务，并提高服务质量，景区住宿部门必须了解服务对象的各方面情况，主要通过旅客登记的方式来掌握。

（3）服务员交接班制度

景区服务人员昼夜工作时，各班次应办好交接班手续，相互间才能紧密衔接，明确职责，防止出现混乱现象。上下班交接的主要内容包括：旅客退租结算房间床位情况及已收账款；空房空床情况及原有和新来旅客的一般情况；旅客交办未了的事项，如详细交代要求、时间及已处理情况；患病旅客的病情及照顾情况；来访宾客的留言或委托转交事项及外来电话留言；家具设备的变动或处理情况；夜间值班人员应注意旅客嘱咐的叫早时间。

（4）总台接待服务要求

①掌握预约。掌握当天或未来几天内所能腾出的房间数，热情接待并明确答复预约者（包括来人、来函或电话预约）提出的要求，做出妥善安排。如果住房客满，应表示歉意，并协助联系其他的住宿单位。

②验证登记。客人走近柜台，登记人员应微笑迎候，介绍客房种类、位置、条件及房价，征求客人住宿意见。办理手续时，验证要仔细，登记要迅速，询问语气柔和。接待团体客人应预先把房间分好，并请陪同人员协助安排，统一登记。对特殊客人可让其先进房间，后办理手续。

③客房分配。全面掌握客房的方位及档次条件，分配时尽量满足客人要求。如不能满足时应耐心解释，并表示歉意，有条件时再做适当调整。

④账目结算。审核填写时认真细致，发票字迹清楚，收找款时唱收唱付。结账后，向客人道谢，并请再次光临。

⑤客人查询。礼貌应答，不清楚时，应向有关部门查询，不能用“大概”、“也许”、“可能”等含糊不清的语言作答，更不能敷衍了事。

⑥代办事项。客人函电、留言应及时传递，夜间叫点准时无误。客人委托代办的事宜，认真对待，快速准确。

2. 客房接待服务

客房是人们外出旅行下榻或暂时的住所。客房服务的目的是努力为客人创造一个清洁、美观、舒适、安全的理想住宿环境。

客房一经出租就属于住客的私人居所，因而进房及整理房间时必须严格按照操作规程，任何粗鲁或者疏忽都可能造成很坏的影响及不良的后果。整理客房时，如遇客房门口有“请勿打扰”的牌子，则可跳过去做别的客房，但要做好记录，并过一段时间再去看看。

正常情况下进客房要注意以下几个方面的问题：

(1)敲门

手指弯曲，以中指第二关节轻敲两次，每次三下，每下间隔3秒，并报称“客房服务”。

(2)按铃

按铃同时清晰地报称“客房服务”，等客人反应，一般有间隔地按两下。

(3)反应

客人有回音时，服务员应答：“我是客房服务员，请问我能现在进来为您清洁房间吗?”并等待客人开门。如房内无反应，服务员方可用钥匙开门，并再次报称“客房服务”。

(4)开锁

当使用磁卡或钥匙开锁时，注意开门后必须将磁卡马上放回裤袋或将钥匙挂在身上，以免丢失。在开锁过程中，身体与门保持30厘米左右的距离。

(5)开门

开左边门用左手，开右边门用右手，把门轻轻推开。

(6)挂牌

打开房间后，把“正在清洁”的牌挂在门把手上，然后巡视一遍房间，以确定房间是否有人或其他特殊情况。

4.3.4 旅游景区住宿服务管理的内容

旅游景区住宿服务管理的内容众多，其中最主要的两个方面是服务质量管理和安全管理。

1. 服务质量管理

旅游景区住宿服务质量管理是由景区内住宿部门对为游客提供的住宿服务及相关方面服务的质量管理，主要包括以下方面：

(1)通过利用和开发旅游景区良好的环境资源和现有的设施设备，向游客提供高质量的住宿服务。

(2)通过市场调研与预测，结合景区特色，开发符合市场需求的产品，以满足游客与当地消费者的需要，扩大景区的经济效益。

(3)通过景区住宿业务部门与公关部门的广告、宣传以及住宿单位设施设备的改进和服务质量的提高，创造住宿服务的声誉和口碑，吸引更多的客源。

(4)通过与旅游供应商和零售商的业务联系，从产、供、销各个方面，不断改进服务质量，提高市场竞争力。

(5)通过专业教育和岗位培训，提高住宿服务部门各级管理人员和服务人员的专业知识水平和服务水平。

(6)通过人力、物力、财力的决策、计划、组织、协调、监督等管理工作，提高住宿管理效率。

2. 安全管理

景区安全管理是景区住宿服务单位为了保障游客、服务人员的人身和财产安全以及景区住宿服务单位自身的财产安全而进行的计划、组织、协调、控制与管理活动的总称。景区住宿服务单位要综合考虑国家法律法规和景区自身的特点，制定一套科学、有效的安全管理计划、制度与措施。

(1)犯罪与盗窃的防范计划、控制与管理

①游客生命、财产的安全控制与管理。旅游景区要加强景区住宿大门入口、电梯入口、楼层走道的安全控制与管理;加强客房门锁与钥匙以及客房内设施设备的安全控制与管理;加强游客财物和保管箱的安全控制与管理。按照我国相关法律规定，住宿服务必须设置游客财物保管箱，并且建立一套登记、领取和交接制度。

②员工的安全控制与管理。旅游景区要制定岗位工作的劳动保护与安全标准，采取劳动保护措施，并在员工的岗位技术培训中增加安全工作、安全操作的培训与训练;要加强员工个人财物安全保护，包括员工宿舍内以及更衣室个人衣物贮藏箱的安全保护;要保护员工免遭外来的侵袭。此外，及时护送生病及受伤员工就医，防范员工上下班发生交通事故，加强员工食堂管理、控制员工饮食安全也是员工安全计划的内容。

③财产的安全控制与管理。财产安全控制与管理是旅游景区安全控制与管理的重要内容。保证财产安全，应注意对员工偷盗行为、游客偷盗行为和外来人员偷盗行为的防范和控制。

(2)火灾紧急计划与控制、管理

火灾紧急计划与控制、管理是指一旦发生火灾的情况下，全体工作人员采取行动的计划与控制、管理方案。火灾紧急计划要根据住宿的布局及人员状况用文字形式制定出来，并经常进行演练。

火灾发生或火灾警报发出时，要求所有员工坚守岗位，保持冷静，要按照平时规定的程序作出反应。所有人员无紧急情况下不可使用电话，以便于管理层通过电话下达命令。

(3)其他常见安全事故的防范计划与管理措施

旅游景区住宿可能出现一些意外的安全事故，因此必须考虑周到，事先做好相应的防范与管理措施，以确保游客及景区住宿部门的安全。例如，对游客心理及信息安全的控制与管理，对逃账与住宿单位经济安全的控制与管理等。

4.4 旅游景区交通服务与管理

旅游景区提供的交通服务可以帮助游客更加快捷方便的进行游览活动，有些特殊的交通工具还能提升游客的旅游体验，并帮助景区提高收益。

4.4.1 旅游景区交通服务概述

1. 旅游景区交通服务的概念

旅游景区的交通服务是指景区向游客提供的在各景点之间、景点与旅游设施(餐厅、饮食摊点、客房、购物商店、公共设施等）之间进行空间移动服务。旅游景区交通服务是游客观光和了解地域风情的途径，一般采用公路、水上游览、特种交通及步行的方式，主要的交通工具有环保车、电瓶车、出租车、缆车、游轮、滑竿、畜力驼运、羊皮筏子和雪橇、溜索等。旅游景区交通服务是景区旅游活动顺利进行不可缺少的物质基础，是旅游景区发展的先决条件。

【小资料】

九寨沟景区内交通

九寨沟栈道：蜿蜒在九寨沟森林中的栈道，仿佛是一条金线，把沿线的道道美景串成一根光彩夺目的项链。整个栈道，或石块铺地，或栈桥凌空。无论路、桥、亭、阁，都充盈着山林野趣。建筑风格朴素洁雅又灵活多姿。在栈道上，有的亭阁依树而立，有的则以树为中柱。人们向树小憩、临阁观景，别有一番风味，让游人流连忘返。

九寨沟观光车：九寨沟内交通极为便利，为了让不太宽畅的盘山道路畅通无阻，同时增加沟内接待人数，九寨沟内的交通统一由绿色环保观光车承担。这种观光车用天然气作燃料，几乎无污染。旅客购票乘车进沟后，可在任何地点下车或上车，汽车招手即停，十分便利。

2. 旅游景区交通服务的地位

（1）旅游活动的主要构成因素

旅游者的旅游活动包括食、住、行、游、娱、购6个方面，其中，“行”（即旅游交通）是整个旅游活动中的主要构成因素。旅游景区所提供的交通服务质量直接影响到旅游者能否方便地畅游景区。此外，旅游景区交通对于景点布局的设计也具有重要作用。

（2）景区重要的收入来源

旅游景区向游客提供的交通服务（尤其是特色交通服务）基本都是有偿的，游客可以通过这些交通服务满足自身的需求，同时景区也可以通过这些交通服务获得利润。对于景区而言，这部分收入是景区收入的重要组成部分。以河南省云台山景区为例，单景区内绿色交通票价就达到就达到60元，从中可以看出交通服务的收入对于景区总收入的贡献。

（3）增强游客的旅游体验

旅游景区的交通是旅游活动的重要内容，游客乘坐不同的交通工具、接受不同的交通服务可以领略到不同的风光，获得不同的感受。随着现代旅游业的发展，很多交通服务本身就构成了景区的旅游吸引物。例如，黄山和峨眉山景区提供的独具特色的轿子和滑竿等旅游交通服务，其本身就是吸引大批游客前来的旅游吸引物。有些旅游景区还向游客提供骑马、骑骆驼、溜索、观光缆车、划船、热气球等独具特色的交通服务，这些服务不但达到了交通运输的目的，同时也增加了游客的旅游体验。

（4）景区经营成功的重要因素

良好的旅游景区交通服务可以使游客的游览过程畅通无阻，使游客在充分体验美景异俗的同时，节省游览时间，提升游览质量。这一方面可以提升游客的满意度，培养景区的回头客；同时，满意的游客也会为景区作积极的宣传，吸引其他的游客前来，这无形之中增强了景区的竞争力。

3. 旅游景区交通服务的分类

旅游景区交通随着旅游景区的不同而有很大差异，本教材依据运输方式的不同对其进行分类：

(1) 现代交通运输方式

我国旅游景区的现代交通运输方式种类较多，但皆以公路运输方式为主。景区现代交通方式主要有五种：

①环保车，目前，诸多景区使用环保车为游客提供交通服务。环保车最核心的技术就是用氢作为能源。

②电瓶车，具有无污染、无噪音等优点，目前，大多数地形比较平坦的大型旅游景区均采用这种交通方式，例如，昆明世博园景区和白云山景区就采用了这种交通方式。

③出租车，某些景区允许出租车这种交通工具的存在，例如，庐山风景区的牯岭镇就有这种交通方式。

④缆车，包括观光缆车和运输缆车两种，目前，很多山岳型景区都建有缆车，例如，泰山建有观光缆车，既有交通工具的作用，也有观光的功能。

⑤游轮，一般是水域风光类型的景区采用这种交通方式，例如，游客游览长江三峡就是乘坐游轮。

(2) 传统运输方式。这是一种古老的运输方式，一方面可以在景区之内完成景点之间的连接，另一方面由于古老的运输方式本身就是一种旅游资源，是一种很具吸引力的旅游项目。其主要有以下几种：

①滑竿，去四川峨眉山的游客在登山过程中，可以体验这种交通方式。

②畜力驼运，包括新疆、内蒙古沙漠中的骆驼，某些旅游景区中的马匹等。

③羊皮筏子，即以羊皮充气漂浮于水面，由民间把式载游客游览。例如，宁夏沙坡头旅游风景区中，游客乘坐羊皮筏子渡黄河来领略塞上黄河的美景。

④雪橇，在寒冷的高纬度地带，地面积雪很厚，于是产生了由动物拉牵爬犁而行走的运输方式，例如，我国东北大兴安岭林海雪原景区的狗拉雪橇。

⑤溜索，云南怒江的两岸设有这种交通方式，吸引了大批的外地游客来“一溜为快”。

4.4.2 旅游景区交通服务管理

1. 旅游景区交通服务的要求

旅游景区交通基础设施是景区正常运行、游客实现空间位移的基本保障，也是旅游活动顺利完成的必要条件。因此，旅游景区对交通服务有着特殊的要求。

(1) 安全

旅游者出门旅游是为了获得身体上和心理上的享受，旅途中任何意外都是无法接受的，因此，安全性始终是旅游者最为关心的要素。旅游者往往会充分考虑旅游交通中的安全性，如线路中道路的安全程度、交通工具的安全程度以及途经区域的安全程度等。

【小资料】

张家界环保客运公司投入1570万元改善景区交通设施

2012年10月，张家界环保客运公司在武陵源核心景区天子山两园路开始安全隐患整治工程，两园路两侧的城垛墙、护栏、缆绳、护肩墙等均为重点改造工程。工程责任单位景区环保客运公司相关负责人介绍，天子山两园路安全隐患整治是今年提质改造景区基础设施其中一项重要内容，将在11月底全部完工。

按照武陵源区人民政府提出的“一年打基础，两年上台阶，三年成精品”的核心景区基础设施提质升级目标，景区环保客运公司拟投入资金1570万元，分阶段完善景区道路安全防护、站场基础设施和环保车运行保障等项目建设。其中，正在施工建设的连接天子山至袁家界的重要交通要道两园路安全隐患处置工程是2012年建设的重点项目。整个路段将增设钢筋混凝土城垛墙1000余米、波形护栏5700余米、A级缆绳1500余米、护肩墙近1500米。该项目投资约350万元，完工后将大大提高景区环保客运的安全系数，有效预防核心景区客运安全事故的发生。

(2)高效

旅游景区的客流量在时间上具有较大的变化性。一般来说，进入和离开景区的客流量在每天的不同时段、周末和非周末以及旅游淡旺季都各有特点。这就要求景区的管理者和交通服务人员要协调客流高峰带来的压力，为游客提供高效、优质、快捷的交通服务。

(3)快速

游客往往希望旅游过程中，旅行的时间较短而游玩的时间相应较长。景区内部应注重景区(点)的空间分布，合理安排旅游节奏，丰富游客的旅游体验。

(4)多样

不同旅游景区的交通方式各不相同，同一旅游景区内的交通方式也多种多样，甚至同一种交通方式也存在高中低档次的差异；因此，旅游景区管理者和从业人员应优化组合旅游景区内的交通服务，增加游客的可选择性。

2. 旅游景区交通服务的设计原则

旅游景区要向游客提供优质、高效的交通服务，在景区交通服务的设计上应遵循以下原则：

(1)协调性原则

旅游景区在规划和布局交通方式时，要考虑景观观赏的效果，将交通看作景区景观的组成部分。停车场、码头等交通设施要与旅游景区的景观相协调，布局合理，容量能充分满足游客接待量的要求。场地平整、坚实或水域畅通。标志及中外文规范、准确、醒目，符合相应的国家标准。

(2)保护性原则

旅游景区的交通布局应将环境保护放在第一位，景区主要道路、公共场所由环卫专业队伍跟踪清扫保洁，景区内尽量不使用对环境造成污染的交通工具，交通车辆要保持整洁美观，运输车辆也不得沿途撒、漏影响环境卫生的散装货物，以利于景区的可持续发展。

(3)多样性原则

旅游景区的景观类别多种多样，往往可以集合水、陆、空立体景观，加之不同游客的需求各异、支付能力各有差别，为了使游客体会到不同的景观和风情、体验风格各异的交通服务，旅游景区的交通服务要在布局交通网络上遵循多种交通方式相结合的原则。

(4)便捷性原则

景区的交通在很大程度上起到将客人从一个景点转移到另一个景点的作用。因此，景区交通布局要遵循方便的原则。另外，交通服务尤其是特色的交通方式是旅游者旅游活动的重要组成部分，必须具备舒适的特点，这是大部分旅游者追求的一个重要方面。

(5)连通性原则

旅游景区要注重交通的通达性，要让游客进得去、散得开、出得来。没有通达的交通，就不能保证游客空间移动的顺利进行，会出现交通环节上的堵客现象，导致游客途中颠簸、游速缓慢，影响旅游者的兴致与心境。因此，景区内的各种交通方式和交通工具之间要协调配合，确保景区交通畅通无阻。

3. 旅游景区交通服务的管理

景区内部交通管理就是要确保进出车辆行驶规范、安全有序，工作重点是景区路段、交通标志、运营车辆和运营人员是否符合要求等。

(1)交通管制

景区内单位和个人所拥有的车辆的停放和通行，必须遵守景区交通管理部门和景区管理委员会的规定。对于违反规定强行通行、不听劝阻的车辆，由景区交通管理部门责令纠正交通违规行为，并给予罚款等行政处罚；妨碍执行公务的，由公安机关依法追究法律责任。必要时，可以对特定车辆实行交通管制，例如规定进入景区的时间和路段，可以有计划地分流，以免造成交通堵塞、引起交通事故等隐患。

(2)停车场管理

景区一般都设有停车场，这是景区必须拥有的基础设施。停车场可以根据景区的交通状况来进行设立，一般可分成级别不同的停车场，用来停靠不同游览车辆。通常，景区可以开设大型机动旅游车停车场和小型游览车停车场。停车场要与景观环境相协调，停车场的服务应符合景区统一的要求，安排交通协管员或服务人员，要礼貌待客，文明服务，具备一定的交通指挥技能和知识，有安全意识，维护保管好客人的车辆。如位于云台山山门广场前的巨型停车场，拥有5000个停车位，停车场内全天候实时电子监控和24小时保安巡逻制度，确保游客爱车的安全，同时，停车场采用国内先进的智能收费系统，方便游客驾车出入。

(3)交通事故防范

游览过程是最易发生交通事故的环节，景区人员要注意危险地段、公共场所、交通要道的交通秩序，通过制定严格的工作制度、设立警示牌、对游客和员工进行交通安全宣传、旅游旺季加强监视和疏导工作等措施，避免交通事故发生。

本章小结

本章主要介绍了旅游景区的商业服务与管理，通过介绍旅游景区餐饮服务管理的特点和任务，分析了旅游景区餐饮服务与管理的内容；介绍了旅游景区宿服务的概念、分类和景区住宿服务管理的内容、方式和意义；介绍了旅游商的概念和分类，分析了旅游景区购物行为的特点和购物服务程序；最后介绍了游景区交通服务的概念和地位，分析了景区交通服务和管理的要求。

主要概念

旅游商品　旅游购物　旅游景区餐饮服务　旅游景区住宿服务　旅游景区交通服务

基础训练

1. 分析旅游景区游客购物心理。
2. 如何进行景区餐饮菜单设计。
3. 简述旅游景区住宿接待设施的类别。
4. 浅析旅游景区交通服务的设计原则。

案例分析

广西旅游购物店挂“星”经营

为使旅游购物店的管理与服务更加规范化和专业化，广西壮族自治区旅游局已出台并实施《广西旅游购物店登记的划分与评定》地方标准，对各个旅游购物店划分为一星、二星……五星等 5 个等级，并进行动态管理。

《购物店标准》规定，用星的数量表示旅游购物店的等级，共分为 5 个等级，最低为一星级，最高为五星级。星级越高，表示旅游购物店的管理服务和信誉度越高。评出的星级门店上将分别挂上相应数量的“星”。

而旅游购物店要戴上“星”，可不是一件容易的事。必须具备以下三点基本要求，才能拿到进入星级行列的“敲门砖”：一是具备基本的经营场所、经营设施设备；二是具备本单位经营范围所必需的，由工商、质监、物价、税务、卫生、消防、食品药品、旅游等管理部门颁发的各类有效证照；三是申报等级评定的旅游购物店应具备至少两年的营业时间，同时对经营场所的使用权达到两年以上。《购物店标准》还在基础设施、购物环境、服务质量、商品质量等方面，对旅游购物店设置了要求。例如，星级旅游购物店必须要交通便捷、有停车场、有供游客和司机休息的场所、具备相关的配套设施并建有无障碍通道等。

旅游商品质量是游客最为关心的。《购物店标准》规定，各星级旅游购物店所销售的商品在质量方面应当达到无经营假冒伪劣、超保质期、走私和国家禁售商品；商品价格合理，无价格欺诈行为；贵重商品应有法定检验部门出具的检验报告；商品宣传材料无误导、无夸大商品使用功能行为；旅游商品具有收藏、纪念、欣赏、馈赠意义和实用价值等10个方面的要求。

《购物店标准》中，对五星级购物店有严格的评定条件，包括销售大厅要求面积不小于700平方米，敞开式的展览厅面积不小于200平方米。购物店内部环境不但要求店堂装修档次高、特色突出、设计精美、有较浓的文化气息，就连厕所也应达到相关标准规定的质量等级。

在服务质量和商品质量等软件上，《购物店标准》更是要求严格。例如，五星级旅游购物店在服务质量方面必须满足3个基本要求，一是上一年度无违法、违规记录，无生产经营假冒伪劣商品行为记录，无产品质量监督检查不合格记录，无质量虚假宣传行为记录，无违背质量承诺的行为记录；二是服务质量很好、合同履约率很高、社会形象很好，行业和社会赞誉很高；三是上一年度游客评价满意率达到90%以上，无游客投诉行为。

《购物店标准》还规定，五星级旅游购物店的服务人员，均要经过岗前培训和接受专门机构的专业培训，80%以上取得从业资格证书。能提供外语服务，20%以上的销售人员具有运用外语对话的能力。在服务项目上，除了优质的咨询、包装、外语导购等服务，还要求五星级旅游购物店能提供优质的邮寄服务，为残疾人、儿童和老年人等提供优质的专用设施设备等特殊服务，包括能提供良好的上网服务等。

阅读上述材料，请思考以下问题：

1. 旅游购物商店挂“星”经营会给游客购物带来哪些好处？

2. 挂“星”经营的做法是否存在漏洞，如何杜绝这些漏洞？

第5章 旅游景区营销管理

学习目标

了解旅游景区营销的概念与特点，熟悉旅游景区营销的程序；理解如何加强游客体验的塑造；掌握旅游景区节事活动营销和品牌管理的相关内容；能够在掌握相关知识的基础上较为熟练地运用旅游景区前沿营销方法进行案例分析。

引例

大营销成就大旅游

云台山位于河南省焦作市修武县境内，拥有十一大景点，是集全球首批世界地质公园、国家首批5A级旅游景区等8个国字荣誉称号于一身的综合型风景名胜区。2010年3月，“云台山”被国家工商总局认定为中国驰名商标，当年接待游客人数达391万人次，收入近3亿元，客源遍布全国各地以及部分海外市场。云台山从养在深闺无人识到今日的国内外名声大起是如何成功实现蜕变的呢？

1. 深入调研准确定位

云台山根据游客群的不同需求，围绕“云台山水，峡谷极品”的品牌形象，在深入调研、细分市场和准确的目标市场定位的基础上，成功策划出一系列多形式、多层次、多角度的营销活动。与此同时，云台山景区依靠科学的管理方法，将为游客提供最优质贴心的服务理念贯穿于每一个细节之中。

2. 多措并举叫响云台山旅游品牌

云台山景区除了与大型知名网站建立合作关系、借助网络平台进行网络营销外，还瞄准大媒体利用大投入进行广告宣传，先后在央视《整点新闻》、《朝闻天下》等栏目全年进行云台山形象宣传，邀请《走遍中国》、《地理中国》等栏目组来景区拍摄专题片，连续多年独家承办中国青少年乒乓球挑战赛，等等。同时，云台山还充分利用各种节事活动如国际性太极拳年会、国际山水旅游节、“国际旅游小姐中国之旅”云台山巡游活动、国际地质公园发展研讨会、云台山国际摄影大展和组织国际高端论坛等多渠道进行广泛宣传。

2007年8月27日，云台山与著名的美国大峡谷国家公园缔结为“姐妹公园”，成为继黄山之后我国第二个与美国国家公园建立官方合作关系的景区，并被列入当年胡锦涛主席访美时签署的两国政府合作备忘录中。

3. 立体营销助飞云台山

为加快客源建设，景区先后在北京、上海等多个中心城市设立了旅游服务中心，并在地铁沿线悬挂云台山风光图片;相继开通了北京、武汉等地至云台山的旅游专列,韩国、台北至郑州的直飞航班,并与中华航空公司签订了一系列广告合作协议;在业界引起了广泛关注和强烈反响,并有效起到了对周边旅游市场的辐射带动作用,进一步提升云台山的市场影响力。此外,云台山还与某军结成军地共建友好单位,体现了军地和谐共处的良好关系。

这些营销方式的组合应用,使云台山游客量曾一度居于全国首位,这种现象被业界称为"云台山奇迹"、"云台山速度"。云台山景区的营销策略,值得我们学习和借鉴。

结合上述案例,谈谈你对景区营销的认识。

导读

旅游景区是旅游产业链中重要的物质载体,是游客旅游体验最直接、印象最深刻的部分,同时客源的保障也是旅游景区可持续发展的基础。随着近些年旅游业的迅猛发展和旅游市场竞争加剧,旅游市场营销已也为各大景区的主攻课题。旅游景区的市场营销正是基于景区产品的特性,在市场调研的基础上通过一系列营销策略,提高旅游景区市场竞争力、树立品牌形象。本章内容从了解旅游景区市场营销的相关基础知识开始,分析了旅游景区市场营销的程序和旅游景区营销的前沿动向,并解读了旅游景区品牌管理的相关内容。

5.1 旅游景区营销策略

5.1.1 旅游景区市场营销的概念

景区管理的首要目的在于激发旅游者的旅游动机,提供物有所值的旅游体验,提升游客的满意度。在旅游景区日益增多、竞争日益激烈、消费者日益成熟和理智的市场环境中,如何使景区"有的放矢"地进行营销推广、提高自身竞争力,是旅游景区经营管理工作的重要内容。

旅游景区市场营销是指在不污染和破坏旅游资源的前提下,景区经营企业为了满足旅游者的需求、实现自身经营和发展目标,综合运用各种有效的市场经营手段,使目标游客需求得到满足的经济活动和动态管理过程。

由于人们的旅游偏好往往会受到周围人群的影响而形成游趣相投的游客群体,并在一定地域范围内形成旅游消费时尚。因此,旅游景区营销的实质就是引导和满足旅游者的需求。旅游景区的市场营销一方面是通过特定产品和服务的价值来激发游客产生前往景区的愿望,以及通过增强景区产品和服务的吸引力,来影响游客对景区产品的需求;另一方面,则是在一定地域范围内主动寻找目标游客群体、引导游客需求,从而形成利于景区经营的旅游倾向和消费观念。

5.1.2 旅游景区市场营销的特点

旅游景区发展主要是依靠旅游资源,而大部分的资源都是不可再生的,因此,旅游景区营销不仅要考虑旅游者的需求,而且要考虑旅游资源保护,也就是要将市场需求与旅游资源保护有机结合起来,使市场营销的运行与资源的环境保护协调统一发展。同时,由于旅游景区产品是一种特殊的产品,它属于服务的范畴,和一般的实物产品不同,其特征对其营销方法有着很大的影响,因而我们先了解旅游景区市场营销的特点:

1. 员工和游客都是营销的重要组成部分

在景区这种特殊的产品中，员工会直接参与到产品的生产和销售之中。他们在与游客直接接触的过程中，其服务态度和行为不仅是游客服务体系的构成要素，而且还会直接影响到游客是否喜欢该产品，因此景区员工也就成为了产品的组成部分。同时，由于服务过程就是生产过程，而游客是服务的对象，因此游客也是生产过程的一部分，他们的态度和行为，不仅会影响自己的经历，也会影响其他游客的经历。所以说，员工和游客都是旅游景区市场营销的重要组成部分。

2. 基于"口传"的景区形象

景区产品是无形的，这就决定了游客在购买之前无法体验或试用该产品。因此，要通过一定渠道让公众产生对景区产品的认知，也就是说旅游景区市场营销的重点就是借助公众舆论和公共关系传播景区的形象和信息。对于多数游客来说，选择参观游览一个景区大多都是由于"口口相传"的口碑效应，因此让每一个游客都有满意的游览经历就显得尤为重要，因为他们会将这种经历推荐或介绍给其他潜在的旅游者。

3. 景区产品的共享使用权和暂时使用权

普通的产品销售完成后，其所有权、使用权、支配权可能全部转移，而景区产品不同于普通产品，它只提供给游客共享使用权和暂时使用权。也就是说，购买者在使用之后就不再对其拥有任何权利，并且其使用期很短，通常为1天，少数情况下可能稍延长一些。其中值得注意的是，游客在景区逗留时间的长短往往会决定着其消费程度的高低，因而营销工作重点就是在综合考虑目标市场需求后，针对不同的游客群体设计出不同的营销方案，以尽可能地延长其在景区的逗留时间。例如，现在很多城市推出了景区旅游通票，对于本地人可全年无限次的参观游览，这种方式一方面激发了本地居民到景区的积极性，另一方面也为景区增加了直观收益，同时还可在一定程度上缓解黄金周景区游客爆满的问题。

4. 可进入性的影响

可进入性指是旅游景区交通的通达性。由于旅游产品的特点决定了游客必须前往景区产品的生产地才能进行产品的暂时使用，因而可进入性就成为景区能否取得成功的关键因素。如果景区在交通不方便的偏远地区，就会使游客进出景区受到一定限制，甚至还会成为景区营销的瓶颈。此外，在当前国内道路设施普遍得到改善的情况下，影响旅游景区可进入性的不仅仅指主干大交通，还包括景区周围(如停车场等)以及游客在景区内部是否进得去、散得开、出得来，因此景区内外的交通设施如路标、道路指示牌、游客服务中心等都将成为影响景区可进入性的重要因素。

5. 定价的特殊性

由于旅游产品具有"不可储存性"和旅游需求季节性强的特点，使得景区在旺季和节假日的访问量会大幅度高出淡季和工作日。因此，旅游景区在营销推广时应设法刺激淡季需求、提高淡季使用率，比如实行淡旺季、团散客差价以实现景区经济效益的最大化。

6. 营销主体的多元化

游客活动由一地向另一地迁徙的目的地模式，使得一般景区很难仅依靠自己的力量就能成功地推销自己，因而景区所在地的政府、行业主管部门通常会进行统一的目的地营销、或与其他景区一起进行联合营销、或将其加入到统一设计的旅游路线中，等等。在这种情况下，政府或行业主管部门也成为了景区营销的主体。因此，旅游景区在营销时要突出其独特性和地方性，使之成为区域旅游的代表景区，并借势广泛的社会力量扩大影响，树立良好的公众形象，从而实现综合效益的最大化。

7. 营销目标的多样化

旅游景区产品的特点决定了其营销目标除了要考虑经济目标外，还必须考虑环境目标和社会目标。例如，资源型的景区不仅要为游客提供产品和服务，还要担负保护资源的重任，因为资源是吸引游客的核心力量，因此资源环境也就成为景区能否持续发展的重要因素。

8. 营销策略的差别性

旅游景区的竞争程度会因类型不同而有所变化，因而每个景区的营销策略都会突出其差别性，以形成自己独特的形象。同时由于各景区的属性不同，也决定了其营销目的、营销力度和营销对象会有所区别。另外，旅游景区还易受大环境特别是市场导向的影响，因此景区应抓准时机和自身特点来进行市场营销，以达到事半功倍的效果。

【小资料】

武夷山营销

武夷山风景名胜区属于典型的丹霞地貌，在世界同类自然旅游风景区中独树一帜。区内保存了地球同纬度最完整、最典型、面积最大的中亚热带原生性森林生态系统，享有"世界生物之窗"、"蛇的王国"、"鸟的天堂"、"昆虫的世界"、"天然植物园"的美称，是"研究亚洲两栖和爬行动物的钥匙"。1987 年武夷山自然保护区被联合国教科文组织列为"人与生物圈"世界自然保护网成员，1992 年被列为全球生物多样性保护区，1999 年被正式批准列入《世界自然与文化遗产名录》。

作为我国继泰山、黄山、峨眉山——乐山大佛之后的第四处世界"双遗产"地，武夷山的景区营销工作可谓成绩斐然，其主要做法是：建立健全景区市场营销体系，并将市场营销摆在各项工作首位；通过科学分析市场现状确定景区营销目标；精心细分市场，开拓重点市场；突出特色品牌，开展联合促销；抓住重点进行分工合作，形成宣传促销合力；建立利益共享机制，实现合作者互惠双赢等。

与此同时，武夷山还通过诸多形式如武夷山茶文化节、中国武夷山旅游节、"七夕"中国情人节等活动，积极争取业内各种年会在景区召开，委派工作人员参加各种类型的旅游交易会、世界遗产展示交流会等等，来加大宣传力度、扩大营销宣传面。

5.1.3 旅游景区的营销程序

由于旅游景区产品具有生产和消费同一性的特点，因而景区营销的目的就是吸引游客的注意力并实现购买行为，在此过程中需要考虑的两个主要因素是游客需求的满足和优质服务的提供。旅游景区的市场营销就是以此为基点进行前期市场调查和分析，包括旅游市场调研与预测、分析市场营销环境和旅游者行为、细分旅游市场及目标市场的选择与定位，等等；之后景区营销部门还要制定出具体的营销策略，包括产品策略、产品定位策略、营销渠道策略、促销策略等。

1. 旅游景区市场调研与预测

(1)旅游景区市场调研

景区营销的首要任务是分析景区所处的环境、确定景区面临的机会与挑战，这也是营销管理的基础。通过对景区现有能力的客观估计，明晰可能存在的客源环境、区域内景区竞争对手等等要素，从宏观上把握景区环境，这也是为提高营销决策水平所进行的科学市场调查。在对景区环境现状进行简要分析后，为了更准确地把握景区在市场中的优势和劣势，就要使用正确地旅游市场营销调研方法，有目的、有计划、有步骤、系统地搜集、记录、分析和整理有关景区市场状况的各种资料，从而为景区管理人员进行经营决策提供重要依据，同时这也利于制定科学的营销战略、优化营销组合和开拓新的市场。

所谓旅游景区市场调研是运用科学的方法和手段，针对旅游景区目标市场旅游者的需求特征、数量结构所做的调查与研究，并为景区制定科学合理的营销策略提供客观的依据。旅游景区市场调研内容非常广泛，既包括对景区内部市场的调查，如景区内旅游者的人口社会经济学特征、旅游者的消费行为特征、旅游者的旅游动机调查等等；也包括对景区外部市场的调查，如客源地的市场环境、景区竞争市场、景区知名度调查等。

旅游景区市场调研的原则是：思路清晰、抽样适当、分析确切、成本节约。普遍使用的方法有调查法、询问法、观察法、实验法等。其过程通常分为三个阶段：调查准备阶段，目的在于确定景区市场调查所要达到的目标，也就是营销战略的终极目的；正式调查阶段，具体涉及到调查方法和完成对问卷的设计和信息甄别等；结果处理阶段，任务在于整理所要分析的资料，并在数据基础上用数理方法进行科学预测，从而形成景区市场调查报告。旅游景区市场调研为景区管理部门和投资开发商制定长远战略性规划和阶段性营销策略提供了重要参考依据，是进行旅游市场分析和营销决策的基础，也是景区进行市场预测的前提。

(2)旅游景区市场预测

旅游景区市场预测是在市场调研的基础上，分析研究各种数据、信息和资料，运用定性、定量等科学方法，预计和推测未来一定时期内目标市场供需，从而为景区的营销决策提供科学依据的过程。具体包括：景区销售状况预测、景区客源市场预测、市场占有率预测、产品价格弹性和产品价格预测、景区营业收入预测、营业成本预测、营业利润预测、产品经济生命周期及新产品投放市场的适应性预测，等等。通过这些预测，景区可以了解到在未来一段时间内景区所面对市场的购买力情况、景区产品对市场的吸引力大小、是否需要及在什么时候推出新的产品、景区将来的市场占有率如何、在未来的某个时候或某段时期可能达到的销售额以及有可能实现多大的经济收益等。

旅游景区市场预测主要分为确定预测目标，收集、处理资料，选择预测方法和技术，进行预测结果分析、处理四个步骤。预测过程可使用定性和定量两种预测方法。定性预测法是指调查人员依据个人的经验，对调查变量的未来趋势进行估测的方法；定量预测法是指运用一定的数学方法，通过数学模型来估测旅游调查变量未来趋势的方法。

旅游景区市场调研是为了获得与目标旅游者有关的信息，旅游景区市场预测是为旅游景区提供一些前瞻性建议服务，市场调研的内容根据市场预测的要求而定，市场预测的结果受市场调研的影响，两者关系相辅相成，互为服务。

2. 旅游景区市场细分

景区市场营销管理在经过市场调研和预测之后，就进入到战略主体阶段。在通常情况下，旅游景区产品是由一个或几个主体产品构成的，因而我们就可以通过对主体产品构成的分析，判断出一个旅游景区的产品类型，以明确旅游景区价值所在，并进一步找出潜在客源市场。由于旅游者所处的地理环境、文化、社会、个人行为和心理特征的不同，就决定了旅游者之间的需求也存在着广泛的差异，而旅游景区由于受自身资源条件和产品特征等各种因素的影响，不可能满足所有旅游者的旅游需求。因此，景区通常只能选择一部分适合自身特点的旅游需求作为开发产品的依据，这主要是由于游客游览需求的多样性、旅游景区资源的有限性和市场的竞争性所决定的。

所谓旅游景区市场细分是旅游景区通过旅游营销调研和预测，根据旅游者的特点和旅游者需求及消费行为的差异，将整个客源市场划分为若干具有类似需求特点的旅游者群体（子市场），并据此选择具有发展潜力的子市场作为目标市场的分类过程。旅游景区市场细分是旅游景区经营企业正确制定旅游营销策略和选择旅游目标市场的重要依据，也是旅游景区经营企业顺利实现旅游营销目标的保证。其优势在于：通过市场细分可以使景区了解到不同的旅游消费群体的消费特点以及对其满意的程度，其中未得到满足或未得到充分满足的这部分就是市场机会；再据此制定和调整旅游营销战略，使景区产品更符合各目标市场旅游者需要，从而提高景区的竞争力、增加游客数量、获取更大的市场份额。景区客源市场细分是市场营销的基础，客源市场被划分得越细，营销也就越有差别性和针对性。因此，旅游景区在进行市场营销时，必须首先细分市场，然后再根据自身优势选择适合自身经营的目标市场。

旅游景区市场细分通常有以下几种方式：

（1）按旅游目的细分

这是一种最基本的市场细分方法。旅游者的旅游目的有多种，诸如休闲度假旅游、观光旅游、都市旅游、商务旅游、探亲访友旅游、美食购物旅游等，因而旅游者选择的旅游景区也会不同。旅游景区按旅游者旅游目的进行市场细分，才能选择切合自身实际的旅游目标市场。比如对于休闲度假旅游者来说，可口卫生的特色餐饮、与众不同的住宿设施、丰富多样的娱乐设施和优质贴心的人性化服务都是旅游者所期望获得的身心收益。

（2）按地理环境细分

这是区域旅游规划中一种最常见的市场细分方法。按地理环境细分市场，即根据旅游者所在的地理位置（也称客源地）作为细分市场的基础，然后选择其中的一个或几个作为主要目标市场。客源地所包含的地域范围差别很大，既可以指一个地区、国家，也可以特指一个小城市。

（3）按人口因素、心理因素和消费行为因素细分

按人口因素细分市场，就是按照人口统计指标来细分市场，这些指标包括年龄、性别、收入、职业、文化程度、家庭人口、民族、国籍和宗教信仰等等，旅游者需求是与这些人口统计指标有着密切关系的。据此将旅游者市场划分为若干个细分市场，也是细分市场的重要依据，因为旅游者的消费欲望、兴趣爱好和旅游率往往和其有直接因果关系。例如，不同年龄阶段的旅游者，对旅游内容、旅游价格、旅游时间、旅游形式会有明显的需求差别；男性旅游者与女性旅游者对旅游产品的需求也时常会有区别；旅游者收入水平、社会地位和文化程度的不同，对旅游产品的需求也各不相同；家庭人口对旅游需求同样具有一定影响，通常家庭人口少或没有孩子的家庭进行旅游活动的可能性较大，旅游消费水平也较高，等等。

按心理因素细分旅游市场，就是按照旅游者的生活方式、个性、兴趣、爱好等因素来划分市场。所谓生活方式，是指一个人或群体对消费、工作和娱乐的特定习惯和倾向性的方式，

这是人们在所处社会环境中逐渐形成的。由于游客的生活方式不同，必然带来旅游需求的差异。旅游企业按生活方式细分旅游市场，主要是根据游客的习惯、消费倾向、对周围事物的看法等，把生活方式雷同的游客群作为一个细分市场，有计划地向该市场提供适销对路的旅游产品，以扩大自身的市场占有率。所谓个性，是指个人稳定的心理品质，包括两个方面内容：人格倾向性和人格心理特征，人格倾向性指人的需要、动机、兴趣和信念等，它们会决定着人们对现实的态度、趋向和选择。旅游消费者的消费欲望与需求往往受到以上这些个性因素的影响，因此旅游景区产品要想获得旅游者的青睐，就必须在充分理解和把握旅游者消费心理的基础上，进行产品定价、销售渠道及促销策略整合，以激发消费欲望。

消费行为细分就是按照旅游者出游时间、旅游动机、旅游频率、旅游后的感受等行为来细分市场。

3. 旅游景区目标市场的选择和定位

市场细分的目的在于有效地选择目标市场，旅游景区的一切营销活动都是围绕着目标市场进行的，只有使旅游景区的目标市场策略与旅游景区的总体经营策略一致，才能在竞争中占有优势，并取得良好的社会和经济效益。

（1）影响目标市场选择的因素

选择目标市场，须从旅游景区的区位、资源、成本、销售潜力、服务能力、竞争等六个方面进行分析，来找出旅游景区的优势和机会，以从中选出能体现自身优势、弥补自身劣势、机会最大、威胁最小的客源市场作为自己的目标市场。

①旅游景区区位。即旅游景区所处的地理位置。包括距离客源地的距离，通常旅游景区距离客源地近，吸引力就大，反之则小；与相邻旅游景区的关系，通常自身产品与相邻旅游景区产品特点反差大时会形成互补关系，可增加对游客的吸引力；与中心城市的距离，由于中心城市通常是最近的客源地，又是旅游景区开发的依托中心，因此旅游景区的发展同所依托的中心城市的距离远近紧密相关，距离近则发展较快，反之则会受到一定的限制；旅游景区的交通条件，要使游客能进得来、散得开、出得去，如果一个景区交通状况很差，即使资源条件再有特色，由于游客难以进入，也会因此受影响而制约景区的发展。

②旅游景区的旅游资源。只有旅游景区的旅游资源具有鲜明特色，才会保持持久的生命力和强有力的竞争力。旅游资源特色主要包括具有美学欣赏价值的自然资源，区内最突出、最重要、最有代表性的资源，各种要素合理组合的独特资源等等。这些独特性会使景区形成具有观赏价值、休闲娱乐功能价值、文化艺术价值、科学研究价值以及对旅游者具有强大吸引力的高品位资源。

③开发成本。旅游景区往往需要投入大量的资金兴建各种基础设施，以及美化、改造、修建各种景点来满足目标市场的需求，因此要将天然的景观变成旅游景区，其开发投入资金是非常大的，这些也会直接影响着目标市场的选择。

④销售潜力。旅游景区细分市场当前状况和未来潜力的大小、游客的数量和人均消费量多少、企业利润前景如何等等，都是选择目标市场时必须要考虑的因素。如果市场小，而开发的成本又高，也就没有太大的现实意义。

⑤服务能力。是指景区自身是否有足够的财力和管理能力去开发、生产、销售旅游景区的产品，并为这个市场提供满意的服务。

⑥竞争状况。由于转产困难，旅游景区必须事先充分研究细分市场上的竞争者数量和能

力，制定出恰当的竞争策略，这也决定着景区的发展前途。

在经过上述六个方面的分析研究之后，旅游景区就可进行自身目标市场的定位。旅游景区市场定位是旅游景区依据市场潜力、竞争对手状况以及景区自身特点，对细分市场的再选择。通过对旅游市场进行定位，有利于景区选择和确定目标市场，有的放矢地进行营销活动。

(2)目标市场营销策略

即产品主要针对哪些目标市场以及确定相应的营销策略。通常有以下几种：

①无差异市场策略。这种策略是景区不对市场进行细分，也不考虑旅游者的需求差别，而只强调其共性，将旅游者需求看成一个无差别的整体市场，采取无差别市场策略进行营销。这种策略的优点在于不必对市场进行细分，可以降低景区的营销管理成本，简化市场调研及分析过程，易形成垄断性旅游产品地位等；适合于资源种类较多、规模较大、资源特色突出、资源品位较高、区位条件较好、竞争对手较弱、服务能力较强的以生产大众旅游产品为主的旅游景区。其不足之处在于忽视了旅游者需求的差异性，在游客个性需求化越来越明显、市场竞争越来越激烈的今天，此方法具有一定的局限性。

②差异性市场策略。是指在市场细分化的基础上，旅游景区根据资源、区位等方面的因素将客源市场划分为若干细分市场，再针对细分市场的不同需求进行产品开发或采取相应的营销策略的营销方式，以充分适应不同旅游者的不同需求，吸引各种不同的购买者，从而扩大景区产品的销售量、增强竞争力，使旅游产品更具有个性。其优点是在产品设计或宣传促销上能够有的放矢，分别满足不同类型旅游者的需求，使景区在细分市场上占有优势，从而提高市场占有率、增加产品的总销量、在旅游者中树立良好形象；同时，由于景区同时经营多个细分市场，即使部分市场的规模或购买量发生变化，也不会造成太大的损失，有利于降低景区的经营风险。然而，实行这种策略势必会造成景区费用的增加和管理难度的提高，还有可能出现因要同时满足不同细分市场的需求而产生种种矛盾的情况，这对景区都将是一个很大的考验，因此采用差异性市场策略的一般都是具有比较强的经济实力和比较丰富管理经验的旅游景区。

③集中性市场策略。受资源等因素的影响，旅游景区在市场细分基础上，只选择一个或几个性质相似的细分市场作为自己的目标市场。其优点主要表现在指向明确、市场集中，能够使景区更加深入地了解这部分游客的需求，从而设计出更具有针对性的产品，以形成强劲的竞争力和较高的市场占有率；同时，这种策略占用景区资金会相对较少，因而资金周转速度也会相对较快，这些都有利于提高景区的投资收益率和利润率。不足之处是旅游产品若相对单一，即使有特色也不能形成组合优势；另外，如果景区过分依赖少数几个甚至一个目标市场，市场风险较大。这种策略可用于经济实力不强或处于市场开拓期的景区，以及重点针对某单一目标市场。

现代营销观点认为：要取得竞争优势，就要识别自己能够有效服务的最具吸引力的细分市场，而不是到处参与竞争。事实上，由于旅游者人数众多、分布广泛、其消费需求差异较大，而旅游景区的资源是有限的，因此是无法满足所有目标市场的全部旅游需求的。所以，旅游景区在此环节的主要任务就是针对不同市场定位采取不同的目标市场策略，重点服务于特定的细分市场，努力创造自身优势地位，来保持旺盛的生命力和持久的市场忠诚度。

4. 旅游景区产品的开发策略及程序

旅游景区产品是由各个景观和相应的配套服务设施共同组成的，它是景区经营活动的主体，是市场营销的核心部分，也决定和影响着营销策略的选择和制定。在产品同质化时期，景区产品的“卖点”必须要独特，在进行合理开发时通常需要注意以下两个方面：一是资源与产品之间并不一定是完全对等的，比如有些景区的自身条件虽然并不是十分突出，但通过先进的开发理念等因素的有机组合，也可以打造出一流的产品，所以资源可能是原有的，但产品却可以是加工创造的，关键在于始终保持游客创新性需求的满足；二是产品对资源不可完全依赖，即旅游产品的开发不能只着眼于通常提到的风景名胜或文物古迹等旅游资源。例如，某景区距离周边重要客源市场如果交通方便，就有条件并且极具潜力发展休闲度假旅游产品，因为除了温泉、海滨度假区外，其他景区产品在开发选址上是存在着较大灵活性的，只要能打造环境清幽自然、地形适当、水源充足、设施齐备、服务良好的综合统一体就会具有开发价值和市场潜力。所以在一定条件下，开发新的旅游产品、或对原有景区产品进行局部形式改造、或在现有产品基础上进行较大改革后生成新的产品等方法都可以开拓新市场，使景区产品的生命周期实现再循环。

(1)景区产品的开发原则

①市场观念原则。旅游景区设计的产品能否满足旅游者的需求，尤其是目标市场旅游者的需求，关系到旅游景区产品的销路和经营效果。景区产品的开发，要依托本地资源、充分挖掘和利用资源优势，以旅游市场需求为产品开发的出发点。在对市场进行充分研究的基础上，根据市场结构、需求和偏好，开发出为适销对路、喜闻乐见的景区产品，最大限度地满足旅游市场的需求。树立市场观念，一是根据社会经济发展的实际状况，进行旅游市场定位，确定客源市场的主体和重点，明确景区产品开发的针对群体，以达到提高综合效益的目的；二是根据市场定位，调查和分析市场需求和供给，把握目标市场的需求特点、规模、档次及变化规律和趋势，从而形成适销对路的旅游产品；三是针对市场需求，对各类景区产品进行筛选、加工或再创造，然后设计、开发和组合成具有竞争力的旅游产品，并推向市场。具体体现在旅游景区客源市场分析和市场定位分析两个方面。

总之，只有结合景区的资源特点，树立市场观念、以市场为导向，才能充分体现旅游产品策划的意义，确保产品的生命力经久不衰。没有市场需求的旅游产品开发，不仅不能形成有吸引力的景区形象，而且还会导致旅游资源的浪费和对生态环境的破坏。

②综合效益原则。树立效益观念，一是要讲求经济效益。任何一个旅游项目的投入，都必须先进行项目可行性研究和投资效益分析，才能不断提高产品开发的经济效益。二是要讲求社会效益。在景区产品策划过程中，要考虑当地社会经济发展水平、政治文化和地方习惯、当地居民的心理承受能力等因素，从而进行健康文明的旅游活动，促进地方精神文明的发展。三是要讲求生态环境。按照旅游产品开发的规律和自然环境的可承载力，以开发促进环境保护，以环境保护提高开发综合效益，从而形成保护——开发——保护的良性循环，创造出和谐的生态环境。

③特色鲜明原则。不同的旅游景区，由于所处的地理环境、民族区域、地方发展历史等因素的不同，会存在不同的旅游资源特色，加之旅游活动本质就是求异求新求奇。因此要想在与其他景区的竞争中脱颖而出，进行产品设计时就应充分调查和研究本区资源的特色鲜明之处，充分挖掘最具市场号召力的文化底蕴，并在此基础上设计出特色鲜明的旅游产品，使之真正、长久地具有市场竞争优势。同时，旅游景区产品的开发与设计还要注重品牌的塑造与管理。

④开发与保护相结合原则。开发与保护相结合是保证旅游景区持续发展最基本的条件。在旅游景区资源开发的同时，必须注重保护好区内景物、景观和环境，以保持景区的可持续性发展。也就是说旅游景区的开发设计既要考虑到景区的短期利益，又着眼于景区的长期稳定发展，从而避免只注重短期现实目标而忽视或损害长期发展目标的情况出现，要使每一阶段开发的产品，都在远景规划的控制之中。

(2)景区产品开发的程序步骤

对于旅游景区产品的开发包括开发新的旅游景区和对原有旅游景区进行改造两种形式，其程序步骤主要有：

①调查分析。本阶段主要是对旅游景区的资源条件和环境条件进行分析和调查。这一分析过程主要包括两大方面：一是环境条件分析，包括经济环境、社会文化、政治环境、技术环境、生态环境、市场分析和竞争者分析等；二是旅游资源条件分析，包括资源的价值、资源的环境、资源的开发条件、资源的现状和规划等。

②旅游景区开发市场定位。旅游景区通过资源和环境条件的调查分析确定旅游产品开发的主题定位，也就是景区依据市场潜力、竞争对手状况以及景区自身特点，对细分市场的再选择。市场定位就是要形成差别化的吸引力内容，并在预期客源市场中形成独树一帜的形象，这是针对旅游者心理采取的行为，目的是要在他们心目中树立景区产品和服务的特殊地位，因而景区定位追求的首要目标就是成为目标市场心目中的亮点。市场定位有利于旅游景区选择和确定目标市场，更好地明确其具体服务对象，有的放矢地进行市场营销工作。市场定位是经过基础条件分析、市场分析、市场定位三个步骤来完成的。在实施中可分为三个层次：发展目标定位、旅游景区功能(经济、社会、环境功能)定位、旅游景区形象定位等。

③总体规划与产品设计。旅游景区的目标、功能及形象定位确定后，即可进行总体规划，主要包含景区的现状分析，总体布局规划，绿化规划，交通规划，基础设施规划，旅游服务、生活管理设施规划，近期建设规划，投资概算与效益分析，管理规划等等。产品设计就是根据总体规划的要求，对单个景点或单个设施进行具体的设计。

④组织建设与实施。是指根据设计要求对新产品进行组织、施工建设，并根据旅游景区的服务规划及游览特点，建立管理运行机构，健全服务项目。

⑤旅游商品的开发。结合旅游景区自然及文化特色开发、设计旅游商品(包括旅游工艺品、旅游纪念品、旅游文化用品、旅游日用品、特色食品等)，供游客购买留念的同时提高景区的经济效益。

⑥测试性营销与正式上市。通过景区产品试营得出产品受欢迎度、价格合理度、设计合理度等信息，找出产品设计中的亮点和不足，以期进一步改进，更好地满足旅游者需求。最终将试营后改良的新产品正式推向市场。

总之，景区新产品的开发要力求符合整体产品形象，与其他产品形成互补关系，为旅游者和当地居民服务，并且在满足重要细分市场需求的同时还能从其他细分市场中得到一定的客源。但需要注意的是，由于大多数景区产品都是依托固有的资源形成的，因此对旅游景区产品的改造，主要是以对原有景区产品改良、补充基础上再赋予新形象的。景区产品改造通常有改良和补充两种形式：改良景区主要是对旅游景区内已有的景点、接待设施、服务项目进行必要的改造，使其形象焕然一新，吸引更多的旅游者；对景区进行补充是通过对资源的深入调查分析，挖掘出资源具有吸引力的新因素后进行补充开发。例如在原有景区产品中加入新的文化内涵，就会起到提升产品新形象、突出产品新特点的效果。

5. 制定旅游景区产品价格

(1)影响价格的因素

在旅游景区营销各要素中，很重要的一环就是在景区项目进入营运状态之前，明确目标市场能够接受的、经营者能收回成本且享有盈余的价格水平。其中影响价格的因素有：

①资源因素。资源因素是影响景区定价的基本因素。具有垄断性资源的景区，完全可以根据自己的开发成本、需求程度、管理费用和利润目标，自主地决定其价格；而处于非垄断地位的景区产品，其可替代性决定了定价时必须考虑到竞争对手的情况。

②季节因素。淡旺季和不同时期的价格波动主要是受供求关系变化的影响。在旅游旺季，旅游需求大于供给，价格就需调高；在旅游淡季，供给大于需求，价格就相应降低；在旅游平季，价格就需处于适中状态。另外，旅游产品在不同时段的价格也可有所不同，这主要是由产品的不同性质和不同时段的供求关系所决定的。以上这些方法都能够在宏观上调节游客人数和不同游客群体的需求。

③需求因素。市场需求对价格有着重要的影响，需求强度与景区产品的价格往往成正比。需求弹性大的商品，在其他条件不变的情况下，价格越高需求越趋于减少；反之则增加。

④竞争因素。旅游景区产品通常并不是完全垄断性的，总存在着竞争替代品，即使是用途完全不同的产品，也存在着争夺旅游者有限购买力的可能，因此景区产品在定价时就必须认真研究目标市场的各方面需求。

⑤政策和法律因素。所有国家都有自己的旅游经济政策，对旅游市场价格高低的调整也都有相应的限制和法律规定，有保护性的、有监督性的、也有限制性的，而景区产品定价只能在法律允许的范围内波动。

(2)价格制定时需考虑的因素

在了解影响价格的因素后，我们再来了解具体价格制定中还要考虑的方面：

①景点的资源评定价值。价值是价格的基础，是景点门票价格内在决定的根本因素。因此，景点门票价格应根据价值等级实行等级定价，将价值高的景点门票价格与价值低的景点门票拉开距离，使资源得到优化配置。

②价格的制定要考虑居民消费水平和心理承受能力，才有利于增加社会效益。对于与居民日常生活关系密切的城市公园、博物馆、纪念馆和展览馆等场所，其门票价格的制定应体现出公益性的原则。另外，对于学生、现役军人、老年人、残疾人等群体实行优惠票价，也能够体现出景区人性化的关怀。

③价格的制定要促进资源的保护与利用，有利于可持续发展。对于保护性的旅游资源，如文物古迹、重要风景名胜区和自然保护区等，门票价格应按照有利于景点保护和适度开放的原则制定。

④价格要合理补偿环境建设价值。我国旅游业开发与发展属于政府主导型的模式，这一模式下，政府需要进行大量投资来改善旅游交通、电力、通讯条件等基础设施，以加强资源和环境的保护。因此，景区门票价格构成中可适当包含政府投资回报构成。

⑤景区开发和管理成本，这是维持景点正常运营的保障。

⑥与景区周边知名景点联合，并通过适度让利来促进销售。例如使用制作联票、发放赠票等方式扩大市场份额。但需注意的是，只有在充分了解市场的前提下做出的价格策略，才

能达到促进销售、获取利润的目的。

产品价格制定的是否恰当，往往直接影响该产品在旅游目标市场中的竞争地位和占有率，影响着旅游者和中间商的购买行为，影响着旅游景区的收入及经营利润，也直接关系到产品在市场中的竞争地位。因此，景区应根据旅游目标市场和竞争者的情况以及本企业的人力、财力、物力资源，对本企业的旅游产品定价做出正确的决策。

(3)价格制定的原则

在围绕景区经营目标、采用适当定价方法和定价策略时所遵循的原则有以下几个方面：

①市场导向原则。从游客角度来讲，景区产品对游客呈现的使用功能不仅仅包括身体的放松，更重要的是精神上的愉悦和文化价值的提升。任何一个旅游项目，游客都能根据自身的价值观念和消费经验形成一个理解价值，如果制定的价格超过这一理解价值所反映的价格，就会遏制需求；反之，则会刺激需求。因此，在价格制定时，就需要分析客源市场的收入、文化层次、旅游心理等需求能力因素，结合项目自身赋予的价值进行综合定价。景区产品价格制定的主要目的是巩固和提高市场占有率、维持和扩大景区产品的销售量，因而市场导向原则就是以旅游市场需求为导向，根据市场的需求变化制定和调整产品价格。

②价值体现原则。旅游景区项目是否具有综合性，其资源是否独特、能否引人入胜，服务设施是否先进、舒适、方便，服务质量是否令人满意等，都是决定其价格的重要因素。另外，不同管理级别反映出的景区品位高低、交通便利程度、综合水平高低、卫生状况优劣、知名度大小等因素也都是项目价格形成的价值基础。所有这些方面综合之后便成为项目的无形价值，质优价高是市场普通认同的观念，也应在价格制定时有所体现。

③保护原则。很多景区的旅游资源都属于稀缺资源，为了保持其可持续发展，景区可通过提高价格来控制游客的数量，以防止因游客进入过多而导致资源的破坏，这样既能在一定程度上起到保护资源的作用，又可使景区收益不受到损失。但是，如果价格制定过高，游客就有可能因此而减少，也会使景区经营陷入困境，因此，制定合理的景区价格并充分利用价格的调节作用，才能既保证景区的收益，又使资源得到保护。这就需要景区不断对市场进行深入的调查研究，以社会责任为着眼点制定景区产品价格，将利润目标列于相对次要的位置，重点强调社会综合效益的最大化。目前很多与环境保护关系密切的旅游景区均已将此种导向作为目标进行产品定价。

④稳定原则。由于旅游产品的需求弹性较大，因而旅游者和中间商对旅游景区价格的变化相当敏感，因此，旅游景区在制定价格时，必须注意在没有增加其他游览、娱乐项目的情况下，价格的变化不能过于频繁，调价的幅度也不宜过大。如果旅游景区的价格变化频繁，特别是较大幅度提价时，往往会降低景区的美誉度、挫伤顾客的购买积极性，并使旅游市场产生波动，所以旅游景区价格须保持相对的稳定。同时景区产品不可避免地会受到景区发展生命周期和季节性的影响，这些变动的因素需要项目在价格制定时呈现差价，以调节景区的整体收益，例如在旺季时价格走高，而淡季相反；或者在项目运营的不同时期，根据营销目的，适当调整价格等等。但是，旅游景区在积极适应这些变化的同时，也需要把握一个相对稳定的原则，那就是至少在较长时期内能够保持稳定的动态规律，避免出现随着经营收益的变化而盲目变动价格的现象。

除此之外，还需遵循成本是价格的最下限，竞争对手和同类产品的价格是定价的出发点，顾客对景区产品特有的评价是价格的上限的原则，并形成成本导向、需求导向、竞争导向三种基本定价方法。

(4)定价策略

综上所述，旅游景区产品价格制定是否适当，往往影响该产品在旅游目标市场中的竞争地位和占有率，并与景区销售收入和营业利润的关系密切。根据生命周期理论，我们通常将景区的发展分为五个阶段:资源发现期、开发启动期、快速增长期、平稳发展期和衰落或复活期。景区应在综合考虑上述要素和自身生命周期的基础上，对其产品定价做出正确决策。景区产品定价策略主要包括:

①新产品定价策略。新产品在开发之后，景区应相应制定出恰当的定价策略，以便及时打开销路，取得满意的综合效益。通常有三种类型:

一是撇脂定价策略。这是一种高价格策略，即在新产品上市初期，以高价打入市场，以期在短期内获取高额利润、收回投资成本。这种方法就像从鲜奶上撇取乳酪一样，所以称之为"撇脂定价"。景区采用撇指定价策略是认为在新产品投入初期，由于市场上少有同类竞争产品，因而景区产品可暂时处于垄断地位，并能够在短时期内获取较大经济效益。但一旦市场推出类似产品时，景区就要迅速将产品价格降低，以保护其市场份额。

二是渗透定价策略。与撇脂定价策略相反，这是一种以低价格进入市场的策略。即在新产品投入市场之初，运用较低的价格吸引目标群体，从而快速打开市场并取得较高的市场占有率。这是一种颇具竞争力的薄利多销策略，能够在一定程度上挫伤竞争者的积极性、阻止对手进入市场。因此景区在推出新产品组合时，宜采用此策略。

三是满意定价策略。这是一种介于两者之间的折中价格策略，适合大多数消费者的购买能力和购买心理，也比较容易建立稳定的商业信誉。

②心理定价策略。旅游者对景区产品价格的认知程度会受到心理因素的影响。心理定价就是运用心理学原理，以及不同类型旅游者的购买心理对景区产品进行定价，使其在心理积极的状态下完成购买行为。主要有尾数与整数定价策略、声望定价策略、一票制与多票制定价策略等等。

③折扣定价策略。折扣定价是指在景区产品的交易过程中，在保持原本价格不变的基础上，运用促销手段如批量购买、改变购买时间、提前预付款等，来加以适当让利的价格策略。主要有数量折扣、季节和非季节性折扣、同业折扣等价格策略。其中，季节性折扣可促使淡旺季客源分流，缓解旺季的接待压力和淡季人员、设备闲置等现象;同业折扣策略也称功能性折扣策略，即景区经营者根据各类中间商在市场营销中所担任的不同职责给予不同的价格折扣，目的在于刺激各类旅游中间商充分发挥各自组织市场营销活动的能力。

④产品线定价策略。景区产品系列中各产品之间相互关联性较强，为了充分发挥这种内在关联的积极性，在制定价格时，先确定其中某种产品的最低价格，来达到吸引旅游者购买并联带消费产品线上其他产品的目的。例如有些景区实行区域景区联票政策等。

另外，还有成本导向定价(成本加成定价、投资回收定价、目标收益定价)、竞争导向定价(率先定价、追随核心定价)、需求导向定价(习惯定价、理解价值定价、价格需求弹性定价)等等定价策略。同时，景区产品定价与其他产品一样具有一定的心理技巧，除尾数定价、整数定价、分等级定价、声望定价等之外，还有隐蔽定价(消费者难以对价格进行直观比较，如门票与免费餐饮组合、门票与娱乐活动捆绑、景区各小项目组合等等)、两次收费定价(先低价或免票吸引，再将特别项目单独收费)、战术性定价(由于季节性因素而在淡旺季执行不同的价格、一天内的不同时段的弹性定价，或由于突发性市场波动而进行调价，如自然灾害等）、交叉销售（通过出售非景区产品增加销售额，如景区书籍、旅游地图、汽车租赁、保险等等）。

6. 选择景区产品的销售渠道

随着旅游市场的日趋扩大和国际化水平的不断提高，景区营销的主体将目光投向了更远的客户，目标市场也已不再是触手可及的。在这种情况下，景区产品从生产过程到消费领域的转移过程越来越复杂，大多数景区与最终旅游者之间很难进行直接接触与沟通，因而景区产品的销售和价值的实现就要通过由中间环节构成的销售渠道才能得以完成。旅游景区的销售渠道是指景区将产品通过各种直接或间接的方式，力求以最小的流通成本销售给最终旅游者，从而使旅游景区经营企业获得最大综合效益的有组织、多层次的销售途径。旅游景区营销渠道的起点是旅游景区的生产者，终点是旅游消费者，中间环节是旅游中间商。通过建立良好有序的销售渠道，使信息更加畅通，并对节省营销成本、增加收入、扩大知名度、开拓客源市场起到了积极作用，从而有效保障了景区的持续良性发展。

（1）旅游景区产品的营销渠道

在经营过程中，由于受到旅游市场、景区产品特性、旅游中间商和旅游消费者等多种因素的影响，旅游营销渠道也分为多种类型，按销售渠道环节层次的多少，分为长渠道与短渠道；按采用销售渠道种类的多少，分为宽渠道与窄渠道；按销售给旅游者的方式，分为直接销售渠道与间接销售渠道。这里我们主要介绍直接销售渠道和间接销售渠道。

①直接销售渠道。直接销售渠道简称直销，又称零级营销渠道，它是指旅游景区与目标市场之间不存在中间环节，即景区主体直接面向旅游者销售自己的产品和服务。但是，由于旅游目的地和客源市场的地域关系，两者之间存在距离且较分散，因而游客不会相对集中于一个区域，这就需要由大量处在不同地方的服务供应企业，如饭店、餐厅、交通、旅行社等销售中介组成的庞大的营销网络，才能完成景区直接销售任务。因此，对于近程市场、大型企事业单位，自助游散客等目标群体，景区可选择直接销售渠道销售，以减少中间环节，降低营销成本。

值得一提的是，随着旅游电子商务的普及应用，以及其具有的高速度、高精确度、低运行成本的强大优势，使得旅游产品可以通过网络系统快速进入到每一个潜在旅游者身边，使每个人都有可能成为旅游直接销售渠道的购买者。这种直销渠道既能大幅度降低成本，又可使渠道规模、能力大增，特别适合远距离、多批次的小额交易。

②间接销售渠道。间接销售渠道是指旅游景区产品生产者借助旅游中间商向旅游者销售景区产品的销售渠道。在这种模式中，景区通过有效方法，如根据中间商的业务量给予不同的优惠折扣、或与中间商进行广告合作与支持等，来达到宣传产品、积累品牌价值、扩充客源的目的。

（2）影响渠道选择的因素

景区经营企业在选择销售渠道时，还应当认真地分析、研究影响渠道的各种因素，这些因素包括：

①产品特点。旅游景区的区位条件好坏、知名度高低、产品特色等都是影响销售渠道选择的重要因素。如果旅游景区区位条件好、知名度高、产品有特色、对目标市场的吸引力大，就可采用直接销售渠道为主、间接销售为辅的营销方式；反之，则宜采用间接渠道为主的营销方式。

②目标市场条件。如果目标客源多而分散，距离又远，宜采用间接渠道销售为主的营销

方式。反之，如果目标客源相对集中，且距离较近，则宜选用直接渠道为主的方式进行销售。

③旅游景区自身的状况。旅游景区的总体规模和财力大小决定了它的目标市场范围。如果景区总体规模大、接待能力强、财力雄厚，就可采用间接渠道为主的营销方式；反之则以直接销售渠道为主。

(3)营销渠道策略

综上所述，旅游景区就可据此选用不同的销售渠道策略，概括起来有以下几种：

①直接营销渠道策略。主要适用于近距离游客、散客和近程大型企事业单位的销售。

②广泛性营销渠道策略。也称普遍性营销渠道策略，它是指在旅游市场上，尽可能地与任何愿意和景区合作的中间商建立业务关系，以便通过更多的批发商、代理商和零售商销售景区产品。

③选择性营销渠道策略。是指旅游景区根据目标市场的特点，精心挑选相对适合的中间商来销售景区产品。

④专营性渠道策略。是指旅游景区在一定地区、一定时间之内，只将产品交于固定的中间商进行销售的策略。例如旅游景区和中间商双方通过协商签订独家经营合同等。

⑤复式营销渠道策略。也叫多渠道策略，是指旅游景区通过两个或两个以上不同的渠道将产品送到目标市场之中。在市场竞争较为激烈的今天，一些规模较大、实力较强、管理水平较高的景区，可以采用这种营销渠道策略。

7. 开展景区产品促销

景区产品促销是运用有效的传播手段，将景区的相关信息通过各种方式和渠道推广给旅游中间商和潜在的旅游者，以引起其对产品的注意和兴趣，进而产生购买欲望并最终实施购买行为的策略和方法。旅游景区产品促销的目的是突出产品特点，强化自身竞争优势，树立品牌形象并引导旅游者进行旅游消费，它是营销策略中最大的一个变量，采取何种方式进行促销，既要看景区产品的性质，又要看目标市场受众的喜好，还要在实战中因地制宜地选用成本较低、效果较好的促销手段。旅游景区促销方式多种多样，常用的有：

(1)旅游景区人员推销策略

旅游景区人员推销是景区营销人员直接与客源市场或客源市场的中间商进行交流，运用灵活多变的方式刺激其旅游欲望、引导其购买消费。人员推销是一种最普遍、最基本的促销工作方式，例如直接上门拜访、设立咨询处、电话介绍产品信息、邮寄产品资料、借助旅游交易会进行宣传等等，这些在促销信息传递方面都属于双向传递。人员推销可以较为直接和准确、及时地推广景区产品，并易于了解目标市场的意向和市场竞争状况，使景区能快速、合理地调整营销策略。但是这种方式市场面较窄、成本费用较高、景区游客分散且不易分辨，因而景区推销人员与目标市场在面对面地传递信息方面存在着一定局限性。

(2)旅游景区广告促销策略

广告对于景区形象和品牌的确立具有十分重要的意义。旅游景区广告促销是指景区向媒体支付一定费用后，通过各种媒介把景区形象、服务、主题活动等产品信息传送给公众，使之对其有所认识和好感，来达到促进景区销售的一种有效方式。主要有自办宣传广告如路牌广告、旅游宣传册、VCD风光片、带有广告效应的旅游纪念品等；交通广告如灯箱广告、车载流动广告、票体广告、专列包机等；大众媒体广告如报纸、广播、电视、互联网等等。这种由文字、声音和色彩组合所形成的平面或立体的艺术效果，易于在游客心目中形成感知形象，具有主题突出、创意新颖、信息量大、传播面广且速度快、形式多样等优点。不足之处表现在这些方式在信息传递方面都属于单向传递，存在着宣传针对性不强，游客反馈较难等问题。因此，旅游地形象不能仅依靠广告传播，而是要通过丰富的资源、一流的管理和优质的人性化服务等综合因素提高品牌竞争力。

值得一提的是，随着迅速发展的互联网已渗透到人们生活的各个领域，以现代信息技术为核心的旅游网络促销模式无论从信息量还是从信息传递速度上都远远超过传统传播媒体，使得旅游消费者在网上购买旅游产品已成为可能，也使旅游营销的信息传播空间更为广阔。网络营销是指旅游景区以网络为主体来开展营销活动，它有利于旅游景区信息的快速对外发布、拉近旅游者与景区的距离，有利于实现景区与游客的双方互动交流，使景区营销突破时空限制，方便游客网上结算和信息共享等等。目前，它已成为成本最低、覆盖面最广、最有前景的促销手段，尤其适合于城市、海外等网络发达的目标市场。所以景区应充分利用互联网和无线通讯技术，建立统一的网络信息平台、组建完整的电子信息系统，来提高景区的知名度和美誉度，达到景区的促销目标。但是，网络营销也存在有不足之处，首先作为公众网，网上信息内容繁杂，不利于旅游者筛选；其次是与旅游者所习惯的传统面对面咨询相比，网上销售在个性化服务、微笑服务、人情服务等方面显然具有局限性；此外，网上预订的安全性和金融交易的可靠性也存在着一些问题，因此，互联网受众的复杂性和不明确性在一定程度上削弱了旅游营销效果。

【小资料】

天山天池的网络营销

天山天池是著名的旅游风景名胜区，同时还是被国务院批准的首批重点风景名胜区、由联合国教科文组织批准的国际“博格达峰生物圈保护区”和5A级景区。随着互联网的普及，网络已逐渐成为人们获取信息的重要渠道。天山天池营销主体敏感的认识到这一点，迅速制定一系列网络营销执行方案，重新建设天山天池网站，打造新疆旅游第一品牌。首先，结合天山天池的历史相关资料普及社会大众对景区历史的了解。与官方网站合作宣传，并在网站及论坛中开设景区有奖知识问答，来带来直接的用户流量和人气。同时，通过在知名旅游网站或门户网站的旅游频道中投放大量的广告；通过即时消息工具设立网上热线，与网友和游客建立联系，处理电子订单和客户咨询；开发网上门票、酒店、机票预定，通过手续费实现网站直接盈利等等一系列网络营销措施，带动了客源市场的强烈关注，使得天山天池的旅游人数和综合效益得到大幅度地提升。

分析提示：面对互联网人数的暴增，网络营销充满了机遇和挑战。对于旅游景区来讲，已不是选择与不选的问题，而是如何根据自己旅游产品的特点，将新阵地转变为充满营销机会的平台，来达到吸引旅游者、为景区带来综合效益的目的。

(3)旅游景区销售促进策略

旅游景区销售促进策略是指景区在特定时期与区域范围内，通过举办主题活动、发放优惠券、给予价格折扣、实行购买馈赠、增加业务体验以及对某目标群体实行免费等众多方式，来吸引、刺激、激励旅游者产生购买行为的销售策略。它可有效加速产品进入市场，增加产品的实际消费需求，提高产品的销售额。一般包括四个步骤:确定销售促进的目标、选择销售促进工具、制订销售促进方案、销售促进方案的实施与评价。这是一种非常规的、非经常性的促销方法，一般作为人员推销和广告促销之外的一种补充，属于暂时的和额外的促销活动。

(4)旅游景区公关营销策略

公共关系营销是景区重要的促销手段，它是指景区通过开展各种有利于信息沟通的活动如记者招待会、周年纪念会、赞助捐赠等，来达到公众与传播媒介的有效交流与沟通，并最终促使两者之间形成相互了解、彼此信赖的良好社会关系的营销策略。它是景区与公众之间的沟通桥梁，其目的是提升景区的知名度、美誉度，加深公众对景区的良好印象，树立有口皆碑的企业形象，激发旅游者的消费需求。这种策略与广告营销策略有些类似之处，但由于它是以客观报道的形式出现的，因而所获得的效果也是普通广告所不可替代的。

(5)旅游景区联合营销策略

旅游景区的联合营销是两个或两个以上的营销组织为了增强市场开拓力和竞争力，通过共同承担营销费用，协同进行营销传播、品牌建设、产品促销等活动，来达到资源优势互补、营销效益最大化的目标。主要分为两种类型:

①同区域的联合营销。同区域内的旅游景区，不论是人文资源还是自然资源，都会被打上深刻的区域历史文化烙印。然而各景区旅游资源载体所呈现的文化内涵的侧重方面会有所不同，但也正是这些不同方面的有机组合，铸就了一个区域深厚而独特的旅游魅力。对于中长线游客来讲，在选择对自己最具吸引力的地区作为旅游目的地时，通常会尽可能地多游览当地景点，以全面了解、体验自然风光和民俗风情。因此在市场推广过程中，进行联合营销是十分必要的，而将景区的宣传推广与所在地旅游业发展的大环境割裂开来显然是不明智之举。

旅游景区联合营销要注重“合力效应”，也就是既要突出各自独特的旅游资源魅力，例如在产品开发、整体形象的塑造、营销战略的制定实施、旅游信息的资源共享等方面的打造适合自身的独特之处;同时还要力求找到各景区之间进行联合营销的经济文化共同点，并结合各自品牌效应和优势项目构建区域旅游平台，打造区域旅游品牌联合体;并建立区域协调机制，以现代企业理念规范经营，共同为旅游经济发展服务。

②跨区域的联合营销。跨区域旅游景区营销是指处于不同区域的同类型景区之间，通过内部信息互通、资源共享以及集合各自的品牌优势，为共同掀起该类型旅游项目在更广大范围内的旅游热潮、吸引更多潜在客源的关注和参与、创造巨大的宣传声势和良好的旅游氛围、打造统一鲜明的特色旅游品牌而采取的一系列营销方式和活动。

这种营销策略的优势是能够通过有效的资源整合，组织众多的景区营销联盟，以形成优势互补、强强联合的巨大宣传效应，建立起全国范围内的旅游资源统一品牌，进行大品牌精品建设。例如联盟成员可以通过周密的策划和组织，适时地以联盟的名义，整体推出围绕项目资源的旅游节庆活动;定期轮流召开旅游论坛、以整体形象参加国内国际各类旅游交易会、凭借联盟的资源优势和影响力吸引各类重要会议在成员景区召开等等，以进一步扩大各景区的影响力、感召力和吸引力，提升知名度和重游率，最终实现大品牌下的共赢。

同时，由于各景区处于不同的区域，要使联合景区之间信息交流通畅和实现资源共享，首先要加强信息平台建设，增进彼此之间的互联互通和学习交流;其次是加强市场营销合作，共享客户资源;第三，建立定期联络和访问机制;第四，开展网上商务互助，共同提供相关辅助服务，例如推出联票、通票优惠措施等。

随着社会经济的不断发展，旅游景区营销还出现了许多新形式，较为常见的有品牌营销、体验营销和主题活动营销等，我们会在接下来的章节中加以详述。总之，随着旅游景区营销策略和信息技术的不断发展，将上述诸方面结合起来构建“组织模式多元化、促销方式多样化、年度宣传主题化、动作机制创新化的营销策略”是现代景区营销的主导思想。

5.2 游客体验的塑造与强化

5.2.1 旅游发展的体验化趋势

早在1970年，未来学家托夫斯在《未来冲击》一书中预言：“服务经济的下一步是走向体验经济，商家将靠提供这种体验服务取胜。”当前，人类的经济形态正从农业经济、工业经济、服务经济走向体验经济，这是一种最新的经济发展浪潮。营销行业就是较早进入体验经济的，提倡体验式营销就是从消费者的感官、情感、行动等方面创新式的设计营销。

随着近年来旅游观念的转变，旅游者早已不再满足于传统“到此一游”式的旅游经历，而是希望通过视觉、听觉、触觉等全方位的参与和体验，更加充分地感受旅游地的文化内涵和资源特色，因而体验式旅游也就必然成为了体验经济时代旅游消费的发展趋势。它是指景区通过声音、图像等媒介为游客营造一种具有挑战性、灵活性、形式多变的氛围或情景，使其沉浸其中，这种形式更多的强调游客对景区文化、当地生活、区域历史的亲身体验，更注重游客的参与性与融入性。

旅游的本质是追求审美和愉悦的过程，其本身就是一种体验活动，它是旅游者从常住地去异地获得经历和感受的过程，既包括旅游者运用原有知识对客观事物进行分析和观察所获得的心灵共鸣及愉悦的感觉，也包括他们通过直接参与活动而得到的舒畅感，与此同时，旅游者在旅行中通过接触陌生事物而进行学习的过程也是一种体验。具体从三个方面来理解，首先，旅游就是在时间和地域的跨越中、从与自己习惯的文化和环境存在差异的别样体验中，寻求审美和愉悦等精神享受的活动，例如美食、体育、探险等。这种差异化体验的结果是身体或心理的满足，并且有可能在记忆中存留下永久的精神享受。所以，旅游的本质属性就是从差异化体验中的获取愉悦享受的过程。其次，旅游所给人带来的以精神愉悦为主要特征的心理满足本身就是体验的一种形式，它一种参与经历，包括娱乐、教育、逃避、审美和移情五个方面。最后，从核心理念上来看，旅游业与体验经济是紧紧联系在一起的。体验经济时代更注重人本化和人文化，更强调“体验”的满足程度，因而景区就要着眼于如何充分满足旅游者多种多样的、合理健康的体验需求，把旅游者从一般意义上食、住、行、观光的被服务者转化为具有一种特殊生活、一次特殊仪式、一些特殊经历、一回有保障的冒险参与者。

在体验经济时代，体验式营销追求的是当旅游活动结束时，旅游者的记忆中能长久保存对过程的愉悦体验，正如迪士尼创始人华特·迪斯尼说的那样：“我希望它所带给你的将全部是快乐的回忆，无论是什么时候。”因此，对于旅游业来说，体验经济的引入是经营理念上的完全创新，它可以引导旅游业的管理者，以更明确的意识来开发旅游新产品。同时在实施体验营销的过程中，首先应强调旅游景区与旅游者的沟通，看他们需要什么，并注重利用自身资源和文化内涵底蕴去触动他们的内在情感；其次应强调旅游者体验主题化、艺术化，因为主题是景区灵魂、艺术是景区美的表现形式，因而景区从规划之初到投入运营都应将主题和艺术贯穿其中；再者，还应广泛借助各种体验媒介，调动旅游者参与积极性，宣传景区的同时增加吸引力和知名度；最后，景区还应通过不断地创新体验内容来提高产品的附加价值，吸引回头客。

【小资料】

“体验”横店

被誉为“江南第一镇”的横店影视城处于浙中黄金旅游线上，以其厚重的文化底蕴和独特的历史场景被称为“东方的好莱坞”、成为国家5A级景区。据资料显示，2013年横店影视城创下了“中国旅游百强景区”排行榜第四位的佳绩。为何横店影视城会在国内众多的影视城中成为游客的首选？这与其“影视为表、旅游为里、文化为魂”的核心发展理念密不可分。其实，横店旅游业在最初发展时面临着不少困难，比如交通不便、自然资源匮乏、没有市场和客源等等，所谓的景区充其量就是一堆拍片后留下来的空房子，因此当时国内大多数旅行社对这条线路和产品普遍不看好。然而景区通过在资源整合、产品打造、市场营销等方面狠下功夫，使得影视主题旅游概念逐渐深入游客心中，并成功地打出了“影视主题旅游，横店当是首选”的名声招牌。近些年，横店影视城依托独特的影视资源，提出了“快乐横店”的产品概念，挖掘影视文化的同时通过体验性的旅游项目，让游客真正领略到影视文化的魅力。

如果仅是一堆虚有其表的空房子，横店是无法形成强大的良好口碑、并不断吸引中外游客的。从观光型旅游向体验型旅游转型，是横店得以在众多影视城中脱颖而出的原因。应该说，如今的横店已经不是一个单纯的影视拍摄基地，而是成功转型为“影视基地＋主题旅游”复合型模式的旅游景区。

5.2.2 旅游体验的类型

1. 娱乐体验

体验经济时代，娱乐是生活是主流，也是最主要的旅游体验之一。游客通过观看各类演出或参与各种娱乐活动等方式来达到愉悦身心、放松自我的目的，因而娱乐体验就渗透到游客体验的整个过程之中。按照游客对娱乐活动参与程度的不同，可将娱乐体验分为三种：观赏型娱乐、参与型娱乐和介于两者之间的观赏参与型娱乐。

观赏型娱乐是指游客主要通过静态观赏方式，以精神参与的形式来感知娱乐活动，如观看各种演出等。

参与型娱乐是指游客主要通过动态的方式，以身体参与的形式来感知娱乐活动，如漂流等。

观赏参与型娱乐是指游客通过静态与动态结合的方式，同时运用精神和身体来感知娱乐流动，如喂养动物等。

2. 教育体验

旅行就是增长见识、拓宽视野的过程，在我国古代就常把“读万卷书”与“行万里路”相提并论，历史上以李白、徐霞客为代表的文人学士的旅行游览就是教育与旅游相结合的最好体现。教育体验是旅游者通过访问参观、户外教学、感性旅行等形式，来达到从中获取知识、信息和技术的目的。教育和旅游两者之间是相互促进的，一方面游客能在旅行的过程中获得知识，另一方面教育程度又决定着人们出游的倾向。在今天，将学习融入旅游过程的修学旅游已成为一种时尚。按照游客的旅游目的，可将游客的教育体验分为两类：一类是主观的教育体验；另一类是客观的教育体验。

主观教育体验是指游客以教育为主要目的，即通过参加旅游活动来满足自己的求知欲，如修学旅游等。

客观教育体验是指游客的主要目的并不是教育，却在旅游过程中无意识地获取了知识。其实从广义上来说，任何形式的旅游都可以扩展旅游者的知识面，因为在此过程中他们不仅可以通过旅游资源和当地文化来增长见闻，而且还可以通过其间所接触到的不同类型的人来增加阅历。

3. 逃避体验

在分工细化、操作重复、生活节奏快、工作压力大的现代社会，人们往往面临生活健康和心理健康的双重威胁，因而许多人希望通过旅游活动暂时摆脱自己在生活中扮演的各种角色，把工作中的种种压力、人际交往中的各种冲突、生活中的种种琐碎和烦恼抛到脑后，在陌生的旅游环境下追寻“理想的自我”并逃离“现实的自我”，从而获得情感的慰藉和补偿。他们或在优美、轻松、异于日常生活的旅游环境中获得一分宁静和温馨的体验，从而寻找生活中另一个摆脱压力的真实自我；或在冒险、刺激的旅游中挖掘自身潜能，从而通过不断挑战自我、不断超越目标来获得自身极大的心理满足；与此同时在这些活动的过程中体验舒畅的、愉悦的、忘我的感觉。具有这些心态的旅游者往往更愿意融入景区所创造的情境之中，更愿意主动参与到景区设置的活动之中。按照游客逃避的原因，通常将逃避体验分为四类：逃避城市环境、逃避日常生活、逃避工作压力、逃避复杂的人际关系等。

4. 审美体验

旅游是一项集自然美、艺术美和生活美之大成的综合性审美实践活动。通过审美活动，游客可以净化情感和调节心理环境，改善生活品质。随着人们物质生活的丰富，个人可支配收入与闲暇时间的不断增加，大众对旅游审美需求也在不断增强。在这种趋势下，景区应努力创造美的体验并将其贯穿于旅游者的整个活动中，使之获得从身体到精神的放松、通畅和忘我。同时在与自然的亲密接触中，由于精神的不设防，人们往往会把对美的体验渴求表现得淋漓尽致，以使自己达到愉悦的境界。按照审美的层次划分，可将旅游审美体验分为三个层次：悦耳悦目、悦心悦意、悦志悦神；按照审美的对象划分，可将旅游审美体验分为自然景观的审美和人文景观的审美。

【小资料】

清明上河园

依照北宋著名画家张择端的传世之作为蓝本，以1：1的比例建造的大型仿宋代历史文化主题公园清明上河园，不仅气势恢宏的再现了《清明上河图》，而且运用巧妙的创意让历史活化，使游客进入园区，仿佛穿越时空隧道走进了一幅活动的历史画卷，令人有“一朝步入画卷，一日梦回千年”的时光倒流之感。景区融入了一系列北宋民俗风情和市井文化的剧目表演，不仅有女子马毬、蹴鞠表演、水上秋千、斗鸡斗狗、皇家皮影、水上傀儡、晟钟乐舞等古老娱乐活动，而且还有再现宋时民风民俗的精彩剧目，如大宋科举、员外招婿，手工艺制作表演、汴河漕运等，此外景区还开发了古代攀岩、鬼谷探险漂流、水上竞标、大宋游艺等宋代游乐项目，具有极高的观赏性、娱乐性和参与性。如今，清明上河园已成为中国最大的古代娱乐集中表现地之一、中国旅游知名品牌。

5.2.3 旅游体验的塑造原则

旅游景区要努力为游客营造快乐体验，并实现景区资源、环境与文化的和谐统一。体验经济时代的景区要让游客真正享受快乐、获得最佳的旅游体验，通常遵循以下原则：

1. 真实性原则

真实性原则在塑造旅游体验方面是非常重要的，因为真实的场景和人物有助游客形成高质量的体验。主要有客观性真实、建设性真实、存在性真实三种类型。

2. 差异性原则

差异性表现为惟一、第一和多样。景区要体现自身产品、服务和形象的独特性，并使游客持续保持新鲜感，就要与竞争对手有所区别，力争做到"人无我有、人有我优、人优我特"。差异性要求景区主题鲜明、极具区域特色，并能提供给游客某种独特的旅游体验。景区塑造差异化的方式有:从景区产品实体方面，如布局、餐饮、服饰等;从景区主题文化、个性关怀、服务流程等方面;从对目标市场的定位和促销策略方面等等。此外还需注意，通常一个产品是具有生命周期的，因而这就要求景区若想长久保持项目的独特性和新鲜感，就需要不断地进行创新改造。因此，实行差异化最主要的任务是保持差异化的持久性。

3. 文化性原则

文化是引导景区游客参与活动和进行相关消费的深层次原因，它在一定层面上自觉或不自觉影响着游客的行为，因而旅游景区要高度重视旅游文化建设，充分挖掘景区的文化内涵。在塑造旅游体验时，景区可以从中国传统文化、本地地域文化等方面充分挖掘出文化的深层内涵，并同时有所选择地借鉴外来文化共同为己所用，此外，再辅以自身企业文化，共同构成一个富有特色的旅游文化体系。

4. 参与性原则

没有参与就难以形成高质量的旅游体验，景区的产品设计应重点考虑游客的参与性。在体验经济时代，游客不但是消费者，同时也可以是生产者，也就是说，游客不仅是体验的主体也是体验活动的组成部分。景区要想为游客提供一个自我展示的舞台，更好地使他们置身其中，就要努力营造氛围使其积极主动地参与各种项目活动，并从中满足个人的成就感和自我实现感，以获得更精彩的旅游体验。参与性体现在两个方面，即精神参与和身体参与。游客的精神参与是指游客通过各种方式在主观上加深对景区的了解和熟悉，从而在旅游活动中得到更丰富的知识、美感和情感的交流;身体参与是指游客通过景区组织设计的旅游项目，用自身行为去获取所需的信息、体验旅游活动的真谛。例如像野外生存这样适度的挑战型活动就能使旅游者忘却自我，全身心地参与其中。

5.2.4 旅游体验塑造的方法

旅游认知过程通常都是从旅游者的主观感觉和知觉开始的，从体验出发就是指景区通过充分调动和有效刺激游客的视觉、听觉、嗅觉、味觉、触觉等感官，来强化其切身体验。主要涉及以下几个要点：

1. 视觉

在人的感官中，视觉无疑是最直观、最重要的，大部分外界信息都是经过视觉来获取的，旅游活动也是从视觉开始进行的。因而在对景区进行开发规划时，就要从游客的视觉角度出发，精心设计景观的组合搭配、陈列设计、艺术效果以及色彩的巧妙运用，让游客感到赏心悦目的同时在视觉上造成强烈的冲击感，来达到新奇、震撼的效果。在这些要素中，色彩对视觉的冲击是极为强烈的，比如建筑的整体色彩、明亮的各色鲜花、少数民族的多彩服饰等等都能给游客留下深刻的印象，因此景区应充分利用色彩效应。但需注意的是，由于色彩会涉及到不同民族文化禁忌和价值观差异等方面的因素，因而在使用过程中要加以注意。除此之外，景区进行视觉设计时还要注重以下几个方面：

（1）建筑景观

目前我国景区的建筑景观有的在和谐统一方面比较突出，例如故宫所体现出来的皇家威严气势，就给游客带来强烈的视觉震撼感；有的在层次变化上设计独特，例如江南园林的温婉细腻。在建筑景观设计中，应力求丰富多样、和谐统一，为景区整体视觉效果锦上添花。

（2）文化景观

文化景观是通过多样化元素吸引游客的，体现方式有很多，例如建筑上点缀的各种个性文化符号等等。

（3）环境景观

环境景观是对环境的总体要求，它包括与自然环境相协调、注重细节与整体的协调两个方面。

（4）游线景观

按照景观路、生态路、文化路、交通路四路合一的设计理念规划景区进入路线，可以使游客在没有进入到景区之前就提升兴奋度。同时，还可以根据景区自身的游览路线，将整个游览经过区域都设计成一个视线走廊，使游客从始至终都保持美好的视线感觉。例如，有的地方需要视觉贯通以显示磅礴大气，有的地方需要曲径通幽来突出柳暗花明、豁然开朗的效果等等。总之，在路线设计中应形神合一、互为促进。

2. 听觉

一般认为，在人类的各种感觉中，听觉的重要性仅次于视觉。因而声音也就成为景区营造氛围的重要手段，它可以让游客感受到自然和文化的魅力，例如寒山寺的钟声就是传统文学与自然空间完美结合的成功典范。因此，将“声音”与景区主题文化紧密结合已成为现代景区营销推广的新形式。

3. 嗅觉、味觉

通常嗅觉具有很强的适应性，但在对新环境的感知过程中，却是非常敏感的，例如清新的气味能使人精神愉悦、轻松兴奋；异样的气味则会让人沮丧反感，还会联想到景区的卫生质量问题。因此气味的整体设计要以“清”为目的，使旅游者感到清新、清香。在近些年，越来越多的景区开始注重空气质量建设、提高区内环境质量。另外，景区在进行规划设计时，还可以运用味觉唤起游客的某种记忆，以增强其体验感觉，例如通过古朴的味道唤起旅游者的怀旧情怀等等。此外，景区还可以充分利用我们烹饪大国的优势，将景区的特色美味、餐游结合场所如船宴等都转变为吸引游客的重要手段，满足现代旅游者美食体验之旅的需求。

4. 触觉

触觉能够引导旅游者更加深入地体验，因为当他们通过身心的触摸，能够将原本虚幻的感觉真实化，如果再附加上景区文化内涵，就会更加刺激旅游者的兴奋度。所以旅游景区就要让游客通过身心触摸，来体验与视觉不同的冲击效果，例如在规划范围内，让游客触摸石碑上名人的名字、或者古门上的铜乳钉等等。

5. 动觉

在景区体验塑造中，让游客参与、互动和模仿是形成高质量体验必不可少的手段。通过这些方式，才能使其真正融入主题情景，并增强对景区资源的感知和了解，从中获得深度的旅游体验。通常动觉在旅游者的娱乐消遣活动中也是极为常见的，例如滑雪、冲浪、蹦极、乘坐特色交通工具等等，这些环节都会让游客产生动觉体验效果。另外，景区的动态表演和活动参与也能提高游客的旅游热情，增强旅游体验。所以景区在设计旅游产品时，要尽量让游客“动起来”，而不是仅局限于静态的观赏。

此外，旅游者对气候、温差等自然因素也很重视，因而气候条件也与旅游者的旅游体验息息相关。

【小资料】

蜀南竹海竹林大会——ESE－生态情景体验

国家级风景名胜区、中国生物圈保护区、绿色环球21认证的四川蜀南竹海风景名胜区在保持原有生态环境和注重旅游行为个性化的基础上，通过准确的文化挖掘和精心的游客参与互动设计，将一个以竹海为背景、精彩纷呈的“江湖世界”呈现在游人面前，在向世人展现蜀南竹海地域文化同时将竹林文化发挥到了极致。

这种让所有游人都能参与其中并成为主角的情景体验式旅游，颠覆了中国资源性景区的传统观光模式，并为景区加入薪新的概念与时尚元素，重新塑造和强化了景区主题，给旅游者带来强烈的感染力和体验性。同时，通过整合营销传播模式，引发了大量主流媒体主动报道，使“江湖”这一营销主题及内容迅速传递给客源市场，并在短时间内成为关注的焦点，引发了强烈的市场反响，使其接待游客量持续大幅增长，成为“中国首家生态情景体验主题景区”。

5.2.5 旅游体验的强化

旅游是一种求新、求美、求知的过程，也是游客体验的过程。旅游发展的趋势是体验化，为了使旅游者获得最佳的旅游体验效果，旅游景区应以文化内涵为基础、以独特创意为突破口，加强体验点并突出体验主题，同时在旅游服务、基础设施以及旅游商品等方面加深对旅游者的感官刺激。

1. 加强体验主题创意

体验主题定位的关键，在于景区内的哪些方面能让游客感到新奇和兴奋。一般而言，创意好的旅游景区体验主题有：提供人们在日常生活中所欠缺的正面特殊体验；将与现实不同的布局或事物合理的置于景区整体中；在景区内进行多景点布局以使游客能够进行立体体验等等。但是需要注意的一点是，景区所推出的体验活动，要与自身的自然、人文、历史文化等资源相吻合，也就是景区的主题设计要素和体验内容要风格统一，才能够吸引旅游者，达到强化体验效果的目的。

2. 提供体验式服务

在旅游者需求日益多样化的今天，服务也需要“水涨船高”。旅游体验实际上包括游客从出行到结束的整个旅游过程中的全部综合感受，其中包括前往景区和离开景区、以及在景区内的活动等，这些共同组成了对旅游活动的整体印象。因而其中所涉及到的每一个细节都将会成为游客体验的一部分，因此，专业化和富有特色的人性化服务就成为增强游客旅游体验的主要途径之一。它能让游客感到被尊重、被重视，同时也能够增强他们的安全感，使其能够全身心地欣赏和享受景区提供的旅游产品。例如，景区员工发自内心的微笑、认真负责的服务态度、专业的知识讲解等等都会给游客带来美好的体验经历。

3. 完善公共服务系统

公共服务系统包括解说系统、生活服务系统、安全保障系统、引景空间系统等等，这些既是旅游体验的支持系统，用于保障旅游过程的通畅，又是旅游者体验过程的重要组成部分。通常游客会对安全、良好的景区环境、便捷的基础设施、周到细致的服务、专业全面的讲解等系统构成要素印象深刻，因而景区服务管理水平和旅游基础设施共同组成了旅游者体验的软硬件。

（1）建筑设施

一方面，旅游景区要加大力度注重区内建筑设施与整体环境的协调，以不影响旅游资源的整体性、安全性、美学价值和良好旅游体验为基本原则，这样能够在保护资源价值的同时提升旅游者的体验水平；另一方面，在允许范围内，可以将具有景观特征的住宿设施和景区建设有机结合在一起，既突出了主题建筑特点，又能使游客感受到更加深度的体验。

（2）交通系统

舍弃不符合景区环保要求、会增加噪音、破坏旅游者体验的交通工具；增加达到环保要求、机动性好、视野开阔、富有特色并能够增加游客体验效果的交通工具，如区内环保车、老式三轮车、双人自行车等等。

（3）导游解说系统

导游解说系统是运用某种媒介和语言表达方式，将特定的信息传播给景区游客，达到既帮助游客了解景区相关信息，又能进行服务和管理的目的。有效的解说系统不仅能够提供良好的旅游体验，而且也是景区减少负面影响的有效管理工具。建设完善的旅游解说系统包括：提高向导式解说服务人员的个人文化内涵、讲解水平、工作热情、导游技巧、以及对景区的了解等；设计自助式解说服务系统时注重以人为本，能够加入生动的、具有人性化的关怀和提示等；重视解说内容细节的规范等等。

4. 注重旅游纪念品的设计

景区的旅游纪念品不仅能满足游客需求、传播地域文化、将景区文化有形化，而且具有无形的广告作用，同时还能延长旅游者旅游体验持续的时间。因为游客通常会在旅游过程中购买一些旅游纪念品如明信片、具有地域特色的工艺品等，用于收藏留念或馈赠亲友，并把这种行为看作是旅游经历的组成部分和对体验的纪念。从这个层面上来讲，旅游纪念品是一种使体验社会化的方法，因为旅游者通过把它当作旅游体验的一部分与他人进行快乐分享的同时，也获得了自我心理满足。

旅游纪念品在设计时要注重提高产品的趣味性、增加游客的参与性。一些特色景区可以通过让游客亲自动手制作纪念品的方式来增强体验效果，例如在紫砂之都宜兴，旅游者可以自己制作一件陶器并把它带回家，这个过程不仅需要融入游客自身的劳动和智慧，而且还能使他们更加充分地体味其中的快乐。因而这种带有明显旅游经历印记的旅游纪念品往往就被赋予了更高的价值，它能唤起旅游者对旅游活动的回忆和联想。

在设计旅游纪念品时需注意以下几点：一是要具有鲜明的景区主题特色或特殊的含义；二是要突出景区主题的文化性、教育性；三是要个性化、具有差异性；四是要与时俱进，紧跟时代、符合潮流，例如将大型事件和生肖相结合的旅游纪念品就会受到游客的热衷与喜爱。当然，有时也可以通过免费赠送小型旅游纪念品的方式为景区作义务宣传。

5. 营建良好的景区整体环境

营建良好的景区整体环境不仅仅包括区内安全因素，还包括景区的整体诚信。通过实行统一管理来避免各自为政、规范景区内部经营机制建立快捷高效的旅游投诉系统等方法，共同提高景区的诚信水平，营造出诚信安全的整体环境，使景区规范、快速的发展。

5.3 旅游景区节事活动营销

5.3.1 景区节事活动的意义

随着社会经济的快速前进、人们物质文化生活水平的提高和现代休闲娱乐形式的多样化发展，旅游者对于旅游的观念、目的等都发生了很大变化，他们已不再满足于单一的旅游观光，而更多的趋向于深入了解不同区域的历史文化和体验不同地区或民族的风俗民情。在这种趋势下，满足旅游者不同需求的各种旅游节事活动得到了迅速的发展。

旅游节事活动是以旅游资源的文化底蕴为依托，通过规划与开发，将各种节日的庆祝、盛事的举办作为吸引旅游者的动态文化吸引物，重在强调旅游者的互动性和参与度，以突显景区优势和增强景区吸引力。节事活动作为一种旅游吸引物，是提高景区知名度的一种重要手段，也是景区促销策略的关键环节。开展旅游景区节事活动不仅能够强化旅游景区的文化品位、形成旅游地热点效应，而且还能够在短时期内扩大旅游景区的市场形象，加速营销进程、增加营销量，对推动景区发展具有重要意义。

1. 塑造景区形象、提升景区知名度

举办景区节事活动不仅能深化区域文化，使原来那些静止或固定的旅游吸引物更具有生机，营造良好而深厚的旅游氛围，增强旅游吸引力，还能将产品要素进行高质量的组织整合，更有效地塑造旅游景区形象，向旅游者充分展示区域文化、民俗特色、经济实力、科技水平，从而有效地扩大地区影响力，快速提升景区知名度和社会美誉度。

2. 完善景区产品结构、延长游客活动时间

随着旅游者休闲娱乐的选择偏好日趋多元化，一个景区要想在激烈的市场竞争中处于优势，就需要完善产品结构；同时由于景区还具有明显季节性的特点，为协调淡旺季供求平衡，也需要产品结构合理化。景区节事活动作为一种动态文化旅游吸引物，已成为旅游产品结构中不可分割的一部分，在完善景区产品结构方面起着重要的作用，同时丰富的节事活动也能延长游客的停留时间，为景区打造“多日游”发展模式奠定良好的基础。

【小资料】

"一日游"转变"多日游"

新疆吐鲁番景区为改变多年来形成的"景区一日游"情况，于今年新增了首个多日游线路。这条线路将吐鲁番最具代表性的葡萄沟、坎儿井、交河故城、高昌故城、火焰山、吐峪沟、库木塔格沙漠和艾丁湖八大景点纳入。由于新增的库木塔格沙漠风景区距离吐鲁番市区较远，就使得游客至少得在当地住一夜，从而拉长了整体旅游时间。与此同时，为了让"留宿"游客享有更多乐趣，吐鲁番还加大了歌舞演艺的打造力度，现已推出了升级版《吐鲁番盛典》、鄯善大型沙漠实景演艺等大型文艺演出，并计划新增葡萄沟实景演艺、交河历史文化演艺等服务项目。

3. 提高景区吸引力和游客的参与度

为了增强旅游者的体验效果，将观赏性的节事活动与参与性的节事活动进行有机结合，实现组织者与旅游者之间的互动，是开展景区旅游节事活动的一个突出亮点。通常旅游景区的大部分节事活动都是以动态、开放的形式来展示的，这样可以使游客亲身参与和体验，从而丰富旅游者的旅游经历，使旅游活动更具有意义，也增强了旅游者的旅游价值认同感。因此，开展景区节事活动不仅能够吸引更多的旅游者，而且还能在旅游者中形成了良好的口碑，达到对景区自觉传播的效果。

4. 促进资源的优化组合、延长景区生命周期

旅游节庆活动的综合性特点，决定了参与部门的多样性，因而这就需要景区相关方面加强共同合作。这个过程既带动了相关产业和区域经济的发展，为商贸洽谈、文化交流等活动提供良好的平台，同时又能促使当地政府进行配套基础设施建设和全方位的综合城市建设，使区域的软、硬件环境得到相应改善。总之，旅游景区通过有效整合和利用各方面的优势资源，激发游客到访率、重游率的同时也推进了自身的发展，为延长景区生命周期提供了更有利的环境与条件。

5.3.2 景区节事活动的类型

旅游景区节事活动按主题选择、功能特征等不同视角可划分为：传统的民族民俗风情节事活动，如傣族泼水节、白族三月节等等；以地区著名特产、物产等为主题的节事活动，如河南洛阳牡丹节、浙江上虞杨梅节等等；以区域内典型文化特色为主题的节事活动，如山东曲阜国际孔子文化节、南宁国际民歌艺术节等等；以当地独具特色的地理特征、自然现象和景观为依托，综合展示旅游资源、风土人情为主题的节事活动，如浙江钱塘江观潮节、哈尔滨冰雪节等等；以宗教文化为依托的节事活动，如藏族雪顿节、维吾尔族开斋节等等。

按旅游景区节事活动的规模大小，可分为大型、中型和小型三种类型。

【小资料】

新郑拜祖大典引发黄金效应

节事活动不仅是旅游景区的名片，而且还能够展示所在城市的活力、挖掘城市的潜力、释放城市的吸引力。河南新郑黄帝故里景区每年农历三月三举办的拜祖大典不仅规格高、规模

大、影响广、亮点多、主题新，而且气势磅礴、热烈隆重、特色独具、国人震撼，堪称“国典”。大典期间，各级领导、海外重要宾客的到来以及各主流媒体的直播报道，不仅极大地吸引了公众的目光，使景区大为增色，而且有力地提高了新郑的城市知名度、美誉度。如今，黄帝故里拜祖大典已经成为展示中原形象的新窗口、中原文化的“金字招牌”和新郑的“城市名片”，它使更多的海内外炎黄子孙认知黄帝文化、了解黄帝故里。同时，新郑以此为契机，借拜祖大典吸引诸多华人华侨客商将目光纷纷转向新郑，使之日益成为一片投资兴业沃土，给这座城市带来了无限商机。

黄帝故里景区的拜祖大典不仅带动了旅游业及相关行业的快速发展，同时还激发了市民作为新郑人的自豪感，增强了加快发展、跨越发展、建设美好家园的自信心，形成了强大的发展合力。一个古老文明、开放热情的新郑，已走出了河南，走向了世界。

5.3.3 景区节事活动的组织策划原则

旅游景区节事活动在内容、形式等方面会存在一定的差异，但是作为一种动态文化吸引物，旅游节事活动所具有的共性特点，使其在组织策划上还是有律可循的，其基本原则是：

1. 创新性原则

旅游景区产品的创新性是吸引旅游者的向心力和节事活动的生命力，因而创新就成为节事活动成功的保障。景区节事活动的创新，无论在内容还是形式上，首先应在区域旅游资源及其特色的基础上，深入研究当地的自然环境、社会环境、经济环境和区域历史文化、民俗风情等因素，从中挖掘出更深层内涵，再与现代思想文化、社会观念、经济技术的发展相结合，研究新情况、解决新问题、总结新经验、探索新思路，不断地推陈出新。

2. 文化性原则

旅游景区节事活动的特色主要表现在文化特色、民族特色和时代特色上，其中文化是节事活动中最重要的特征体现，它是吸引旅游者的深层次因素。因而景区节事活动的开展要在依托社会经济的基础上，根植地方文化、体现地方文化底蕴，使其文化内涵深厚、主题鲜明独特并易于认同，这样才能提升景区知名度，塑造与众不同的市场形象。因此，文化内涵是旅游景区节事活动成功的基础，也是景区保持可持续发展和永恒魅力的必备要素。

3. 整体性原则

旅游景区节事活动的综合性特点和要求，决定了节事活动在组织策划过程中要始终坚持统筹规划的原则，并建立多元化筹资体系，做到多方合力的开发节事活动。同时，在活动过程中要力求做到活动内容与形式、主题与周围环境的和谐统一，以及各个环节之间的系统衔接、参与部门之间的相互协调配合以及基础辅助设施的相互配套等等，以确保节事活动的顺利开展。同时，景区节事活动在组织策划上还要着眼于整体和长远的发展目标，既要注重经济效益，又要注重社会效益和环境保护；既要重视当地居民的参与程度，又要关注外地游客的参与积极性。

4. 体验性原则

现代旅游节事活动发源于传统节庆和民俗文化活动，它发展的主导方向是广泛吸引旅游者参与到活动之中，并使其成为游客的“狂欢节”。随着社会文化交流的增多特别是文化多样性的发展，旅游景区节事活动的组织策划要坚持以游客需求为导向，在内容与形式上要以提高游客参与度为宗旨，力求丰富和满足游客的娱乐体验、审美体验、学习体验、寻求新奇的体验和追求时尚的体验等等，从而使活动更具生动性和参与性，进而产生良好、深远的社会影响，这也是节事活动成功的关键所在。例如潍坊国际风筝节，不仅在内容策划上突显了浓郁的本土文化特色，而且还设计出了一系列游客参与性强的活动内容，使活动充满了狂欢气氛，取得了非常良好的社会效果。

【小资料】

幸福拉萨·多彩雪顿

每年夏季，拉萨雪顿节对于全世界向往西藏的游客来说是无论如何都不可错过的重要节日。在藏语中，"雪"是酸奶子的意思，"顿"是"吃"、"宴"的意思，雪顿节按藏语解释就是吃酸奶子的节日，因此又叫"酸奶节"。雪顿节是西藏最隆重的节日，其热烈程度仅次于藏历新年。历史悠久的晒佛，成千上万的藏传佛教徒从四面八方涌向拉萨附近哲蚌寺，怀着最虔诚的心，顶礼膜拜；当雄赛马节，骑士们策马扬鞭，奋勇争先；到西藏三大圣湖之一的纳木错徒步，让灵魂被纯净的湖水洗涤，使你震撼、激动过后，回归平静。雪顿节已被列入第一批国家级非物质文化遗产名录。

2013年中国拉萨雪顿节按照藏历传统，围绕"幸福拉萨、多彩雪顿"这个主题于公历8月29日至9月4日在拉萨举办。通过丰富多彩的文艺演出，传统竞技、经洽商展、主题论坛以及节日休闲等活动，向国内外游客充分展示雪域高原悠久灿烂的历史文化和独特绚烂的旅游资源。同时，通过举办雪顿节进一步促进和带动拉萨旅游产业、文化产业、经贸合作的快速发展。

5.3.4 景区节事活动的组织策划的程序

在节事活动的运作阶段，旅游景区往往会在社会广泛关注的借势效应下成为瞩目的焦点，因而成功的节事活动组织策划也就成为向潜在旅游者展示景区风采的重要前提工作。它通常包括以下几个步骤：

1. 选择主题

组织景区节事活动的核心，是通过深入分析产品资源、区域历史文化和地理特色、目标市场的构成及兴趣、以及周边地区或类似景区举办的旅游节事活动，从中找出彰显本土特色的节事活动主题。通过景区节事活动主题的塑造，游客会增强对景区的直观印象和心理向往，因而主题的选择要顺应市场需求及发展趋势，正确把握市场脉搏，紧扣景区形象，符合游客心理，能引导、适应消费需求；同时还能融表演性、群体性、参与性、多形式、多层次为一体，达到加深游客体验感受的效果。

旅游景区节事活动的主题选择范围具有多样性，从形式上来讲，景区可以有常年固定的旅游节事活动，并使这些活动成为景区永久性、制度化的旅游标志，如舟山国际沙雕节；从专题上来讲，景区既要充分发掘和提高传统节事活动，又要努力创造新的节事专题；从层次上来讲，景区既要努力创造条件举办大规模、高品质的节事活动，又讲注重小型活动的社会影响力，等等。因而这就要求景区节事活动组织者具有捕捉潜在市场机会的敏锐目光，并拥有娴熟的商业运作经验以及有能力组织专业人员对主题进行包装和推广。

2. 准确定位

旅游景区节事活动定位是景区结合其资源特色对市场环境进行评估，并确定活动名称、内容和宗旨、类型和规模、时间和地点，以及对目标市场和预期效果等要素进行整体、科学的框架设计过程。景区节事活动定位包括：市场机会分析，旅游者需求和目标市场分析，旅游资源、景区能力、交通条件等综合评价分析等等。

3. 组织准备

在综合考虑资源特色和旅游者需求的基础上，确定节事活动策划的初步方案，并做好节事活动的相关组织准备工作，具体包括：取得有关部门的同意和支持；明确组织结构和内部责任分工；寻找赞助方、筹集奖金并做好相关的费用预算；制定节事日程；制定活动宣传方案、口号、标识、吉祥物以及设计相关旅游纪念品；制定活动管理条例及突发事件的应急方案等等。此外，还需要整个团队团结一致、齐心协力；组织者具有较强的执行能力、能够及时发现活动现场可能出现的问题并有能力加以解决；对参与活动的人员进行全方位培训，使活动的目的和主旨深入贯彻到每个员工心里，以充分调动其积极性和主人翁责任感。

4. 活动实施

根据策划方案，将节事活动的具体计划全方位、有步骤地加以落实，包括接待计划；财务计划；消防安全计划；环境整治和场地布置计划；交通管制计划；开幕式及媒体宣传计划；配套活动安排等等。同时，还要做好活动的全程管理工作，包括规范游览秩序、有序引导游客；加强景区安全和环境管理，为游客营造一个安全舒适的旅游氛围；制定并实施系统、整体的交通管理政策，避免交通阻塞，保证景区的畅通和活动的顺利进行；制定相应的管理条例，严格执行有关法律法规，做好市场规范保障工作等等。

5. 评估论证

景区在节事活动结束后，广泛收集与活动所有有关的信息反馈和媒体报道，并客观、真实地对整个活动过程进行综合评价，以知名度和美誉度是否提升作为主要标准来衡量活动的效果。具体包括：审核财务收支；评估与赞助商的合作；分析活动举办的综合效益；活动执行的时效性和旅游者认可度；对活动进行品牌注册、开展品牌经营管理等等。通过评估分析，总结活动各环节运作的优劣得失，以利于进一步改进、创新和提升营销活动的品质及效果。

5.3.5 开展景区节事活动应注意的问题

节事活动以其形象传播聚焦效应、经济收益峰聚效应、关联产业带动效应越来越受到景区的重视，已逐渐成为旅游目的地塑造、树立独特品牌形象的重要手段。景区节事活动营销是指景区以节事活动的开展为载体，通过有计划地策划、组织和实施营销活动，来吸引媒体、社会公众和目标市场的兴趣与关注，达到提高景区知名度和美誉度、树立良好形象和吸引旅游者的目的。旅游景区在其组织策划、营销的过程中需要注意以下几个方面：

1. 本土文化内涵与外来文化精髓相结合，提升节事活动的文化品位

历史的发展进程使得很多地域都积淀了厚重的灿烂文化，因而充分重视本土文化的发掘与利用是景区节事活动组织策划的重要原则。同时，文化的地域性、民族性越强，对求新、求奇、求知的旅游者吸引力就越大，因而开展节事活动时要注重突出旅游景区的主题文化、根植于地方文化，以体现出在长期的历史积累过程中所形成的鲜明区域特色，才能使活动蕴涵旺盛的生命力，获得社会公众的广泛认同。

同时，旅游节事活动也具有开放性的特征，因而重视本土文化但又不能仅局限于此，要做到与时俱进。在开发过程中，把适应市场需求作为立足点，合理吸收、借鉴外来先进文化，适度引进其他国家或地区节事活动的开发思路与组织形式，使地方特色与外来先进文化相融合，展现出时代个性与创新精神。通过两者有机结合，强化节事活动的特色与吸引力，创造出新奇、和谐的效果，更好地提升活动的文化品位，扩大影响力、增强核心竞争力，树立起包容与开放的良好形象，使景区更具有综合价值。

2. 着眼于创新和突破，促进节事活动的可持续性发展

创新是节事活动保持永久生命力的源泉。景区要根据游客需求心理的变化，不断推陈出新，不仅注重继承传统特色文化和地域风格，还要注重内容的创新性，着力于新颖的表现方式和多样化的包装手法，以重新演绎景区文化和形象，将节事活动进行深度开发和组织。同时通过不断赋于节事活动新的文化理念和内容延长其生命周期，并以独特的体验感受造就景区强大的吸引力，使游客始终保持新奇的感觉，实现景区可持续性发展。例如，随着地方区域与国际文化、贸易等活动相互交流深度的增加和频率的增强，景区可以凭借区位优势和富有知名度的焦点事件，打造主题鲜明的节事活动来吸引公众眼球，从而产生光环效应。

3. 抓住时机并加强市场运作，促进节事活动的良性发展

由于旅游景区节事活动是以公共庆典为基础的，因而通常具有一定的季节性、时间性。比如有的节事活动沿用了传统节日庆典，如元宵节庙会；有的节事活动主要依靠气候或季节的变化，如洛阳牡丹花会；还有一些节事活动与神话传说、具有纪念意义的事件有关，如岳阳龙舟节，等等。正是因为节事活动的持续时间有限，因此景区的营销主体必须在公众注意力最集中、社会情绪最高涨的时间点高效、紧凑地开展系列营销活动才能达到最佳的效果。

实行市场化运作能够有效激发节事活动的潜力与活力、促进活动的良性发展。在策划节事活动时，景区首先要充分运用市场经济规律，把节事活动作为一种商品或品牌来经营；随后，在节事活动的组织阶段，景区还要通过市场化的运作，拓宽融资渠道、建立多元化筹资体系，如广告收益、票务经营、赞助捐赠、开发旅游商品等等；同时，还要明确参与各方的权利与义务，按照市场经济规律引入公平竞争机制，达成多方共赢，以保障节事活动顺利有序的进行。

4. 增强节事活动的体验度，激发游客的参与热情

现代旅游者已不满足于传统的将游客置之度外的走马观花式游览方式，而是热衷于主动参与、亲身体验的现代旅游娱乐模式。景区在动态节事活动中，创造性地设计些能让游客积极参与体验的项目和活动，既能够激发游客的热情和兴趣，使之在亲身体验与艺术享受中提高对景区文化内涵的认知和认同，同时又能够充分彰显景区的文化特色，使之更加形象化、艺术化，从而达到深化主题的目的。

5. 借助媒体推广宣传，形成广泛的市场效应

旅游景区节事活动要想引起公众关注、吸引游客参与、形成市场轰动效应，不仅需要组织者具有创新意识，还需要加强活动的宣传策划，并借助报纸、杂志、电视、网络等媒体高强度、大容量、全方位的新闻宣传效应，以及公众对新闻的接受度和信任度，打造出新、出彩、出特色的推介模式，提高社会公众对景区的关注程度、提升景区形象的知名度和美誉度，并藉此扩大景区节事活动的影响范围和市场覆盖面。

开展景区节事活动的总体目标是适应现代旅游休闲娱乐形态多样化趋势，通过各具特色的系列活动一方面满足旅游者的不同需求，吸引大众的广泛参与，强调景区与旅游者之间的

互动，在内容上体现大众化、群体性和体验性；另一方面以传承传统文化来吸引更多的旅游者，扩大景区的社会影响力，增加社会综合效益。

【小资料】

黄山国际旅游节

为了更好地塑造和提升黄山的景区形象与知名度，拉动黄山旅游业及相关产业的发展，推进黄山城市建设水平及国际化进程，提高黄山旅游产业及城市综合竞争力，黄山市于1991年创办"中国黄山国际旅游节"，并于2004年正式更名为"中国黄山国际旅游节暨徽文化节"。2013年9月22日开幕的第十五届黄山国际旅游节暨徽文化节，本着"隆重热烈、安全顺畅、创新节俭、有序圆满"的总体原则，着重围绕"美在黄山·梦圆徽州"这一主题，全力打造旅游品牌。

"中国黄山国际旅游节暨徽文化节"通过对底蕴深厚的区域文化的发掘和再现，对品位极高的自然资源的整合和展示，不仅提升了城市整体文明素质，最大程度地扩大黄山知名度、美誉度和影响力；而且还"以节为媒、以旅促商，旅游搭台、经贸唱戏"，在活动期间组织开展了一系列经贸活动，并精心推出一大批旅游产品和招商引资项目，为加速区域经济发展提供了舞台。

5.4 旅游景区品牌管理

5.4.1 塑造旅游景区品牌的意义

当前人们的消费理念已从实物消费进入到品牌消费时代。与此同时，随着旅游业的迅猛发展和旅游景区之间的竞争加剧，旅游者对景区的视觉要求也越来越高，树立起良好的、个性化和差异化的旅游景区品牌形象无疑就成为吸引旅游者的关键因素之一。通常旅游者会认为品牌景区能够提供全方位的服务和功能，如优美的环境、独特的民俗、具有视觉冲击力的景观、刺激的体验活动等等，使其达到既定的精神境界和心理享受；同时，到访一个有知名度的景区，也是旅游者自我形象需求的一种满足。因此，旅游景区产品就需要进行品牌建设、实行品牌运营。品牌建设不仅仅是一种营销手段，还是景区对于社会贡献的价值确认和社会对景区的总评价，也只有获得较高社会价值与市场价值的景区才能够持续地发展，因为品牌具有很强的购买导向，而游客选择旅游景区的重要导向之一就是市场认可的品牌。

在旅游业发达的地区，景区产品的推广国家、地区往往会通过大力研究品牌形象定位、品牌宣传口号和设计产品视觉形象等等来促进区域旅游业的发展。因为旅游景区的品牌形象是旅游目的地的象征，是吸引旅游者前往的核心，同时也是旅游者对旅游景区的总体印象感知，旅游景区经营之间的竞争在很大程度上已成为品牌形象之间的竞争。旅游景区的品牌形象，是指在景区产品不仅具有独特的文化价值，而且在人们心中已形成了固有的总体印象。因此，创立并推广品牌、加强品牌的管理与维护、促进品牌的创新是旅游景区市场营销的重要组成部分。

品牌对于旅游景区而言，是一笔不可估量的无形资产，它在一定程度上代表着旅游产品的品位、实力和服务质量；同时，品牌的树立还有利于降低消费者购买旅游产品的风险，引导消费倾向，巩固发展旅游景区与游客之间的关系；此外，品牌作为强化旅游产品差异化功能的有力手段，也是旅游景区赢得竞争优势的关键环节。因而建立自己独特的品牌不仅有助于旅游景区宣传自己的产品和服务、树立市场形象，而且也是旅游景区保持较强旅游吸引力和生命力的重要法宝。因此，旅游景区就需要在产品和服务质量、危机管理等方面塑造品牌意识，加强品牌建设与管理。

【小资料】

景区品牌排行榜

第七届中国(深圳)国际文化博览交易会主题活动——首届全国生态旅游文化产业发展高峰论坛于2013年5月12日在深圳观澜山水田园旅游文化园召开。论坛上中元品牌价值研究中心发布了《中国旅游景点、景区品牌价值排行榜》，其中北京故宫、泰山、九寨沟等多家品牌景区榜上有名。这种对旅游景点、景区进行品牌价值评估并进行排名，这在国内还是第一次，其目的一是期望社会各界加强对旅游景点景区的研究，二是引起人们对旅游景点景区更多的关注，推动旅游文化产业的发展，三是为景点景区的市场营销和新景点景区的开发建设提供启发和借鉴。

5.4.2 旅游景区品牌营销的优势

旅游景区的品牌经营是指景区以旅游市场的需求为核心，以塑造品牌为手段，通过品牌建设、品牌营销、品牌推广、品牌资产管理等各种有效地经营方式，实现综合效益最大化的最终目标。旅游景区品牌营销，是指景区通过对自身构成要素中具有足够价值的、足以成为景区标志的景观资源、地域文化、基础设施、服务项目等进行提炼、塑造和再加工，使之构成的一个综合吸引力单元，并使旅游者对景区产品和服务形成整体认知的过程。

品牌战略是旅游景区谋求的一个目标营销战略，品牌可以带来长远的关注度和强有力的吸引力，所以景区都愿意创立品牌，使自己的产品向品牌靠拢。景区实行品牌营销的优势在于：

1. 有利于品牌延伸

一般而言，品牌延伸是一个拓展经营范围和产品种类的行之有效的方法。通过实施品牌延伸，景区可借助强势品牌使新产品迅速进入市场，降低营销宣传成本的同时缩短了抢占市场的时间。此外，景区还可以通过品牌延伸寻找新的经济增长点，从而进一步巩固企业核心品牌形象。

2. 提高景区知名度

景区通过塑造品牌形象、打造成功品牌，不仅能够提升景区知名度，提高旅游者购买产品的可能性，而且还能够增强抵御竞争对手的能力，使之成为旅游市场上的龙头产品。同时，当品牌达到一定程度后，旅游者就会对景区形成相对了解和熟悉，甚至通过品牌就能够联想到品牌形象，而如果这种形象正是旅游者所需，就会通过产品购买来加以满足。例如云南打造的民族文化品牌在人们心中已形成了“神奇、浪漫、友善、静谧”的产品形象，所以当他们产生远离都市喧哗、寻找一方净土的旅游动机时，就会不由自主地想到那里的山水风情。

5.4.3 旅游景区品牌形象的定位与塑造

1. 旅游景区品牌形象的定位

旅游景区品牌形象的定位是根据目标市场的需求和动机、以及自身情况，创造出鲜明的个性和树立起独特的形象，以赢得客源市场的认可，并最终在旅游市场上取得竞争优势的过程。旅游景区品牌形象的定位包括产品定位、价值定位、文化定位和管理定位等四个方面。

(1) 产品定位

旅游景区品牌的核心是景区产品的内涵。旅游景区要想赢得良好的声誉，就要重视保持产品的差异化特征和现实及潜在的优势。

(2) 价值定位

明确旅游景区产品的核心价值，了解游客购买产品所期望获得的功能性、情感性价值需求，有助于旅游景区找到切合目标市场的综合利益点，建立品牌选择偏好，并使其坚信景区所提供的最终价值是独特的和最佳的，以达到激发潜在旅游者实施购买行为的目的。

(3) 文化价值

文化的内涵底蕴是旅游景区的精髓。在进行品牌定位的过程中，旅游景区要深入挖掘自身的文化价值，用一种或多种文化现象作为载体全方位地展示和诠释其独特价值，并把为游客提供丰富、深层次的精神文化享受作为基本出发点，增强旅游景区的文化辐射效果。

(4) 管理定位

旅游景区品牌的定位要求景区营销主体首先要从内部加强管理，将品牌定位建立在品牌管理制度和品牌经营系统的有效建设中，对管理的每一个环节都制订标准化实施、控制细则，以保证为游客提供完整的价值确定体系，维护品牌与游客的关系，培养游客对品牌的忠诚度。

2. 旅游景区品牌形象的塑造

旅游景区品牌形象的塑造是指景区通过塑造生动、鲜明、强烈的感知形象，使其深入到潜在旅游者心目当中，并占据重要的位置。它包括在目标市场中已形成的形象和未来希望树立的形象，其中涉及到三个主要因素：

(1) 核心因素

是指旅游景区自身资源所具备的价值及功能，它是景区品牌形象定位的基础。独特、优越的自身资源条件决定了品牌形象的与众不同，例如遗产型资源往往具有独一无二的价值。除此之外，景区若要打造品牌形象还需具有自我特性的释放功能，也就是要以不同的方式释放自己、表现自己和展示自己，因为景区资源所表现出来的观赏美感度、参与体验性通常决定了其吸引力的大小。

(2) 人文因素

即旅游者对景区形象的感知满意度。在日常生活中，游客对景区的了解往往是通过各种载体的描绘和生活经验等途径，先在自己心目中对景区形象进行自我想像，进而再变成真实的印象，经过长年月累的循环传播，旅游者就会对景区产生“共性感知”，再加以提炼、加工，就成为景区塑造的品牌形象。

(3) 市场定位

市场定位就是确定景区的目标市场群，它取决于景区的产品特色，而产品特色在一定程度上又会影响着景区的品牌形象塑造。

【小资料】

安徽旅游景区十大新品牌

为提升安徽省新旅游景区知名度、扩大影响力，中国旅游网络媒体联盟联合安徽旅游品牌联盟、中安旅游网特别策划举办了安徽旅游景区新品牌网络展播暨安徽旅游景区十大新品牌评选活动。活动旨在引导安徽省旅游景区走精品化、品牌化发展之路，着力推出一批社会广泛认同的新精品景区，铸造新品牌，打造新亮点，提升全省旅游景区整体品质，促进安徽省旅游产业又好又快发展。此次安徽十大新品牌评选活动于2013年9月下旬结束，举行了盛大隆重的安徽旅游十大新品牌评选活动颁奖仪式，授予获奖景区“安徽旅游十大新品牌”称号，并借助全国百家主流网络媒体力量宣传推广获奖景区品牌形象。

3. 旅游景区品牌形象的宣传口号

旅游景区的品牌形象通常是以宣传口号的形式加以形象概括和最终表述的，它是旅游者易于接受地、便于景区形象传播的最有效方式，其制定目的是使景区形成鲜明并强烈的、能够吸引众多潜在旅游者的感知形象。因此，景区品牌形象宣传口号的设计必须能充分反映景区的地域特征和产品的独特性，通常它是用能体现出景区特色并得到大众认可的主题性语句来进行描述的。在设计时，总体来说主要考虑四个方面的因素：

（1）高度的概括性

即口号设计内容要充分体现旅游景区的资源特色，能够高度概括景区产品特点、展示景区旅游形象，这也是设计的首要因素。

（2）富有艺术性

即要注意运用美学手法进行艺术加工，以营造出引人入胜、心驰神往的意境，使人产生美好的联想。

（3）简明扼要

口号的设计要在艺术化的基础上，形成优美的韵律，使人读起来朗朗上口，易于理解、记忆，便于大众传播。

（4）画龙点睛

口号设计要突出主题，通过“点睛”能够显示出景区的优势和特色，并在客源市场上树立起牢固的形象，使人过目不忘，达到深入人心的效果。

【小资料】

海螺沟景区万元征集宣传口号及景区 LOGO

海螺沟景区位于青藏高原东南缘，四川省甘孜藏族自治州的泸定、康定、九龙和雅安市的石棉4县交界区，由海螺沟、燕子沟、磨子沟、南门关沟、雅家埂、磨西台地六个景区组成，拥有“国家级重点风景名胜区”、“国家级自然保护区”、“国家地质公园”、“国家 AAAA 级旅游景区”、中国惟一的“冰川森林公园”五顶桂冠，是“蜀山之王”贡嘎山的问鼎画卷和令人神往的“香巴拉门户”，是古代通往藏区的茶马古道的必经之地。海螺沟景区融自然风光、历史文化、茶马文化、红色文化和民俗文化为一身，集观光、休闲、疗养、避暑、生态、科考、探险、登山、摄影等旅游于一体，共同构筑成了四川旅游西环线上最具魅力的旅游目的地。

2013年6月1日–2013年9月1日，四川省海螺沟景区面向社会公开有奖征集海螺沟景区旅游营销宣传口号和景区LOGO。目的是全面推介海螺沟景区的历史文化、迷人的山水魅力、独特的自然人文景观，提升海螺沟景区品位，扩大景区的知名度、美誉度和影响力，打造产品品牌。

5.4.4 旅游景区品牌的推广

旅游景区的知名度可以作为产品实力的代表符号。同时，品牌要形成良好的知名度才能达到吸引游客的目的，而知名度又需要品牌的有效推广。因此，行之有效的推广和大范围的传播是旅游景区建立和提升品牌知名度、忠诚度的重要方法。旅游景区可借助丰富、新颖、符合产品特点的多种形式如建立品牌名称、制作品牌标志和宣传口号、利用公共关系和媒体广而告之、组织各种节事活动等，向社会进广泛宣传、推广景区的品牌形象。具体做法有：

1. 以统一的标志、图案、颜色及格调进行品牌设计

这种做法可以给游客和社会公众留下深刻的印象。品牌设计包括品牌名称设计和品牌标志设计。品牌名称是指景区产品中可以用语言表述的内容如黄山等，它的确立要有利于传达旅游景区品牌的发展方向和综合价值。品牌标志是指品牌中可以被识别的但不能用语言表达的内容，它是由某种符号或图案、可作为象征的事物、与众不同的颜色或印字等要素构成，如黄山的迎客松等。景区的品牌设计是将特定的表现元素结合创意手法和主体风格共同加工而成的，其中文字名称的转化和图案的象征寓意是典型的设计方法，它包括文字型、图案型和文图结合型三种设计形式。

2. 寻找有价值的新闻点，全方位地开展营销攻势

旅游景区品牌宣传和营销推广的成功与否，关键在于能否利用各种契机不断地创造新闻热点，或巧妙地将各种文化、历史背景赋予特定的对象，并以此作为宣传主题进行造势。例如华山景区借“华山论剑”进行宣传，就达到了很好的树立品牌效果，这种将自然景观与文化品位有机结合的成功案例是非常值得借鉴和推广的。另外，加强热点的营造，并根据热点扩散效应设计多个热点群，达到使目标市场持续关注的效果。

与此同时，旅游景区还应广泛借用各种媒体和广告载体的宣传攻势、制作风光宣传片、聘请旅游形象大使、策划节事活动等多种形式，展示旅游景区与众不同的形象特点，进行形象宣传和营销推广，以持续提高品牌的知名度和美誉度，发挥品牌的聚合、扩张效应。

3. 加强景区员工与公众的交流

广泛利用旅游交易会、展览推介会、专业论坛、公益活动等多种途径，增强景区员工与社会公众之间的交流，以加深其对景区的认同和了解，并通过建立长期稳定的客户关系和良好的服务营销体系，在公众心目中树立良好的品牌形象。

【小资料】

婺源的品牌之路

婺源生态环境优良，文化底蕴深厚，享有“中国最美乡村”的美誉。婺源县旅游业精心打造的这块金字招牌，不仅赢得了社会的普遍认可和广泛赞誉，而且加快推进了地区旅游标准化建设和产业化发展，实现了单纯观光游览型向观光旅游与休闲度假游、专项旅游和会展商贸旅游结合型的成功转变，成为国内著名、世界知名的乡村旅游经典。同时，在打造品牌的过程中，婺源县又逐步提炼出“美丽乡村，梦里老家”的旅游主题宣传口号，不仅概括出了婺源的整体形象，还给婺源旅游树立了一个全新的标杆。

5.4.5 旅游景区品牌的维护与管理

品牌一旦创立起来就是一笔巨大的财富。对于旅游景区来讲，不仅要注重品牌的塑造和提升，更要加强品牌的维护与管理。

1. 旅游景区品牌的整合

在日趋激烈的旅游市场竞争中，品牌竞争已成为必然趋势。景区要想在激烈的旅游市场竞争中立于不败之地，就要加强品牌化建设来增强核心竞争力，提升旅游地的整体形象。同时，旅游景区要以旅游者为中心，将景区行为和市场行为进行合理组合，综合使用各种有效的传播方式，以统一的目标和统一的传播形象，传递统一的旅游产品信息，实现与旅游者的双向沟通。同时，景区还需要在与旅游者建立长期密切、双向合作关系的基础上，进行资源整合。具体包括以下几个方面：

(1) 系统的整合

景区品牌营销主体必须对区域优势资源进行充分认知和把握，并将其独特之处作为品牌的主题。

(2)区域的整合

把开发地域文化、谋求区域联合作为营销的根本性战略，实行优势互补、资源共享。同时，以经典的旅游路线整合分散的旅游资源，打造强有力的旅游景区品牌。

(3)景区形象外延整合

包括产品延伸、产业延伸和地域延伸等。产品延伸是指景区可针对不同类型、层次的旅游者设计出不同的品牌形象；产业延伸是指旅游项目的开发过程中可实行多元化经营，例如把工农业拓展成为工农业旅游景区等；地域延伸是指可进行跨国经营，招徕客源的同时促进境外旅游的发展。

(4)CIS 整合

使景区的无形形象有形化，突出旅游景区的文化性、精神性，以品牌的消费市场为主导，构造景区差异化优势，增强市场竞争力。

2. 旅游景区品牌的内质建设

旅游景区不仅应拥有高质量的资源景观主体，还应具有与品牌相对应的基础设施、服务质量和特色文化，因而就需要旅游景区加强内质建设，将有形的视觉同无形的经营管理理念有机结合在一起。旅游景区品牌的内质包括产品内涵、经营理念、服务质量、管理制度、组织结构、企业文化、行为规范等内容。旅游景区品牌的内质建设是指景区首先要以游客需求、市场发展趋势为导向设计产品，并重视景区文化经营理念的丰富和贯彻，将“以人为本”作为宗旨改进管理方式和管理行为，建立科学的管理机制，以充实、扩大和调整品牌内质，增强品牌的冲击力与影响力，为品牌的外观传播提供强有力的内力支持。

3. 旅游景区品牌的经营策略

正是由于品牌能够创造和体现经济价值，所以旅游景区都在加大力度进行品牌建设和品牌经营。实施旅游景区的品牌经营策略，就是将旅游景区的可持续发展作为目标，通过有效的方法不断提高旅游景区的品牌价值，具体可采取品牌延伸和品牌扩张两种方法。品牌延伸是指将现有的品牌名称应用在景区开发的新产品上，使不同的产品共享同样的品牌名称和品牌意义，这样做的目的是缩短游客对旅游景区新产品的认知过程，延长旅游景区产品的生命周期。品牌扩张是利用自身品牌在市场上的号召力和影响力，通过在多个行业领域同时经营来扩大经营范围和经营内容，以相互产生强大的影响力，共同取得综合效益。

4. 旅游景区品牌的保护措施

旅游景区首先应通过有效的方法激活品牌作为景区的无形资产价值，同时为防止侵权事件的发生，应当对旅游景区品牌进行专利注册，或通过法律途径对旅游景区商标进行排他性保护，如及时向工商行政管理机关举报或向法院投诉侵权、假冒行为等，以充分行使商标注册人的合法权益，依法保护自己的商标使用权，让品牌的使用更加规范化。与此同时，积极主动地向游客、旅游中间商及全社会宣传自已的品牌，提高游客对旅游景区产品的辨别能力，也不失为一个行之有效的方法。此外，在申请品牌的注册保护时，还需要做好中长期的规划和管理，以持续提高品牌经营的综合效益。

5. 旅游景区品牌的监督和管理

旅游景区应制定相关的品牌管理制度，加强品牌管理建设，改造不符合品牌标准的产品和服务，维护景区的正常经营秩序，营造和谐的旅游景区品牌氛围。此外，还要注重在已形成的景区品牌形象号召力的基础上，设计和策划出更多的不同类型产品，不断地进行品牌创新，多方面地满足游客需求，使旅游景区的品牌价值得以持续提升。

总之，旅游景区的管理要致力于保持和提高旅游景区的品牌价值，确保旅游景区品牌认知度和忠诚度，以达到不断积累旅游景区品牌资源和强化旅游景区持续竞争优势的目的。

本章小结

本章介绍了旅游景区营销管理的基础知识:旅游景区市场营销的概念、特点和程序;游客体验的塑造与加强:旅游发展的体验化趋势，体验的类型，体验的塑造原则和方法，旅游景区体验的强化;旅游景区节事活动营销:旅游景区节事活动的意义，节事活动的类型，节事活动的组织策划原则和程序，以及活动中应注意的问题;旅游景区品牌管理:塑造旅游景区品牌的意义和优势，旅游景区品牌形象的定位与塑造，旅游景区品牌的推广、维护与管理。通过学习旨在树立正确的景区营销意识、了解景区营销的流程和操作步骤，能够运用相关知识和方法分析一些在景区市场营销实践中遇到的问题。

主要概念

旅游景区市场营销　旅游景区市场调研　旅游景区市场预测　旅游景区市场细分　旅游景区市场定位　目标市场营销策略　旅游景区销售渠道　景区产品促销　旅游节事活动　旅游景区品牌经营　旅游景区品牌形象的定位与塑造

基础训练

1. 旅游景区市场营销具有哪些特征? 结合实例阐述旅游景区市场营销的主要步骤。

2. 简述旅游体验的类型和体验塑造的原则，并结合实例分析如何进行游客体验塑造与强化。

3. 简要分析旅游景区举办节事活动的意义、以及活动的类型，并结合实例分析如何组织策划景区节事活动。

4. 结合实例分析旅游景区为何要进行品牌营销?

案例分析

玉龙雪山，这座全球少有的城市雪山，既是丽江旅游的核心品牌，又是云南现有的两个5A级景区之一。根据丽江打造世界级精品旅游胜地的发展目标，玉龙雪山旅游开发区先后投资10亿元，在50平方公里范围内，开发了甘海子、冰川公园、蓝月谷、云杉坪、牦牛坪等景点以及雪山高尔夫球场和印象丽江大型实景演出。十年间，丽江玉龙雪山景区客流量从2000年的72.25万人次，发展到2009年的230万人次，年均增长超过25%。

然而玉龙雪山景区的成功并不是偶然的，其在品牌打造、产品整合、市场营销、文化建设和节目创新等方面的卓越表现，以及营销管理体系所形成的综合竞争力，已使之成为中国旅游景区行业的市场领跑者。

一、做大品牌:整合产品集群发展

玉龙雪山景区在2007年成为全国首批66家5A级景区之一，升级后的第一个动作是整合周边景区的经营权，做大丽江旅游核心品牌景区。使玉龙雪山从单一景区扩展为旅游产品集群，并提出将“大玉龙”作为主品牌、其余八个景区作为子品牌的新概念。

与此同时，为了让游客获得更好的旅游体验，景区在大玉龙旅游区范围达50平方公里，重点解决了三个问题：一是旅游线路的合理设计：以玉龙雪山为轴心，设计大玉龙旅游线路；二是通过修建雪山栈道、开通环保专线等途径构建生态环保的便捷交通，三是加强安全监控，做好游客旅游的安全保护。

二、细分市场：精耕细作渠道创新

玉龙雪山景区的游客来源以国内市场为主，其中国内市场分为传统客源市场和新兴旅游市场。近年来，随着丽江城市旅游环境的优化和提升，客源结构逐步呈现多样化，并且形成了一定范围内的高端客源市场。景区根据市场细分，进行营销策略创新，体现在一是分众传播。即针对国内市场、港澳台市场和欧美市场等众多客源市场的不同特性，选择最适合的媒体、采用该市场的潜在消费群体容易接受的方式，开展促销宣传活动；二是与有实力的策划公司建立长期合作关系，保证特色活动创意层出不穷，三是渠道拓展。即通过与本地市场共建旅游营销联合体、与外地市场建立完善的旅游分销体系、与周边市场旅游景区进行线路联合促销等策略加强区域合作力量，共同拓展旅游市场。其中，景区还重点加强了对境外市场的宣传促销力度。

三、印象丽江：实景演出成功探秘

根据玉龙雪山景区的统计，前期投入高达7400万元的《印象丽江》自2006年公演以来，连续三年保持客源上升趋势。它在营销管理方面有何独到之处？主要在于价格策略和渠道控制。在价格策略上，《印象丽江》独辟蹊径，采取了一种超强势的、非均衡的门票价格政策。其基本思路是“抓大放小”，门票优惠政策和销售奖励措施向战略合作旅行社大幅度倾斜。

在渠道控制方面，主要采取“有选择的分销”，即景区并不针对所有旅行社实行分销，而是抓住旅游分销链上的某些关键环节，跟少数旅游代理商合作，逐步建立多层次的分销渠道，从而加强对客源市场的营销控制力。

问题：结合本章内容及案例资料，深度分析玉龙雪山景区市场营销的成功之处。

第6章 旅游景区人力资源管理

学习目标

了解旅游景区人力资源管理的意义与与方式，景区员工培训的作用以及景区员工绩效考核的意义；熟悉景区人力资源管理的特点，景区员工招聘的内涵、原则和流程，熟悉景区员工绩效考核的类型和作用。掌握景区员工招聘的方法和景区员工的培训内容和工作流程，掌握景区员工的绩效考核方法，如何开展人力资源激励。

引例

武夷山景区导游星级评定

为进一步提高导游员队伍的素质，武夷山市旅游局、市旅游协会，借鉴宾馆酒店评星的做法，将星级引入导游界，成立了星级评定委员会，按照道德、业务、知识、才艺、进取等5个方面的要求，将导游定为二星至五星。

此项工作每两年举行一次，已获得星级者需每年参加星级复核，若年度有重大投诉违规违纪行为，由评委会作出降星或摘星处理，并收回星级证书和星徽。对获三星、四星级的导游员，可享受本市导游年度培训考试免费一年待遇，获五星级导游员可享受本市导游年度培训免试免费待遇，二星级以上导游名单在新闻媒体上公布，以激发他们的荣誉感，并接受社会各界监督。

结合上述案例，谈谈你对景区人力资源管理的看法。

导读

人力资源管理作为旅游景区经营管理的一个子系统，具有特殊的工作任务和工作方式。不同的人力资源管理政策和制度直接影响着景区的经营管理机制，从而影响着景区的健康发展。旅游景区只有对企业人力资源管理特点和内容进行深入分析，把握人力资源管理的规律和科学方法，才能有效调动员工的工作积极性，提高员工满意度，使景区的服务质量和管理水平适应新时期市场竞争的需要。

6.1 旅游景区人力资源管理方式与特点

6.1.1 旅游景区人力资源管理的意义

旅游景区人力资源的管理，反映了人们对以人为中心的旅游行业的重新审视和“关心人才”理念的深化，具有极其重要的作用。

1. 旅游景区的业务经营活动离不开人和物这两个基本因素，而人是业务经营活动的中心，是一个决定因素。不仅如此，员工的劳动不是一种孤立的个体劳动，而是一种分工协作的社会劳动。因此，要保证旅游景区业务经营活动的正常进行，首先必须合理地招收具有一定数量和质量的劳动者，并科学地安排、处理、调整人与人之间、人与事之间的关系，使其有机地结合起来。

2. 景区的活力，其源泉在于员工积极性的充分发挥和自我创造。尤其是在旅游业突飞猛进的今天。旅游景区要赢得高速、高效、持续的竞争优势，就必须加强和高度重视景区人力资源的开发。旅游景区能否取得成功，关键取决于它的管理者是否把它所拥有的人力资源视为根本并能进行有效的管理。

3. 旅游景区是通过向游客提供服务来获得收益的经济组织，服务的多寡与优劣是旅游景区能否取得良好经济收益的决定因素。旅游景区所提供的设施、设备，只有通过服务人员的劳动才能发挥效能。决定旅游景区服务质量高低的关键还是服务人员的无形服务，而这种无形服务的好坏又取决于旅游景区服务人员的服务意识、精神状态、心理素质、身体状况等精神因素和操作技能及服务艺术等水平。只有全方位地提高员工的素质，才能取得良好的社会和经济效益，管理好旅游景区。

4. 人力资源问题在景区管理中处于非常重要的位置。这主要是由景区的以下特点所决定的。

(1)景区属于劳动密集型产业，许多工作都要通过人的行为来完成。虽然随着科学技术的发展与各种设施设备的引进，人的许多行为正在为机器和设备所代替，但是，仍然有许多活动是必须由人的行为来完成的，比如，对客人的引领、对客人提出的各种问题的回答等。

(2)人的行为受到许多因素的影响，诸如人的身体健康状况，一个班次中疲劳的积累所导致的情绪低落，个性中的一些特性如内向性格的影响，工作中同事间关系的变化，与客人交住中客人行为对员工行为的影响，社会中关于服务行业的观念对员工工作观念的根深蒂固的影响，管理人员的态度等，都会直接影响到服务中员工的行为质量，从而导致服务行为的质量稳定性较差和控制难度较大。

(3)景区中的许多工作具有很强的重复性，如卫生清洁、向每一个客人不厌其烦地重复“您好”和微笑、与景区的游客合影留念。这样一项工作的预先标准设定留给人们创造性的空间是非常有限的，从而也易于导致员工的心理承受力到达极限。当员工感到工作不能使他们感到兴奋时，员工的工作热情就会大大下降，重新选择工作的愿望就会变得愈发强烈起来，人员的流动性也就会较高。

6.1.2 游游景区人力资源的管理方式

1. 旅游景区人力资源管理职能

管理的本质是人的管理，景区人力资源管理的目标是通过人与事的最优配置来提高景区的经营效益。所谓人与事的优化配置，是指事得其人、人尽其才、才有其用，或者说，是指在景区为实现生产经营目标新建立的分工协作体系中，每一个工作任务都有合适的人来完成，每一个工作者都能积极主动地发挥自己的工作能力，每一种工作努力都能取得理想的效益。由此可见,景区人力资源管理是一个复杂的管理系统，它包含着一系到特殊的管理职能。

从总体上说，旅游景区人力资源管理职能可以概括为以下6个方面。

(1)人力资源规划

人力资源规划是景区人力资源管理工作的起点，是对景区人力资源管理工作的整体计划。通过人力资源规划，分析确定景区需要什么样的员工、如何得到这些员工，从哪些方面采取措施进行相应的资源配置等问题，以此作为开展人力资源管理各项具体工作的指导和依据。

(2)职务分析与人员甄选

职务分析的作用，在于把景区生产经营活动落实到具体的岗位上，规定明确、稳定的职务工作内容、规范、任职资格、责权、待遇与目标，这是因事用人的直接依据。人员甄选是根据职务任职资格与景区的人员需要，在可能的选择范罚内寻找合适的任职人员，其任务是以台理的成本从职位申请人中选拔出最符合景区需要的员工。

(3)员工培训与职业开发

员工培训是为了使景区员工获得或改进知识、技能、态度和行为等，而有计划、系统地实施教育训练活动，其最终目的是为了达到提高景区效益和实现员工自身发展的双重目的。培训有利于员工的素质提长，有助于员工职业生涯规划，员工的职业理想和职业追求有直接关系，因此员工培训与职业开发密切相关。

(4)绩效管理与工作考评

工作考评的意义在于把景区目标与员工个人目标结合起来，推动员工为实现目标、提高工作绩效而努力。在此过程中，如何制定既符合景区需要又能够激励员工努力工作的目标，并不断加以强化和付诸实施，具有关键作用。在此基础上，通过对员工的工作结果、工作表现进行比较和评价，分出优劣高低，为薪资分配和员工培养提供依据。

(5)薪酬分配与工作激励

薪酬分配是指根据员工对景区的贡献价值为员工提供公平的物质回报，其中货币报酬具有基础地位。薪酬分配作为景区员工价值的实现方式，体现景区对于员工价值的评价标准。合理的薪酬分配方式，能够促使员工理解并接受企业的文化与价值观，对员工行为将起到极大的激励作用。在薪酬分配中，薪酬项目、薪酬水平、薪酬关系、薪酬调整等问题需要给予高度重视。

(6)人员调整与劳动关系

人员调整是对景区与员工之间关系的动态处理，目的是在双向选择的基础上，为景区和员工建立能够双向促进的有效途径。在市场经济条件下，景区和员工之间往往可以根据自己的需要进行双向选择，景区可以辞退员工，员工也可以跳槽离开景区。这种劳动关系的调整要在有关法规和政策的指导下进行，是人力资源管理必须处理的重要问题。

【小资料】

迪斯尼人力资源管理创新

迪斯尼在人力资源管理中积极进行方法创新，十分注重以下几个方面：

1. 公司废除了有关出勤的奖励。他们不希望顾客看到生病的员工，因为这会影响到公司的整体形象。

2. 公司取消了考核部门，因为他们认为考核不应该仅仅是一个部门的工作，更应该是各部门领导的责任。

3. 人力资源部将在新任经理上任的前几天向他们专门讲述公司总体的考核基准及奖励方法，每一部门可以根据自己的实际情况，在这一基准上制定自己的奖励制度。

4. 公司的部门经理可以根据本部门的实际情况制定自己的考核基准。这一新的考核基准要能够有效的运转，降低本部门的员工流失率，提高顾客的满意度。

5. 以何种方式奖励新员工，经理将会征求新员工本人的意见，如采取休假、电影票、公开表扬等不同方式。这种独特而灵活的考核激励机制的建立与运作是迪斯尼会司维持较高的员工士气的秘诀。

2. 旅游景区人力资源管理体系

旅游景区人员管理体系，是指由不同管理者之间的分工协作所构成的旅游景区人员管理工作运行系统。由于景区中的每个层次和部门的管理都会涉及员工的选拔、培训、评估、奖酬等活动。因此，任何管理人员的工作都或多或少地与人员管理有关，而景区的人力资源管理也可以被认为是全体管理者的共同职责。

但是，在景区管理实践中，由于不同管理者的工作重点不同，目此人员管理内容也有所不同。一般来说，景区人员管理体系可以分为三种不同类型的管理主体。

(1)景区高层管理者

景区高层管理者的人员管理职责，是对景区和员工之间的关系处理原则作出根本决策。具体包括：

①根据景区战略目标，确定所需的人力资源状况，并从景区实际出发，制定相应的方针政策，协调各方面利益，从人的角度促进景区发展。在此过程中，人力资源政策的制定具有关键意义，这些政策将体现景区的管理价值观，决定各项人力资源措施的制定和实施。

②景区核心人力资源管理，特别是对景区中高层管理者的选拔、任用、考核、激励。中高层管理者在景区运行中具有关键地位，承担着把景区决策转化为全体员工行动的任务，并掌握着应用景区资源的权利。中高层管理者队伍的建设状况如何，将从根本上影响景区员工的队伍建设。

③把人力资源与景区其他资源结合起来，选择适合的方式，根据景区经营活动的特点确定劳动组织的根本架构。例如，对是否采用新的景区变通工具、如何进行景区人事管理体制变革等进行决策。

旅游景区高层管理者的上述活动对于景区员工有重要的影响，决定了员工对景区的期望值和对管理者的信任度，以及员工在工作中的具体表现。另外，高层管理者对下属的态度，尤其是他们为景区员工营造出的期望前景和对员工的要求所提供的反馈，也会极大地影响景区的人力资源状况。

（2）景区人力资源职能管理人员

在景区中，职能管理人员与直线管理人员具有不同的任务。直线主管拥有直接指挥的下属.负责领导下属人员实施本组织的工作目标；职能管理人员可能没有直接下属，他们主要从专业协助和控制的角度支持直线主管实现工作目标。随着景区的发展,职能部门的作用越来越广泛。

景区中专门从事人力资源管理的工作者是职能管理者，他们组成的部门即是人力资源管理职能部门。人力资源管理职能部门的管理者作为整十景区人力资源管理系统的骨干力量，具有特殊的地位与作用。

具体地说，景区人力资源管理职能部门的管理者执行以下4种不同的职能：

①参谋职能。景区人力资源职能管理者通常具有人力资源管理专业技能，掌握从人力资源角度促进景区发展的特殊方法和技术。因此，他们的首要任务是从景区人力资源管理角度分析景区发展状况，发现存在的问题，并提出相应的政策建议，供景区高层管理者决策时参考。

②归口管理职能。旅游景区人力资源职能管理者承担着解释景区高层管理者所制定的景区人力资源管理政策和制度，推行制度实施的责任。为此，他们需要根据景区基本政策的要求，制订具体的管理规章和工作计划，确保人力资源管理目标、政策以及程序确实被各级管理人员执行，并对其中出现的矛盾和问题进行协调、处理。

③服务职能。旅游景区人力资源职能管理者承担着为其他部门提供业务支持与服务、帮助景区其他部门管理者解决人力资源管理问题的任务。例如，协助直线部门经理处理员工选拔、培训、评估、奖惩、晋升和辞退等工作，为他们提供和设计完成这类工作的相关技术和工具，指导直线经理使用人力资源管理工具等。

④直线管理职能。作为本部门的主管人员，旅游景区人力资源职能管理者也具有直线主管的责任和职权，必须指挥自己的下属开展工作。把整个部门工作者的积极性调动起来，发挥大家的聪明才智,对景区人力资源管理系统的整体运行具有关键作用。

（3）一线主管

一线主管是指旅游景区中领导所属员工直接进行业务活动的基层管理者。一线主管作为景区经营管理一线的直接指挥者，承担着用人办事的基础工作。各项人力资源管理活动最后都要通过一线主管发挥作月。

具体地说，景区一线主管的人力资源管理职责包括分派适当的人员承担工作任务，指导员工熟悉工作要求和掌握工作技能，帮助下属改进工作绩效，确定员工的薪资报酬，培养员工的协作关系，调动员工的积极性，除此之外，还要向员工宣传景区的规章制度，控制本部门的人事费用，开发下属人员的工作潜力,维护下属员工的身心健康等。

3.人力资源管理指标

旅游景区人力资源管理指标是景区人力资源管理活动的评价标准，它为衡量人力资源管理绩效提供了量化工具。决策者可以通过指标了解员工状况，为加强和改进景区人力资源管理工作提供依据。

人力资源管理指标是在景区实践中根据管理需要提炼出来的，不同的旅游景区从不同的管理实践出发，往往会强调不同的管理指标。并随着实际情况的变化，不断调整有关管理指标。在实际工作中，景区常用的人力资源管理指标主要有：

(1)劳动生产率

劳动生产率是最常见、使用最频繁的一个指标，适用于旅游景区之间的横向比较和同一景区不同时期的纵向比较。由于影响劳动生产率的因素涉及景区经营管理活动的各个方面和各个环节，因此，只有在各景区之间其他方面比较接近的时候，劳动和产率的差别才能反映出景区人力资源管理水平的高低。

(2)人工费用率

人工费用率是将人力资源管理活动所消耗的成本费用之和与这些活动所产生的收益作比较，反映人力资源管理活动的有效性。应注意的是，人工费用范围与结构上的差别会影响人工费用率的评价结果。因此，人工成本费用结构的合理性，是正确计算人工费用率的前提条件。

(3)员工流动率

员工流动率反映了员工在景区工作时间的长短。合理的员工流动有利于景区组织的新陈代谢，而过于频繁的员工流动则会影响景区经营管理工作的顺利进行，尤其是关键员工的流失往往会给景区带来重大损失。因此，必须对员工的流动进行合理的控制。

(4)考评合格率

考评合格率指员工实际工作状况与工作标准之间的符合程度，它直接反映员工工作的绩效状况。通过考评合格率，不仅能看到员工的工作效果，衡量员工的价值，而且还可以看出员工技能和素质方面存在的问题，从而为招聘录用、培训开发、薪酬分配等方面的工作提供依据。

(5)人才开发率

人才开发是景区人力资源管理的重要内容，通过培训、工作轮换、管理人员开发计划等方式进行，人才开发率反映了员工在景区的发展状况。较高的人才开发率不仅说明员工在景区中的素质和技能提高较快，而且也说明景区为员工发挥更大的作用提供了有效的途径，这对员工与景区共同成长具有特别重要的意义。

此外，出勤率、员工满意率、劳动纠纷率等也是人力力资源管理的重要评价指标。

6.1.3 旅游景区人力资源管理的特点

1. 旅游景区人力资源管理的概念

旅游景区人力资源管理是旅游景区对本景区的“人”进行管理，通过工作分析、人力资源规划、人员的招聘选拔、绩效考评、员工激励、培训与开发等一系列手段来提高人力资源水平，最终实现景区发展目标的一种管理行为。

旅游景区人力资源管理是以人的价值观为中心，为处理人与人、人与工作、人与组织以及人与环境之间的互动关系而采取的一系列开发与管理活动。

旅游景工人力资源管理的结果，就组织而言是景区生产率的提高和景区竞争力的增加，就员工而言是工作生活质量的提高与工作满意度的提高。在旅游景区中，人力资源管理需要处理的管理范畴，可以分为6个部分：

(1)研究“人”

管理的首要任务是对人的管理，人才是旅游景区成功及发展的关键要素。

(2)人与事的匹配

以人为中心，旅游景区组织人力资源管理要谋求人与事的适当配合，达到事得其才、人尽其用、有效使用、事尽其功的目的。

(3)人的需求与工作报酬的匹配

以人为中心，研究人与报酬的关系，使酬适其需、人尽其力，为景区作出最大奉献。

(4)人与人的协调合作

要建立合理的旅游景区群体结构，强调团队精神，使得群体内部能够互补凝聚，共赴成功。

(5)人与组织的协调配合

要制定有效的景区工作规范与组织制度，使得权责有序、灵活高效，发挥景区整体优势。

(6)人与环境的和谐共处

寻求人的需求与满足同环境可持续发展的平衡，即人的需求不断提高，推动环境的发展，而环境的发展又促使人产生新的需求与满足。

2. 旅游景区人力资源的特点

旅游景区是一个多功能的、复杂的综合性旅游企业。各景区类型不同，等级不同，范围大小不一，内容特色各异，其在经营管理过程中有着各自的特点，对人才的需要也不尽相同。但从整体上来看，作为一个独立的单位，无论大小，其服务部门及项目都基本相似。

旅游景区的服务较之其他旅游企业具有服务项目多、岗位繁杂的特点。一般说来景区人力资源具有如下特点：

(1)需求量大

由于旅游景区服务项目多，一般设有参观游览、商业、餐饮、娱乐、住宿、康体等多种服务项目，所以对人力资源的需求量较大。

(2)技术能力、知识要求差异大

需求层次丰富。技术能力、知识要求差异大。景区的工作岗位繁杂，有高级的管理工作岗位，有各部门的经理岗位，还有各班组的主管岗位和基层的员工岗位，各岗位之间在对知识、技术和其他因素的水平要求上差异很大。景区服务项目众多，需要园林保护、导游、餐饮、住宿、造园、安全、卫生、财务等很多方面的人力资源。

3. 旅游景区人力资源管理的特点

(1)综合性

旅游景区人力资源管理的综合性主要表现在以下两点：一是管理内容的综合性。除了以人为中心，管理人的需求外，还要管理人与事匹配问题，管理人与人的和谐共处问题等。二是管理方法的综合性。景区人力资源管理的内容很多、范围很广，在对员工进行管理的过程中，要综合考虑多方面的因素，既要考虑旅游业自身的行业特点，如关联性、依赖性等，又要考虑其他相关因素，如经济因素、政治因素、文化因素、心理因素、生理因素、民族目素等。

(2)系统性

旅游景区的人力资源管理是对景区全体员工的管理。是一种全方位、全员性的管理，不可能由一个部门或一个管理者孤立地实施，而必须将其作为系统工程来认识和运作。所以，景区各个部门应该以人力资源管理部门为中心，组织和开展本部门员工的管理工作。具体来说，旅游景区人力资源管理系统应由录用系统、培训系统、使用系统、奖惩系统、退休系统等目绕着系统总目标进行运作的多个子系统组成。

(3)互动性

旅游景区人力资源管理的互动性是区别于人力资源管理与物质资源管理的一个重要特

征。其他资源在被开发管理的过程中,完全处于被动的地位,而人力资源则不同,他们具有能动性,可以有意识、主动地调节自身与系统和环境的关系,担负起应变、创新、发展的任务。同时,他们有思维和情感,能对自身行为作出抉择,能够有目的、有意识地利用其他资源进行生产,不断地改变和完善系统和环境,推动景区的持续发展。

(4)复杂性

旅游景区人力资源管理的对象是人,而人是一种特殊的、复杂的资源,选种资源是能动的、成长的、不断学习的,有着很强的个性差异,往往会受到感情的支配,在不同的情况下,其心理上的感觉是不同的。在情绪高涨时,工作质量和工作效率很高,在情绪低落时,则相反。另外,人的行为受环境变化的影响较大,同一种方法对于不同的人或在不同的时间对于同一个人,所产生的效果可能大不一样。所以,这种复杂性给旅游景区人力资源管理带来了较大的困难。

(5)时效性

人力资源是种有生命的资源,其形成与作用、效率受到生命周期的限制。作为生物有机体的个人,其生命周期中具有劳动能力的时间只是一部分,并且各个时期资源的可利用程度也不相同。无论哪类员工,都有其才能发挥的最佳期和最佳年龄段。如果不能在最佳时期充分利用开发其才能,就会导致人力资源的浪费。我国的旅游业人员构成往往较为年轻,许多景区组织的经营还存在较大的淡旺季差别,因此,人才的开发与使用必须及时,以提高人才的使用效益。

(6)持续性

人力资源的使用过程也是开发过程,而且这种开发过程具有持续性。这种持续性不仅表现在员工的使用过程中,还表现在员工培训、积累、提高、创造的过程中,是一个可以“多次开发”的资源。就一个具体的员工而言,直到他的职业生涯结束之前,都是一直持续开发的资源。因此,旅游景区组织的人力资源管理要根据这一特点,制订系统全面的计划,倡导员工终身学习,不断提高自身素质,实现员工的可持续开发与利用。

6.2 旅游景区人力资源配置

在旅游景区的一切资源当中,人是最重要,最宝贵的资源。对人力资源进行合理的配置可为旅游景区发展提供良好的软环境,有利于旅游景区最大限度地发挥经济、社会、环境三大综合效益。

6.2.1 旅游景区人力资源配置概述

1. 概念

旅游景区人力资源配置指的是景区根据正常运行及自身规模发展要求而进行的管理机构及人员的设置。我国现行管理机构的配置主要有政府主导型和企业主导型两类,人员设置上分为管理人员和技术人员两类。

2. 配置原则

(1)效率第一原则

配旅游景区进行人力资源配置要坚持效率第一原则，在机构设置和人员配备上要做到精简、实用，做到按需设岗，按岗设人。

（2）合理配置原则

旅游景区进行人力资源配置要从景区的现有情况出发，在保证景区正常运行的前提下合理配置，要注意各个部门的合理设置，以期建立一个能发挥最大效率的管理机构，特别要注意人员的合理分配，保证做到人尽其才。

（3）发展原则

旅游景区进行人力资源配置除考虑保证景区的正常运行之外，还要具有发展的眼光，通过预测景区未来发展，提前配置一些对景区发展有利的部门和人员，保证景区的可持续发展。

3. 人力资源配置

（1）景区管理机构

目前，对于我国而言，有两种景区管理模式，一种是政府主导型，另一种是企业主导型。政府主导型管理模式主要应用在各级风景名胜区的管理中。国家分布实施的《风景名胜区条例》中明文规定：风景名胜区所在地县级以上地方人民政府设置的风景名胜区管理机构，负责风景名胜区的保护、利用和统一管理工作。鉴于政府主导型景区管理机构的复杂性，本章介绍的人力资源管理主要是针对企业主导型景区而言。企业主导型景区往往由领导层和以下部门组成：人力资源部、计划财务部、企业发展部、总经理办公室、市场营销部、景区市场管理办公室、后勤服务部、工程部等职能部门及旅游部、旅游商品部、旅游运输部等业务部门。

（2）景区人员

景区人员包括管理者和工作人员两部分。管理者分为三个层次：高层管理者——管委会主任、总经理；中层管理者——各部门经理或部门负责人；基层管理者——主管、班长。工作人员分为三类：技术人员，包括工程技术人员、园艺师、设备维修保养人员、专用设备技术人员等；服务人员，包括售票员、讲解员等；其他工作人员，如保安人员、医务人员等。

【小资料】

青城山——都江堰景区组织机构设置

（一）党政办公室

负责党务、政务、党风廉政建设、纪检监察、体系运行、协调工作、对外联络、接待、文秘、民宗、工青妇、目标督查、旅游投诉受理、后勤事务等工作。

（二）劳动人事处

负责人员调进调出、人员调配、离退休人员管理以及人员工资正常晋升、职务（职称）变动、职工教育培训、晋级考试、人员考核奖惩。负责组织、人事、民政、统计等部门信息资料的传递、归档，贯彻执行国家劳动人事和社会保险政策等工作。

（三）财务处

负责各项收支的核算、预决算编制、触资、国有资产的管理与使用、财务档案管理、票务管理及统计等工作。

（四）市场营销处

负责市场调查，信息采集、分析，制订营销计划并组织实施，负责组织对外宣传、促销活动，联系各大旅行社，打造品牌，推介线路，媒体宣传，负责重大节日活动的策划和实施，设计制作宣传营销资料，景区数字化信息建设等工作。

(五)规划建设处(遗产文物保护处)

负责执行景区总规和详规，对景区内遗产文物进行保护，景区基础设施的维护，旅游项目的规划、手续报批，景区资源的调查、整理，建立景区资源数据库，协调、联系相关职能部门，全面推行ISO 14000环境管理体系和ISO9000质量管理体系等工作。

(六)综合管理处

负责景区旅游秩序、环境卫生、防火防汛、安全生产、社会治安综合治理、法律法规应用等工作，以及对下属各单位安全卫生工作的督促、检查。

(七)文化演艺处

负责策划、承办景区旅游节庆演艺活动及文化产业项目的策划和招商工作。

(八)下属单位

1. 门票管理处。

2. 游客中心。

3. 绿化园林处。

4. 青城山景区前山管理处。

5. 青城山景区后山管理处。

6. 都江堰景区管理处。

合理的组织机构设置.对于提高组织的管理效能，提高景区企业的运行效率和适应市场的应变能力具有重要的作用。青城山——都江堰景区的组织机构，在分级管理的前提下，实现了景区组织职能的专业化，有利于景区各部门间的相互协调和景区目标的实现。

6.2.2 旅游景区员工素质要求

1. 基本素质

(1)创新能力

21世纪核心竞争力的形成与持续都强烈地依赖于创新能力。创新能力是旅游景区员工必须具备的能力之一。作为旅游景区员工，要在景区或自己所从事的工作中关于观察和发现现状中的缺陷或新事物的蓝牙，提出新颖的设想，拿出切实可行的方案并付诸实施。创新并不一定是改变人类历史进程的伟大的发明，而是在不断积累的基础上对现实的持续改进。

(2)沟通能力

沟通需要把信息、观念和想法传递给别人。旅游景区员工必须具备有效沟通的技能。同时，旅游景区员工还应该做个倾听者，运用口头语言、肢体语言、书面语言、电子媒体等多种方法充分与其他员工交流，和他人达成共识，获得情感上的共鸣。

(3)协作能力

旅游景区管理的综合性和复杂性决定了其管理职能的一个重要方面是协调，旅游景区员工必须具备协作能力。只有员工具备了较强的组织协调能力，才能够有效地组织各种力量相互协作，发挥团队的最大效力。

员工的协作能力首先表现为是否具备团队精神，其次表现为能否有效地根据管理过程中各个不同阶段不同资源配置的要求，组织不同资源并让其在各自的位置上正常运转。协作能力还表现在调节个人目标和组织目标的不一致上，使个体目标逐步向组织目标靠拢。

2. 专业素质

(1)知识构架

旅游景区员工要具有较为完备的知识构架，在具备员工基本素质的基础上，既要掌握旅游管理、营销、旅游政策法规及相关的法律法规知识，又要精通所具体从事的工作方面的知识。

(2)学习能力

任何行业都处于不断发展中，该行业的从业者应该及时掌握行业发展趋势，不断更新专业知识，在实际工作中不断进行调以适应经济的发展。这些目标和要求，只有通过持续的学习才能达到。

(3)操作能力

对旅游景区员工而言，操作能力是进行日常管理的基本要求。只有熟悉相关岗位的工作程序、规定，才能发现景区运行中的不足并给予及时纠正。这也是完成就往景区控制职能所要求的。

6.2.3 人力资源合理配置措施

1. 转变观念，加大人力资本投资

要加大景区资本投入，把景区发展规划与人力资源开发与计划配套，要把人才培养作为景区领导业绩考核重要指标。对于高级管理人员，要实行继续教育，使其掌握市场经济理论和现代景区管理知识。对普通员工要实行在岗培训，通过培训提高员工的积极性和创造性，提高员工整体素质。

2. 塑造景区特色文化

对文化传统的继承，要建立在新的基础之上，应根据时代的变化赋予新的文化内涵，对原有文化进行改造。由于涉及到不同的文化，层次各个文化方面的影响，需要长时间的潜移默化。它需要景区员工有正视自我否定痛苦的勇气，需要有辨别是非的能力，需要有承受挫折和失败的心理准备。营建特色文化，加强职工的理想信念、人生观、职业道德等方面的教育，使景区价值观灌输到职工思想行动中，转化为员工价值观，形成景区群体精神成为促进景区发展的无形力量。

3. 把合适的人放到合适的岗位

合理配置的前提，是要对所设的岗位进行全面而细致的工作分析，这是人力资源管理的一项重要的基础工作。通过工作分析，可以检验岗位设置的合理性，明确各个岗位的工作任务、工作职责、履职所必须具备的各种素质(教育背景、经验和专业知识等等)，为合理配置人员提供客观依据。有了清晰的岗位描述，既能够有的放矢地对具体人员的能力、品格和心理素质等进行考查和评价后“对号人座”，又能够使履职人员明确自己所承担的工作任务和职责。如果岗位的职位、任务、责任描述的线条较粗，没有按工作分析的要求细化地表达，使得岗位职位不准确，岗位责任不明确，那么就会存在“大材小用”、“小材大用”，有的员工工作吃不饱、有的却力不从心；或员工对工作应该达到的要求模模糊糊、工作未能覆盖所有要素而效率不高；或岗位间工作任务部分重叠、衔接不畅，某一事项多人管理，而有些随机遇到的诸多事情却无人问津等等现象。这些问题的存在，都会直接影响员工的工作积极性，降低工作效率。因此，人力资源部门不仅要通过深入调研做出工作分析，编制好岗位规范，因岗取人，还要定期对员工的工作业绩、工作态度、职务能力和个性等方面进行综合性的考核评价，以此了解员工对现任岗位的适应程度，同时检验景区在岗位设置和人员配置方面的有效性。发现问题后要认真分析，主动调整和改进，努力使人事相宜、人尽其才。

4. 建立科学的绩效考核体系和长期有效的激励机制

在考核内容方法上可根据景区现状采取适合的考核方法，如采用目标考核、关键绩效指标考核、平稳计分卡等手段。景区要根据自身的特点，因地制宜的对各类员工采取有效的激励措施，除了通过待遇留人外，景区对不同需要的员工还可采取信任激励、职务激励、知识激励、情感激励、目标激励、荣誉激励和行为激励等，从而构建长期有效的激励机制。

5. 制定长远的人力资源管理规划

景区要想求得和谐化发展，对人力资源的管理必须具有超前意识，有一个科学的预测和合理的长远规划是关键。在景区人力资源的开发与管理中，既要着眼于近期培养、稳定和吸收高层次人才，还应着眼于长远规划，制定明确的培养目标，确定重点培养对象。

6. 对员工进行战略性培训

景区在人力资源管理中，应建立全员教育和继续教育培训机制，将培训提升到经营战略层次上，为团队提供培训的战略导向，让员工个人在培训中充分发挥主观能动性等，以最终达到应对来自市场竞争的各种压力和挑战的目的。

6.2.4 景区人力资源优化配置关系

旅游景区发展处于复杂的外在环境中，人力资源的管理科学与否直接关系着景区能否赢得市场优势，在竞争中占据有利地位。景区人力资源配置需要处理好各方面的关系，尤其应注重以下几个方面：

1. 环境与人力资源的关系

环境对景区的经营活动具有直接或间接的影响作用。因此，我们在人力资源优化配置过程中，必须充分考虑景区所处的环境，争取更有利于景区发展的外部条件。

2. 景区其他资源与人力资源的关系

在景区资源中，人力资源应是第一重要资源，因为景区的物资、资金、信息、产品等，无不受到人力资源的支配，景区功能的发挥，要通过人的作用。

3. 景区人力资源配置静态与动态关系

这里说的静态是一种相对的静态，即景区在一定时间内的社会环境、资源配置、生产、产品销售等相对稳定，这时，景区对人力资源的配置要求就具有一定的稳定性。但是，景区常常是在动态形式下进行运作的，从外部条件来说，景区要根据动态世界做出反应，从内部来说，景区也要不断根据战略目标的实施进行内部调整。这种动态的调整，必然也会带来优化人力资源方案的调整。因此，必须科学地处理好人力资源配置动态与静态的关系。

4. 景区信息与人力资源的关系

景区的经营管理活动，都与信息密切相关，通过信息收集、处理、传输、控制为管理服务，对于人力资源优化来说，就是通过以上过程合理地聘用、培训和使用各种人力资源，协调指导景区的人员配置，合理地发挥人才资源的潜力，做到人尽其才。

景区人力资源配置就是在保证景区良性运转的基础上，谋求知识型工作人员与非知识型工作人员的最佳组合比例，既不能全是知识型工作人员，也不能全是非知识型工作人员。配置的现状是一种符合经济规律的选择：即以最小的支付谋求最大的配置效率，保证景区的经济效益的同时实现支付成本最小。

6.3 旅游景区员工招聘与培训

员工招聘是旅游景区运用人力资源的开端，景区的人力资源运用要以一定数量和质量的人才贮备为基础，成功的员工招聘为景区组织员工管理工作的顺利开展奠定了基础。员工的培训是旅游景区对员工的知识、技能、态度和行为等进行的有计划的改进活动，是提高组织效益和实现员工个人发展的主要途径。对组织的培训活动进行有效管理是旅游景区人力资源管理部门的重要职责。

6.3.1 旅游景区员工招聘

员工招聘是旅游景区人力资源管理职能工作的首要环节，其完成质量的好坏关系着景区能否得到台适的员工。在实际工作中，员工招聘活动是旅游景区和劳动者之间的双向选择过程。

1. 旅游景区员工招聘的概念与原则

(1)招聘的概念

招聘是招和聘的合称，招就是招募，是旅游景区组织在吸引员工前来应聘前所做的一系列活动，包括招聘广告设计、发布等。招聘包括分析人员要求和岗位需要两方面的内容，通过对应聘者的筛选、甄别，选拔出符合组织需要的人员。

旅游景区员工的招聘是指旅游景区为了发展的需要，根据景区人员的规划、工作数量和质量要求，从景区外面吸收人员的过程。员工招聘是弥补景区组织对人员数量和质量需要的必然手段。旅游行业员工高流失率的现状决定了人员招聘在景区组织中是一个经常进行的活动。我们要对人员招聘进行研究，因为其对景区组织人力资源发展具有一定的参考价值。

(2)招聘的原则

招聘是做好员工开发的第一步，面对激烈的市场竞争景区要改变盲目招揽人才的思想，应根据景区的性质和实际需要，坚持高标准、严要求，招聘适合景区发展需要的各层次的专业人才。招聘过程要坚持如下几个原则：

①政策性原则。政策性原则包含两方面含义：一方面，景区组织在员工招聘中要坚持国家政策，符合国家的有关法律规定。例如，平等就业，不歧视妇女，禁止雇佣未成年人，开展公平竞争等。另一方面，旅游景区组织要以组织内部有关岗位职责、岗位规范等人事制度作为对应聘者的具体准则，合法合规地开展招聘活动。

②准确性原则。准确性是指在招聘的过程中能准确地预测应征者的工作表现，因为招聘过程实际上是一个通过面试和各种测试来预测候选人在未来工作中的工作绩效和工作表现的活动。因此，旅游景区在招聘的过程中，应兼顾应征者德、智、体多方面，对应征者的知识、能力、思想、道德等进行全面考核。

③竞争性原则。这里的竞争是指旅游景区组织在选拔人才过程中，要给人才“公平的竞争机会，让应征者竞争上岗，坚持任人惟贤，杜绝裙带关系，真正凭员工的真才实干来选拔

人才。这一方面有利于树立组织公平、公正的外部形象，另一方面也有利于发现更适台景区组织的人才，为景区组织的发展打下坚实的基础。

④收益性原则。收益性原则要求景区组织在人员招聘中能以最小的成本招聘到组织最需要的人才，一方面在组织实施招聘活动的过程中要注意对成本进行有效的计划和控制，尽量做到以最少的花费做最多的事；另一方面要注意控制隐性成本，注意考察员工的就业动机，培养员工的忠诚度，以减少未来因员工大面积流失而带来的各种损失。

2. 旅游景区员工招聘的特殊性

(1)招聘人员的特殊性

旅游景区作为服务性行业，其中的诸多岗位，例如收票员、讲解员、餐厅服务员等，都要求员工具备细心、爱心、耐心等特征。从性别上看，女性天生具备这样的条件，所以从组织招聘的人员看，特别是服务人员中与顾客面对而的人员，女性居多，这给景区组织人员招聘范围带来一定的限制。

(2)招聘岗位的特殊性

岗位是景区组织招聘人员要求的主要依据之一。旅游景区岗位的特殊性，除了上述部分岗位女性居多的现状外，还体现在”以顾客满意为准绳“上。景区组织提供的产品具备整体性特点，这一点决定了游客对景区产品的满意来自多方面。例如，进入景区的游客除了对景点的安全性和新奇性等方面有要求外，其他凡是与其旅游过程有关的各个接触点的服务质量都会对其满意度产生影响。

(3)招聘手段的特殊性

景区组织在招聘员工时通常采用目测、笔试和面谈等手段，这些手段在一定意义上可以分辨出应聘人员的知识素养、外部形象等与景区岗位要求密切相关的要素。但是，对于其他一些素质如灵活性、协调性、观察力等，还不能充分体现出来。所在景区组织招聘人员时，可以采用一些特殊的手段，例如有些景区在招聘服务员时，采用测试说话声音的手段，让前来应聘的人朗读、演讲或打电话，根据她们声音的大小、谈话时的风度气质、语言的运用能力等来录取。这些特殊招聘手段的运用可以弥补常用方式的不足，使景区组织更好地挑选到合适的人才。

3. 旅游景区员工招聘的流程

旅游景区招聘员工的流程一般分为以下几十步骤：

(1)明确目标，确定空缺岗位

由于人员流失或景区业务扩张等原因，旅游景区在人员的供给上往往会出现缺口，即按现有状况不能满足景区生产经营的需要，必须采取一定措施来改变这种供不应求的局面。

当景区出现职位空缺的时候，就要分析这个空缺在整个景区管理中的地位与作用。同时，应该确认该岗位是否需要进行某些调整，以便使该岗位发挥更大的作用。在认定空缺的基础上，景区要确定空缺解决的方式，对于因为工作的短期波动和工作流程、工作方式或者工作分配不合理而产生的空缺，景区可以通过安排加班、提高工资水平或对工作进行重新设计等方式来解决。在必要的情况下，景区可以补充人员。

(2)制定职位说明书，确定岗位要求

人才选择的关键在于了解相应职位的要求与工作内容，胜任这项工作需要具备哪些知识、技巧和能力。许多招聘失败的原目是景区对于某职位要求应聘者做什么不十分清楚，或者仅仅注意应聘者的教育经历等，而并不是根据已经确定的岗位进行全面考虑。所以，必须在招聘前制定职位说明书。职位说明书举例见表。

职位说明书

项目	假设事例	简评
职务名称	清洁绿化员	注明职务的性质
部门	园务员	注明职务所属的部门
上级	园务部环卫主管	担任该职务者的上一级主管，若担任某职务有下级，还需要列出下属的人数与职务
工资和其他收入	工资700－800元，另外还有健康保险、社会保险、奖金等福利	此项与这一职位的市场平均工资相关，隐形收入应列在此项
聘用条件	初中以上学历，身体健康，年龄在40岁以上，有一定园林盆培的技术经验，懂得花卉工具的使用和保养知识	列出所要求的文化程度、自然条件和工作经历等
职资与责任	① 负责人责任的游览区的清洁卫生工作。做到全日保洁，保证地面、路面无废弃物和污水，水面无漂浮物，绿地无垃圾、废弃物。对垃圾桶及时清理，每日清洁一次 ② 负责本人责任的游览区的绿化、日常水肥管理和繁殖工作，治理、预防花卉草木病虫害及杂草的除杀	简要地概括该职位的职责与责任，此项还应该包括担任该职务者偶尔会承担的其他职责
工作关系	与园内的油洁绿化员工、设备维修人员联系，确保工作顺利开展	企业内外可能与承担该职务者有工作关系的人，简单介绍关系的性质
条款与条件	每周休息1天，每年10天带薪假期	与职位有关的其他条款与条件
成长机会	园务部环卫组长	晋升的职位
书面职位说明的日期	2013年1月	提醒求职者以上细节可能随组织的结构和活动的变化而变化

（3）选择有效的招聘方式

确定好空缺岗位并拟定好职位说明书之后，景区要考虑选择何种招聘方式。招聘方式的选择是决定招聘效果的重要因素，不同的招聘方式有着不同的效果，需要旅游景区根据实际的招聘需求来选择。人员招聘过程中通常采用的方式有：内部招聘、刊登广告、人才交流会、招聘洽谈会、校园招聘、网上招聘、建立招聘联络网等，以上方式景区在招聘时都可以借鉴。

（4）审阅应聘材料，评估并列出候选人名单

旅游景区可以通过应聘者简历中所反映的内容来对应聘人员加以评估。先审查工作简历

是否符合要求，是否具备工作岗位所需要的基本教育背景和相关的工作经历，从而确定面试名单，并根据情况及时通知他们参加面试或考试的地点和时间。

【小资料】

景区审核应聘申请表的内容

景区审核应聘申请表，应包括以下内容：

(1)一般情况。如性名、性别、出生年月、住址、身体状况、兴趣爱好和特长、通信联系方法等。

(2)学历和受教育情况。如曾就读的各种学校和最后学历、取得学位情况、接受的各种培训、取得的专业资格证书等。

(3)工作经历。如以前的工作单位和工作时间、担任的职务和专业职称、工作变动情况及离职原因等。

(4)确定面试的策略。景区可以通过面试获得需要的信息,可以进一步考察应聘者在履历表中没有明确说明的技能。如果应聘者在专业技能方面已经完全满足岗位的要求，可以考察他们的空际能力和处理突发事件的能力等。一般而言，面试过程包括以下几个方面的内容：

①面试者自我介绍、相互舟绍，及对本景区有关背景的介绍。

②应聘者自我介绍，面试者对应聘者外貌、体质、体形、衣着、卫生等情况进行观察。

③向应聘者介绍其申请岗位的任务、职责，同时让他了解薪水、福利、发展机会、每天工作的时间等情况，并通过一系列的提问了解应聘者的性格特征、工作态度、语言能力等。

④提问结束后，询问应聘人员想了解的问题。

⑤告知应聘者收到是否被录用的通知的时间。

⑥确定最后人选。通过面试招聘到理想的人选后，景区要及时向这些人员发出通知，最好以书面确认的方式，列明岗位的待遇和要求。

4. 旅游景区员工招聘的渠道

景区招聘空缺岗位员工，通常有以下几种渠道：

(1)内部招聘

内部招聘是从旅游景区内部任职人员中进行招聘，这是景区组织的一个重要的招聘来源。景区的内部员工通过几个渠道成为招聘的来源，主要包括考核后晋升、工作调换、工作轮换及对已退休但富有经验的管理人员的重新聘用等。

(2)外部招聘

景区招聘如果一味强调内部招聘，就容易造成选择范围有限、员工整体趋同、近亲繁殖等问题，往往无法满足景区用人的需要，尤其是在景区发展初期或扩大发展时，仅通过内部招聘无法解决人员短缺问题，必须借助外部劳动力市场。景区从外部招聘员工的途径一般有以下几种：

①各种人才交流会与职业介绍机构。各种人才交流会与职业介绍机构为旅游景区各类人员的招聘提供了方便。采用这种方法开展招聘的优点是:应聘者较多,选择面广，人员选用耗时短，可以有效避免裙带关系的形成。缺点是:需要一定的费用，而且对应聘人员提供信息的准确性、应聘人员的素质难以保证。

②刊登招聘广告开展公开招聘。公开招聘是旅游景区利用多媒体广告，如广播、电视、报纸杂志、网络和张贴等，向景区内外的人员公开宣布招聘计划，提供一个公平竞争的机会，择优录用合格人员担任景区内部职务的过程。其传播广泛、及时，但费用高，筛选工作量大，不适于急于补充某一关键岗位人员的选聘。

③相关院校的招聘。院校招聘主要是通过一年一次或两次的人才供需洽谈会，供需双方直接见面，双向选择。另外，景区也可以有针对性地到些院校召开专门的招聘会，或者在学校负责就业的相关部门发布招聘信息，或者通过定向培养或委托培养方式直接从学校获得所需要的人才。其优点是:可以在院校招聘有专业技术知识的高素质人才，有利于景区的长远发展。缺点是院校招聘的毕业生普遍缺少实际经验，无法满足景区及时用人的需要，另外，员工的到岗率较低，而且经过一段时间后，离职率较高。

④人员推荐。人员推荐一般是指由旅游景区内部管理人员推荐或由关系单位主管推荐人员。优点是:招聘与应聘双方在事先已有相应的了解，可减少招聘环节和费用，能较快适应工作岗位。缺点是:人员推荐有时由于情面而影响招聘水平，容易产生不公正和关系月，形成派系，不利于景区管理(见下表)。

旅游景区内部招聘和外部招聘的利弊

	内部招聘	外部招聘
优点	了解全面,准确性高 可鼓舞士气，激励员工 应聘者可以更快地适应工作 使组织培训投资得到回报 选择费用低	人员来源广，选择余地大，有利于招到一流人才 新雇员能带来新思想、新方法 当内部有很多人竞争而难以决策时，外部招聘可以在一定程度上平息或缓和内部竞争者之间的矛盾 成型的人才，节省培训投资
缺点	来源局限于景区内部，水平有限 容易造成“近亲繁殖” 可能会因操作不公或员工心理原因造成内部矛盾	不了解景区情况，进入角色慢 对应聘者了解少，可能招错人 内部员工得不到机会，积极性可能会受到影响

6.3.2 旅游景区员工培训

培训是不断提高景区经营管理效益，使景区在激烈的市场竞争中始终保持人力资源优势，实现景区组织战略目标的重要手段之一，关系着景区员工管理活动的成败。

1. 旅游景区员工培训的内涵

旅游景区员工培训是指景区组织为了使员工获得或改进知识、技能、态度和行为等，而有计划、系统地实施教育训练活动，其最终目的是为了达到提高组织的效益和实现员工自身发展的双重目的。从这个定义来看，景区员工培训至少包含以下含义:

(1)景区员工培训是一个有计划的系统化的实施活动

它的实施是在组织周详的计划和严密的控制下进行的，它对培训时间、培训内容、培训对象、培训师资等都有详尽的安排。

(2)景区员工培训的最终目的是提高组织的效益

从形式上，培训提高了员工的知识、技能、态度和行为等，但提高员工个人素质的目的是改进其目前和将来的工作绩效。并由此提高个人或小组、团队所效力的组织的效益，其根本目的是提高景区组织效益。因此，对员工培训效果的衡量不仅应包括员工培训学习使自身能力提高的程度，也应包括员工培训后运用所学知识改善工作绩效的效果情况。

(3)景区员工培训有助于员工的自身发展

一个景区企业有效的、真正的培训是既能达到景区组织的目的，又能有利于员工的职业生涯发展，实现组织与员工的双赢。组织的培训不能只考虑组织的利益，还要结合员工的具体情况来进行。

2. 旅游景区员工培训的意义

培训的意义具体体现在以下方面：

(1)培训有助于改善景区的绩效

景区绩效的实现是以员工个人绩效的实现为前提和基础的，有效的培训能够帮助员工提高知识、技能，改变员工的工作态度，增进他们对景区的战略、规划、经营目标、规章制度等的理解，帮助员工改善工作业绩，进而改善景区的绩效。

(2)培训有助于提高员工的满足感

它是旅游景区正常运转的必要条件之一。有效的员工培训活动不仅能够促使组织目标的实现，还可以丰富员工的知识，提高员工的职业能力，使他们能胜任目前所承担的或将来要承担的工作与任务，拓展他们的发展空间，激发出员工的工作动力。

(3)培训有助于建立优秀的组织文化

良好的企业文化对员工具有强大的凝聚、规范、向导和激励作用。而企业文化的建设离不开人力资源管理活动，培训就是建设企业文化的重要环节。

3. 旅游景区员工培训的作用

旅游景区员工管理活动中，培训开发是重要的一环，与其他工作环节紧密相连。其作用如下：

(1)培训的直接作用

旅游景区员工培训的直接作用主要有以下几点：

①培训能使员工对组织文化和企业目标有深刻的体会和理解，从而增强员工对景区的认同感。

②培训能使员工了解岗位的要求，提高员工的职业素养和专业技术水平，使之达到任职资格的要求。

③培训能改进员工的工作行为，提高员工完成任务的质量，使管理者能从日常琐碎的事务中解脱出来，不再陷入补救错误的事务中，有更充足的时间从事更重要的管理工作。

④在景区准备推行变革时，培训是极其有效的促进观念转变的方法，同时培训也能培养员工的相关技能，以适应变革的需要。

⑤培训具有激励作用。员工接受合适的培训时会有被重视的感觉。经过培训后，他们会主动应用所学到的新技能，提高个人和组织的绩效。

(2)培训的间接作用

旅游景区员工培训的的间接作用如下：

①培训对人员招聘的作用。一方面，培训标准与员工招聘的标准直接相关，可以用来确定的招聘标准；另一方面，每一位已招聘的员工都必须接受不同层次、不同类别的岗前培训，以建立相应的职业观念、职业规范，并拥有相应的职业能力。

②培训对人员配置的作用。人员配置是指为不同岗位安排合适的员工，要求员工的素质、能力、行为倾向等与工作性质达到最大程度的适应。通过培训，可以使员工的素质和能力满足景区工作的要求，同时也能为不同员工寻找最适合其个人特点和能力的工作。

③培训对选拔任用的作用。景区经常需要从内部发掘优秀员工，并把他们放到更高层次的工作岗位上。为了塑造合适的可晋升人员，使之更快地满足新的工作要求，必须开展不同方式的培训活动，这就是员工任职资格培训。

④培训对绩效考核的作用。员工的工作绩效与员工的素质能力相关，通过培训可以提高员工的能力和素质，解决员工的绩效问题。同时，通过比较员工培训前后的工作绩效，还可以对培训效果进行分析和检验，指导以后的培训。

⑤培训对奖酬分配的作用。奖酬是工作绩效的结果。只有通过不断提高虽工的职业素质和能力，才会改善工作绩效，从而使奖酬不断提高。不仅如此，培训还有助于员工树立合理的奖酬观念。可以说，培训对奖酬工作影响极大。

4. 旅游景区员工培训的对象

从广义上说，培训对象包括旅游景区各个层次、各个类别的所有员工。由于不同类别的员工在工作性质、工作方式等方面的不同，因此可以划分出不同的培训对象。

(1)按员工进入景区组织的先后顺序划分

按照进入景区的先后顺序，培训对象可分为新员工和老员工。新员工在进入岗位之初，并不具备完成规定工作所必需的知识和技能，缺乏在特定集体中开展协作的工作态度和行为习惯。为使新员工尽快融入组织，尽快掌握必要的知识、技能和应具备的行为方式，必须对他们开展培训。

同时，景区为了不断适应内部、外部环境的变化，必须不断调整，并对景区员工的知识、技能和行为方式进行调整。以不断更新知识，提高技能，保持景区的竞争力，这同样需要通过培训实现。

(2)按员工在景区中的地位和作用划分

①高层管理人员培训。高层管理人员对景区经营管理全面负责，其知识、能力及行为方式对景区经营状况影响极大。目此，旅游景区的总经理和管委会主任首先要参加培训。

一般说来，高层管理人员要有丰富的工作经验和杰出的才能，因此景区总经理和管委会主任培训主要应达到以下目的；帮助景区总经理和管委会主任总结经验，使之不断提高工作水平，有效地运用自己的经验，更好地发挥自己的才能；帮助他们及时发现和理解组织外部环境和内部条件的变化，了解经济、法律、技术发展的趋势等；帮助他们提高和完善工作中的技能，如处理人际关系的技能，主持会议、授权、沟通等方面的技能；帮助新上任的景区总经理和管委会主任迅速了解公司的经营战略、方针、目标，公司内外关系等，以使他们尽快适应工作。

②中层管理人员培训。景区的中层管理人员包括各部门经理、各部门负责人等。他们在景区经营管理方面承上启下，既是本层面运行的决策者，又是执行者，他们要带领团队完成各项工作任务，对景区服务质量水平和景区竞争力的提高至关重要。从这个意义上讲，景区

的中层管理人员是景区的中流砥柱，是景区的骨干力量。

对景区中层管理人员的培训，要注重提高他们的执行能力；培养其与上司、同级及下属沟通的方法与技巧；提升中层管理者的领导水平，包括辨才识才的水平、招才引才的水平、组织凝聚团队的水平、用才授权的水平、考核监察的水平、驾驭下属的控权水平等，提升中层管理者的影响力和领导艺术。

③基层管理人员培训。基层管理人员在景区中处于一个特殊的位置。他们既是景区整体利益的代表，又是其下属员工利益的代表，很容易发生角色冲突和矛盾。如果基层管理人员不具备必要的工作技能，管理工作就难难开展。

从实际情况看，很多基层管理人员都是从服务人员或技术人员发展起来的，在管理方面经验不足。因此需要通过培训来明确自己的新职责，改变自己的工作观念，熟悉新的工作环境，掌握必要的管理技能，习惯新的工作方法。

④一般员工培训。一般员工分为三类，技术人员，如工程技术人员、园艺师、设备维修人员和专用设备技术人员等；服务人员，包括收票员、讲解员等；其他工作人员，如保安员、医务人员等。他们是景区员工的主体，执行生产和服务指令，完成具体工作任务。

对一般员工的培训，主要是依据工作说明书和工作规范的要求，明确权责界限，使之掌握必要的工作技能，塑造与景区发展相适应的工作态度和行为习惯，从而不仅有效地完成本职工作，而且能在景区组织中不断完善自己。

5. 旅游景区员工培训的内容

不同的培训对象涉及不同的培训内容，需要不同的培训方式。由于员工培训的目的是通过各种引导或影响，从知识、技能、态度等方面改进景区的行为方式，以不断提高景区的工作绩效。

景区实际工作中的培训内容多种多样，并且随着实践的发展而丰富。旅游景区的员工培训工作，主要包括以下3方面的内容。

(1)知识培训

通过知识培训，使员工具备完成本职工作所必需的知识，包括基本知识和专业知识，还应让员工了解到景区的基本情况，如景区的发展战略、目标、经营状况、规章制度等，使员工能够较好地参与景区活动。

(2)技能培训

通过技能培训，使员工掌握完成本职工作所必备的技能，包括一般技能和特殊技能，如业务操作技能、人际关系技能等，并培养开发员工这方面的潜力。

(3)态度培训

员工的工作态度对员工士气及景区的绩效影响甚大。通过态度方面的培训，使景区与员工相互信任，培养员工的团队精神，培养员工应具备的价值观，增强其作为景区一员的归属感和荣誉感。

【小资料】

迪斯尼乐园员工培训计划

1. 寻找并挑选合适的员工。

2. 争取员工对组织的承诺。

3. 培训员工正确的工作。

4. 有效的和员工沟通以维持他们工作的动机和士气。

5. 以新颖的方式来奖励员工和表达对员工努力工作的敬意。

6. 像关心你的顾客那样关心你的员工。

7. 发掘迪斯尼世界文化的根本。

8. 分析迪斯尼世界招幕和挑选员工的过程。

9. 通过新员工在迪斯尼世界的亲身体脸，获得相对稳定的服务理念。

10. 研究在职培训的方式以保证服务的连续性。

11. 体验那些已被证明在迪斯尼世界文化行之有效的组织内部沟通原则。

12. 了解一个充满关怀的工作环境是如何让员工感到得到了充分支持。

员工培训是人力资源管理与开发的组成部分和关键职能，企业要生存和发展，必须重视职工培训。迪斯尼的员工培训计划为迪斯尼企业精神的传递打下了坚实的基础，是打造企业核心价值的工程之一。

6. 旅游景区员工培训的方式

员工培训的方式有多种，对于景区而言，最关键的是找到一种适合自身需要的方式。各个景区的发展和所处的阶段不同，所选取的培训方式也应该有所区别。当前较为通行的培训方式有以下几种：

(1)课堂讲授

课堂讲授是员工培训工作中最普遍、最常见的一种方法。其优点在于可以在相对较短的时间内向很多人提供大量的信息，成本低、节省时间；有利于系统讲解和接受知识，易于掌握和控制培训进度，有利于更深入地理解难度大的内容。但由于这种方法的信息交流主要是单向的，受训者被动接受信息，缺少实践和反馈的环节，从而影响培训的效果。

(2)师徒学习

师徒学习是通过安排有经验的员工对受训者进行关键行为的示范、实践、反馈和强化，以达到培训目的。在景区组织中，一些技能性岗位多采用这种“师傅带徒弟”的方法。师傅对徒弟的培训既包括技术、工艺、操作、服务技巧、办事方法，还包括思想、作风、伦理。通过该培训，使受训人员较快熟悉工作环境和工作流程，掌握必要的技巧，迅速适应实际工作的要求。

(3)情境模拟

情境模拟是以实际情况为模型的一种经过精心设计的练习，受训者可以参与其中并得到反馈。常用的模拟方法有以下几种：

①角色扮演法。角色扮演是设定一个最接近现状的培训环境，受训者扮演指定角色，借助角色的演练来理解角色的内容，从而积极地面对理实，提高解决问题的能力。角色扮演有助于训练基本技能，有利于培养工作中所需的素质和技能，有利于受训者改善态度、仪容和言谈举止。

②案例分析法。案例分析法是指围绕一定的培训目的，把实际工作中的真实情景进行典型化处理，并用一定的视听媒体，如文字、录音、录像等描述出来，让受训者进行分析，学会诊断和解决问题以及决策。

③决策竞赛法。决策竞赛法是模拟设计出景区管理中常常发生的各种事情，让参与者作

出决策的一种生动有趣的培训方式。决策竞赛可以由许多人分成小组，再由小组作出决策，各组之间展开比赛。该竞赛活动的目的在于提高大家的学习兴趣，掌握决策技巧。

④拓展训练法。拓展训练法是利用结构性的室外活动来开发受训者的团队协助和领导技能的一种培训方法。该方法最适合用于开发与团队效率有关的技能，如自我意识技能、解决问题能力、冲突管理能力和风险承担能力。

(4)工作轮换法

工作轮换法是一种在职培训的方法，是指安排被培训者到景区内不同部门的不同岗位上进行实际工作或学习的一种系统而且正式的培训方法，目的在于扩展员工的知识和技能，了解整个组织的运作和各部门的职能，使其能胜任多方面的工作，增加工作的挑战性和乐趣，同时也使受训者找到适合自己的工作岗位，确定自己的职业目标。

7. 旅游景区员工的培训工作开展流程

培训工作有条理地开展是景区员工培训的重要保障，一个职责分明、目标明确的培训体系，能调动景区上下的培训积极性，高效、有序地开展工作。旅游景区员工的培训工作流程主要包括四个阶段:培训准备阶段、培训方案设计阶段、培训实施设计阶段、培训评价阶段。

(1)培训准备阶段

在培训准备阶段，必须做好两方面的工作:一是培训需求分析，二是培训目标确定。

①培训需求分析。旅游景区在一定时间内用于培训的资源是有限的。因此，组织管理者必须对组织的培训需求进行系统、准确的分析，从而明确有哪些培训需求、谁需要培训、哪种方法最能有效满足这一需求等。

②培训目标确定。培训的需求确定后，景区应该根据需求确定培训目标。有了明确、具体、可行的培训目标，培训才会真正起到自我提高和发展的作用。目标可以针对各个培训阶段来设置，也可以面向整个培训计划来制定，一般包括3方面的内容:一是说明员工应该做什么，二是阐明可被接受的绩效水平，三是受训者完成指定学习成果的条件。

(2)培训方案设计

培训方案是培训目标的具体化，主要由培训内容和培训方式两部分构成。培训内容是根据培训目标的要求而选择和确定的，其应有助于解决培训对象在实际工作中所遇到的困难和问题。另外，考虑到培训对象的接受程度，所确定的培训内存要依其内在的逻辑来安排学习进度，体现循序渐进的学习原则。

(3)培训实施阶段

培训实施是景区员工培训系统的关键环节，其间要完成许多具体的工作任务。要保证培的的效果和质量，必须把握以下几个方面:选择和准备培训场所、课程描述、课程计划，选择培训老师，选择培训教材，确定培训时间等。在培训实施过程中要进行培训控制，根据培训的目标、员工的特点等调整培训方法、进程。

(4)培训评估阶段

培训效果的评估是指受训者将培训过程中所学到的知识、技能运用于工作的程度。员工接受培训后所提高的素质是否选到预期目标，是衡量培训工作的惟一尺度。因此培训后要从以下3个方面来评价员工的培训成效:

①工作成绩和效果是否改变。工作成绩和效果是否已改变，主要看是否有以下改变;工作中的错误与故障发生率是否降低，游客投诉率是否下降等。

②员工的知识、技能是否提高。员工的知识、技能是否提高，主表现在以下方面：是否应用了更好的工作方法，工作中是否考虑得更全面，工作效率是否提高等。

③员工的态度是否有所改善。员工的态度是否有所改善，表现在以下方面：工作主动性是否有所提高，对游客的态度是否更得体、更亲切，工作是否更积极等。

6.4 旅游景区员工绩效考核

绩效管理是景区员工管理工作中非常主要的组成部分，包括制订绩效管理计划，开展绩效考核，进行绩效反馈，运用绩效考核结果等多个环节，其最终的目的就是绩效改进。为此必须探讨绩效改进的方法。由于在实际工作中，员工的绩效就是员工的工作表现，因此，对于绩效改进方法的探讨可以从工作表现入手。通过绩效考核来揭示工作表现的差异和成因，探讨改进工作的方法，目此，绩效考核是其中的关键环节。

6.4.1 景区员工绩效考核的内容

旅游景区员工的绩效考核，是指景区人事管理部门对景区所有员工的工作行为与工作结果等进行全面的、系统的、科学的考察、分析、评估与传递的过程，为景区的人事管理部门积累可靠的人事管理资料，为公平而合理地执行员工的晋升、调职、培训、加薪、奖励、惩罚或辞退等一系判决策提供确切的事实依据，是旅游景区员工管理工作中不可缺少的一环。

绩效考核的内容，如下图所示，总体上可以分为工作考核、潜力开发和适应性评价 3 个方面。

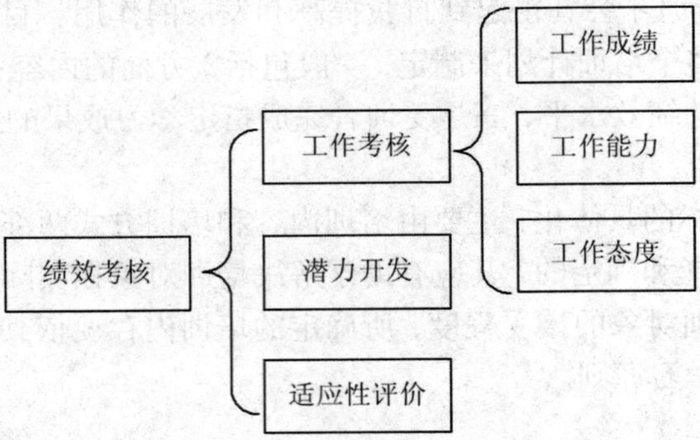

绩效考核的内容

1. 工作考核内容

(1)工作成绩

绩效考核的出发点是景区员工的工作岗位，是对员工担当工作的结果或履行职务的工作结果的评价。而评价、考核工作成绩的项目或指标可从工作数量、工作质量、工作的速度、工作准确性等方面来衡量。业绩考核针对的是工作的完成状态。

(2)工作能力

工作能力在本质上是指一个人顺利完成某项工作所必备的并影响工作效率的稳定的个性特征，是指员工担当工作所必备的知识、经验与技能。能力考评，是指对员工在其岗位工作过程中显示和发挥出来的能力所作出的考评，包括员工的经验阅历、职务知识、职务技能等。

具体包括3个方面:基础能力、业务能力和素质能力，见下表。

员工能力的构成

员工能力	基础能力	知识(基础知识、专业知识、实务知识)技能技巧
	业务能力	理解力、判断力、决断力、应用力、规划力、开发力、表达力、交涉力、协调力、指导力、监督力、统帅力
	素质能力	智力素质、体力素质、性格特征

(3)工作态度

工作态度是指员工在完成工作时所表现出来的心理倾向性，包括工作的认真度、责任度、努力程度等。由于这些因素较为抽象，因此通常只能通过主观性评价来考评。

【小资料】

宋城景区开展导游考核工作

随着宋城景区的游客数量不断攀升，景区接待的游客层面不断扩大，对景区导游讲解的要求也更加严格。宋城景区提出对各项工作都要秉承“给我一天，还你千年”、“建筑为形，文化为魂”的理念，坚持“树立精品意识，抓好长效管理”的宗旨，积极应对旅游市场的变化和竞争，突出“三个抓”，即:抓市场、抓品位、抓服务。

在抓服务中，景区接待部先后多次对导游进行重点培训与考核。在黄金周前夕，为了提升景区导游讲解水平，景区特别开展了导游考核工作，从导游的衣装化妆、讲解内容、语言表达、应变能力等方面对景区现有的正式导游与实习导游进行评分，帮助他们相互学习交流、取长补短，同时，发现问题和不足，进一步提高景区导游的讲解水平。

绩效管理是景区员工管理工作中非常重要的组成部分，是改进员工工作表现的关键举措。宋城景区积极应对旅游市场的变化和竞争，多次对导游进行重点培训与考核，这对改进导游工作，及时发现问题和不足，提高导游服务质量具有重要作用。

2. 潜力开发内容

潜力就是员工在工作中没有发挥出来的能力。在景区中，人力资源部门除了要了解员工在现任职务上具有何种能力外，还要关注员工未来的发展空间，也就是说，员工是否具有担任高级职务或其他类型职务的潜质。

3. 适应性评价内容

适应性是指员工所从事的旅游景区工作与其天资禀赋、职业兴趣、个人志向等方面的符合程度。对员工适应性的评价通常涉及两方面的内容:一是人与工作之间，即员工的能力、性格与其工作要求是否相称;二是人与人之间，即员工与合作者之间在个性特征方面的差异是否会影响其工作能力的发挥。

6.4.2 景区员工绩效考核的作用

景区通过对员工工作绩效的考核，可以获得反馈信息，并据此制定相应的人事决策与措施，最终达到调整和改进其绩效的结果。具体来说，绩效考核主要有以下作用。

1. 绩效考核促进员工的绩效提升和改变

绩效考核可以引导员工前进的方向。当发现员工的优点时，给予奖励和表扬；当发现不足时，则指导和帮助他们改进工作，促使员工客观、清楚地认识和了解自己的工作表现，从而激发他们的工作积极性、主动性和创造性，促使他们在绩效方面不断提升和改变。

2. 绩效考核为景区的人事调整提供依据

绩效考核的结果可以帮助景区人事管理部门了解员工的实际工作表现，从而发现和选拔优秀人才，做到知人善任，人尽其才，才尽其用。因此，绩效考核是"知人"、"善任"的有效方法。在员工绩效考桉中可以提升表现优秀的员工，也可以将员工调动到其更适合的岗位，对于无法胜任工作的员工，则可依此为依据降职甚至解聘。

3. 绩效考核为景区员工的培训提供科学的依据

员工的绩效考核是其工作表现的总结，也是景区人事管理部门培训工作成效的反馈。通过绩效考核可以发现员工工作中存在的问题，了解其优势与不足，从而指导景区制订合理的培训计划，为员工的培训开发指明方向。

4. 绩效考核有利于提高景区科学管理水平

员工的绩效考核活动能够使薪资报酬、职位晋升、人员调配等其他员工管理工作合理化，调动员工的工作积极性，可以检验景区工作人员的工作成效，有利于找出工作中的薄弱环节，从而改善部门的管理状况，加强管理，以达到部门的目标与要求，使各项业务顺利开展。

6.4.3 景区员工绩效考核的类型

绩效考核类别繁多，按考核时间可分为定期考核与不定期考核；按考核对象可分为一般员工考核、管理者考核与技术人员考核；按考核目的可分为晋升考核、加薪考核、职称评定考核等；按考核主体可分为上级考核、自我考核、同级评议、下级对上级考核等；而依据绩效考核的内容则可分为品质主导型、行为主导型和效果主导型。

1. 品质主导型

以考核员工在工作中表现出来的品质（素质技能）为主，着眼于"这个人怎么样"。由于在考评中使用诸如忠诚、可靠、主动、有创造性、有自信、有协作精神等定性指标，所以很难掌握，操作性较差。

2. 行为主导型

以考核员工的工作行为为主，着眼于"干什么"、"如何去干"，重在工作过程而非工作结果。考核标准容易确定，操作性较强，适合那些绩效难以量化考评或需要以某种规范行为来完成工作任务的员工，如服务员、文秘人员、管理人员等。其难点在于能否开发出与工作相关的行为化衡量标准。

3. 效果主导型

以考评员工的工作效果为主，"着眼于干了什么"，重点在于产出和贡献，而不是行为。考核标准易制定，易操作，适合于生产操作性的岗位，不适合事务性人员的考核。

6 4.4 景区员工绩效考核的方法

旅游景区员工绩效考核的方法是指在景区员工绩效考核过程中使用的技术手段。不同考核目的对考核方法有所不同，对考核数据的精确性要求也不同。例如，如果考核的目的是用于发现员工的培训，则需要对员工的相关工作行为进行深入考核考核，行为锚定法就会大有用处。从总体上来说，不同景区员工绩效考核的目的主要集中在4个方面：报酬决策、员工目标、培训需要和提升晋级。

虽然，各个景区员工绩效考核的目的各不相同，但绩效考核从本质上来说，都具有反馈员工工作表现的功能。对不同的考核目的，现代企业使用的员工绩效考核方法很多，但常见的主要有以下8种：

1. 评级量表法

评级量表法是被采用得最普遍的一种考核方法。这种方法主要是借助事先设计的等级量表来对员工进行考核。使用评级量表法进行考核的具体做法是：

根据考核的目的和需要设计等级量表，表中列出有关的绩效考核项目，并说明每一项目的具体含义。由考核者对被考核者每一考核项目的表现作出评价和计分，最后计算出总分，得出考核结果，见下表。

评级量表法示例

考核项目	考核要素	说明	评定
基本能力	知识	是否充分具备现任职务所要求的基础理论知识和实际业务知识	A B C D E 10 8 6 4 2
业务能力	理解力	是否能充分理解上级指示，干脆利落地完成本职工作任务而不需上级反复指示和指导	A B C D E 10 8 6 4 2
	判断力	是否能充分理解上级指示，正确把握现状，随机应变，恰当处理	A B C D E 10 8 6 4 2
	表达力	是否具有现任职务所要求的表达力（口头文字），能否进行一般的联络说明工作	A B C D E 10 8 6 4 2
工作态度	纪律性	是否严格遵守工作纪律和规定，有无早退、缺勤等。对待上下级、同级和企业外部人士有礼貌，严格遵守工作汇报制，按时提出工作报告	A B C D E 10 8 6 4 2
	协调性	在工作中，是否充分考虑到别人的处境，是否主动协助上级、同级和企业外人员	A B C D E 10 8 6 4 2
	积极性 责任感	对分配的任务是否不讲条件，主动积极，尽最多做工作，主动进行改良、改进，向困难挑战	A B C D E 10 8 6 4 2
评定标准： A－非常优秀.理想状态 B－优秀，满足要求 C－略有不足		分数换算： A－48分以上 B－24～47分 C－23分以下	合计分

2. 比较法

(1)简单排序法

简单排序法是依据某一考评维度，如工作质量、工作态度或者依据员工的总体绩效，将被考核者从最好到最差依次进行排序。这种方法的主要问题是，当个人的业绩水平相近时就难以进行准确的排序。

(2)交替排序法

交替排序法是根据某些工作绩效评价要素将员工从绩效最好的到绩效最差的依次交替进行排序。

(3)配对比较法

配对比较法也称为两两比较法，其具体做法是：将每位被考核者按照所有评价要素，如工作质量、工作数量、工作态度等，与所有其他员工一一比较，优者记为"＋"或"1"，劣者记为"－"或"0"，然后计算每一个被考核者所得正负号的数量或具体得分，排出次序。

3.强制分布法

强制分布法也称为强制正态分布法，该方法是根据正态分布原理，即俗称的"中间大、两头小"的分布规律。预先确定评价等级以及各等级在总数中所占的百分比，然后按照被考核者绩效的优劣程度将其列入其中某一等级。

强制分布法适用于被考核人员较多的情况，操作起来比较简便。由于遵从正态分布规律，可以在一定程度上减少由于考核人的主观性所产生的误差。此外，该方法也有利于管理控制，尤其是在引入员工淘汰机制的企业中，具有强制激励和鞭策功能。

4.行为观察量表法

行为观察量表法是指由考核者根据员工的具体行为特征的描述来确定绩效水平的考核方式。在应用这种考核方法时，首先要给考核者提供一份描述员工规范的工作行为的表格，将员工的实际工作行为与表中的描述进行对照，得出考核的结论。

行为观察量表法示例（部分表格）

岗位名称：机关中层管理人员

说明：指出员工表现出下列每个行为的频率，并用下列评定量表在指定区间打分。

5＝总是　4＝经常　3＝有时　2＝偶尔　1＝从不

1.克服改革中阻力的能力

(1)向下属说明改革的细节	5 4 3 2 1
(2)解释改革的必要性	5 4 3 2 1
(3)与员工讨论改革会对他们产生什么影响	5 4 3 2 1
(4)在推进改革的过程中寻求下属的帮助	5 4 3 2 1
(5)如果需要，制定下一次会议的日期以便为员工所关心的问压作出答复	5 4 3 2 1

总分＝

不合格	合格	中等	良好	优秀
6～10	11～15	16～20	21～25	26～30

5.关键事件法

关键事件法是一种通过记录与员工工作成败密切相关的关键行为，并用被考核者所获得的关键行为的总分数来评价工作绩效的员工绩效考核方法。使用关键事件法对员工进行考核，要求管理者将员工日常工作中突出的良好行为或典型的消极行为认真记录下来，然后在一定时期内，管理人员与员工根据所做的记录来讨论员工的工作绩效。

关键事件法通常可以作为其他评价方法的补充，其优点在于：首先，对关键事件的记录为考核者向被考核者解释绩效考核结果提供了一些确实的实施依据。其次，它可以确保在对员工进行考核时，所依据的是员工在整个考察周期内的工作表现，而不是员工在近期内的表现，也就是说可以减少近因效应所带来的考核偏差。最后，通过对关键事件的记录可以使管理者获得一份关于员工通过何种途径消除不良绩效的实际记录。

6. 行为锚定评价法

行为锚定评价法是基于关键事件法的一种量化的评价方法。这种方法将量表评价法和关键事件法结合起来，为每项职务和每个评估维度都设计出一个评分量表，并且明确定义每一个评价项目，同时使用关键事件法对不同的工作要求进行描述。因此，行为锚定评价法为考核评价者提供了明确而客观的评价标准。

设计行为锚定评价法的步聚是：第一，管理者确定工作所包含的活动类别或者绩效标准；第二，管理者为各种绩效标准撰写一组关键事件；第三，由一组处于中间立场的管理者为每个评价指标选择关键事件，并确定每个绩效等级与关键事件的对应关系；第四，将每个评价指标中包含的关链事件从好到坏进行排列，建立行为锚定评价等级体系。

7. 360 度考核法

360 度考核法是一种较为全面的绩效考核方法，是指员工绩效考核由与员工发生工作关系的所有主体对员工进行绩效评估，在确定各自不同权重的前提下，对员工个人绩效进行汇总，从而获得关于员工最终绩效信息的过程。这些信息的来源包括：上级监督者自上而下的反馈，下属自下而上的反馈，平级同事的反馈，被考核者本人的自我评价，景区外部的游客和供应商的反馈。

8. 目标管理法

目标管理法认为，管理者应该通过目标对下级进行管理，从而将组织的整体目标转化为组织单位和每个成员的目标。目标管理是一种程序或过程，它使组织中的上级和下级一起协商，根据组织的使命确定一定时期内组织的总目标，由此决定上、下级的责任和分目标，并把这些目标作为组织绩效考核和评价每个部门和个人绩效产出对组织贡献的标准。

(1)确定景区总体绩效目标

管理者根据景区某阶段的发展战略或环境的变化确定本绩效考核期景区应达到的绩效考核指标及其相应标准。

(2)确定景区部门特定绩效目标

由于不同部门的绩效目标各不相同，因此，部门绩效目标要根据部门的不同特性来确定。

(3)确定员工个人目标

管理者和员工共同商讨确定或修改员工绩效的具体目标。

(4)实施与辅导员工个人目标

管理者对员工绩效目标的进行情况进行辅导和监督，帮助员工实现个人目标，同时，根据业务或环境的变化修改或调整目标。

(5)员工绩效目标期末考核

核员工个人绩效目标的完成情况，形成员工奖惩、晋升和培训等的依据。

(6)绩效成果总结与反馈

对员工绩效考核的结果形成书面说明，管理者和员工共同制定下一考核期的工作目标和绩效目标。

6.4.5 景区员工绩效考核结果的应用

绩效考核本身不是目的，而是一种手段，应重视考核结果的运用。景区绩效考核结果的应用主要包括改进工作绩效、薪酬奖金发放、职务调整、培训与开发等。

其中，绩效改进是绩效管理过程中的一个重要环节。传统绩效考核的目的是对员工业绩进行评估，并将评估结果作为确定员工薪酬、奖惩、晋升或降级的标准。而现代绩效管理的目的不仅限于此，员工能力的不断提高以及绩效的持续改进才是其根本目的。绩效改进的过程：①要分析员工的绩效考核结果，找出员工绩效中存在的问题；②要针对存在的问题制订合理的绩效改进方案，并确保其能够有效的实施。

绩效改进计划应符合以下要求：①实际性，即计划内容应与有待改进的绩效问题紧密相关；②时间性，即计划应有明确的截止日期；③具体性，即所采用的改进方法和措施应清楚、可操作；④可接受性，即计划要获得主管人员与员工的一致认同并努力实行。

6.5 旅游景区人力资源激励

所谓人力资源激励，就是创造满足人力资源各种需要的条件，激发员工的积极性、主动性和创造性，使其以饱满的工作热情投入到旅游景区的服务工作中去。

6.5.1 人力资源激励的意义

1. 人力资源激励是调动员工积极性的重要手段

美国哈佛大学教授威廉詹姆士研究发现，在缺乏激励的环境中，员工的潜力只能发挥20%～30%；而在良好的激励环境中，员工却可发挥出80%～90%的潜力。因此，旅游景区人力资源管理部门应该积极创造条件，使每一位员工始终处于良好的激励环境中，为旅游景区的发展作出贡献。

2. 人力资源激励是提高员工素质的有力杠杆

培训和激励是提高员工素质的两个主要途径。其中培训主要解决员工具备相应工作能力的问题，而员工是否愿意将工作能力发挥出来，则取决于激励。旅游景区的激励行为就是要鼓励员工自觉提高各方面的素质，而对员工素质低下的行为给予相应惩罚。

3. 人力资源激励是形成良好景区文化的有效途径

景区文化是旅游景区生存和发展的基础。旅游景区通过对员工的优质服务行为进行奖励，必然会强化良好的服务意识，而对员工恶劣的服务行为给予惩罚，则会避免恶劣服务意识的出现。运用奖、惩手段，可以有力地促进景区形成良好的服务群体价值观。

6.5.2 人力资源激励的原则

1. 景区目标与个人目标相结合原则

人力资源激励目标的设置一方面要体现旅游景区长远发展的要求；另一方面要满足旅游景区员工的个人需要。只有将旅游景区目标与员工个人目标有效结合起来，使旅游景区发展战略中包含更多的个人目标价值，才能同时达到实现旅游景区发展和体现员工个人价值的双重目标。

2. 物质激励与精神激励相结合原则

旅游景区的激励方式应该是物质激励与精神激励相结合的产物。物质需要是人类的基础需要，但物质激励的作用是表面的，激励深度有限。旅游景区应把激励的重心转移到满足员工自尊、自信、自我实现等较高层次的精神需要上来。物质激励是基础，精神激励是根本，应以精神激励为主、物质激励为辅。

3. 按需激励原则

旅游景区对员工进行激励的出发点是要满足员工的需求，但员工的需求存在差异性和动态性，因人而异，因时而异，而且只有满足迫切需求的措施，才能起到最大的激励效果。旅游景区在激励员工时必须深入进行调查研究，不断了解员工需要层次和需要结构的变化，有针对性地采取激励措施，才能收到实效。

6.5.3 人力资源激励的类型

1. 物质激励与精神激励

按激励的内容划分，可分为物质激励和精神激励。两者的最终目的是一致的，但作用的对象不同。前者作用于人们的生理方面，是对人们物质需要的满足，后者作用于人们的心理方面，是对人们精神需要的满足。

2. 正激励与负激励

按激励的性质划分，可分为正激励和负激励。所谓正激励，就是当一个人的行为表现为符合社会需要或组织目标时，通过表彰和奖赏来保持和巩固这种行为，以达到调动积极性的目的。所谓负激励，就是当一个人的行为不符合社会需要或组织目标时，通过批评和惩罚，使之减弱或消退来抑制这种行为。

【小资料】

应奖励和避免奖励的的工作行为

管理学家米切尔·拉伯夫经过多年的研究，发现一些管理者常常在奖励不合理的工作行为。他根据这些常犯的错误，归结出应奖励和避免奖励的十个方面的工作行为：

奖励彻底解决问题，而不是只顾眼前利益的行动；奖动承担风险而不是回避风险的行为；奖励善用创造力而不是愚蠢的盲从行为；奖励果断的行动而不是只说不练的行为；奖励多动脑筋而不是一味苦干；奖励使事情简化而不是使事情不必要地复杂化；奖励沉着而有效率的人而不是喋喋不休者；奖励有质量的工作而不是匆忙草率的工作；奖动忠诚者而不是跳槽者；奖动团结合作而不是互相对抗。

3. 内激励与外激励

按激励的形式划分，可分为内激励和外激励。所谓内激励就是通过启发诱导的方式，激发人的主动精神，使他们的工作热情建立在高度自觉的基础上，充分发挥出内在潜力。所谓外激励就是运用环境条件来制约人们的动机，以此来强化或削弱某种行为，进而提高工作意愿。内激励带有自觉性的特征，外激励则表现出某种程度的强迫性。

6.5.4 人力资源激励的机制

激励机制是激励活动的各项要素在运行过程中的相互联系、相互作用、相互制约及其与激励效果之间内在联系的综合机能。能否正确运用激励机制，对激励的成败有着决定性的影响。

1. 薪酬激励机制

薪酬是保障和改善员工生活的基本条件，也是员工个人价值的一种体现，薪酬设计与管理是否合理，既直接关系到能否吸引人才，也直接关系到员工的工作积极性，必须给予充分的重视。为了使薪酬起到应有的作用，旅游景区薪酬的设计与管理必须坚持以下准则。

(1)竞争性

竞争性就是指在社会上和人力市场中，旅游景区的薪酬政策要有吸引力。旅游景区薪酬政策的吸引力，一方面来自薪酬标准，即薪酬的绝对值;另一方面来自薪酬结构及分配方法。所以，旅游景区的薪酬设计与管理，必须重视市场调查，必须根据人力市场的供求状况及同行业的薪酬水平，合理确定本企业的薪酬标准和分配方法，以增强市场的适应性和竞争力。

(2)激励性

激励性就是旅游景区的薪酬政策要有利于增强员工的责任心和团队合作精神，要有利于员工刻苦钻研技术，不断提高业务水平，要有利于激发员工提高工作质最，增加企业经济效益。据此，旅游景区必须做好以下工作。

①合理的薪酬体系，即处理好工资、奖金、福利与保险的结构比例。工资是支付劳动者劳动报酬的基本形式，工资设计既要注意科学的工资制度和工资形式，又要注意工资在整个员工收入中的比重。我国目前的基本工资制度主要有三种:一是等级工资制，即根据劳动的复杂程度、繁重程度、精确程度和工作责任大小等因素划分等级，按等级规定工资标准，支付劳动报酬的制度;二是岗位工资，即按照职工在生产工作中的不同岗位确定工资的一种制度;三是结构工资，即依据工资的各种职能，将工资分解为互相依存、互相制约的几个组成部分，并分别确定工资额来支付劳动报酬的制度。工资形式是以基本工资制度为基础，按照员工实际付出的劳动量支付劳动报酬的方式，如计时工资、计件工资等。

员工福利是企业在工资和社会保险之外，对员工提供经济上的帮助，生活上的照顾和方便，以补充满足其基本的、经常的或特殊的生活需要所采取的福利措施和举办的福利事业的总称。现行的员工福利大体分为集体生活福利设施、文化娱乐设施和各种福利补贴三个部分。例如，员工食堂、员工制服、员工宿舍、医疗保健，开办浴室、理发室及提供上下班交通工具等。旅游景区必须按照国家有关规定建立福利基金，并且做到专款专用。

社会保险是国家依法建立的在劳动者遇到风险时帮助其解决生活问题的一种社会保障制度。旅游景区必须依据《劳动法》的规定购买社会保险。社会保险的类型有以下三种:

一是基本保险。亦称法定保险，是指普遍适用的由法律规定的国家强制力保证实施的，在劳动者遇到劳动风险时，获得最低生活需要的保险制度。二是补充保险。补充保险是指除了基本保险外，企业根据自己的实际情况，也就是根据经济效益情况为劳动者建立的一种社会保险。三是个人储蓄保险。个人储蓄保险是指基于劳动者个人的经济能力和为了满足其更高的生活需求而设立的一种保险方式。个人储蓄保险是劳动者个人的自愿行为，投保多少由劳动者根据自己的经济能力确定。

②科学的工作评价。所谓工作评价就是将企业中所有的岗位，按其劳动的技术繁简、责任大小、强度高低、条件好坏等因素划分为若干相应等级。工作评价实际上就是对企业各岗位重要程度的评价，它决定各岗位的工资等级。

③差异化管理。可采取的策略主要有：一是实行不同的薪酬制度，如对经营层，可采取股权制、期权制的薪酬制度，对管理层可采用年薪制的薪酬制度，对员工层则采取经济责任制的分配方法；二是实行重点岗位倾斜制，即要拉开低职岗位和高职岗位的薪酬差距，薪酬政策应向关键岗位、关键人才、核心岗位和核心人才倾斜。

④有效的薪酬激励政策。旅游景区的薪酬政策必须体现按效率、效益分配的原则，以成果多少和贡献大小来决定员工的薪酬。

(3)公平性

公平性即旅游景区薪酬政策的客观性和合理性。旅游景区员工在工作取得成果并得到报酬之后，他不仅关心报酬的绝对量，而且还关心报酬的相对量.旅游景区在薪酬制度的设计与管理中必须注意：一是旅游景区的薪酬政策要有明确一致的原则指导，并有统一的、可以说明的规范依据；二是必须给员工创造机会均等、公平竞争的条件，使他们能各尽所能、人尽其才；三是必须建立科学的绩效考评制度，保证绩效考评制度的客观性、公正性、准确性、全面性、完整性；四是要注意旅游景区薪酬管理的民主性和透明性，避免薪酬分配的“暗箱操作”。

(4)有效性

有效性就是薪酬制度的设计与管理作为一种投资决策，必须注意投入的可行性和效益性。对此，旅游景区的工资总额必须适度，要关注工资支出在营业收入中的比重这一指标，保证人力成本的增长与营业收入的增长相适应。

(5)合法性

合法性就是指旅游景区薪酬制度要符合党和国家的政策与法律，保证人力资本投入的合法有效。

2. 竞争激励机制

竞争的工作环境能给人以极大的刺激，促进人们努力拼搏，不断奋进，在永无止境的奋进拼搏过程中求得满足的境界。

旅游景区引进竞争机制，一是必须注重员工职业生涯的设计，帮助员工确立职业发展的方向；二要建立科学的等级制度，为员工确立明确的追求目标；三要打破铁饭碗，破除终身制，实行能上能下，能进能出，岗位流动，职务流动的人事体制，赋予所有员工发挥各自才能的均等机会；四要建立和完善竞赛制度，利用各种形式开展以提高质量、提高管理、提高效益为中心的各种竞赛活动；五要完善奖惩制度，真正体现按劳分配、奖勤罚懒、论功行赏的原则。

3. 领导激励机制

员工工作的积极性的高低，企业凝聚力的大小，在某种意义上来说，取决于旅游景区管理者的素质高低。作为旅游景区的管理者，一方面要注意以身作则，身体力行，不断提高自身修养；另一方面则必须改进管理方法，提高领导艺术。景区管理者在激励员工方面应注意以下三个方面问题：

(1)充分理解员工，增强员工的自尊意识

理解是人们的共同需要，企业需要社会和员工的理解，员工同样也需要社会和管理者的理解。每个人都有自己的尊严和人格，需要得到社会的承认和别人的尊重。作为旅游景区的员工，这种欲望往往会表现得更为强烈。因为旅游景区作为服务性的行业，要取得良好的社会经济效益，就必须确立“宾客至上”的服务宗旨，即把客人当领导一样给予充分的尊重，像朋友一样给予充分的关注。但是旅游景区的员工也是人，他们同样需要得到别人的尊重和关注。这就要求管理者必须正确处理好管理者和员工、员工与客人的关系，即使客人的自尊得到满足，同时也不使员工的自尊心受到伤害。

(2)关怀员工，给员工以家庭的温暖

关怀可以满足人们对爱的需要，关怀体现出感情，给人以温暖，从而给人以力量。旅游景区必须把员工作为自己的家庭成员，给以无微不至的关怀，使员工体会到家庭的温暖。

(3)充分信任员工，增强员工的主人翁意识

旅游景区管理者必须充分信任和依靠全体员工，积极鼓励员工参与管理，让员工参与制订企业重大经营决策和人事、财务管理，赋予员工当家作主、管理企业的民主权利，强化员工的主人翁意识。同时，要切实建立合理化建议制度，积极支持员工的首创精神，把企业的命运真正地同员工的命运结合起来。

4. 文化激励机制

企业文化是企业中长期形成的共同思想和价值观念、作风和行为准则。优秀的企业文化建设，不仅有利于员工进行自我控制，增强员工的企业意识，改善人际之间的关系，增强企业的凝聚力，而且还有利于精神文明建设，树立旅游景区的良好形象，提高企业的知名度。

旅游景区文化的关键是精神文化，确定企业的企业宗旨、企业精神和道德规范，这是旅游景区文化建设的重心。企业宗旨是旅游景区员工在企业经营管理活动中追求的基本目标以及实现这一目标的信心。企业精神是旅游景区员工在长期的工作中逐渐建立起来的一种共同价值取向、心理趋向和文化定式。它是企业和员工的精神支柱和活力源泉，用来激励、统帅旅游景区每个员工的意志，使企业目标变为员工的自觉行为，实现个人目标和企业目标的高度一致。道德规范是旅游景区员工在一切社会活动和人际关系的处理上所遵循的准则。

本章小结

本章介绍了旅游景区人力资源管理的概念和特点，介绍了旅游景区员工管理的方式和特点，根据旅游景区的实际，着重介绍了景区员工的招聘渠道、方法和流程，并就景区员工培训的对象和内容、培训的作用和开展等作了介绍，介绍了景区员工的工作绩效考核的具体的管理方法与措施，最后介绍了人力资源激励的原则和如何建立人力资源激励机制。

主要概念

旅游景区　人力资源管理　旅游景区员工的招聘　旅游景区员工培训　旅游景区员工的绩效考核　旅游景区员工绩效考核方法　旅游景区人力资源激励

基础训练

1. 景区人力资源管理工作包含哪些内容?
2. 旅游景区员工招聘有哪些原则?
3. 旅游景区员工培训的内涵是什么?

案例分析

管理香港海洋公园的执行总监钟永光说:“海洋公园的景点，无论其广度还是深度，都远近闻名。实际上海洋公园的成功很大程度上应归功于那些训练有素、崇尚服务的员工。正是因为有了他们，公园的各项工作才会这样井井有条。”

全体员工都得在以下三个关键方面接受培训:礼仪、安全和效率。但培训既非一次性的，也不是无缘无故的，钟永光强调调。

1. 强力口号

自海洋公园开园以来，“我们服务于人”这句口号已深入每位员工，尤其是运作员工的心中。一旦你加入海洋公园，不要以为你是按月或季度接受培训。要做好准备，接受持续不断的培训。我们基本上是进行态度培训。当然，你不可能单凭为期两天的课堂培训，就能培养出员工服务于人的正确态度，它必须是一个持续不断的过程。他接着补充道。

钟永光说,“倘若你待顾客不周，或是慢待顾客，再要得到他们的好感难上加难。每件事必须第一次就做对，这也包括向员工教授礼仪。”

向员工进行礼仪教育，首先要向他们灌输“顾客利益至上”的思想。他补充道:“谁都不能违反这项强制性要求，即使高层经理也不例外。因此，当你看到我们的行欢政总裁 JOHN CORCORAN(考克兰)在人行道上捡垃圾时，那也并不足为奇。如果我们敷衍了事，那么工作就会出问题。尽管大家各司其职，但这条指导一切行动的不成文规则始终要优先执行。”

参加培训时，兼职员工和合同工、正式员工一律平等。这些员工一般是在旅游高峰期时聘来的，夏天游客人数一天可多达 25 000 人，但此时聘来的员工同样也要接受严格培训。

2. 管理危机

安全是海洋公园的另一大关注焦点，在这方面员工也要接受同样程度的严格培训。

潘礼勤已记不清入园13年来他究竟参加过多少次培训。他只记得自己为参加这类培训而付出的辛勤努力。“我们进行安全训练，应付模拟险情，扮演各种角色，举行突击演习以及紧急救护练习等，这些训练著实让我吃了不少苦头”，他说，“它们都很逼真。从中得到的最大益处是当险情真的发生时，我会采用正确的方式来应付。这应当归功于我们在培训课程中提供的严格心理培训。”

这种心理承受能力在海洋公园发生的一起大滑坡事件中得到考验。这是该公园自建成以来遇到的最严重危险。公园迅速发起救助行动，大部分员工几乎日夜奋战。因此，尽管发生了如此大的事件，公园还是照常运作。

同时，由各部门代表组成的安全委员会每月进行商议解决各种安全问题，包括是否需要更新设施设备，为了保持在该地区各主题公园中的霸主地位，海洋公园创定了长期的扩展计划，其中包括更新现有设施设备和引进新的景点。海洋馆里最受欢迎的景点，也是世界上最大的珊瑚礁水族馆，海洋公司近期斥资900万元将其修缮一新。

3. 严格的规则

香港特区政府对安全的要求属于本地区最为严格之列。海洋公园之所以如此强烈地关注安全问题，这也是其中的一个原因。安检人员不仅查验设施设备情况，而且每年还要安排一系列的考试来评审公园员工在维护安全方面的技能和能力。他们日后是否继续留用，将取决于考试中每个员工的表现。

钟永光说道：“试想一下，一名电梯服务员不能胜任其工作，或一名维修工程师对他正在从事的工作一无所知，这将是多大的风险！所以最妥当的办法莫过于对内对外都奉行一种政策，以确保员工的身心素质。”

问题：结合所学知识，分析香港海洋公园的人力资源管理有何可取之处？

第7章　旅游景区旅游资源管理

学习目标

了解旅游资源的含义；理解旅游资源分类、开发原则与评价方法；掌握旅游景区资源管理的主要措施。

引例

黄山的猴子观海、飞来石等奇石类风景旅游名胜资源，远而望之即可，不必近达；桂林漓江风景名胜区中的许多山峰只供欣赏，不应攀登。否则，其珍贵的特征就会消失。因此，对这类风景名胜区资源进行保护的含义即为绝对禁止人为干扰。九寨沟风景名胜区开发初期，游客对其原始风貌极为好奇，当地农民为了谋利，争相出租马匹，提供骑马照相、租赁藏服等服务，各景点摊位鳞次栉比，破坏了优美的自然风貌。后经整改，才将租马旅游的马匹限制在60匹内，地点仅限于长海荒坝、原始森林边两处，从而保证了游憩项目与风景环境的较好结合，因此，对风景名胜资源进行合理的游憩开发，必须在遵循"保护第一"、"供需相应"原则的前提下，从旅游形式倡导和游憩项目导入两个层面对风景名胜资源的游憩开发进行科学的导向。

结合上述案例，谈谈你对旅游资源保护的认识。

导读

旅游资源分为自然旅游资源和人文旅游资源两大类 。旅游资源是旅游景区的立身之本。对于旅游资源，要合理利用，不可杀鸡取卵。

7.1　旅游景区旅游资源概述

7.1.1 旅游景区旅游资源的定义

旅游资源一般指人们在旅游过程中所感兴趣的各种事物，如历史文化、山川、河流、花木、民俗民风、异国风情、特产等。目前旅游界对旅游资源的看法存在分歧，尚未形成统一的定义。从现代旅游发展的角度出发来概括，旅游资源是指在旅游景区地域空间内，凡是能吸引人们产生旅游动机，为旅游景区所利用，并由此产生经济效益、社会效益及生态效益的现象和事物。

7.1.2 旅游资源的两大功能

7.1.2.1 吸引功能

旅游景区的吸引功能指旅游资源吸引旅游者前来旅游的功能。这类旅游资源主要类型有:自然旅游资源吸引物如石林、洞穴、瀑布、峡谷、日出、云海及具有理疗保养功效的温泉、死海淤泥等;人文旅游资源如文化遗址、古园林、古建筑、古陵墓、古代工程等。

7.1.2.2 效益功能

旅游景区旅游资源是景区旅游业发展的基础,它的开发利用能为景区带来经济收入,产生经济效益;同时它的开发利用也能为当地居民美化生活环境、增加文化交流,产生一定的社会效益;而从生态角度分析,公园的绿化及森林的保护可以净化空气、保护森林中的野生动植物,具有一定的生态效益。

7.1.3 旅游景区旅游资源特点

旅游资源是一种特殊的资源,它具有其他资源的一些共性,还具有许多自己所特有的特点,概括起来有以下几点:

7.1.3.1 区域性

各地旅游景区的旅游资源分布呈现区域性。旅游景区处在不同的地理环境中,是地理环境的构成要素。因此,旅游资源的区域差异是客观存在的,不仅自然旅游资源存在着区域性差异,人文旅游资源也同样存在着区域性差异。所以,各个风景旅游区表现出明显的地方特色和民族特色。以云南三个风景旅游区为例:丽江——玉龙雪山 + 纳西文化;西双版纳——热带雨林 + 傣族文化;石林——石林 + 撒尼文化。由于它们所处的地理环境不同,其旅游资源也表现出不同的特点。

7.1.3.2 观赏性

风景旅游区的旅游资源同其他资源最大的差别是它具有美学特征,具有观赏性。它的经济性也是通过游客到旅游区观赏来实现的。无论是名山大川、风花雪月、怪石奇洞,还是文物古迹、民族风情,无不具有观赏的特性,对旅游者有吸引力,因此才成为旅游资源。

7.1.3.3 不可替代性

由于各地旅游景区的旅游资源具有区域性,这就意味着资源的可模仿性差,它难以模仿或复制。尽管现有许多民族风情等主题公园仿制了许多民族建筑和全国各地的人文、自然微缩景观,但是它们缺乏地域背景和周边环境的依托,在游客的视域中真假分明,无法替代。

7.1.3.4 文化性

各地景区的旅游资源往往都具有丰富的文化内涵,人文资源在很大程度上包含着精神文化的内容,这些文化内容多以一定物质实体为载体,如民居、服饰、地方特产、建筑、宗教寺庙等,体现了当地文化的特点。

7.1.3.5 组合性

在一个旅游景区中,旅游资源总是复杂多样、互相联系、互相依存的。如云南大理旅游景区由苍山的雪、下关的风、上关的花、洱海、蝴蝶泉、三塔寺、大理古城、白族风情等许多旅游资源组合而成;黄山旅游景区由怪石、奇松、云海、温泉等旅游资源组合而成。旅游资源的组合性越强,资源的品位就越高。

7.1.3.6 不可再生性

旅游资源，除了可人工培植的动植物外，许多都是不可再生的资源，一旦被破坏便不复存在，因而决定了旅游资源的珍贵性，同时也决定了对其进行保护的重要性。

7.1.3.7 季节性

旅游资源的季节性主要是指景物随季节变化的特征，这种自然景观的季节性变化会使某个景区旅游业的发展在一定时期内出现较明显的淡、旺季之分。旅游资源的季节性变化主要是由风景区所处的自然地理条件，特别是季节性变化所决定的，同时也受人为因素的影响。有些自然旅游资源只能在特定的季节和时间出现，如哈尔滨的冰灯只能在冬季观赏，北京的香山红叶最好在9－10月观赏等。另外，有的地方的游客受到当地一些民族节日的影响，如云南西双版纳与德宏地区傣族的“泼水节”、大理的“三月街”、楚雄的“火把节”等都会引起突发的旅游高峰，呈现出波动性。

7.1.3.8 利用的永续性

许多旅游资源是不会被旅游者的旅游活动消耗掉的，旅游者在旅游活动中只能通过观赏这些资源获得自身需要的美好感受，而不能带走旅游资源本身。

7.1.3.9 环境的脆弱性

在旅游资源开发利用中，景区的旅游资源具有永续性的一面，但也要看到其不可再生的另一面，特别是一些自然资源与历史文物古迹一经破坏就无法恢复，所以必须对旅游资源加强保护、合理利用。造成旅游资源环境脆弱性的主要原因是在一些旅游热点的景区，大量、高频率的游人游览，在许多方面造成了对资源和环境的污染及破坏，导致了许多旅游资源贬值，甚至丧失旅游价值。因此在旅游区的开发与经营过程中要做好保护旅游资源的工作，保证旅游资源的可持续利用和发展。

7.1.4 旅游资源的分类

7.1.4.1 按资源的性质成因分类

(1)自然旅游资源，是指使人们产生美感的自然环境、物象及其组合。

(2)人文旅游资源，是指古今人类文化成就、社会活动、艺术结晶和科技创造的记录和古迹。

1992年《中国旅游资源普查规范》把旅游资源普查分为“类”和“基本类型”两个类型，全部基本类型共有74种，归为6类。其中属于自然资源的3类(地文景观、水域风光、生物景观)，属于人文旅游资源的3类(古迹与建筑、消闲求知健身、购物)。

7.1.4.2 按资源主体来分类

(1)以疗养度假为主体的旅游资源，各类度假村及避暑胜地等。

(2)以体育活动为主体的旅游资源，如丽江玉龙雪山山地滑雪场、金沙江漂流河流、苍山攀岩、洱海赛艇等。

(3)以观光为主体的旅游资源，如昆明滇池、大理洱海，西双版纳热带风光、四川九寨沟等。

(4)以科考探险为主体的旅游资源，如云南禄丰恐龙化石、北京山顶洞人化石等。

(5)以文化体验为主体的旅游资源，如北京胡同与四合院、山西平遥古城、云南建水古城、丽江的四方街、各地少数民族文化风情等。

(6)多功能综合性旅游资源，如杭州西湖、大理苍山、昆明西山景区等具有观光游览和文化体验等多种旅游资源。

7.1.5 旅游景区旅游资源调查

7.1.5.1 景区旅游资源调查的目的

旅游景区旅游资源调查的目的是查明景区旅游资源状况，系统全面地掌握旅游资源的数量、质量、性质、级别、特点、成因、时代及价值等，为景区旅游资源深入开发及保护管理提供决策依据。

7.1.5.2 景区旅游资源调查的内容

(1)旅游资源的现况，包括资源类型、结构、数量、规模、级别、现场条件及与资源有关的重大事件、文艺作品、名人活动等。

(2)景区环境保护状况，包括水质污染、空气污染、噪音、虫害、防火、游客对旅游资源的影响及文物古迹保护状况等。

7.1.5.3 旅游资源调查的重点

景区旅游资源调查的重点是充分挖掘景区新的旅游资源，开发新的景观;对原有的资源应提高对其研究的程度，挖掘其文化内涵，提高其观赏水平;加强景区的功能配套，以适应游客观光、娱乐、度假等多种需求，充分利用景区旅游资源，使游客滞留较长时间。

7.1.6 景区旅游资源的单项评价

7.1.6.1 景区旅游资源评价的意义

旅游资源评价是对旅游景区发展前景的研究，其评价的科学性和实践性影响着景区的再开发，旅游资源评价的主要意义在于:

(1)通过对旅游资源评价为旅游景区的深入开发、提高、改造、扩大规模、推出新产品提供科学依据。

(2)通过对旅游资源的质量、数量、规模、分布和条件的评定，为旅游景区旅游资源管理、保护提供资料和决策的依据。

7.1.6.2 旅游资源单项评价

(1)山地旅游资源的评价

山地为地壳上升地区经受流水冲刷而形成的高度较大、坡度较陡的高地。对山地旅游资源应从以下几个方面进行评价:

①高度。山地的高度有相对高度和绝对高度两种形式。按照绝对高度划分:海拔500米以下为丘陵;海拔500米－1000米为低山;海拔1000米－3500米为中山;海拔3500－5000米为高山;海拔5000米以上为极高山。海拔1000米－3000米的山地旅游价值高，是因为这样的高山特征突出，景石丰富，泉瀑众多，生物种类多;季相变化明显，夏季是避暑的好去处，冬季有冰、雪景可观赏。相对高度越大的山，旅游价值越高。因为相对高度超过一定高度时会给人以巍峨感。例如，论山体规模和绝对高度，泰山在昆仑山面前是微不足道的，无法相比，然而它以1300米的高差耸立在华北大平原上，就以雄伟特征著称。

②坡度。山的坡度陡能使人有险峻之感。全国各大名山之险景都以坡度陡著称。例如，华山就因坡度陡而具有“天下险”之称。

③山的总体轮廓形象造型。山的轮廓线曲折，富于变化，游人从一定角度看去，其总体外观和侧景家人们日常生活所熟悉的某种物体，就具有一定的造型。这样的山会给游人带来

旅游的兴趣和意境，如云南昆明西山，从东南角远望，西山起伏的轮廓天际线酷似一个甜睡的少女，人称“睡美人”。

④山顶夷平面的面积大小。对山的评价还要看山顶夷平面的大小。夷平面就是山体上升前的平坦面。夷平面的大小对旅游景区的旅游开发和发展十分重要：一是山顶平坦的地面可使登山旅游者感受“天上人间”的气氛；二是山顶平坦地面广阔，受水面积大，地下水和地表水丰富，会形成众多泉水和瀑布；三是山顶平坦地面对旅游者住宿设施的建设十分有利，如庐山山顶夷平面比较大，其重要景点多在山顶，形成较为著名的山地度假区。

⑤山地脉络状况。山地脉络蜿蜒起伏，能使人产生深远感；层次多，使山峰重叠，增加深厚感。

(2)石景旅游资源的评价

石景由石峰、石柱、石礅、岩壁和石蛋组成，观赏价值高。对石景旅游资源进行评价时要考虑以下几个方面的因素：

①造型地貌丰富。石景旅游资源以峰林和峰丛造型地貌最丰富。峰林，是中等高度的地貌，壮年期地形，山体被切割成分离散立的一个个孤峰，远望像岩石柱组成的林子。如黄山花岗岩石岭，造型地貌丰富，有许多著名的石峰。

②石景的组合丰富了文化内涵，旅游价值高。将不同形态的景石联系起来，以一个主题组成一个故事，就有文化内涵。如雁荡山灵峰，中间被节里缝断开，就变成一对亲密相依的夫妻，故又称“夫妻峰”。又如昆明石林中的一座石峰，酷似传说中的美丽撒尼族少女“阿诗玛”。

③有变幻造型地貌。变幻造型地貌是指人们从不同角度、不同时间看到岩峰外形有多种变化的造型，能激发旅游者的想像，旅游价值极高。

(3)岩溶洞穴旅游资源的评价岩溶洞穴的特点是洞穴长、曲折；结构复杂、分层、分叉；洞内岩石形态多样。评价岩溶洞穴应考虑以下因素：

①长度。对于长度较长的洞穴，游程以500米-1000米为宜，时间不超过一个小时，时间过长游客容易感到疲劳，感到氧气不足。

②层次。溶洞层次越多，旅游价值较高。

③结构。结构复杂、洞中有洞、洞洞不同的溶洞，旅游价值越高。

④洞中钟乳石。洞中钟乳石发育越好，越丰富，旅游价值越高。

⑤水洞。有地下河、湖，有地下瀑布的溶洞，旅游价值较高。

(4)海滨旅游资源评价海滨气候温暖湿润，夏季凉爽，空气清新且富含负氧离子，可促进人的血液循环，有利人体健康，可以开展海水浴、日光浴、沙滩浴及各种海上运动。对其评价主要考虑以下几点：

①气象夏季晴天最低2周，最高10周以上；气温在25℃-27℃之间；水温在23℃-30℃之间；风速在5m/s以下。

②海象浪高在0.8m以下；流速在0.2m/s-0.3m/s之间；透明度在30cm以上；大肠杆菌在100个/公升以下；肉眼难以辨明油膜；基本无藻类和浮游物；无有害生物或有防护措施。

③海滩长度在200m以上；潮线宽度在30m以上；海底倾斜度在1/10-1/60之间；海滩沙粒以中、细沙为主。

④海滩后腹地缓坡；绿化地在80%以上；面积在1平方公里以上。例如，我国海滨以海南亚龙湾最佳。那里长夏无冬，年均气温为25.1℃，海滩长7公里、宽70米，坡缓，沙细，水质

无污染物，达到一级标准，是冬季避寒、夏季洗海水浴的理想之地。

(5)湖泊的旅游评价

湖泊是在地面封闭洼地积蓄的水体。评价湖泊的旅游价值主要考虑以下几点：

①湖水面积。湖水面积越大，越开阔，旅游价值越高。

②湖水水质。水无色，深水浅蓝，透明度60cm以上，旅游价值高。

③湖中有岛。岛屿丰富了湖景内容，游客上岛旅游，有四面临水之趣，是赏景最佳之地。

(6)江河的旅游评价

江河是线状流动水体。其旅游价值主要在中上游河段，可分为漂流河段和风景河段。

①漂流河段一般条件：河道弯曲，暗礁险滩少，流速快，水不宜过深，一般0.5米－1.2米为宜，两岸植被覆盖率高，有惊无险，野趣无穷，富有刺激性。

②观赏河段条件：河道迂回曲折，两岸奇峰罗列，山水比例适宜，山光水影，意境美。

(7)瀑布的旅游评价

瀑布是从河谷纵剖面陡坎处飞流下来的水流。瀑布评价要综合考虑以下几点：

①落差。瀑布落差越大，旅游价值越高。

②宽度。瀑布宽度越大，旅游价值越高。

③流量。流量越大，旅游价值越高。

④形状。瀑布水流受落差高度、坡度、宽度和水量变化等因素影响会有不同形状，有的多级叠落，有的如云雾弥漫，有的如珠帘飘曳。

⑤声音。瀑布落入潭中，会发出不同的声音。

⑥周围景色。即瀑布周围的山体、植被和河道状况。

(8)泉水的旅游评价

泉水是地下水的天然露头。评价泉水旅游资源应考虑以下几点：

①涌水量。涌水量越大，旅游价值越高。

②温度。冷泉，25℃以下；微冷泉，25℃－33℃；温泉，34℃－37℃；热泉，38℃－42℃；高热泉，43℃以上；沸泉，100℃以上。

③含矿物成分。泉水按含矿物质成分分为氡泉、碳酸泉、硫酸泉、硫化氢泉、碳酸氢钠泉、碳酸氢钙泉、硫酸钠泉、硫酸钙泉、硫酸镁泉、氯化钠泉、铁泉、碘泉、溴泉、硅酸等。饮用矿泉水限定指标如下：矿化度＞1000毫克/公升、锂＞0.2毫克/公升、锶＞0.2－0.4毫克/公升、锌＞0.2毫克/公升、溴＞0.1毫克/公升.

④感官指标如下：色：色度不超过15度，不出现其他异色。混浊度：不超过5度。嗅味：不得有异臭和异味。肉眼所见：不含异物，允许少量矿物盐沉淀。

⑤污染物与微生物指标如下：酚类含量0.002毫克/公升以下、氰化物0.01毫克/公升以下、亚硝酸盐0.005毫克/公升以下、细菌100个/公升以下、大肠杆菌3个/公升以下。

⑥泉水形状。包括喷泉高度间歇变化的间歇泉、喊泉、含羞泉、桃花泉、蝴蝶泉、鱼泉等。

(9)生物旅游资源的评价

生物是自然界中有生命的物质，由动物、植物和微生物组成。评价生物旅游资源主要考虑下面几点：

①越古老、稀少的生物越有价值。古老动植物反映了生物的演化历史，说明物种的特殊性，稀少的物种更为珍贵。

②形态。动植物以姿态奇特为贵。

③色彩。色彩越丰富，越有价值。

④嗅味。一些花木开花时，散发出香味

⑤声音。如虎啸、鸟鸣、蝉噪等声音。

⑥风韵。中国古老文化把动植物的特性赋予一定的内容，有着“象征美”，增加游人意境。譬如，竹象征气节；梅象征忠烈；红豆和鸳鸯象征爱情；鸽子象征和平。

(10)名胜古迹的旅游评价对名胜古迹的评价主要考虑下列几项：

①历史性。由于人类对自身发展的兴趣，因而古老名胜古迹旅游价值较大。如：距今2100年前的秦始皇兵马俑，说明秦代物质文明盛况。

②历史考古价值。文物古迹的历史考古价值越大，旅游价值也越大。

③文化艺术价值。文物古迹的文化内涵和艺术水平越高，旅游价值也越高。

④科研价值。许多旅游景区的文物古迹具有科学研究价值，对今天社会发展具有借鉴的意义，同时也体现我国灿烂的历史文化。

⑤保存的完整性。文物古迹保存越完整、规模越大，旅游价值就越高。

(11)民俗旅游资源的评价

民俗是人们在共同地域、共同历史作用下形成的积久成习的代代传承的社会文化现象。它包括生产、生活、社会结构、婚丧嫁娶、宗教信仰、道德礼仪、口头文学、心理特征、审美情趣等。对其评价注重以下几点：

①民俗特征的地域性。民俗反映地理环境的特点，这也是旅游者追逐的目标。例如：云南西双版纳的傣族在雨季到来前炎热的4月举行泼水节，反映热带风光特点。

②民俗参与的群众性。民俗参与的群众越多就越有旅游价值。

③民俗内容的文化性。民俗的节庆活动、婚姻礼仪、服饰、饮食、民间艺术等，文化内涵丰富，深受旅游者的欢迎。

④民间传说、故事。民间传说、故事是重要的旅游资源，它体现地方民俗特点，具有一定的真理成分，寄托人们美好的理想，是民间智慧的结晶。评价传说故事时，应注意：一是传说故事同自然景物和人文遗迹的关系；二是故事内容情节的趣味性、传统的范围和产生的时间；三是传说故事的民俗性。

7.1.7 旅游景区旅游资源的综合评价

7.1.7.1 旅游资源综合评价的原则

(1)客观实际的原则

在对景区旅游资源评价时要根据资源的特点、价值和功能客观实际地对其价值和开发前景进行评价，既不能夸大，也不能缩小，应做到实事求是、准确评价，不能随便冠以“国内惟一”、“世界少有”等不符合实际的夸大。

(2)全面系统的原则

一是由于旅游资源的价值是多功能、多层次、多形式的，它包含有历史文化、艺术鉴赏、科学考察等社会价值，同时兼有观光、度假、娱乐、健身、商务等功能，故评价时要全面系统、综合的评价；二是评价要涉及到旅游资源开发的自然、社会、经济环境因素的分析。

(3)符合科学的原则

在评价时要用科学的方法充分运用地学、美学、历史学等多方面的理论和知识，针对景区内旅游资源的形成、本质、属性、价值等核心问题，做出科学的解释和评价。而不能都以神话传说，甚至迷信的东西解释和评价，要给游客正确的、科学的社会及历史知识。

(4)效益估算原则

景区旅游资源评价的最终目的是为了更深入地开发和有重点地进行资源保护。深入开发与重点保护的目的是要使旅游景区取得更好、更长久的经济、社会和环境综合效益。因此，在评价时要考虑投入资金开发后产生的效益。若开发后得不偿失，则不宜开发。

(5)高度概括原则

旅游资源评价过程中涉及的内容众多，无论定性还是定量评价，其评语结论要明确、精炼，高度概括出其价值、特色和功能，使评价结论有利于旅游景区开发定位。

(6)力求定量的原则

评价时，应尽量减少主观色彩、个性色彩，力求采取定量和半定量评价，通过一定数据来评价旅游资源，根据评价数据来确定风景旅游区内各个旅游资源的价值状况。

7.1.7.2 旅游资源评价综合的内容

旅游资源主要从资源特点、资源的环境及开发条件三个方面评价。

(1)旅游资源特点评价

①旅游资源特色。景区旅游资源特色是旅游资源中吸引游客的关键性因素，是旅游景区的灵魂。应通过对旅游景区旅游资源的调查与其他旅游景区的旅游资源比较研究，寻找出本景区的旅游资源特色。一些景区中旅游资源种类多，各有特点，特色不明确，必须要深入发掘特色，只有找出特色，才能为确定旅游景区资源保护及具体旅游项目的开发提供依据。

②旅游资源的价值和功能。旅游资源主要具有观赏、历史、文化、科学、经济和社会价值。旅游资源有观光、度假、商务、健身、科考、探险、娱乐等旅游功能。根据其价值和功能，景区可以决定其深入开发方式、功能导向及保护方式。

③旅游资源的结构和规模。一些孤立的旅游景观，即使特色很突出、价值很高、功能多，但其开发的价值就明显降低，只有在一定的地域和时间内，多种类型旅游景观的协调布局和组合，形成一定规模的旅游资源协同结构，才能形成开发规模效应，所以须对旅游景区内旅游资源的结构和规模进行评价。

(2)旅游资源的环境评价

①旅游自然环境。旅游自然环境是指景区的地质、地貌、水文、游资源的开发质量、利用季节有直接的关系。

②旅游社会环境。旅游景区的社会环境是指景区内的政治局势、民对旅游的认识等条件。

③旅游经济环境。旅游经济环境指能够满足游客开展旅游活动的外部经济条件，主要指景区外交通、水电，通讯、饮食、住宿服务和其他旅游接待设施。

④旅游环境容量。旅游环境容量是指景区在一定的时间内的旅游资源、社会、经济及自然环境在不影响旅游活动和旅游资源可持续发展的前提条件下所能容纳游客的最大数量(即环境的阈值)。如果景区内游客数量超过该容量，旅游的质量就会下降，整个旅游环境及旅游资源就会受到影响甚至破坏。旅游环境容量又可细分为旅游资源容量、旅游自然环境容量、旅游社会环境容量、旅游经济环境容量等。

(3)旅游资源开发的环境条件评价

①开发的现有条件。当旅游景区的旅游资源已具有一定程度的开发利用基础，在对其深入开发评价时应注意总结以前开发过程中的成功经验和失败教训，找出原因，为后续旅游资源的开发和保护提供建议和意见。

②客源条件。开发一个新的景点和旅游项目要考虑客源数量，如果没有一定的游客量则旅游资源的开发难以产生良好的经济效益。客源条件包括能吸引的客源的范围、辐射半径、吸引的客源层次及特点，以及游客在享受旅游资源时所产生的反应、客源的季节性变化等问题。对已开发部分在评估时要抓住深化利用后可吸引的客源、吸引程度、效益大小等开发指标进行评价；对尚未开发的部分要抓住它的各种吸引价值并与邻近已有同类旅游资源的调查统计客源数相比较，做出较合理的估算报告，找出客源的规律。

③投资条件。旅游资源的开发需要大量资金的投入，景区社会经济环境、经济发展战略及各种投资优惠政策等因素直接影响投资者的开发决策。因此，必须研究投资条件，能给予投资者较大优惠，同时也能使风景区有实惠，便能推动旅游景区的可持续发展。

④区位条件。区位条件主要是指旅游资源在景区的地理位置、交通条件、与周围旅游景区、景点的空间关系。特殊的地理位置可相应增加其旅游吸引力，旅游的交通区位条件也决定了旅游区的可进入性和旅游资源开发的难易程度。新开发的景点若配合周围有名的景点，则有利于整个风景旅游区的连片和规模开发。

⑤施工条件。旅游资源的开发项目要考虑其工程量的大小和难易程度，首先是工程建设的自然条件如地形地貌、地质条件、水文气候等条件；其次是工程建筑的施工条件，如设备、建材等。对开发施工方案需要进行充分技术论证，以确定合理的开发施工方案。

7.1.7.3 旅游资源综合评价方法

旅游资源评价方法有很多，现简单介绍有代表性的方法如下：

(1)经验性的定性评价

①一般经验评价。通过对大量旅游者或旅游专家就有关旅游资源的优劣排序问卷回答，或统计旅游地域旅游资源在报刊、旅游指南、旅游书籍上出现的频率，来确定一个国家或地区的最佳旅游资源的排序，加以综合评价，其结果能够表明旅游资源的整体质量和知名度。但这种方法只局限于少数知名度较高的旅游区资源，无法用于一般的风景旅游区和尚未开发的旅游资源。

②“三三六”评价法。从旅游资源的“三大价值”、“三大效益”、“六大条件”等方面进行评价。“三大价值”，指旅游资源的历史文化价值、艺术观赏价值、科学考察价值。评价历史文化旅游资源要看它的类型、年代、规模和保存状况及在历史上的地位。一般认为越古老、越稀少就越珍贵，越出自名家之手，就越珍贵，历史价值越大。艺术观赏价值指旅游资源景象的艺术特征、地位和意义，主、副景的组合，格调和季节变化等，具有奇、绝、古、名等某一特征或多种特征并存，则艺术欣赏价值就更高。科学考察价值指旅游资源的某种科学研究功能。“三大效益”，指经济效益、社会效益和环境效益。“六大条件”，指旅游资源分布的地理位置和交通条件、景物或景观的地域组合条件、客源条件、施工条件、投资能力条件和景区旅游容量条件。

(2)单因子定量评价

单因子定量评价是在评价旅游资源时，集中考虑某些典型因素，如旅游资源的美感、地貌、水体、植被等，对这些关键因子进行技术性的适宜度或优劣评价。这种评价对于专项旅游活动如登山、滑雪、游泳较为适用，此类方法多由专业人员实施。

(3)综合型定量建模评价

这种评价方法是在考虑旅游资源多种因素的基础上，运用数学方法建立数学模型进行分析，对旅游资源及其环境和开发条件进行综合定量评价，它比经验评价、单因子评价有更大的准确性和全面性。这类的评价方法有：①综合价值评价模型；②模型数学评价法；③层次分析法；④观赏型旅游地综合评价；⑤价值工程法。

【小资料】

周庄

周庄是一个风景秀美、历史悠久并拥有深厚文化底蕴的江南水乡名镇，有着丰富的自然景观资源、历史人文资源和民俗文化资源。1. 自然资源周庄的自然景观主要包括白蚬江、南湖、太史淀等景区，以及“镇为泽国，四面环水，港汊分歧，湖河联络，咫尺往来，皆须舟楫”的水乡自然风光，其中著名的有“周庄八景”：全福晓钟、指归春望、钵亭夕照、蚬江渔唱、南源秋月、庄田落雁、急水扬帆、东庄积雪。这些胜景和周庄特有的“U、桥、流水、人家”互为交融、相得益彰。2. 历史人文资源周庄已有900余年的历史，拥有诸多历史人文景观，主要有西晋文学家张翰、唐代诗人刘禹锡和陆龟蒙寓居的南湖园，与古镇镇龄共存的江南名刹和福寺和澄虚道院。镇区有近千户居民，有60%的明清建筑，著名的有沈厅、张厅、叶楚伧故居和迷楼。镇内“井”字形水巷两侧富有水乡特色的建筑，如过街骑楼、临河水阁、水埠墙门、河渠廊坊、穿竹石栏，比比皆是。河道上横跨着元、明、清历代石桥12座，最为著名的有富安桥和双桥。旅英画家陈逸飞的《故乡的回忆》使双桥和周庄闻名于世。

7.2 旅游景区资源管理

旅游资源是旅游景区生存和发展的基础，只有对景区的旅游资源进行科学的管理和保护，才能使旅游景区得到生存和发展。旅游资源管理主要包括旅游资源本身的管理和对其开发利用的管理两个方面。

7.2.1 对旅游资源本身的管理

在旅游景区里的自然资源及人文旅游资源都应作为景区的资产纳入景区的经济核算成本，使旅游资源的价值得到反映和补偿。要做到以上管理必须做好以下工作：

(1)确立科学的旅游资源价值；

(2)对旅游景区的旅游资源进行调查、评价。

7.2.2 对旅游资源的开发、利用的管理

在对旅游景区资源的开发、利用与保护过程中所进行的一切组织。协调、规划、建设、监督、经营、保障等活动称为旅游资源的开发利用管理。其基本任务是利用管理手段不断调整旅游资源开发、利用活动中的各种关系和解决矛盾，从而实现旅游景区经济、社会、环境效益的最佳发挥与统一。具体的管理手段有：资源开发、利用与保护政策、规章制度的制定与实施监

督、规划的编制和实施管理、管理机构与体制的建立健全、资源开发利用和保护的日常管理、合理开发旅游资源。

在对旅游资源的管理中，应解决好以下几个问题：

7.2.2.1 建立有效的管理机构与体制

有许多旅游景区对旅游资源的开发、利用管理是多头领导，条块分割，各部门都从本部门的利益出发，缺乏统一有效的管理体制，从而严重影响了资源的开发、利用及保护工作。为了理顺管理机制，旅游景区应将园务、治安、综合、财务等部门实行一体化管理，由总经理负责旅游管理的组织和协调工作。

【小资料】

旅游与文保何时双赢

岳阳楼自解放以来一直属于文化部门管理，2000年6月，当地研究决定将其隶属关系从该市文化局转到旅游局，并准备以其为龙头组建岳阳旅游集团公司，面向社会公开承包经营。2001年1月，“岳阳市旅游集团发展有限公司”正式挂牌成立。2001年5月，传出湖南旅游集团公司准备捆绑岳阳楼上市的消息。省文物部门得知此消息后非常重视，表示文物是一经破坏就不能再生的人文资源；另一点也是令文物部门更担心的原因，他们认为旅游部门追求的是经济效益，而文物部门看重的首先是文物保护，两者的出发点之间就有一定矛盾。他们认为，“把岳阳楼归为旅游部门，这种运作模式显而易见就是想提高这个地方的经济效益，吸引游客过来，而这对文物保护就不是好事。岳阳楼是木质结构，上楼的观众多了，说不定哪天垮了，也不是不可能。”文物部门和旅游部门的磨擦，从两年前岳阳旅游集团一开始筹建，并打算把岳阳楼从市文化局剥离出来纳入自己旗下的时候，就已经开始了。湖南省旅游局市场处的有关负责人表示：现在虽然岳阳楼捆绑上市的方案由于种种原因被搁浅了，但随着市场的发展，入世以后会允许外面的资金进入中国市场来开发旅游资源，当其他外资也可自由入主旅游资源时，咱们的文物单位是否还可以固守住它的事业单位不动摇呢？

7.2.2.2 建立、健全资源利用保护的规章制度

1. 依据国家和地方制定的各种有效法律条例进行管理。国家法律条例主要有：《文物保护法》、《风景名胜区管理暂行条例》、《森林法》、《水法》、《野生动物保护法》、《环境保护法》以及各个地方结合本地区的旅游资源具体情况而制定的旅游资源管理的地方性法规。

2. 旅游景区在以上的法规原则的指导下，根据景区自身旅游资源的种类及等级制定出针对每一种相关资源的管理规章制度和具体的管理操作规范。

7.2.2.3 以规划管理带动旅游资源管理

旅游景区都要制定《旅游景区总体规划》，总体规划的内容主要包括以下专题规划内容：

1. 旅游景区基本情况（自然地理、历史沿革、社会经济概况）。

2. 旅游资源调查报告。

3. 旅游景区资源与开发建设条件评价（人文资源、自然资源、开发条件评价）(4) 总体设计沦据及原则。

4. 总体布局（景区性质、景区范围、总体布局）。

5. 环境容量与旅游规模。

6. 景点游览线路设计。

7. 景观设计（设计原则、景观设计、种苗与花卉供应）。

8. 保护工程设计（保护原则、景观资源保护、生物资源保护、生态环境保护，安全与卫生工程）。

9. 旅游服务设施设计（餐饮、住宿、娱乐、购物，医疗、导游接待中心）。

10. 基础设施工程设计（道路通讯设计、给水工程设计、排水工程设计、供电工程设计、供热工程设计、通讯工程设计、广播电视工程设计）。

11. 组织管理设计（管理体制、组织机构、人员编制）。

12. 投资概算与开发建设顺序（概算依据、投资概算、资金来源、开发建设顺序）。

13. 效益评估（经济、社会、生态效益评价）规划管理工作包括规划的贯彻落实、建设实施及延伸完善等几个方面。要严格按照总体规划实施土地和建设管理，以此促进资源和环境保护工作；要及时按规划要求实施水体、植被和建筑的保护与建设；按规划要求建设保护工程。

7.2.2.4 合理开发利用旅游资源

合理开发利用旅游资源是为了使资源的旅游价值得到最大展现，使资源开发与环境保护趋于和谐，这是旅游资源管理的重要方面。

1. 旅游景区要坚持对资源的保护性开发

旅游资源是旅游景区的核心资源，是旅游景区生存和发展的物质基础。而旅游资源又十分脆弱，因其不能再生，一旦毁掉就难以恢复。因此在旅游景区的开发利用中如果不注意保护性开发，就会对其产生影响和破坏。所以旅游景区在开发旅游资源时必须珍惜资源、保护资源。保护的目的就是限制资源的损耗，更不能出现人为的破坏，以保证它的永续利用。保护旅游资源就是保护旅游景区的生命线，保护旅游资源是景区管理中的大事。

2. 旅游资源合理开发、利用的措施

在保护的前提下，旅游景区要坚持对旅游资源的合理开发、利用，才能使旅游景区得到发展。合理开发利用的具体措施如下：

①对景区的旅游资源进行调查、评价景区要合理利用旅游资源就必须首先调查清楚旅游资源的现状及种类。首先要进行普查，摸清家底。其次对资源的种类、价值、特征、等级、品位等进行评价，并对资源进一步开发、利用的前景进行科学分析。

②突出旅游资源特色在旅游景区的旅游资源开发、利用中要注意突出资源的特色。旅游资源特色是旅游景区特色的基础，是景区自然与人文结合的个性特征。在资源管理中要优先开发出有特色的旅游资源，一个景区有了特色，就有了灵魂，就有了市场，就有了竞争力。

③拓展旅游景区现有老景观、景物的内涵深度随着时代的进步与发展，游客消费观念的不断改变，对旅游景区的需求已从简单观光型向参与型的方向转变。目前许多景区里的老景点由于功能单一、设施老化而失去了过去的吸引力。为了使老景点重新具有吸引力，景区应在突出景点特色、挖掘文化内涵、提高旅游品位、增加参与项目方面进行挖掘。

④深入挖掘旅游资源的文化

许多旅游景区长期以来只注意开发利用自然和人文资源的实物，而没有注意由表及里的深入开发景区人文资源的文化内涵。而未来旅游发展的主要特征之一就是游客对文化更加重视。在目前的知识经济时代，人们对于知识的追求更甚于以前。在旅游中，游客除了消遣、度假、休闲之外，将会利用到景区的游览之机，更加注意吸取各种旅游资源的文化内涵中的有益知识，提高自身的文化修养和知识含量。所以旅游景区在管理中要注意对各种资源的文化内涵进行深入的挖掘、开发和利用。

【小资料】

傣族园开发民间艺术赚客源

云南省西双版纳傣族园根据自身条件优势，认真策划、挖掘出一系列融知识性、艺术性、趣味性、参与性于一体的民间民俗风情旅游产品，让游客深刻领略到傣族民间艺术的独特景观，感受多姿多彩的民俗风情。西双版纳傣族园内有5个傣族自然村寨，这里各种民间艺术活动丰富多彩，如婚嫁、贺新房、开门节、关门节、泼水节等。可谓月月有节日，天天有活动。为了把民间民俗活动与旅游有机地接合起来，该园明确规定，凡园区内村寨、佛寺、村民进行节日庆典、佛寺活动、民俗活动时，公园事先要和举办人共同策划、安排，对活动场地、卫生条件、活动内容进行了解。并利用园区丰富的民族文化底蕴和深厚的群众基础，开发、挖掘、整理出斗鸡、民居参观、赞哈对唱、抬傣王轿、纹身舞、丢包、泼水、刻贝叶经、燃放孔明灯、竹器编织、古式榨糖、原始臼米、吃住在傣家的"傣家乐"等一系列民俗旅游产品，供游客欣赏、参与，让游客进一步了解傣民族生活、生产习俗、文化、艺术与历史。傣族园通过把民间民俗风情作为旅游的重要内容推出，深受游客的青睐，每天都有近千名游人前来观光，产生了轰动与持久效应。

⑤有序地开发景区旅游资源旅游景区的资源是客观存在的，对资源的开发和利用要经历一定的时间和过程。对资源的开发不能盲目开发、急于开发，应该在对资源开发的经济条件、技术条件进行分析研究后，对条件不成熟、暂时不能开发的资源加以保护，对开发条件成熟的资源应进行科学的规划后再开发。

7.2.3 做好旅游资源利用的日常管理

日常管理是旅游资源管理的重要环节，它是针对旅游景区的旅游资源进行科学的监测与分析后制定出对旅游资源的管理措施。日常管理可按以下方面实施：

7.2.3.1 跟踪监测和研究旅游景区内的资源及生态环境的变化

对旅游景区的旅游资源及生态环境作跟踪监测和研究，观察景区内旅游资源及生态环境随着旅游景区的开发利用的变化情况，根据变化情况制定出相适应的保护措施，确保景区的旅游资源及生态环境不受影响。

7.2.3.2 对文物古迹的管理

根据对旅游景区旅游资源的调查与跟踪监测情况制定出针对各种旅游资源及生态环境管理的措施。

1. 划定文物古迹的保护范围

保护范围可分为重点保护范围和环境控制范围。重点保护范围是指在文物古迹的某一范围内严禁携带易燃、易爆物品及其他可能危害文物古迹的各种活动。文物古迹的保护不仅要保护它的个体和群体，同时还要注意保护它们周围的空间环境。也就是说在重点保护范围内，划定一片区域，该区域里若要添置建筑物，其形式、色调、高度和特色要与文物古迹的环境相协调。

2. 建立文物古迹管理的制度

在旅游景区中要把对具体文物的保护和管理责任落实到具体的部门和个人，制定出一套完善的规章制度。

3. 修复制度

对文物古迹的修复要求必须做到修旧如旧。即在修复中要求对知其原状的文物古迹，按其原状恢复；对不知其原状的文物古迹，修复时保存现状。

4. 维护管理制度

文物古迹的维护主要是采用预防措施。预防虫蚁的危害；限制游人的数量，减少游人对文物古迹的影响；配备防治大气污染和破坏的设施、设备；配备齐全的防火设施、设备；注意防止水对文物古迹的破坏、污染。

7.2.3.3 对自然旅游资源的管理

1. 旅游景区内江、河、湖、海等水体资源的管理措施

第一，采取措施严格控制工业污染源，并逐步治理污染源。第二，控制旅游景区内农业罚放的污染物，发展生态农业。第三，对旅游景区内的污水、污物进行处理。第四，景区内的游览船要使用无污染的电瓶船，对船上垃圾要收集上岸后再处理。第五，加强对水体周围堤岸上的绿化建设。

2. 地质、地貌旅游资源的管理措施

第一，控制游客数量，提高旅游环境质量。山地旅游资源出于自身环境的限制，其环境容量有限。第二，可在旅游淡季实行短期封闭制度，恢复旅游资源的生态平衡，使其休生养息。第三，加强各类建筑项目的管理，减少和避免建设对山地旅游资源的破坏。第四，组织水文、环保、林业、地质、气象等专业技术人员，加强对山地灾害的调查研究，防治山地灾害。第五，建立山洪、火灾、森林虫灾观察站等灾害预警系统和防灾救援系统。

【小资料】

黄山景区游客控制措施

黄山风景名胜区自1983年以来，先后开辟了丹霞峰、石笋峰、天都峰等新区新点，减少了始信峰、狮子峰等处的游客，使老景区的寿命得到延缓；同时，对始信峰等老景区进行定期封闭，使其休养生息，并进行人工栽植地被植物，恢复小环境的自然生态；此外，对区内的一些热线实行专门管理，定时开放，定量游览，既减轻了景点的压力，又使游客能够有一个良好、安全的旅游环境，为解决保护和利用这一矛盾找到了一条可供探讨的新途径。

3. 溶洞旅游资源管理措施

首先要使溶洞内的各种人工设施、设备，不要影响溶洞的原始自然风貌。装饰时，坚持只能见灯光，不能见光源和电线；少用现代建材的原则。其次对洞内重要景观要实行重点保护。如设置防护网或专人看护，防止游客触摸、攀爬等行为对资源产生破坏和影响。

4. 森林和植物旅游资源的管理措施

第一，在景区开发中要注意保护森林及植物资源。如为防止游人游览时对地面植被的破坏，游览线路可用木板悬空建设。第二，对在景区内游览的游客需加强管理和宣传教育，严禁在公园内吸烟、野炊、采折花木树叶等破坏森林旅游资源的行为。第三，要加强对森林和植被资源的修剪、防虫、防火、施肥、浇水等维护工作。

7.2.3.4 对民族风情、民俗传统旅游资源的管理

对旅游景区内民族风情与传统文化旅游资源的管理，要采取协调一致的管理方式进行管理，使旅游景区内的民族能从他们保持的民族特色、传统文化中获得经济收益而主动保留。可以通过各种方法，使当地居民了解自己的发展历史，提高民族责任感，增强民族自信心，自觉保护自己的民族特色、传统文化，保护旅游的可持续性发展。

本章小结

本章讲述了旅游资源的概念、旅游资源的特点、旅游资源的分类及旅游资源的评价原则，对旅游资源的评价方法作了简单的介绍。本章还着重介绍了旅游资源管理的方法，其中对文物古迹、自然资源及民族风情、民俗旅游资源的常用管理方法作了重点讲述。

主要概念

旅游资源　自然旅游资源　人文旅游资源　市场原则　综合原则　技术性管理　能动性管理

基础训练

1. 旅游景区旅游资源评价有哪些原则？
2. 旅游资源按资源的性质成因分为哪几类
3. 旅游景区旅游资源有什么特点？

案例分析

无锡旅游的源泉和动力

谈及无锡文化名城的打造，吴文化是不可不说起的话题。无锡是吴文化的发源地，三千年前，泰伯筑城于今无锡锡山区的梅村，当时此地居民敬服泰伯"三让王位"的品德，拥泰伯为君长，建立勾吴国，缔造了吴文化。吴文化的源远流长无疑是无锡打造历史文化名城的金字招牌，而吴文化留给无锡丰富的具有文化底蕴的资源又是无锡旅游生生不息的源泉动力。无锡在弘扬吴文化中曾有过杰出一笔，即国内第一座文化园林——吴文化公园的建立。这座由农民捐资建立的公园1990年开园后一度名扬海内外，吴文化公园展示的水稻文化、渔文

化、蚕桑文化、酒文化、纺织文化、船桥文化曾吸引来百万游客。但随着旅游业的发展，单一型展示文化已不符合日益增长的旅游需求。单独的吴文化公园也不能完全承载吴文化博大精深的全部内涵，无锡需要的是更多反映当地古文化的载体和表现形式，而丰富的旅游文化资源正是最好的载体。如何使旅游城市长盛不衰？通过调查认定无锡必须依历史文化，将文化底蕴作为旅游产品依托的主题，提升景区的文化品位，才能将无锡旅游发展提高到一个新的水平。为此无锡精心设计了“以文兴旅”的主题，也就是以悠久的吴文化为主线，以民族工商业、水弄堂、古运河、江南水乡为背景，以名人、名居、名迹、名园和古江、古街、古巷为主要内容，修复一批人文历史古迹、培育一批具有特色的无锡个性化的文化旅游精品。“万倾太湖水，千年吴文化”，无锡已开始启动以吴文化特色旅游区为重点的六项文化旅游品牌工程，即以泰佰庙、吴文化公园、江阴高城墩遗址和锡山彭祖遗址为代表的旅游区；以荣德生故居、荣巷、茂新面粉厂为代表的民族工业基地；以惠山祠堂、横街上下河塘为代表的无锡传统民居街区；以水弄堂为特色的古运河历史文化保护区等。

请问：(1)在对旅游景区的旅游资源评价时应注意些什么？(2)如何挖掘老景区的文化资源，使景区产生新的源泉和动力？

第8章 旅游景区环境管理

学习目标

了解环境的基本概念，掌握旅游景区环境的特性；学会把一般环境管理理论运用于旅游景区环境管理中；深入了解环境预测、环境审计等新的环境管理方法和手段；理解可持续发展基本原理；了解旅游景区环境影响及评价。

引例

北大详解为何要发限客令

"北大校园免费参观以来，游客较多，严重影响了学校正常教学、科研、生活秩序……为维护北京大学的正常秩序，确保校园有序开放，经研究，今后将对参观校园的人员数量和对象加以限制。"近日，北京大学保卫处张贴公告表示，从7月27日起将严格限制团体入校的时间和人数。北大今后原则上只批准中学生团体进入，小学生和成人团将被拒之门外。

暑假以来北大西门立起的"欢迎前来免费参观"的牌子已经撤销。北京大学为什么会发起限客令呢？

首要原因是每天进入游客量太大，影响到学校的日常教学与管理。昨天上午11点，北大西门外已经停放了6辆旅游车，只有一条车道的颐和园东路被挤得水泄不通，来往的车辆喇叭声不停。身穿红、蓝、白等颜色旅行团T恤的游客进出北大校门，多以中小学生为主。近百人在西门外有标志意义的石狮子前留影，几乎把大门堵严实了。西门的一名保安说，每天从西门进入校园的旅行团大约有四五十拨，大约有四五千人，而且还仅仅是从西门进去的，更没有计算散客。

在北大校园网的BBS上，北大学生发帖说，由于游客过多，已经严重影响到他们的生活和学习，"西门就像农贸市场一样"，"有游客拿着旅行包坐到教室里大声聊天，学生忍无可忍后，把游客请了出去"。还有老师也在论坛里表示，游人过多，破坏了北大的环境。

同时，北大认为，除了自身环境和安全考虑外，遇到危险时游客的紧急疏散的问题，也是北大限制游客的原因之一。"大学里多是教学楼和实验室，一旦人员过多发生危险，一点都不利于疏散。"北大保卫部的负责人介绍，进入暑期北京大学里包括教师、学生、工作人员和游客在内，一天不下2万人次。同时，北大、清华地处中关村和颐和园等名胜相接的繁华地段，游览人数的增加，也使附近交通和环境受到很大影响。

请思考：限客入园是控制游客量的最佳方法吗？我们应该从哪些方面着手进行景区的环境管理？

导读

旅游景区的环境质量是旅游景区管理的重要内容。景区必须重视对环境容量的控制，加强在环卫设施、资源保护、“三废”污染、噪音、规划建设等方面的综合管理。同时，根据构建和谐旅游发展的终极目标以及景区生态环境、资源可持续利用的要求，加强对游客的旅游文明的管理。

所谓景区环境管理是指运用多种技术、方法与手段更新景区系统，包括景区与游客的生存发展观念，调整景区与游客的社会行为，协调景区环境与人之间的关系，实现景区系统的可持续发展。环境管理的对象主要是人类的社会经济活动，活动主体大体可以分为政府、企业与个人三个层面。对于政府而言，主要是出台相应的景区环境管理政策法规；对于企业而言，主要是通过合理的规划与建设，确定景区环境容量，保证生态环境质量与资源的永续利用；对于个人而言，主要是加强游客在景区消费行为的引导。

8.1　旅游景区环境系统

8.1.1 环境概念

8.1.1.1 什么是环境

从词意上说，“环境”是泛指某一中心项（或叫主体）周围空间以及空间中存在的事物。但是环境是一个非常复杂的概念，理解的角度不同，给出的定义侧重点也不同。目前，有关环境的定义大体可以分为三类：人类中心观、生物中心观和实用的环境观。

1. 人类中心观

人类中心观认为“环境”的中心项是人，即所研究的是人类的生存环境，它包括自然环境和社会环境两个方面。自然环境在人类出现前就客观存在，就是地球的大气圈、水圈、岩石圈和生物圈等。社会环境则是人类发展的结果，包含人类创造的物质生产和消费体系以及文化体系、城市、工矿区、村落等。

2. 生物中心观

生物中心观认为“环境”的中心项是包括人类在内的生物界，环境及其中心项是包括人类在内的生物界，环境及其中心项之间没有明确的分界线。所研究的主要是生物生存的环境，它包含非生物环境，生物群落和人类社会环境。“环境”是影响生物生长、繁衍和发展的各种因子组成的整体。而人类与生物界的各个物种之间存在相互联系，相互影响和相互制约的关系，共同组成一个整体的相对的中心项。实质上，这是生态学的观点。

3. 实用的环境观

实用环境观是把“环境”看成为物理、化学、生物、社会经济、文化和美学等诸要素的复合体。如《中华人民共和国环境保护法》规定：“本法所称环境是指：大气，水，土地，矿物，森林，草原，野生动物，野生植物，水植物，名胜古迹，风景游览区，温泉，疗养区，自然保护区，生活居住区等”。这一定义不是学术性的，而是工作性的，是为了更容易执行。

8.1.1.2 环境系统

环境是由多种因素构成的，且具备了系统的一切特性、功能和行为，可称为环境系统。

环境是由环境要素构成的。环境要素是构成环境系统的子系统，是环境中相互独立的;基本组成部分;每个环境要素又由许多子要素组成;环境系统则是各种要素及其相互关系的总和。环境要素可分为非生物的和生物的。非生物要素亦称物理要素或物理化学要素，如大气、水体、土壤、岩石、城市的建筑物和基础设施等;生物要素指有生命体，如动物、植物、微生物等。生物要素的各子要素之间，各非生物要素之间以及生物和非生物要素之间彼此作用，且互相密切联系。

8.1.1.3 旅游景区环境

从上述对环境的论述中，我们不难推出旅游景区环境的概念，我们认为旅游景区环境是指:所有能影响旅游景区吸引物的质量及其旅游业发展状况的各类因素，包括人的要素以及物的要素。上述定义可分解如下:

1. 旅游景区环境的中心项是旅游吸引物。

2. 旅游景区环境的影响因素是复杂的，多样的，包括:景区的游客、原居住民、旅游经营者以及政府派出机构等。

3. 景区环境具有系统特征。

8.1.1.4 旅游景区环境系统

1. 旅游景区环境系统构成要素

(1)旅游吸引物

旅游吸引物是景区环境的中心项。自然，也是旅游景区环境系统中的重要因素，属于系统中的结构部件之一，是旅游景区发展旅游业的基础。旅游吸引物包括自然类型和人文类型两种，视不同的景区而异。在旅游景区环境中，旅游吸引物是相对波动的要素，它容易受到各方面的影响。而且旅游吸引物受到损害超过临界点后，它会反过来作用于该环境系统中的其他要素。

(2)游客

游客是景区环境系统中最活跃的因素之一，是被服务的对象，可以说，景区中所有的工作都是围绕着游客开展的，景区的发展存在于游客对景区的认可程度、在景区中的旅游经历等。游客作为景区环境系统的构成要素之一，有如下特征:

①游客人口构成复杂游客是多种多样的，前往旅游的目的也不尽相同，选择的活动方式也不同。

②季节性，旅游流的时间性，决定游客前往景区的季节性。于是，游客要素的影响性是非连续性的，至少它所产生的直接影响是如此。

③影响面广，游客进入景区后要与环境系统中的各种要素发生关系，如:当地居民、经营者等。在游客数目超过环境容量时会对吸引物(或资源)产生破坏作用。

(3)旅游经营者

旅游经营者是旅游景区的主要的旅游服务提供者。他们有时也是旅游景区资源的开发者或开发参与者。在景区资源开发和经营过程中，开发程度、方式以及;经营理念时刻都会对景区环境产生影响。旅游经营作为一种经济活动，获取最大利益当然;是主要目标之一，但利益的最大化必然会增大旅游景区资源的利用强度，旅游景区环境就有可能受到损害。

【小资料】

张家界武陵源景区盲目建设接待设施遭黄牌警告

1992年12月7日，经联合国教科文组织正式批准，武陵源风景名胜区被列入《世界自然遗产名录》，取得了世界自然遗产资格。

世界自然遗产的金字招牌随即使得这里成为中外旅游热点，知名度大幅度提高，游人猛增，带来了可观的经济效益。受利益的驱使，各种有背景的机构也纷至沓来，由此形成了国有、集体、个体，外地、本地各路神仙都争着在景区内乱建设施的局面。据不完全统计，到1998年的6年间，自然遗产区内3个景点的新建接待设施面积总计约3万平方米；水绕四门溪边新建接待设施近4万平方米；金鞭溪上游原规划3000个床位，却猛增至6000个床位以上。

1998年，世界自然遗产委员会来张家界地区复查时，曾因为该景区进行无节制、超容量的开发而向张家界亮出了黄牌警告，并做出了这样的评价："武陵源的自然环境已变成一个被围困的孤岛，局限于深耕细作的农业和迅速发展的旅游业的范围内"。

为了拯救风景区，恢复武陵源的自然风貌，保护世界自然遗产，张家界当地政府决定将景区内近34万平方米建筑物全部拆除，以恢复原貌。

从2001年11月8日开始，张家界景区内的宾馆、饭店、接待设施等违章建筑开始拆除。其中武陵源风景名胜区经过三次大规模、大范围的拆迁，共拆除核心景区各类建筑物总面积近20万平方米，使景区内的森林覆盖率达73%，核心景区达98%，基本解决了景区的环境污染和城市化倾向的问题。此举花费了10亿元人民币，比已获得的经济收益高出数倍。

(4)当地居民

当地居民是旅游景区的"当然"主人。他们长期生活于其中，最了解景区环境。对于开发后的旅游景区而言，过去当地居民的生活方式可能就是对环境的破坏。他们与其他利益群体之间的关系对景区环境的好坏会产生直接影响。当地居民在旅游景区中的角色是多样的，他们可能本身就是旅游吸引物，又可能是经营者，同时又是被管理者和旅游业发展的获益者等。因此，如果能协调好与其他群体的关系，当地居民在旅游环境保护中就能起到重要作用。

(5)当地政府

在我国，当地政府是旅游景区主要管理者，而非主要经营者。政府制定的旅游及环境相关政策与法规可能对旅游业可持续发展及环境的保护产生长远影响。在鼓励旅游业发展的同时，政府应做好总体规划、环境规划，制定以保护为主的旅游景区资源开发措施。

(6)自然突变

自然突变主要是指自然界中所发生的突发事件，这些事件有可能改变当地的景观特征。如泥石流、地震、滑坡、洪水等。自然突变的发生可能改变景区的景观特征，使其环境发生重大变化，不再适合旅游业的发展。

2. 旅游景区环境系统是一个复杂的适应性系统

旅游景区环境系统是复杂的，旅游景区环境系统是由许多相关联的影响因素所构成。它又是开放系统，与外部环境不断发生着信息、物质及能量的交流。景区环境系统像其他环境系统一样具有自适应性。这种自适应性可以使系统在受到外部干扰时，进行自我调剂以使系统维持良好状态。

8.1.2 环境质量对旅游的影响分析

8.1.2.1 作为资源的环境

1. 资源与环境

旅游资源，尤其是自然类型的旅游资源有时与其所处的自然环境很难划清界限，但环境与资源毕竟是有区别的。自然资源是指自然环境中一切能够为人类所利用的自然要素，即环境要素。自然环境要素是一个庞大的系统，包括土地、光、热、水、岩石、矿物、生物等。这些成分，在一定的历史阶段、在一定的社会经济条件下，有的能为人类所利用，有的不能或暂时不能利用，预计将来能利用的则仍属环境要素而不能称为资源。因此，自然环境和自然资源是“一个事物的两个面”。概念不同，但二者密不可分。

以上论述中可以分解出三点：其一，环境要素是资源；其二，环境要素只有能被人类所利用时才能被称为资源；其三，环境本身不是资源。

2. 作为旅游资源的环境

环境可以是旅游资源或更确切地说，环境可以转换为旅游资源。

(1)在旅游景区环境中，一般认为的自然环境和人文环境就是构景的因素之一，例如宜人的气候、原始森林、原居住民的文化传统等，都可以成为吸引游客的资源。

(2)自然环境本身对旅客产生了审美价值，促使经营者进行投资、经营，即产生了经济价值。这说明环境资源被人所利用了。因此我们可以认为，在旅游景区环境中，环境是可以被认为是资源的。就是说无论何种环境因素都有可能成为旅游资源。

8.1.2.2 环境对旅游经济的响应

1. 环境价值观

人类的环境价值观其实是人类与自然界关系远近的一个变化过程。在原始社会人与自然环境完全融合，人类完全是自然的一部分，依附于自然；从农业文明开始直至今天的信息时代人类已经逐渐远离自然。但由于日益严重的环境问题，人类重新开始走进自然，重新认识自然，重新形成新的环境价值观。自然的“价值”及“权力”成为认识环境的重要概念。

目前，在对环境的认识中存在两个重要流派：即人类中心主义、非人类中心主义，而环境问题的严重性使“非人类中心主义”成为主流。其基本观点认为：所有生命形式，乃至无生命的自然物在内的整个自然界都有其固定的价值和权利；人类社会的伦理道德完全可以，也应该延伸至自然界。

2. 环境的价值分析

环境对于旅游业而言是至关重要的，有的时候甚至是致命的。为了更好地了解环境的价值，我们以自然环境为例证明环境的价值。前面已经论述过人类已经重新开始认识自然，评价人与自然的关系，虽然是被迫的，但毕竟已经开始承认自然拥有值得我们尊重和珍惜的价值。

自然环境承载的价值包括生命支撑价值、经济价值、消遣价值和审美价值。

(1)生命支撑价值

任何生命形式无不植根于自然的环境中，大自然为他们提供了所需要的空气、水流、阳光、光合作用等。环境的这种价值在人类出现以前早已存在。大自然是一个客观的价值承受者。在认识这种价值时，人似乎没有仔细考虑自己在自然界中的位置。

人的生命价值包含着两层价值：生理生命价值和文化生命价值，没有文化价值的人的生命并没有多大的存在价值。但不仅人的生理生命价值，而且人类的文化也受制于环境，人只不过是利用和花费了自然所给予的价值而已，而且基于此创造了自己的文化。

(2)经济价值

自然界的经济价值是针对人类而言的。而松鼠收获橡树果实，飞鸟构筑巢穴。这些行为只是生态行为，很难说是经济行为，除非我们准备把所有有效利用食物和能源的行为都称为经济行为。一般来说，获取经济价值的行为涉及有意识的改造自然事物，使他们脱离其自然状态，并用这些再造过的事物来进行交换。动物并不在市场中进行交换，相反，市场却是所有文化的基础。

过去，我们计算经济价值的起点是始于人在大自然之上的劳作，而忽略了这样一个问题即人们所能做的不过是转化自然事物，把自然物的性能当作一个既定的前程接收下来。这说明了，人所获得的经济价值其实际的转换基础是自然环境所提供的资源。

(3)消遣价值

旅游、休闲是当代人的一种生活方式，而良好的自然环境承担了提供场所的角色。人们有时需要荒野环境作为人造环境的一个可供人选择的替代者。与为了挣钱而从事的劳动形成鲜明对比的闲暇、与为了养家糊口而从事的劳动截然不同的消遣性劳动(爬山、搭帐篷)、与千篇一律令人厌恶的工作不可同日而语的饶有趣味的优美环境、与城市的安逸形成反差的简朴……所有这些都能够给人们提供其他活动或事务所不能提供的满足。这里，人们只看重那些毫无价值的荒野和公园，是由于它们那未被人工雕琢的特点。这只是某种消极的逃避价值吗？荒野中是否存在着某些更为积极的铸造我们性格的因素？完全可以说，自然环境的消遣价值源于人类生活方式的变化。旅游就是对自然环境消遣价值的利用。

(4)审美价值

自然环境所呈现的形态是不以人的意志而转移的，当人们在赞美一座山的雄伟，一泓湖水的清澈，甚至将山水视为神圣之物而顶礼膜拜时，我们是从内心出;而赋予了自然这种审美价值。我们同样是在将自然条件转换成为一种资源用来满足人类的审美需求。要发现这些审美价值，就得把这些价值与功利应用和生命支撑价值区分开来，而且，只有那些认识到了这种区别的人才会赞美沙漠或草原。在高山悬崖周围漂浮的薄雾，漫天飞舞的雪花，以及细小而别致的溪水，这些都能增添登山者的审美体验，哪怕即将暴雨倾盆。那半镶嵌在带刺的外壳中的金黄的栗子，既美观又可口，它的消失会使我们感到遗憾，就连那种遍地都是的普通塔格草的星状花须，其外形也十分优美。科学家所具有的那种远离百姓日用的距离感和近处观察事物的习惯，使得他们能够发现那些。缺少激情的科学家所看不到的美。例如，在牧神树的树叶下的星形短柔毛上或在千变万化的流动着的硅藻上。实际上，美无处不在，在人们想不到的地方，那些体验过纯科学的乐趣的人不可能对美好的事物麻木不仁。

【小资料】

《无极》慧眼景色之极 圣湖遭遇“劫色”之痛

影片《无极》中那片令人惊艳的高山杜鹃花海，取景于云南省迪庆藏族自治州香格里拉县深山里的“圣湖”——碧沽天池。但因为这次拍摄，已美丽了百年的花海盛景将难以再现。当剧组把美景定格到银屏上的同时，却给世外仙境般的碧沽天池留下了难以抚平的伤痛：远远就望见一个铁灰色的巨大“乌龟壳”立在湖池边，这就是被媒体热炒的《无极》外景拍摄基地——海棠金舍。据悉，这座高13米，横跨梁46米的全钢架结构的庞然大物，是剧组请北京一家公司施工建造的。为了达到特殊的拍摄要求，除了造型奇特之外，海棠金舍所有的跨梁设计都需要承受88吨的承重。但如今，取得巨额票房的《无极》剧组早已胜利“班师”，而他们留给这神奇美景的却只有这座全部由钢筋混凝土和木料搭建成的“怪物”，孤零零地立在湖边显得格外刺眼。拨开积雪，下面能发现大量废弃的木料和水泥袋。更为甚者，原来浑然一体的天池则被一道几十米长的浮桥硬生生地截成两半，浮桥从海棠金舍正前方伸出并一直通向对岸，支撑的钢管插入天池深处，桥上的木板失落了不少，人们已经无法在桥上行走……

除了上述四类价值外，自然环境还承载了许多其他价值，如科学价值、使基因多样化的价值、历史价值、文化象征的价值、塑造性格的价值、多样性与统一性的价值、稳定性和自发性的价值、辩证的价值、生命价值、宗教价值等。在这里就不一一介绍了。

毫无疑问，环境具有经济价值，这是它全部固有价值的一部分。

3. 环境对旅游经济的贡献

环境是旅游活动发生的基本要素之一，它又是旅游经济得以发展的基本保障条件之一。旅游对环境质量的要求远大于其一般用途的要求。反过来，高质量的环境同时也更容易受到旅游造成的损害。环境的旅游价值是由人的旅游行为与环境固有的价值的相互作用而体现出来的。人因不同的目的而旅游，通过这种经历，享用了环境的价值，这种价值可以表现为：恢复体能、调节心理、增长见识及自我实现等。因此，从内涵上说，环境的旅游价值表现为旅游者(包括户外休闲者)赋予自然或人文景观环境的一种不直接耗损，在于品尝或意念满足的一种价值。这一价值是由上述环境所承载的，诸如审美价值，消遣价值以及历史价值等转换而来的。虽然这种价值难以用经济价值来衡量，但不可否认的是，旅游现象的外在表现是经济的。环境所承载的价值是旅游价值的原始起点，那么其贡献就显而易见了。与旅游活动相比环境价值是被动的，即便如此，两者间的相互作用是存在的。良好的环境质量可以吸引大量的游客，反过来，游客过量会对环境质量造成损害。因此，保护环境是伴随着旅游开发同时进行的。

8.1.2.3 自然环境质量的旅游效用评估

在与旅游现象有关系的因素中，有许多是软性的，即很难用准确的数据来表达，如清新适宜的空气，优美的环境等。这些对于旅游非常重要的环境要素还没法用市场价格来衡量。

崔凤军先生在这方面做了许多工作，他从环境效用评估常用方法中选出了四种，适用于旅游环境(主要指旅游景区的自然环境)的评估。在此我们介绍两种方法，分别为重置成本法和生产率变动法。

1. 重置成本法

一般又称恢复费用法，原是指用由于环境危害而损坏的生产性物质资产的重新购置费用来消除这一危害所带来的效益。用于旅游环境，则是指恢复自然环境质量、消除由此激发的对旅游业的负面影响而投入的经济费用总量，它可以类同于自然环境质量的经济价值。

2. 生产率变动法

生产率变动法又称市场价值法，是利用因环境质量变化而引起的产品产量和利用的变化来评价环境质量变化的经济损失的一种方法。旅游环境质量变化而导致的旅游经济收入变化是主要的计算途径。

8.2 环境管理中的基本理论

在本节中，我们将介绍一些在环境管理中经常运用的基本理论，这些理论可以用来解释旅游景区环境管理中出现的问题以及指导景区环境管理的具体实施。

8.2.1 三种生产理论

人类社会与自然环境组成了我们的世界系统，在这个系统中存在三种交流环境关系，即：物质、信息及能量的交流。其中，物质的流动是基本的，它是另外两种交流的基础和载体。三种交流形成了物质生产子系统，人口生产子系统和环境生产子系统。整个世界系统的运动与变化取决于这三个子系统自身内在的物质运动，以及各子系统之间的联系状况。

1. 物质生产

其含义近乎通常所谓的劳动生产，是指人类利用技术手段从环境中索取自然资源，从人类社会经济系统的角度讲，物质生产可以为人口生产提供所需的物质资料。物质生产的效率和水平，取决于社会的组织方式、生产方式和劳动技术装备。即组织的组织结构、运行方式、经济规模、技术水平、经济关系等。从可持续发展的角度来考察，其基本参量是资源利用率、产品流向比和社会生产力。社会生产力对应于生产产品的总能力，资源利用率，指的是将从环境中所取得的资源和从废弃物中取得的再生物转化为产品的比例。资源利用率高，则意味着在产出同等产品时，从环境中所取得资源少，加载到环境中的加工废弃物也少。产品流向比指提供给人口生产产品和服务环境生产的产品的比例。

2. 人口生产

指人类生存和繁衍的总过程，既包括人口的再生产（繁衍、生育），也包括人口在其生存过程中对物质资料的消费。显然其基本参量是人口数量、人口素质和消费方式。

3. 环境生产

是指环境在自然力作用下消纳污染（生产加工过程产生的废弃物、消费过程产生的废弃物）和产生出自然资源（生活资源，如风景；生产资源，如森林、水源、矿产等）的总过程。其基本参量是污染消纳力和资源生产力。

实际上，人类与自然组成的世界系统和模式经历了漫长的演变过程，人类对世界系统的认识也经历了漫长而曲折的历程。从一种生产到两种生产再到三种生产，反映了人类对世界系统的认识历程。由此可见，承认环境生产子系统的存在及其在世界系统中的基础地位是人类认识史上的飞跃，这才是正确解决环境问题的基本出发点。三类生产中，环境生产处于最根本的地位，它是另外两种生产和发展的基础。环境生产子系统的生产能力，是自然环境系统（或自然生态系统）基本功能的表现，它主要源自于存在于系统内的能量和物质流动。其中物质是能量流的载体。在这基础上自然环境呈现出以下重要特征：

（1）自然环境系统是一个以有机网络形式联系在一起的，以各种生命为中心并与外界（包括人类社会经济系统）不断进行物质交换和能量传递的特定空间。

(2)自然环境系统是一个开放的系统，这里的所谓的开放，是指自然环境中的物质和能量除了在其系统内部流动外，还与外部(主要指人类社会经济系统)不断进行交换。

(3)自然环境系统是一个具有自我调节功能的系统。

8.2.2 三种生产理论在环境管理学中的地位与作用

三种生产理论对环境管理工作和环境管理学理论体系的建立具有重要的指导意义，主要表现在以下几个方面。

1. 三种生产理论阐明了人与环境关系的本质

在这三种生产中，环境生产是人口生产的物质生产存在的前提和基础，它要依靠非自然环境系统与社会经济系统之间物质和能量流的畅通来维持。为思考和分析的方便，我们可以把人口生产和物质生产抽象成一个"社会有机体"，作为三种生产中的物质流和能量流中的一个环节。于是可见，"社会有机体"中的物质生产实际上是物质形态与结构的转化器，它依靠非环境的自净能力来消纳它排放出来的污染物。人口生产则是由这个呈环状结构的三种生产构成的世界系统运行的原动力。没有人口的生存发展需要就没有三种生产的运行，同时，人口生产所产出的人口又作为劳动力在支持物质生产和帮助，维持环境生产。

2. 三种生产理论揭示了环境问题的实质及其生产的根源

从三种生产理论中我们可以看到，环境生产在输入、输出上的不平衡是造成环境问题的根本原因。首先，在环境生产中，输入的主要是(除太阳能外)人类在消费和生产过程中排出的废弃物，对环境而言都属于非亲和物，而且还会降低环境的容纳能力。其次，人类对自然资源的开发利用还影响着环境的资源生产能力。人类对自然资源的需求在不断增加，使得环境的基本功能遭受损害。我们可以说环境问题的本质是三种生产状况结构运行的不和谐。研究环境问题，解决环境问题是以此为出发点的。

3. 三种生产理论指明了环境管理的主要目标和任务

从三种生产理论关系图可以看出，要使其能够和谐运转，使物质在系统中流通顺畅，就必须使每一种生产的物质输入输出均衡。也就是说，在三种生产的循环中加入一种机制。这个机制应该能使三种生产达到均衡，如将人类在生产和生活中排泄的"废弃物"，或者以和环境亲和的形态进入环境，或者重新转变成物质生产系统可利用的资源。但要达到这样的目的，就必须改变现有人类社会的一系列传统观念。这样，环境管理的目标和任务应该是:改变了人类传统的资源利用方式，将对自然资源的开发强度，废弃物的排放处理与环境生产力匹配起来。

4. 三种生产理论明确了环境管理的主要领域和调控对象

依据三种生产理论还可以看到，环境问题的产生往往发生在不同"生产"系统的界面上，即相互交叉的地方。比如森林，一方面它的经济价值决定了人类应当砍伐利用它，另一方面它的社会生态价值又决定了不能被随意砍伐，这就在环境生产系统和物质生产系统的界面上发生了矛盾。另外，环境问题产生的直接原因还常常在于不同的自然的、地理的、行政的边界上的活动的不协调，如河流，海洋及其滨江、滨海地带;城市和农村的混合地带;或者省与省，市与市的边界处的活动地带等。这些都说明，环境管理的主要领域应当在多种多样的界面上。

还有，据这三种生产理论可知，在其中任何一个"生产"系统中，都有自己的状态参量。这些状态参量是三种生产环节运行的枢纽，是决定三种生产能否和谐运行的关键。也就是说，要和谐三种生产之间的物质循环，就必须控制这些状态参量。当然，为便于操作，这些状态参量还可以进一步细分，如物质生产中的社会生产力参量可以进一步分解为:经济运行机制、经济结构、经济规模、科技水平等。

总之，三种生产理论使我们更加清晰地知道环境管理的实质就是使三种生产协调发展，形成良性循环。

8.2.3 界面活动控制论

8.2.3.1 什么是界面

界面是相互作用，相互联系的事物或系统之间的共同部分或联系渠道，它可以是空间上的，也可以是时间上的，可以是直接的，也可以是间接的。

界面可以分为两类:第一类是直接类型界面。如海岸线是海洋和陆地之间的界面，这是空间上的界面;不同国家或地区之间的边界线是他们之间的界面，而他们之间的贸易往来则是这些国家或地区在物资上的界面;演替过程中的荒草地实际上就是草地生态系统与荒漠生态系统之间在时间上的交界面等。第二类型是间接类型界面。如旅游景区环境质量与游客数量之间的关系就是通过旅游景区中的物质生产与环境生产之间发生的。这样两者间的界面实际上就是间接的界面。

从界面的定义可以得出，作为界面，它必须具有以下两个基本特征:①界面只存在于相互联系的事物之间,它是相互联系的事物之间发生作用关系的产物。在互不联系，互不发生作用的事物之间是不存在界面的。在相互作用，相互联系的事物之间必然会发生物质、能量及信息交流，承载这种交流的载体便是界面。②界面是相互作用各事物之间的通道媒介，它是相互作用事务所共有的。来自相互作用的事物或系统的物质、能量及信息在界面汇聚，因此，我们认为界面是不能单纯属于其中的任何一个物质或系统。不仅如此，界面往往会发展成为独立的、具有独特性质的新系统。

界面是大系统中最活跃的部分，有时它的活动决定着大系统的稳定性和发展方向。

8.2.3.2 界面上的活动

环境问题(当然包括旅游景区的环境问题)产生的根源在于三种生产环状运行关系的不和谐，也就是说三种生产所产生的界面上的物质流，能量流及信息流的方式，数量及速度出现不和谐或异常。实际上，人口生产、物质生产和环境生产各自本身也是一个复杂的系统，他们分别由更下一级的子系统组成。出现与上述三大系统界面上的异常现象，则是由于一系列更下一级界面上的活动不和谐造成的。因此，完全可以说，要想使三大生产和谐运行，必须很好地控制各个层次界面上的活动。环境问题之所以主要源自于人类在界面上的活动，主要是由于以下原因:

1.界面是相互联系，相互作用的事物或系统之间最活跃、最容易发生变化的部分

界面是不同系统的物质，能量或信息的交汇处。由于来自不同事物或系统的物质，能量或信息往往具有不同的运动方向或变化趋势，极易出现不均衡的现象或复杂的矛盾，这就是整个系统中稳定性最差的比较脆弱的部分。如果处理不当的话，就容易使三大生产的活动不和谐，从而导致整个大系统功能的退化甚至崩溃。例如，景区的旅游资源是景区内物质生产与环境生产之间的界面。它一方面是景区环境(多指自然环境)的有机组成部分之一，对于维持环境中的物质循环及良好状态起着重要作用;而另一方面它又是旅游景区内旅游业生产所

必需的生产资料，是旅游景区发展的根本基础。旅游业的发展要求增加对资源的利用程度，增加经济效益。而自然资源系统则要求保存足够数量和分布的自然资源以维持环境不受损害。这类实例还很多，如森林就是一个明显的例子。在自然环境系统中，森林是陆地生态的主要组成部分。对维持一定的水分循环、一定的气温和一定的大气组成，对涵养水体，给许多生物提供栖息地等均起着重要作用。对于人类社会来说，森林向人类提供了大量的木材、林产品以及狩猎、观光等娱乐机会，同样起着巨大的作用。一方面森林必须有一定的积蓄量才能保证自然生态系统的良性运行和稳定，另一方面森林还必须满足人类发展的经济需要。这样，森林就成了自然环境系统与人类社会经济系统争夺的焦点。

2. 界面上的人类活动常常是产生环境问题的重要原因之一

界面首先是不同组成部分共同追求利益的所在，而界面又不能属于任何一方，这样，各方面所承担的义务及责任就很难落实。界面往往成为三不管地区，资源可以被"自由取用"，而义务很难落实，从而导致产生环境问题就成为必然。淮河流域就是一例。我们通常所说的旅游资源也存在同样的问题。

8.2.3.3 界面活动的控制

1. 界面活动控制的意义

界面是最活跃的部分，在界面上的活动经常会导致环境问题。因而，环境管理工作者应当把注意力首先集中在界面上的活动，而不是去关注各相关系统本身。再者，由于环境管理是在不同层次上协调各系统的利益。界面控制论证是指出了在各类人的社会活动中，界面活动是关键。

2. 界面活动控制的方法学原则

第一，正确判定界面。在进行环境管理，解决环境管理问题时，正确判定界面是至关重；的。界面判断错误，一切环境管理措施不但徒劳，甚至可能适得其反。寻找和判断界面，首先要梳理出与该环境问题相关的、同一层次上的系统。并弄清它们之间的联系方式与相互作用关系。界面就存在于这些关系之中。界面有时是明显的，有则并不那么明显。如，景区中旅游吸引物与自然环境系统之间的界面就很明显，即自然资源。再如，旅游景区当地政府与游客并不直接发生关系，两者间的界面并不明显，但政府所制定的政策及法规则可以影响到游客在景区的行为特征，两者间的界面便是政府的政策和法规。

第二，全面掌握不同系统在边界上的活动及其价值目标。在正确判定界面之后，全面掌握相关系统在界面上的活动就成为决定环境管理方案正确与否的关键所在。因为环境管理本质上就是要能做到有效控制和协调在界面上活动的不同行为。不同系统在界面上的活动和行为均有其自己的价值取向，在制定管理方案时，必须掌握和了解各方所开展活动的价值目标及其与环境之间的关系。另外，在制定管理方案时，还必须协调各方利益关系，尽量使各方都能满意。

第三，准确把握协调的"度"。度，就是相互冲突的系统之间的均衡点，或者说各方都可以接受的最佳方案。我们可以以景区旅游容量来说明这一概念。对于景区的旅游业而言，旅客数量是否能够获取最大经济效益的基本条件。只有游客数量达到一定值的时候，才能够达到旅游的"门槛效应"。理论上说，旅游经济效益是随着游客数量的增加而提高的。这样就出现了一个问题:随着游客数量的增加，对资源的利用强度不断加大，景区环境负荷加重。当游客数量增加到一定程度，且维持较长时间时，游客的旅游质量，环境质量必然会遭到损害。

就是说游客数量是有“度”的，即景区旅游环境容量。

8.2.4 冲突协同理论

1. 冲突

冲突是矛盾的另一种表达方式。它是广泛存在于人类社会和自然界中的一种现象，简单的如打牌、游戏、比赛等，复杂的如市场经济竞争、两军对垒等。产生冲突的根本原因在于利益是有限的，而追求利益的各方都想以最小支出，获得最大的份额。例如，在体育比赛中，冠军只有一个，这样就出现了竞争。于是，在这些运动员之间，或者说在这些相对独立的利益主体之间就不可避免的产生矛盾，其实，这就是冲突。

博弈论是从数学的角度，运用数学方法和语言来描述和研究冲突的一种理论。最初，博弈论只是一门应用数学，目前，它正在发展成为一门关于人类理性选择行为的实质性理论。理性选择是个人有意识地使某个目标函数极大化的行为。但是往往局中人不止一个，利益总和又有限，所以个人利益最大化的目的是不可能实现的，而博弈论研究的正是在认为考虑到其他人的选择也是理性选择的前提下，当事人(局中人)的理性选择，亦即局中人的理性选择是在相互依赖的情况下当事人的最优选择。

2. 协同

协同即合作，配合，是另一种存在于人类社会和自然界中的一种现象。协同理论认为任何一个系统都具有组织的规律，若没有外界干扰，系统会按其自身的规律发展变化下去。但是系统要实现从无序到有序，简单到复杂就必须具备如下前提:系统必须是开放的;系统必须是远离平衡状态的;构成系统的各要素或子系统之间的相互作用必须是非线性的，处于一种相干状态。

3. 冲突和协同

冲突和协同是系统中存在的两种现象，他们代表着系统内各要素或子系统间的相互关系。冲突是竞争的、对立的，而协同则是协调的、统一的。竞争是系统中各要素间的必然关系。竞争以协同和合作为基础，协同以竞争为前提。竞争是两个事物，系统或要素间的相互关系，它来自事物自身，是事务所固有的特性。正是这种特性才使得各要素间发生联系。相反，协同反映的是事物之间，系统或要素之间，保持合作状态的要求和趋势。在考虑环境问题时，必须将冲突与协同统一起来进行。

8.2.5 冲突协同理论在旅游环境管理中的应用

综合而言，环境问题其实质就是人类社会经济系统与自然环境系统之间发生的冲突。它涉及人类社会内部各利益集团之间的利益，价值取向。因此，协调人与自然之间的关系与协调人与人之间关系是紧密相关的，必须结合起来考虑。

在旅游景区环境中，常见的冲突主要有:第一，人与景区自然环境的冲突。旅游景区;的开发是对自然资源的一种利用方式，对自然环境的影响就不能否认。例如，随着游客数;量的增加，对景区资源的利用率自然增高，生活垃圾也随之增加。第二，景区环境系统与其所处的区域环境之间的冲突。人们对景区的环境要求要远高于其他类型的环境，尤其是以自然资源为主的风景区。景区内一般不会有工业污染源，但不能否认景区内的环境可能会受到区外污染源的污染。因为任何一种环境是不可能孤立存在的。第三，各利益集团与景区环境间的冲突。景区内存在着不同的利益集团，他们的价值观对环境的认识都不同，所以，对景区环境的利用程度也不相同。第四，景区内各利益集团间的冲突。景区内各利益集团间的相互关联，因利益所驱必然会有冲突发生，而他们之间的不协调必然导致对环境的不恰当的利用。第五，现代与未来的冲突。从实践上看，有长远利益和眼前利益的冲突，突出表现为当代人和后代人之间的冲突上，如果当代人过多的消耗了自然资源和破坏了自然环境，则留给后代的发展空间和余地势必越来越少。

【小资料】

安徽黄山景区旅游发展对于环境的促进

黄山是安徽省最为著名的国家级旅游风景区。近年来，黄山风景区在结构改造、垃圾处理、污水处理、净菜上山等一系列环保工程上的投入选4000多万元，使环境污染降低到最小限度，从1995年开始，黄山的垃圾收集、清运开始实行袋装化，日产日清，并且对景区内的废旧电池进行定点回收。沿景区登山路设置简易垃圾池600多个，在岗环卫工人152人，年处理垃圾5600多吨。黄山风景区近年来还建设了若干"生态环境"项目，既为附近村民提供了就业机会，增加农民收入，同时又较好地调整了景区与社区的关系，有效保护了生态环境。

在景区管理上，黄山风景区更是明确提出了五项环境保护目标，即保护风景名胜区自然地貌，使其不受破坏；保护风景名胜区自然生态环境系统，使其永续利用；保护景区内物种资源（特别是濒危物种），使其不致减少和灭绝；保护人文胜迹和景观资源，使之不受到破坏或者废弃；在保护的前提下，立足于自然资源保护和人类要求相协调，相统一，人为建筑与景观环境相融洽相辉映，使旅游与环境协调发展。

冲突协同理论，就是通过人类社会的理性行为来解决冲突，实现各要素之间，子系统之间协同的原理，原则和方法的理论。通过各要素或子系统之间的运动使整个系统的运动效果优于部分运动之和，达到最佳效果。

冲突协同理论在环境管理中的应用很多，如排污许可证制度是一项控制排污的管理措施。它是在总量控制的基础上，将要消减的污染物量化后分配到排污单位，并向各排污单位发放排污许可证，使其获得排污权。目前，我国的排污许可证主要体现在水体污染的控制上。

假如排污许可证是可以上市交易的，那么就可以较好的协同不同单位在排污量上的冲突，协同政府主管部门和企业之间在指令性计划和市场调节之间的冲突。使企业有更大的选择，调节空间，以及污染消减费用最小化。

再如，景区游客数量控制问题也可以用这一理论进行解释。自从我国实施"五一""十一"黄金周以来，短期内景区内游客爆满，数量远远大于景区的容量，因此，最近两年有些景区开始采用限制游客数量的管理方法，例如，莫高窟、九寨沟等景区就比较成功地实施了这一管理方法。

游客数量过多不仅会影响游客的旅游质量，提高旅行价格，降低旅游服务质量，同时，也会对景区环境造成不必要的污染，损害，加大了资源的利用强度。另一方面，游客数量的增加，会提高景区的经济投入，为了协调这一冲突，就必须选择恰当的游客数量值及经济效益最（理想化）优化值，这样就可以起到一个环境保护与经济发展协同的杠杆作用。

8.3 旅游环境管理的对象、内容与手段

8.3.1 旅游环境管理对象

环境问题是当今人类社会所面临的最严峻的问题之一。环境问题的本质就是人类社会与其生境之间发生的冲突结果。一般来讲，环境问题大体可分为两大类：一是环境污染，即空气、水和土壤等环境要素的物理、化学和生物学性质发生了危害和引起其他物种生命的变化；二是生态破坏，即生态结构和功能发生了不利于任何其他物种生存和发展的变化。

在旅游景区环境中，上述两类环境问题显得尤为重要。景区环境的质量要求远高于其他类型的环境。上述环境问题既然是人类社会经济活动所引起的，那么，将人及人的活动作为旅游景区管理对象无疑是正确的。

对旅游景区环境可能造成损害的群体有：游客；旅游经营者；当地居民及当地政府。当然自然灾害同样也会破坏景区的环境。

8.3.1.1 游客

游客是景区内的主体，也是造成景区环境损害最主要的主体之一，主要表现在游客为了达到旅游目的而在景区内的行为，如观景、拍照、饮食及住宿、娱乐等。游客行为管理是景区管理者最主要的工作之一。

【小资料】

生态旅游地游客行为准则

徒步旅行守则：

1. 实施“带进——带出”制度，收集所有的废弃物(包括食物残渣)。

2. 在没有厕所的地方，将粪便埋入至少 15 厘米深的地下，且距离最近水体或野营地不得少于 100 米。

3. 使用现成的道路。

4. 填写路况日志并给管理机构提供监测信息。

5. 在没有现成道路的情况下，尽可能避开潮湿的和松软的地面；指导游客分散行走，以免足迹被多次践踏；尽可能避免在植被上或脆弱的土壤上行走。

6. 对于一日游(不包含野营过夜)的活动，每组游客不得超过 25 人。

7. 需要过夜的徒步旅行者，每组不得超过 8 名游客，或者由当地相关政府部门规定限制人数。

8. 如果需要进行野营或者准备食物，则须遵守下一部分的野营守则。

9. 通过拍照对路况进行监测，清理所有垃圾，并轮换使用交通繁忙区域的道路，以减少对环境的影响。

野营守则：

1. 尽可能使用现有的指定野营地。

2. 在没有现成野营地的情况下，避免使用具有高度保护价值的地区，保证营地与最近水体的距离不少于30米。

3. 若使用肥皂或其他洗涤剂洗涤或沐浴，则必须在离最近水体100米之外的地方进行。

4. 在没有厕所的地方，将粪便埋入至少15厘米深的地下，且距离最近水体或野营地不得少于100米。

5. 带走其他所有垃圾。

6. 如果需要篝火，必须在已有的篝火点使用，并在用完之后彻底熄灭，篝火燃料使用自带的或者从较远的地方收集的木柴。

7. 不提倡游客生篝火并向游客说明原因。

8. 使用燃料炉烹调。

9. 通过记日志或拍照等方式对野营地状况进行监测。

10. 将监测所得的数据上报相关管理部门。

11. 定期轮换使用野营地。

车辆使用守则：

1. 使用的车辆应符合生态旅游的道路，路线和环境特点（尽可能使用两轮驱动车，四轮驱动车只在真正的四轮驱动车行驶区域使用，轻型摩托车只有在对其他人影响很小或没有影响时才可以使用）。

2. 只使用指定的道路或小路。

3. 在道路中间行驶，以避免道路滑坡或变宽。

4. 只有在指定路口才可以涉水过河流和小溪。过河需放慢速度，尽可能使涉水路线与河岸垂直。

5. 在没有现成道路的区域，应尽量选择自然区域管理者建议的旅游线路，避开敏感地带，如高山草地，沙丘、盐田、陡峭的山腰以及幼林地等，并尽量保持车辆在最高和最干燥的地面行驶。

6. 在难行路段的驾驶规程应遵循影响最小化原则（如陷入泥沼时使用软外罩绞车拉动）。

7. 按照合理安排的计划，经常与自然区域管理者联系，获取有关产品经营区域的环境情况（如在雨季需要比旱季更多的联系）。

8.3.1.2 旅游经营者

旅游经营者对景区环境可能造成的损害体现在景区资源的开发利用行为当中.旅游经营者为了满足游客的旅行需要，为游客提供所需的服务，就需要建设旅游设施，开发旅游项目，在这个过程中也就必然会引起景区生态环境、社会文化环境的发展变化；因此，旅游提供者是景区环境管理的又一重要对象。要控制其在开发过程中对环境的不良影响就应做到：依据国家相关法律法规、制定严格的开发原则；根据实际情况，科学的制定环境保护政策；制定符合环境保护的旅游规划；尊重自然，尊重其他生命体，尊重原居民的文化、习俗。

8.3.1.3 当地居民及当地政府

景区内，很多情况下当地居民扮演着双重的身份，其一是作为原始居住者，他们与当地环境基本上可以融为一体，和谐生存；其二，由于旅游业的开发，在经济利益的驱使下，许多当地居民参与到了旅游经营中来，成为旅游提供者。前者对景区环境的不良影响，表现为对景区内资源的非旅游利用，如砍伐森林、狩猎等。而后者，对自然和人文环境的损害与旅游经营者类似。对于当地居民的管理应在尊重的基础上着重引导、治理，充分利用基层组织、协调人与环境的关系。

当地政府作为景区社会行为主体之一情况则较为复杂。从行政机构设置的角度看，当地政府可能与景区管理机构为统一体，也可能分属不同的行政机构，甚至可能是上下级关系。一般而言，政府掌握着国有资产和自然资源的所有权以及对自然资源开发利用的经营和管理权，土地所有权等;另外，政府还拥有行政干预权，一级政府的政策性导向可能导致景区开发利用完全不同的结果，同时，也会影响开发者，当地居民的环境行为。国家法律法规约束是政府行为的最根本保证。

8.3.2 旅游环境管理的内容

景区环境的优劣是景区生存发展的命脉，景区环境管理追求的目标就是使旅游行为与景区环境达到协调、和谐。从环境目标角度来分，环境管理的内容可分为环境质量管理和生态环境管理，这两项内容涵盖了景区环境工作的所有内容。

8.3.2.1 旅游景区环境质量管理

所谓旅游景区环境质量，是指在特定的历史时期和特定的空间条件下，旅游景区环境系统状态的整体表现，即环境的总体和环境的某些要素(如天气、水体、地质、地貌、生物、社会软环境等)(注:在此不包括生态环境)，对旅游开发经营和游客的生理，以及旅游活动的适宜程度而言。旅游景区环境是可以用定量或定性方法进行评价的。

旅游景区环境质量管理就是为了保证旅游景区环境能更好地适宜旅游活动的需要，依据国家相关环境质量标准而进行的各项管理工作。

不同类型景区在环境管理工作中的内容是有区别的。如在城市主体公园或大型游乐场中生态环境管理的内容可能少一些，而声学环境，固体废物等生活垃圾环境管理内容可能成为主要管理内容。而在以自然资源为主的景区内，自然保护区，国家公园中，生态环境管理的内容就会成为最重要的部分。

一般而言，可以把旅游景区环境分为:空气环境质量、水环境质量、声学环境质量、土壤环境质量、固体废物环境质量以及社会软环境质量。在这里要强调的是，社会软环境质量很难用仪器、仪表来测量，多采用社会学方法进行调查评价。

旅游景区环境质量的优劣的基本依据是环境质量标准，这些标准是通过国家立法制定的。例如，以空气质量为例，自然保护区、风景名胜区和其他需要特殊保护的地区应达到国家空气环境质量一级标准等。

8.3.2.2 旅游景区生态环境管理

所谓生态环境，实质上就是指人类赖以生存、发展的自然环境，之所以冠以“生态”之名，意在强调自然环境中各种要素之间存在着密不可分的物质的能量，信息的流动与联系。对于旅游景区生态环境尤其是对于以自然资源为主的旅游景区而言，生态环境则是指该景区是否具备了多样的构景要素，如水体，动、植物等，以形成旅游吸引物。

旅游景区生态环境管理一般分为:大气环境质量管理、水体环境质量管理、地质环境质量、土壤环境质量、生物环境质量管理等。生态环境质量管理是旅游景区内最重要的管理工作，生物景观是多数自然类型旅游景区的核心构景要素，许多旅游项目都围绕这一要素而开发的。而且生物是景区内最易受到不良干扰的要素。因此，景区生态环境管理实质上也是对人类自身“参与行为”的管理和约束。

8.3.2.3 旅游景区环境管理的手段

在旅游景区内，景区管理者(或管理委员会)是景区各项工作的管理者和实施者，他们应该依据国家法律赋予的相关权力，与当地政府配合，采用多种多样的方法对景区环境进行管理。旅游景区环境管理手段可分为:行政手段、法律手段、经济手段、宣传教育手段及科学手段等。

1. 行政手段

行政手段是行政机构以命令、指示、规定等形式作用于直接管理对象的一种手段。行政手段的主要特征是:①权威性;②强制性;③规范性。

在我国旅游景区管理者可分为两类，一类，为完全的经营者;第二类，不完全的经营者，而后具有一定的行政职能，如自然保护区、世界遗产单位管理委员会等。就前者而言，应配合政府环保部门研究制订旅游环境保护政策，组织制定和检查旅游环境保护计划。而对于后者而言，由于其本身具有一定的行政职权，应该在与环境保护部门合作的基础上，依据景区的实际情况制定和实施环境标准,颁布和推行环境政策。

2. 法律手段

法律手段是一种强制性的管理手段。景区管理部门应协助或配合环境部门和司法机关依据国家有关法律法规对违反旅游环境法规，污染和破坏旅游环境、危害旅游者健康等的单位和个人进行处理。目前，在我国与旅游景区环境相关的法律法规主要包括:①环境保护基本法;②环境保护单行法。包括水污染防治法、大气污染防治法、环境噪声污染防治法、固体废物污染环境防治法、海洋环境保护法以及土地管理法、水法、森林法、草原法、野生动物保护法、水土保持法等;③环境保护行政法规和部门规章。直接针对旅游景区的法律法规包括:①风景名胜区管理条例;②文物保护法;③一些地方旅游景区的管理法规等。

3. 经济手段

环境的价值已经是被确定了，至少在理论上是如此。只是我们还无法在价格上加以表示，所以可以运用一些经济手段加以补救。目前，旅游景区环境管理的现行经济手段主要包括:①优惠政策;②排污收费制度;③补贴政策等。

4. 宣传教育手段

在景区环境管理中不可缺少，同时也是最常用的手段。环境宣传教育可以提高人们的环境保护意识，珍惜旅游景区的良好环境。首先，景区内的每一个社会成员都是不同类型旅游产品的消费者，他们的行为选择必然会对环境产生不同的影响。如果每个处在景区内的成员都能够从我做起，从头做起，主动维护景区环境，对于景区环境保护，实现可持续发展无疑将会具有重要意义。

5. 科学技术

在进行景区环境管理时要用科学的方法、科学技术措施以及科学的思维。也可以说科学技术手段是对其他管理手段的有力补充和辅助。例如:可以因地制宜地采取综合治理和区域治理技术;组织推广卓有成效的旅游景区环境保护管理经验和旅游景区环境保护科学研究成果;交流国内外有关旅游景区环境保护的科学技术情报，开展国际间的旅游景区环境科学技术合作等。

【小资料】

数字敦煌突破保护困境

随着敦煌莫高窟游人不断增多，一方面，游人呼出的大量二氧化碳等有害气体使莫高窟壁画、彩塑褪色、起甲、空鼓，严重影响壁画的生命；另一方面，有限的洞窟空间无法一次性满足更多游客的参观需要，给游客的敦煌之旅留下遗憾。对此，有专家提出了"数字敦煌"的解决方案，目前已开始实施。所谓"数字敦煌"，概括讲就是将数字技术引入敦煌莫高窟的保护，将敦煌的洞窟、壁画、彩塑及与敦煌相关的一些文物加工成高智能数字图像，以数字影像的方式记录下敦煌石窟，通过计算机虚拟漫游技术，游客在游客中心的数字影院中能身临其境般欣赏到洞窟场景，同时还能全面了解敦煌文化的历史背景等知识，让游人在大致浏览过洞窟后，再观赏那些精英的壁画，不仅使游客更好的欣赏遗产文物，又有效压缩游客在洞窟内的滞留时间，从而非强制性地达到减轻莫高窟人流负荷，延长莫高窟寿命的目的。

8.4 旅游环境管理的技术支持和保证

8.4.1 旅游景区环境监测

8.4.1.1 旅游景区环境监测的目的和任务

1. 检验和判断环境质量是否符合国家规定和环境质量标准，定期提出环境质量报告书。

2. 判断污染源造成的污染影响，为环境法规实施提供数据并评价防治措施的实施效果。

3. 确定污染的浓度分布状况，发展趋势和发展速度，掌握污染物的污染途径，预报环境状况，确定防治对策。

4. 研究污染物扩散模式。一方面用于新污染源的环境影响评价，为决策部门提供数据，另一方面为环境污染的预测预报提供资料。

5. 积累本地区的长期监测数据，结合流行病的调查资料，为保护人们的健康、以及制定和为修改环境质量标准提供科学依据。

8.4.1.2 旅游景区环境监测的分类

1. 按监测目的分

(1)研究性监测。研究污染扩散情况，确定污染对人体、生物和其他物体的影响。

(2)监测性监测。监视环境中有害污染物的变化趋势，评价控制措施的效果，探测环境标准实施的情况。

(3)事故性监测。对事故性污染(如石油溢出、有害化学品溢出等事故)进行监测，确定污染范围及其严重性。

2. 按监测对象分

大气污染源监测，水体污染监测，土壤污染监测及生物污染监测。

3. 按污染物性质的不同分

化学毒物监测，病毒病菌污染监测，热污染监测，电磁辐射污染监测，放射性污染监测，富营养化监测等。

8.4.1.3 旅游景区环境监测的程序和方法

1. 旅游景区环境监测的程序因监测的不同而有所差异，但其基本程序是一致的。首先，是进行现场调查与资料收集，调查的主要内容是各种污染源及排放规律，自然和社会的环境特征，其次是确定监测项目，之后是监测点布设及采样时间和方法的确定。最后，进行数据处理和分析，将结果上报。

2. 旅游景区环境监测方法

从技术角度来看，环境监测的方法多种多样，有物理的、化学的、生物的。而从先进程度来看，则有人工和自动化的。目前，许多监测已采用了先进的遥感技术和信息技术以及数字技术等。随着科学技术的发展，还会有新的技术被用于环境监测中来。

8.4.1.4 旅游景区环境监测的质量保证

1. 质量保证的目的

质量保证的目的是为了使监测数据达到以下五个方面的要求：

(1)准确性：测量数据的平均值与真实值的接近程度；

(2)精确性：测量数据的离散程度；

(3)完整性：测量数据与预期的或计划要求的相符合；

(4)可比性：不同地区，不同时期所得的测量数据与处理结果能够进行比较研究；

(5)代表性：要求所监测的结果能表示所测的要素在一定的空间范围内和一定时期中的情况。

2. 质量保证的内容

(1)采样的质量控制

采样的质量控制包括以下几方面的内容：①审查采样点的布设和采样时间，时段选择；②审查样品数量的总量；③审查采样仪器和分析是否合乎标准和经过校准，运转是否正常。

(2)样品运送和贮存中的质量控制

样品运送和贮存中的质量控制主要包括：样品的包装情况，运输条件和运输时间是否符合规定的技术要求。防止样品在运输和保存过程中发生变化。

(3)数据处理的质量控制

数据处理的质量控制主要包括：数据处理的正确性；处理方法是否科学；审查数据的处理过程。

8.4.2 旅游景区环境预测

8.4.2.1 环境预测的基本原理

所谓环境预测是指：根据已经掌握的情报资料和监测数据，对未来的环境发展趋势进行的估计和推测，为提出防止环境进一步恶化和改善环境的对策提供依据。我们都知道，景区环境是一个完整的系统，各要素之间相互关联，相互影响。景区环境的变化是因为景区内不同人群的行为结果。因而是有规律可循的。我们可以通过调查、监测了解它的过去和现在，抽象出它们的变化规律，因此，我们对旅游环境状态的变化可以作出比较正确而且可以越来越正确的估计和预测。

8.4.2.2 旅游景区环境预测的工作程序

环境预测工作因其内容、要求不同，因而其工作程序也不会完全一样。但一般来说，预测工作的程序还是可以大致分为四个阶段和十个步骤。

1. 准备阶段

(1)确定预测的目的和任务。按照环境决策管理的需要，确定预测的对象、预测的目的与具体任务是进行预测的前提。由于它关系到预测工作的其他各个步骤，因此对于这一阶段工作的要求是目标明确、任务具体。

(2)确定预测时间。根据上述预测目的和任务的要求，规定预测的时间期限。

(3)制定预测计划。预测计划是预测目的的具体化，规划预测的具体工作，如安排预测人员、预测期限、预测经费、情报获取的途径等。

2. 收集并分析信息阶段

(1)收集预测资料。环境预测，必须有充分的历史和现实的数据，因此在明确任务之后，必须围绕环境预测目标，收集有关的数据和资料。这些数据资料，来源必须明确、可靠，结论必须正确、可信。

(2)资料的分析检验。由于资料和情报是预测的基础，因此数据、资料中必须能包含有可以反映预测对象的特性和变动倾向的信息。在这里，一方面要尽可能将有关原始资料收集完整;另一方面又要对资料进行加工整理、分析和选择，剔除非正常因素的干扰，对各相关因素进行测定和调整。

3. 预测分析阶段

(1)选择预测方法。根据不同的具体情况，选用不同的环境预测方法。主要是根据该环境过程的特点、资料的占用情况、预测目的所要求的精确程度以及进行预测的人力、时间和费用限制等情况，正确选择可行的预测方法。

(2)建立预测模型。环境预测模型是在正确认识经济社会发展对环境质量影响的客观基础上建立的。它应该能够反映预测对象的基本特征与经济、环境之间的本质联系，能够较准确地反映该预测对象内部因素与外部因素的相互制约关系。因此所建立的预测模型正确与否，是预测结果准确与否的关键。

(3)进行预测计算。将收集到的环境信息以及有关的数据资料代入所建立的环境预测模型中计算，求出初步的环境预测结果。

(4)检验预测结果。环境预测的初步结果，往往不可能十分精确。因此，还需要对预测结果进行分析、检验，以确定其可信程度。如果误差太大则需要分析误差的原因，以决定是否要对模型进行修改，重新计算，或者是对预测结果作必要的调整。

4. 输出预测结果

(1)输出预测结果。当预测结果满足精确度要求后，可将预测的结果给予输出。

(2)提交预测结果。当预测结果输出后，按要求提交给决策部门，以制定环境管理方案。

8.4.2.3 旅游景区环境标准

1. 环境标准的基本概念

(1)环境标准的定义

亚洲开发银行环境办公室对环境标准所下的定义是:环境标准是为维持环境资源的价值，对某种物质或参数设置的最低(或最高)含量。标准所适用的环境资源范围较广。它是通过分析影响资源的敏感参数，确定维持该资源所需水平的关键浓度而制定的这些参数在标准中有所体现。

《中华人民共和国环境保护标准管理办法》中对环境标准的定义是:环境标准是为了保护人群健康、社会物质财富和维持生态平衡，对大气、水、土壤等环境质量，对污染源的监测方法以及其他需要所制定的标准。

(2)环境标准的功能

环境标准是一种法规性的技术指标和准则，是环境保护法系统的一个组成部分。因此，环境标准是国家进行科学的环境管理所遵循的技术基础和准则。

(3)环境标准的分类

根据《中华人民共和国环境标准管理办法》，我国的环境标准分三类，即环境质量标准，污染物排放标准和环境保护基础和方法标准。随着我国社会经济的不断发展，新的更多种类的环境标准将出现。如各类行业排放标准，分析、测定方法标准等。

(4)环境标准的等级

环境标准分国家环境标准和地方环境标准两级。我国的地方标准是省、自治区、直辖市级的地方标准。基础和方法标准只有国家级标准。国家标准具有全国范围的共性或针对普遍性和具有深远影响的重要事物，它具有战略性的意义。而地方标准和行业标准带有区域性和行业特殊性，旅游景区相关环境标准就属此类，它们是对国家标准的补充和具体化。同时各种方法标准，标准样品标准和仪器设备标准可以作为正确实施标准的保证。环境标准由各级环境部门和有关的资源保护部门负责监督实施。国家环保部设有标准司,负责环境标准的制定、解释、监督和管理。

2. 旅游景区环境质量标准

1995 年国家环境保护局、国家旅游局、建设部、林业部、国家文物局曾联合发出《关于加强旅游区环境保护工作的通知》(环法[1995]462 号)要求全国的各类旅游景区的主管部门按照“谁主管、谁负责”的原则，切实加强对各类旅游区的环境管理。

有吸引力的旅游景区要有幽雅的环境、清新的空气、清洁的水等。在中华人民共和国国家标准《旅游区(点)质量等级的划分与评定》(GBl7775—1999)中制定的旅游环境包括空气质量、地表水质量、景观环境和环境氛围四个部分。

(1)旅游景区的环境质量应达到的环境质量标准

在环境空气质量标准(GB3095—1996)中属一类区应执行一级标准，城市区域环境噪声标准(GB3096—1993)中属 0 类标准区域，地面水环境质量标准(GB3838—1988)中根据旅游活动的类型执行不同的质量标准。在国家标准 GBTl7775—1999 中对不同 A 级的旅游区(点)应达到的环境质量标准进行限定。国家旅游局发布的《旅游规划通则》中对不同类型的旅游区的环境设计作出了建议性的规定。旅游区根据不同的产品类型及旅游容量采用不同的环境质量标准。对跨两种或两种以上产品类型的旅游区，应采用较高的环境质量标准。

(2)人文景观型旅游区的规划设计应达到的环境质量标准

绿地率不少于 30%;大气环境达到《环境空气质量标准》(GB3095—1996)一级标准;人体直接接触的娱乐水体达到《景观娱乐用水水质标准》(GBl2941—1991)A 类标准;与人体非直接接触的景观娱乐水体达到《景观娱乐用水水质标准》(GBl2941—1991)B 类标准;生活饮用水水质达到《生活饮用水卫生标准》(GB5749—1985);其他水体达到《地面水环境质量标准》(GB3838—1988);环境噪声达到《城市区域环境噪声标准》(GB9693—9673、16153—1996);公共场所卫生达到《公共场所卫生标准》(GB9633—9673、16153—1996)。

(3)自然景观型旅游区和度假型旅游区的规划设计的环境质量标准

除滑雪、海滨和河湖型旅游区外，其他旅游区绿地面积不少于50%；大气环境达到《环境空气质量标准》(GB3095—1996)一级标准；人体直接接触的娱乐水体达到《景观娱乐用水水质标准》(GBl2941—1991)A类标准；与人体非直接接触的景观娱乐水体达到《景观娱乐用水水质标准》(GBl2941—1991)B类标准；生活用水水质达到《生活用水卫生标准》(GB5749—1985)；其他水体达到《地面水环境质量标准》(GB3838—1988)；环境噪声达到《城市区域环境噪声标准》(GB3096—1993)类标准；公共场所卫生达到《公共场所卫生标准》(GB9633—1996—GB9673—1996、GBl6153—1996)。专项旅游产品应按照专项产品环境质量保护的特殊要求进行规划设计。

8.4.2.4 旅游景区环境审计

1. 环境审计概述

(1)环境审计的产生

环境审计是一个较新的概念，是环境质量管理法制化的产物，是现代审计制度的一个重要组成部分。环境审计最早是在20世纪70年代，始于西方国家，尤其是在美国、加拿大等一些国家。环境审计首先应用于企业当中，即对企业环境业绩的审查。

环境审计在我国仍处在探索阶段，1985年和1993年，审计署分别在兰州、重庆、广州等20多个城市开展了这方面的审计实践。在1994年公布的《中国21世纪议程优先项目计划》中，审计署提出了4个环境审计示范项目。

(2)环境审计定义

广义地说，环境审计是对环境管理的某些方面进行检查，检验和核实。国际商会对环境审计作了如下论述："环境审计"是一种管理工具，它用于环境组织、环境管理和仪器设备是否发挥作用进行系统的、技术的、定期的和客观的评价，其目的在于通过以下两个方面来帮助保护环境：简化环境活动的管理；评定公司政策与环境要求的一致性，公司政策要满足环境管理的要求。

上述定义同样适用于旅游景区环境管理，但有两点要注意，首先在进行审计时必须以风景区环境标准为依据；其次审计应该是经常性的、定期的、贯穿整个景区的开发、经营过程当中。

2. 环境审计方法

环境审计是一个定义完整，组织良好的整体。从方法学来说，它分为三个步骤：

(1)前期审计活动

每一项审计的准备工作都包括大量的活动，活动的内容包括选择审查现场、挑选、组织审计小组；制定审计计划以确定技术、区域和时间范围，获得工厂的背景材料(如用调查表的方法进行调查)以及要被用在评估程序中的标准。这样做的目的是减少现场活动时的时间浪费，使审计小组在整个现场审计过程中能发挥最大的工作效率。

关于审计小组的组成，若有一位来自于审计现场的成员，则既有有利的一面，又有不利的一面，有利的一面是：当地雇员了解企业内部有关设备布置和组织模式的详细情况；把当地雇员和审计报告联系起来，可使企业的职工更加相信审计报告的内容。不利的一面主要是当地雇员不容易发表客观如实的观点，特别当这些观点看起来对他的上司或同事提出批评时，就更是如此。在内部缺乏专业人员的情况下，独立于外的顾问们可以提供帮助，特别是对于小公司，情况更是如此。

(2)现场审计活动

第一,鉴别和了解企业内部的管理控制系统。内部控制是与企业环境管理系统联系在一起的。内部控制包括有组织的检测和保存记录的程序;正式计划，如防止和控制偶然的污染物的排放;内部检查程序;物理控制，如排放物的控制;以及各类其他控制系统要素等。审计小组通过利用正式的调查表、观察资料和会谈等方法，来获取大量的资料，并从这些大量的资料中获得与所有重要的控制系统要素有关的信息。

第二,评价企业内部的管理控制系统。第 2 步主要是评价管理控制系统的功能和效果。在有些情况下，法规对管理控制系统的设计做了详细说明，例如对偶然的排放物，法规可列出要包含在计划中的、与其有关的专项内容。但更常见的情况是，小组成员必须依靠他们自己的专业判断能力对控制系统作出评价。

第三,搜集审计资料。在这一步骤中审计小组搜集所需证据，以便证实控制系统在实际运行中确实能达到预期的效果。小组成员根据审计草案(该审计草案可根据实际情况进行调整)中的既定程序进行工作。该步骤内容包括:审查排放物的监测数据以确证其符合规定的要求;审查培训记录以证实有关的工作人员已接受过培训或审查采购部门的记录以证实废弃物承包商具有资格处置这些废弃物。记录下搜集到的全部信息，进行分析并作记录。控制系统中的要素存在的不足，也要记录下来。

第四,评价审计调查结果。单项控制调查结束之后，小组成员得出的是与控制系统单个要素有关的结论。接下来要综合评价该调查结果，并评估不足之处。在评价审计调查结果时审计小组要确认有足够的证据来证实调查的结果，并清楚、概要地总结调查的结果。

第五,向企业汇报调查结果。在审计过程中，就调查的结果，通常要与企业职员分别进行讨论。在总结审计报告时，要与企业管理部门一起召开一个正式的会议，汇报调查结果及其他们在控制系统运行中的重要性。审计小组可在准备最后报告之前，向管理部门提交一份书面总结作为中期的报告。

(3)后期审计活动

第一,准备最终报告并提出一个更正行动的计划。最终审计报告一般由小组负责人撰写，然后由负责评价其准确性的人员进行审查，之后才被提交给相应的管理部门。

第二,行动计划的准备及执行。在审计小组或外部专家的协助下，企业提出一项计划，该项计划反映了全部调查的结果。行动计划作为一种途径，是为取得管理部门的认可和保证计划顺利实施服务的。只要可能，就应立即付诸行动，以使管理部门确信合适的更正行动已经计划了。当然，如果更正行动没有很快地进行，审计的主要作用就失去了。

第三,监督更正行动计划的执行。监督是非常重要的一个步骤，其目的是要保证更正行动计划的实施和使所有必要的更正行动受到关注。审计小组、内部环境专家以及管理部门都可以进行监督。并不是所有的审计程序都必须包含每一个步骤，但是，一般来说，每个程序的设计都应考虑到上述活动的每个步骤。

3. 旅游景区环境审计方案的基本步骤

由于审计对象和内容的不同，各类景区的实际情况的差异，在审计时的侧重点是不同的，下面列出了旅游景区环境审计的一般步骤。

(1)准备环境审计方案

选择审计对象、设计详细的审计方案及时间表。此外，还包括对审计对象进行预防，以寻求旅游业管理层的协助，收集本地资料，设计必要的调查表或问卷。

(2)确定审计目标、范围和重点环境

审计方案必须有明确的审计目标、范围和重点，这是实施环境审计方案最重要的步骤。这一步骤决定了审计方案实施的方向。

(3)了解管理系统

在已收集资料的基础上，必须了解旅游业管理的各项活动，特别是与环境有关的活动。这一步骤包括旅游业规划和批准的程序及过程、环境管理过程、组织特征和责任。它还包括发现旅游业管理系统的强处和弱点，以确认整个操作运行功能是否正常，以达到最佳效益。

(4)确认有关的法规、政策和标准

包括对所有与环境和旅游业有关的法规、政策和标准进行回顾，特别是要确认目前正在审计对象中所应用的环境法规和政策。这一步骤可以确认旅游业的环境业绩如何依从有关的要求。

(5)调查和评价

详细的旅游业环境调查和评估包括位置、范围大小、土地利用状况、基础设施和旅游设施的特征等。它还包括对其环境影响报告的分析。

(6)确认关键的环境指标

在明确了解了旅游业环境管理系统各方面的情况及旅游业操作运行的特征后，要确认可以反映整个旅游业环境质量的关键指标。它还包括确认有关的环境影响范围及其发生的机率，以及对操作管理的影响程度。这一步骤还包括对所有的环境指标进行优先次序排列。

(7)确认关键的环境影响领域

在已确认关键环境指标的基础上，确认旅游业的环境影响领域，对其进行分类，并进行优先次序组合。

(8)收集和评估证据

这是确定旅游业环境质量依从水平的基础。它包括对以往业绩记录的检查，旅游设施运作的观察，以及对旅游业管理人士的会谈。先前通过资料发现管理系统中的强处和弱点也将在这一步骤中得到确认。该步骤还包括对已收集到的证据进行评估以确定其重要性及是否满足预期的审计要求。

(9)确定环境依从水平

包括对已确认的关键环境领域、以收集到的证据以及环境管理系统的有效性进行全面评价。其中，要设计出确定环境业绩的反映结果，以分类或评级的框架来表现。

(10)复审结果

这一步骤的目的是确认发现的证据和审计结果是具有普遍性还是特殊性;以及证据是否充足。这一般是通过与旅游业管理层交流来完成的。

(11)列出行动大纲

行动大纲将提出对环境管理方面的问题进行改进的实施方案，它包括方案实施的优先次序排列、时间表，还包括对实施改进措施划分责任范围等。

(12)准备审计报告

环境审计方案实施的结果是以一个审计报告来反映的，这个报告包含的内容包括旅游业环境的依从水平、环境业绩状况、所有发现的证据、观察结果、问题以及方案实施过程的有关文件。应该指出，这个方案最好由一个独立的第三方或旅游业管理层本身来实施，而不是由政府执法部门实施。

8.5 旅游景区环境评价概述

8.5.1. 旅游景区环境质量评价

8.5.1.1 旅游景区环境质量评价的概念

环境质量评价是对以人为中心(主体)的某一区域环境进行的适宜于人类某种发展需要行为的质量价值评估。要注意的是环境质量评价的对象并不是"质量"本身，而是环境的一种状况以及这种状况所体现出的能满足主体(人类)某种行为需要的程度。从这一观点出发，旅游景区环境质量评价的概念可以定义为:以旅游活动为主体，对旅游景区环境质量状况所体现的旅游价值而进行的环境评价。

8.5.1.2 旅游景区环境质量评价内容

旅游景区环境质量如何，是依据其对旅游活动是否有吸引力，是否适宜而定。因此旅游景区环境质量评价内容包括:①旅游资源吸引力(美学质量)评价;②旅游景区生态环境要素质量评价;③旅游景区社会文化要素质量评价(旅游景区社会环境质量评价)。

8.5.1.3 评价目的

旅游活动是人的精神需求，对环境的要求高于一般意义上的环境质量要求，游客对旅游景区环境的要求显然高于其常驻地，因此，从评价目的来看，就是通过生态环境的旅游适宜性分析，探讨旅游景区生态环境对旅游活动的吸引力。

8.5.1.4 评价程序和方法

1. 旅游景区性质界定

不同类型特征旅游景区在评价过程中的重点是不尽相同的。确定景区的性质是选取评价指标的前提。

2. 评价指标

指标的选取是评价工作中最重要的部分，一般而言选取的指标必须是与所评价的内容紧密相连的，是可以操作的.

3. 环境监测与生态定位

在获取数据时，应采用科学的方法和技术来进行。对于某些法定的环境监测程序及方法，如污染指数的获取等,就必须依据法律规定进行。

4. 生态环境单要素评价

在对环境单要素进行监测，获取数据后，与旅游环境质量标准进行比较，确定是否适宜旅游活动的需要。

8.5.1.5 旅游景区生态环境质量综合评价

1. 参数的等标化

在旅游景区生态环境评价中，由于指标繁多，各不相同，不在同一标准之上。必须将意义各不相同的污染状态参数在同一基准上相互比较，即将所有参数都和他们各自的环境标准进行比较，转换为相同意义的定量参数值。

2. 确定评价指标(参数)的权系数

敏感指标的权系数要大于普通指标。确定权系数的方法包括 AHP(层次分析)，模糊数字法和系列综合法。

3. 建立分级标准

如果有法定等级标准，则应遵守，如果没有可以自行确定。

8.5.1.6 旅游景区社会软环境质量评价

旅游景区社会环境质量是其旅游业发展的重要外部因素。就内容而言，旅游景区社会环境包罗万象，且许多评价指标都属于软指标，量化难度很大。国家旅游局 1998 年制定并实施的“中国优秀旅游城市检查标准”中设定的 18 个方面中，就有 16 项为社会环境内容。

一般将社会环境划分为软硬两部分。硬件部分一般可以量化，如:设施设备的数量，交通运输等。而软件部分则包括了景区的整体服务水平，社区居民对旅游及游客态度等。就景区社会软环境而言，许多文件无法用仪器进行测量。多采用社会学及心理学的评价方法来进行。

8.5.2 旅游景区开发的环境影响评价

8.5.2.1 环境影响评价概念

环境影响评价是指对拟议中的建设项目，区域开发计划和国家政策实施后可能对环境产生的影响进行的系统识别、预测和评估。

环境影响评价是由多个步骤构成的，每一个步骤相互关联，按一定的顺序进行。但环境影响评价也是一个循环过程，而下一步都与其上一步形成反馈机制。实际工作中每一项目的评价是不尽相同的，步骤顺序也可以变化。

一种理想的环境影响评价过程，应具有如下特征:①基本上适应于所有可能对环境造成显著影响的项目，并能够对所有可能的显著影响作出识别和评估;②对各种替代方案(包括项目不建设或地区不开发的情况)、管理技术、减缓措施进行比较;③生成清楚的环境影响报告书，以使专家和非专家都能了解可能的影响的特征及其重要性;④包括广泛的公众参与和严格的行政审查程序;⑤及时、清晰的结论，以便为决策提供信息。

8.5.2.2 环境影响评价制度及其法律依据

1. 宪法中的有关规定

1978 年 3 月 5 日通过的《中华人民共和国宪法》明确规定:“国家保护环境和自然资源，防治污染和其他公害”。1982 年 12 月 4 日通过的《中华人民共和国宪法》又进一步规定:“国家保障自然资源的合理利用，保护珍贵的动物和植物。禁止任何组织或者个人利用任何手段侵占或者破坏自然资源。”“一切使用土地的组织和个人必须合理地利用土地，”“国家保护名胜古迹、珍贵文物和其他重要历史文化遗产。”“国家保护和改善生活环境，防治污染和其他公害。国家组织和鼓励植树造林，保护林木。”这是国家以根本大法的形式，作出保护自然生态环境、合理利用自然资源、防治污染和其他公害的规定。这些规定是中国环境保护工作的最高准则，也是确定环境影响评价制度的最根本的法律依据和基础。

2. 环境保护基本法中的规定

环境保护基本法是《中华人民共和国环境保护法》，在该法的第十三条中规定：“建设污染环境的项目，必须遵守国家有关建设项目环境保护管理的规定。”“建设项目的环境影响报告书，必须对建设项目产生的污染和对环境的影响作出评价，规定防治措施，经项目主管部分预审，并依照规定的程序报环境保护行政主管部门批准。环境影响报告书经批准后，计划部门方可批准建设项目设计任务书。”在这一条款中，对环境影响评价制度的执行对象和任务、工作原则和审批程序、执行时段和与基本建设之间的关系作了原则规定。这是各单项法和行政法规中关于环境影响评价制度的法律依据和基础。

3. 单项法和条例中的规定

在一些单项法和条例中对具体领域中执行环境影响评价制度的对象、内容和程序等也做了明文规定：

(1)《中华人民共和国水污染防治法》中第十三条：“新建、扩建、改建直接或者间接向水体排放污染物的建设项目和其他水上设施，必须遵守国家有关项目环境保护管理的规定。”；“建设项目的环境影响报告书，必须对建设项目可能产生的水污染和对生态环境的影响作出评价，规定防治的措施，按照规定的程序报经有关环境保护部门审查批准。”

(2)《中华人民共和国海洋环境保护法》中第九条：“对围海造地或其他围海工程，以;及采挖砂石，应当严格控制，确需进行时，必须在调查研究和经济效果对比的基础上，提出工程的环境影响报告书……”

(3)《中华人民共和国大气污染防治法》中第九条：“新建、扩建、改建向大气排放污染物的项目，必须遵守国家有关建设项目环境保护管理的规定。”

(4)《中华人民共和国野生动物保护法》中第十二条：“建设项目对国家或者地方重点保护野生动物的生存环境产生不利影响，建设单位应当提交环境影响报告书;环境保护部门在审批时，应当征求同级野生动物行政主管部门的意见。”

(5)《中华人民共和国环境噪声污染防治条例》中第十五条：“新建、改建、扩建的建设项目，必须遵守国家有关建设项目环境保护管理的规定。”

(6)《中华人民共和国城市规划法》、《中华人民共和国土地管理法》、《风景名胜区管理暂行条例》等单项法和条例中均有有关环境影响评价方面的明文规定。

4. 环境影响评价的主要行政法规

行政法规是执行制度时的具体工作准则，对于环境影响评价制度还没有一个独立的、完整的行政法规体系，过去和现行的法规主要有：

(1)国务院环境保护委员会、国家计委、国家经委(86)国环字第003号:《建设项目环境保护管理办法》。

(2)环保局(88)环建字第117号:《关于建设项目环境管理问题的若干意见》。

(3)环保局(89)环监字第281号:《建设项目环境影响评价证书管理办法》。

(4)环保局(86)环建字第306号:《关于建设项目环境影响报告书审批权限问题的通知》。

(5)环监辐字(89)第53号:《关于重审核设施环境影响报告书审批程序的通知》。

(6)环保局、财政部、国家物价局(89)环监字第141号:《关于颁发制定建设项目;环境影响评价收费标准的原则与方法(试行)的通知》。

(7)环保局(93)环监字015号:《关于进一步做好建设项目环境保护管理工作的几点意见》。

(8)中华人民共和国国务院令第53号(98):《建设项目环境保护管理条例》中的“第二章

环境影响评价”。

【小资料】

国家环保局《关于建设项目环境管理问题的若干意见》

一、关于建设项目环境管理需要明确的几个问题

1. 关于《建设项目环境保护管理办法》(以下简称办法)中需要解释的条文

《办法》中第四条规定:“凡从事对环境有影响的建设项目都必须执行环境影响报告书审批制度”。如何判断建设项目“对环境有影响”,在此提出一个一般原则:凡属中型以上的建设项目,对厂区以外地区的基本环境要素(大气、水体、土壤、植物等)或特定环境保护区(如城镇、居民区、文教区、水源保护区、风景游览区、疗养区、自然保护区、温泉、名胜古迹等)可能造成的污染和破坏,不通过环境影响评价不能判明影响程度者,都应编写环境影响报告书,其余项目可填写环境影响报告表。具体标准由省、自治区、直辖市环境保护部门根据上述原则和实际情况制定。

2. 关于大、中型基本建设项目和限额以上技术改造项目的环境影响报告书或环境影响报告表的审批程序问题

《办法》中第八条和第十三条已明确规定,为了准确理解,在此重申:建设项目环境影响报告书或环境影响报告表,一律由建设单位负责提出,报主管部门预审,再由预审部门提出预审意见转报负责审批的环境保护部门审批。未经预审的环境影响报告书(表),环境保护部门不能审批。

为了简化手续,提高工作效率,有审批权的环境保护部门,可以通过参加预审会了解情况,协调解决问题,或预审、审批会议联合召开,不需再开审批会。但少数特殊或情况复杂的建设项目不在此限。由国家环境保护局负责审批的环境影响报告书,其预审工作由国务院有关主管部、委负责。如果投资属于地方又未纳入国务院有关主管部门的建设项目,其预审工作由地方省级主管部门负责。负责预审与审批的部门,如因工作需要允许委托下一级主管部门办理,但必须办理委托手续。

3. 关于环境影响报告书的审批权限问题

为了避免混乱,不得擅自越权。凡越权审批(委托项目除外)一律无效。

4. 关于评价方案或评价大纲的编审问题

《办法》中第十五条规定:“在正式开展评价之前,编制的评价方案、提要或编写的评价大纲,需经环境保护部门同意。”为了便于执行,在此加以说明:“在正式开展评价之前”应理解为“在正式签订评价合同之前”;“需经环境保护部门同意”是指“需经负责审批的环境保护部门同意。”

5. 关于报批文件备案问题

管理办法第十三条已做规定,备案材料除审批文件外,还应包括环境影响报告书一式两份。

二、贯彻《建设项目环境影响评价证书管理办法》应当注意的问题

1.《评价证书管理办法》第九条规定了取得“评价证书”的单位必须遵守的事项。现在发现有不按核准业务范围承接评价任务的现象,也存在变相转借转包的问题。今后要求各级环境保护部门对此要加强管理,认真监督和检查。对于查出的问题应按分管权限做出处理。

2. 关于评价任务委托问题。(86)环建字第230号文第四项中已经规定由建设单位负责。今后，任何管理部门对此项工作都应从全局观点出发，本着对环境影响报告书质量负责的精神，确定承担评价任务的最佳单位。不得以照顾本地区或本行业的单纯经济利益而作过多的干预，更不允许滋长“肥水不外流”的歪风。建设项目环境影响评价是一项工程性很强的业务，为了确保环境影响报告书的实用性，选好牵头单位是主要关键。今后对于大型以上建设项目的环境影响评价任务，应由熟悉该项工程的综合评价单位牵头，并邀请地方评价单位参加，污染现状资料应尽量利用环境监测单位的数据。

三、改善和提高环境影响报告书质量是当务之急

现在编报的环境影响报告书，因为受习惯影响，普遍存在实用性差的缺点。主要表现在内容繁杂，轻重比例失调，动用手段太多，评价方法不实用，评价周期太长，污染源调查粗浅，防治对策不具体以及结论不明确等方面。今后应根据国情，紧密结合工程，以提高实用性和缩短周期为目标进行改进。主要改进方向：

1. 评价区范围划分应根据项目对环境影响的主要因素所产生的影响范围而确定，并要有科学根据，不准盲目扩大。

2. 专题设置应根据建设项目的类别、规模、污染物种类、毒性、数量和排放方式以及周围环境特征等因素决定。对于《建设项目影响报告书内容提要》中第二项内容要设“工程分析”专题。在此专题中应把工艺过程中的三废排放物、主要治理措施、环保设施装备水平及其先进可靠性作为重点，尤其是对三废排放物要绘制污染流程图，通过算细账的办法把改、扩建前后的污染物贡献量与削减量调查清楚。污染物贡献量是整个评价的基础，基础数据应当准确可靠。

3. 评价因子的筛选应根据实际情况确定，并且要注意突出重点。

4. 评价所需测试手段，选用原则是“因地制宜，重在实用。”首先应注意充分利用现有资料，若资料不足，可以根据“缺什么补什么”的原则进行补测。

5. 评价方法应注意实用。对只能得出模糊不清的定性方法、应予革除。

6. 预测部分的内容要加深。预测结果应能满足有关部门决策、指导环保设计和项目环境管理等需要。

四、关于加快环境影响报告书编报进度问题

这是当前比较突出的问题。解决方法可以从两个途径入手。一是建设单位要把握好委托时机，在委托项目可行性研究时同时委托环境影响评价，不要滞后。二是评价单位对环境影响报告书要改进，加强实用性，简化程序、精简内容。例如，对于影响进度较大的污染气象监测周期，可以根据项目实际情况区别对待。对于一般建设项目(而且是大多数项目)允许在保证评价质量前提下，取条件最不利的一个季节进行监测。对于地处环境敏感地区的项目或特殊项目则不在此例。在水体评价方面也同样适用上述原则。

五、关于评价大纲和环境影响报告书的审查

评价大纲是编制环境影响报告书的行动纲领，是决定报告书质量的总体设计。所以对于评价大纲的编审工作要加强。审查方式由负责审批环境影响报告书的环境保护部门决定，但应讲求实效。需要专家论证的评价大纲，论证时应请业务对口的专家，人数要限制。

六、关于建设项目环境影响评价的整体性问题

现在有分散切块的现象，这种做法不能保证评价结论的完整性。今后的评价应以项目建议书批准的内容为基准，不得化整为零。

七、关于评价收费问题

评价收费应坚持按工作量收费的原则。每项评价在报送评价大纲时，必须同时报送评价概算。经负责审批环境影响报告书的环境保护部门按收费标准核定后，方能作为付款依据。关于评价收费标准问题。国家物价局(1988)价涉字49号函《关于印发第二批国务院有关部门行政事企性收费管理目录》的通知中已规定:“建设项目环境影响评价费收费标准由各省、自治区、直辖市物价局会同财政部门制定。”环境部门应主动联系和配合。

5. 环境影响评价制度的概念

环境影响评价制度是指把环境影响评价工作以法律、法规或行政规章的形式确定下来从而必须遵守的制度。环境影响评价制度是环境影响评价工作的法律保证。建立环境影响评价制度可以促使在工程、项目、计划和政策等活动中，将环境因素也考虑进来，并在实施中加以体现。

一般而言，环境影响评价制度的制定可以有不同的方式，可以是法律的，也可以是行政的。但无论那种形式，其共同点是强制性的。也就是说，在进行建设项目开发时必须进行环境影响评价，对那些对环境可能造成严重影响的项目还要写出环境报告书，报告书的内容包括开发项目对自然环境，社会环境及经济发展将会产生的影响，拟采取的环境保护措施及其经济，技术论证等。

8.5.3 环境影响评价程序

环境影响评价工作大体分为三个阶段:第一阶段为准备阶段，主要工作为研究有关文件，进行初步的工作分析和环境现状调查，筛选重点评价项目，确定各单项环境影响评价的工作等级，编制评价工作大纲;第二阶段为正式阶段，主要工作为工程分析和环境状况调查，并进行环境影响预测和评价环境影响;第三阶段为报告书编制阶段，其主要工作为汇总，分析第二阶段工作所得到的各种资料、数据，得出结论，完成环境影响报告书的编制。

8.5.4 旅游景区环境影响评价

旅游景区环境影响评价是指将环境影响评价方法、技术运用于旅游景区内的开发行为，发展政策等对环境影响的评价。旅游景区环境影响评价必须遵守环境影响评价制度的规定，以国家相关的法律、法规为依据。

从时间上看，旅游景区项目开发对环境所产生的影响可分为开发过程影响及开发后影响，前者主要是指项目开发过程中工程本身对环境所产生的影响，如景区内建设度假村、修建道路、索道等。这些项目必然会占有景区土地，影响生态环境系统的完整性，这种影响的特点是影响程度强，但时间相对较短。后者是指开发后影响，其中包括两部分:①开发中所建设施对环境的影响;②开发后所吸引的更多游客所产生的影响。这种影响现时强度不大，但持续性较强。因为景区开发的目的是为了吸引更多游客，延长其生命周期以达到经济效益最大化。

从影响类型来看，可以分为自然的及社会文化两大类。自然环境影响主要包括:①大气环境影响;②水环境影响;③土壤环境影响;④生物环境影响;⑤环境噪声的影响;⑥视觉影响;⑦社会文化环境影响。

8.6 可持续发展的基本理论

8.6.1 可持续发展战略的由来

在人类社会的任何阶段，我们似乎都不能否认发展的必然。以“发展”为目标的思想；伴随着人类从原始时代走向了农业时代、工业时代直至今天的信息时代。然而当我们回过头去审视人类走过的道路，环视我们今天的生存环境时，人类如梦初醒，发现自己已经犯下了一个极其严重的错误——生存环境的破坏。可持续发展的思想正是在这一觉醒中被提了出来，这是人类在其发展历史中思想认识上的一次重要飞跃。在这一过程中有许多志士仁人为此作出了杰出的贡献。

8.6.1.1《寂静的春天》——对传统行为和观念的早期反思

20世纪50年代末，美国海洋生物学家蕾切尔·卡逊在经过潜心研究了美国使用杀虫剂所产生的种种危害之后，于1962年发表了环保科普著作《寂静的春天》。她通过详实调查，阐明了美国在使用杀虫剂后对人自身、对环境所造成的污染和损害。她告诉人们“地球上生命的历史一直是生物与其周围环境相互作用的历史……只有人类出现后，生命才具有了改造其周围大自然的异常能力。在人类对环境所有袭击中，最令人震惊的，是空气、土地、河流以及大海受到的各种致命化学物质的污染。这种污染是难以清除的，因为它们不仅仅进入了生命赖以生存的世界，而且进入了生命组织内”。蕾切尔·卡逊用平实的笔触唤起了民众对生态问题的高度关注，我们完全可以说她是现代环境思想以及可持续发展思想的先驱。

8.6.1.2《增长的极限》——引起世界反响的“严肃忧虑”

1968年，来自世界各国的几十位科学家、教育家、经济学家、人类学家、实业家、国家的和国际的文职人员，约30人聚集在罗马山猫科学院，讨论现在和未来的人类困境这个令人震惊的问题，由此成立了一个正式的国际协会——罗马俱乐部。

1970年夏，协会在麻省坎布里奈举行会议，开始了对人类困境研究的计划“麻省理工学院第一阶段”工作。这项工作是在丹尼斯·梅多斯教授的指导下，由一个国际小组进行的，并且由人民基金会的财政支援。这个小组考察了5个最终决定和限制我们星球增长的基本因素——人口、农业生产、自然资源、工业生产和污染。于1972年提交了一份报告《增长的极限》。报告认为，人类的发展是有限的，原因是地球的支撑力量是有限的，终将会达到极限，经济增长将发生不可控制的衰退。因此，要避免因超越地球资源极限而导致世界崩溃的最好方法是限制增长，即“零增长”。

《增长的极限》一发表，在国际社会、特别是学术界引起了强烈的反响。引发了一场激烈的旷日持久的学术之争，并且形成了“乐观派”与“悲观派”的两大阵营。《增长的极限》的结论和观点是有其局限性的，但报告所展现的对人类前途认真严肃的思考，以及唤起人类自身的觉醒，其积极意义却是毋庸置疑的。它所阐述的“合理的、持久的均衡发展”，为孕育可持续发展的思想萌芽提供了土壤。

8.6.1.3《沙乡年鉴》——人类伦理观的重新思考

如果说以上两本书从学术的、具体的科学研究展示我们所犯的错误，提示了人类所面临的困境，那么我们下面要提到的这本书的作者则是从一个更高的层面——伦理的视角去审视人类所面临的环境问题，以及对其他生命的伦理观，即生态伦理。

《沙乡年鉴》一书的作者为奥尔多·利奥波德，他1887年11月1日出生在美国依阿华州柏灵顿城的一个法国移民家庭。大学毕业后他一直从事野生动物管理的研究，1928年开始，他利用3年多的时间对美国北部9个州进行了实地考察，他认为农业发展的短期效益模式，已经成为野生动物被伤害的一个重要原因，因为对荒地的开垦使植被遭到严重破坏，从而使大量的食草动物失去了食物来源。在他看来，所有的生命形式都具有同等价值，无优劣之分。1935年，他在威斯康星河畔购买了一个荒弃的农场。从此后，他把大部分精力都用在了照料这个农场上，就是在照料农场的过程中，他的"大地伦理"思想体系逐渐成熟起来。1949年，集中了他的伦理思想的著作《沙乡年鉴》正式出版。

奥尔多·利奥波德认为，人类的伦理思维是不断地发生变化的。伦理的演化过程可以分为三个阶段：第一阶段伦理主要是协调个人之间的关系；第二阶段主要是协调人与社会之间的关系；第三阶段则是协调人与环境之间的关系。利奥波德是现代较早而又较自觉的、系统的阐发人与自然生态系统伦理观的思想体系的人。可以说，他将人类社会的伦理思想延伸至除人类之外的整个大自然、所有其他生命形式。他认为人是自然界中的一员，与其他生命一样，并没有什么特殊性，大自然是个共同体。对于其他生命价值的判断不是以他们是否对人类有利用价值为基准的。

1987年，在奥尔多·利奥波德诞辰100周年之际，美议会两院通过决议，公认利奥波德是"当之无愧的自然保护之父"。

8.6.1.4 联合国人类环境会议——人类对环境问题的正式挑战

1972年，联合国人类环境会议在斯德哥尔摩召开，来自世界113个国家和地区的代表汇聚一堂，共同讨论环境对人类的影响问题。大会通过的《人类环境宣言》宣布了37个共同观点和26项共同原则。大会向全球呼吁：人类应该更关注和关心自身的生存环境，以及我们任何行为可能给地球带来的严重后果。保护和改善人类环境是关系到全世界各国人民幸福和经济发展的重要问题。

这次大会唤起了世界各国政府及民众对环境问题，特别是对环境污染问题的觉醒和关注，它正式吹响了人类共同向环境问题挑战的进军号。

8.6.1.5《我们共同的未来》——环境与发展思想的重要飞跃

20世纪80年代初，联合国成立了以挪威首相布伦特兰夫人为主席的世界环境与发展委员会(WCED)。主要负责制订长期的环境对策，研究能使国际社会有效地解决环境问题的途径和方法。经过3年多的深入研究和调查，该委员会向联合国提交了一份报告，即《我们共同的未来》。报告分为"共同的问题"、"共同的挑战"和"共同的努力"三大部分。在系统探讨了人类面临的一系列重大经济、社会和环境问题之后，提出了"可持续发展"的概念。这份报告把人们从单纯环境保护的观念上引到了将环保与人类发展相结合的通路上来了，实现了人类的环境与发展思想的重要飞跃。

8.6.2 可持续发展战略的内涵与特征

8.6.2.1 可持续发展的定义

"可持续发展"概念提出后，引起了世界范围内的广泛关注，学术界从不同的角度对这一概念进行了阐释。这里我们重点介绍布伦特兰的可持续发展的定义。

《我们共同的未来》是这样定义可持续发展的:“既满足当代人的需求,又不对后代人满足其自身需求的能力构成危害的发展。”这一定义体现了可持续发展的以下特征:

1. 环境保护与发展相结合

对环境保护并非是否定人类发展的需要,而是指出了一条如何发展的道路,既满足现实的需要,又能不损害环境,殃及后代的需要。

2. 公平原则

公平原则中包含了时间和空间两个尺度。即代际间,当代和后代之间的公平;国际间,不同国家和不同区域间的公平。

3. 共同性

可持续发展关系到全球的发展,无论哪一个民族,何种文化背景,经济状况,可持续发展的目标、政策和实施步骤有差异,但实现可持续发展的最后总目标是一致的,且要求全人类的共同行动。

4. 代际性

当代人对资源的利用不能影响后代对资源的利用状况,我们的后代应有与我们同样的对资源利用的权利。

8.6.2.2 有关资源持续利用的两个概念

在关于自然资源可持续利用方面有两个概念值得介绍,即最低安全标准和代际公平。

1. 最低安全标准

对这一概念有几种理解:

(1)1952年美国经济学家西里阿希·旺特卢普在《资源保护:经济学与政策》一书中,提出了“自然保护的最低安全标准”。这一概念是指自然保护区的面积应高于某一临界值从而使对自然保护区生态环境的破坏在经济上无利可图。

(2)1989年,世界银行的资源经济学家赫尔曼·戴利则将最低安全标准具体规定为三条:“社会使用可再生资源的速度不得超过可再生资源的更新速度:社会使用不可再生资源的速度不得超过作为其替代品的开发速度;社会排放污染物的速度不得超过环境对污染物的吸收能力”。

(3)1992年,托曼指出,建立自然资源保护标准的方法有两种,一种是通过确定最低安全标准来要求当代人承担某种道德责任;另一种是通过费用一效益分析来权衡利弊得失。

2. 代际公平

代际公平的概念是佩基(Page)最早提出的。他认为:假定当前决策的后果将影响好几代人的利益,那么,应该在各代人之间就上述后果进行公平的分配。为了达到所谓代际公平,佩基提出了“代际多数规则”,其含义是:当某项决策涉及到若干代人的利益时,应该由这若干代人之中的多数来做出选择,从这个意义上说,子孙后代永远多于当代人,但子孙后代尚未出生,就没有发言权。所以代际公平还是必须由当代人决定。佩基认为要想做到代际公平,最重要的是应该“保持资源基础完整无损”。

了解这两个概念对于理解可持续发展是非常重要,是旅游景区可持续发展管理的理论基础之一。可持续发展管理不能仅是一句口号,也不能仅是一些具体的方式方法,理论、观念是基础,更加重要。

8.7 旅游景区的可持续发展

8.7.1 旅游景区可持续发展的必然性

可持续发展观点是一种发展的哲学思想，适用于人类社会发展的各个层面。对旅游景区可持续发展的思考起始于对旅游业概念的重新认识。尤其是对下列一些认识的纠正：①旅游业是无烟工业，不像其他产业那样能对环境造成污染；②旅游业是低投入，高产出的劳动密集型产业；③旅游资源主要是由可再生资源组成的，而旅游消费又基本是“感情消费”的过程。因此，旅游资源不存在耗竭的问题。

重新认识这些问题后，我们便得到了另外完全不同的结论，这些结论其实也是旅游景区所面临的问题，即：①旅游发展对旅游景区环境是有影响的。首先，旅游业的发展必然依赖良好的环境条件，旅游景区也是资源的一种利用方式。其次，在旅游景区特定的空间范围内，随着游客数量的增加，会产生越来越多的生活垃圾：人对景区内动植物的生活习惯也会产生影响，难怪现在在许多自然保护区，自然遗产单位，已经很难再见到动物了。②由于没有将对旅游资源的消耗纳入到旅游产品成本之中，这样我们所计算出来的旅游产品成本是不真实的。这就是为什么目前有许多西方学者认为旅游业是资源密集型或环境密集型的产业。③认为旅游资源是可再生的，这是片面的。根源还在于，认为旅游资源不存在耗竭问题。例如，传统文化一旦变为了旅游资源，游客与当地居民之间无意识的文化交流必然增加，传统的东西被同化，已不是原有形态的真实再现。现代文明及经济运作形式的同化力是不能否认的。

解决这些问题的惟一出路就是实现可持续发展。旅游景区走向可持续发展是必由之路。

8.7.2 旅游景区可持续发展的原则

“可持续发展”观点实际上是人类所设想的一种“理想状态”。同样，旅游景区的可持续发展是人所期望的一种理想的旅游业状况。客观上说，理想与现实之间是有差距的。假如不能实现“理想”的旅游景区状态，但至少我们可以设定一些基本原则。

旅游景区的可持续发展包括两个最根本部分：“经济效益的合理性”与“环境限制性”。旅游景区的可持续发展不否认发展的需要，但又由于旅游对环境的特殊要求，发展又受到环境条件的严格限制。这样旅游景区可持续发展原则可分解为：

1. 旅游经济合理增长的原则。旅游景区可持续发展观点认为并非发展建设越快就越好，迅速的发展所带来的负面影响有时会造成更大的成本投入。

2. 利益分配公平原则。旅游景区中有不同利益群体的存在，公平原则是协调各方关系的基础。

3. 旅游景区社会良性发展原则。经济发展，物质利益的体现只是可持续发展的一个方面，而要实现旅游景区真正的可持续性发展就不能忽略其社会的协调发展，例如，社会福利、公共事业、社会秩序的稳定等。

4. 自然资本原则。将环境视为生产要素之一，是一种自然资本，必须要进入计算成本中去。

5. 预警原则。如果没有对各种旅游活动行为影响的科学的和确定的证据，那么这种开发是危险的和值得全社会关注的。

6. 环境质量原则。资源的利用不应以环境的损害为代价。在旅游发展过程中，景区环境必须保护不发生明确变化或应控制在可接受的危险界域之内。

7. 污染者付费原则。经济手段是旅游景区管理的方法之一，谁污染谁负责是具体表现。

8. 环境伦理原则。环境伦理是当今人类对环境的重新认识，也是旅游景区可持续发展的思想基础之一。

8.7.3 旅游可持续发展的判别

旅游景区可持续发展的思想是基础，至于如何具体操作，如何判别是否做到了景区的可持续发展的问题，崔凤军先生提出了一些判别指标体系。

8.7.3.1 旅游景区生态环境指标

1. 自然环境指标

空气质量:用大气污染指数表示。

水环境质量及其生态补偿作用指数。

土壤环境质量:土地利用类型，土壤环境容量。

视觉环境质量:对景观的视觉影响程度。

噪声影响状况:主景区噪声污染等级。

2. 生物环境指标

生物物种的质量及多样性维护:用生物多样性指数和生物物种生长状态指数来反映。

生态系统负荷及生态系统之稳定性与抗逆性。

3. 景观要素质量

构景要素质量:各要素质量指标依据情况而定。

旅游资源利用强度指数:风景价值贬损率，退化率。

8.7.3.2 旅游经济指标

1. 旅游社区

政府及居民收入，旅游收入乘数

旅游及社会消费量

物价指数变动率

投资:旅游项目投资及其他项目投资强度

其他

2. 旅游业

旅游业效益(投入产出值)，利润或亏损指数

产业破产或再生指数

产业生存环境——市场发育程度

旅游业带动系数

产业投资机会

3. 其他旅游对象

产品生命周期

投入产出系数

产品丰度指数

旅游产品吸引度

8.7.3.3 社会文化指标

1. 旅游主体(游客)

旅游人数及客源市场构成

重访率

停留时间

CS 和 CC(CS:游客满意度 CC:游客抱怨度)

其他

2. 旅游社区

就业机会指标，包括数量、种类、变动频率及幅度、机会利用率、失业人口和失业率等

社区居民旅游投入所占比率

人口迁入与迁出指数

社区公益投入率

社区居民环境化理接受程度

当地居民的 RS 与 RCS(RS:居民满意度;RCS:居民抱怨度)

其他

8.7.3.4 旅游支持系统指标

目的地杜区和政府所制定的旅游业发展政策

旅游发展机构、管理机构与服务机构建设

管理措施体系是否具备相关的政策、法规、条例;投诉情况及解决措施是否得当等

旅游行业管理与文化建设

8.7.4 旅游景区环境承载能力

随着我国改革开放的不断深入，经济建设的迅猛发展，人民生活水平的日益提高，在国家政府的大力倡导下，我国的旅游事业不断发展，为经济发展作出了巨大的贡献，成为许多地方的支柱性产业，显示出蓬勃的发展势头。然而各地游客的成倍增长，给地方旅游景点的环境带来了巨大的压力。一个旅游区所能容纳的游客人数是有限度的。游人的过度密集会引发许多环境、经济问题及社会矛盾，例如:①在生态环境方面:植物、土壤、大气、水、生物等遭到破坏，导致生态失调;②在社会环境方面:拥挤度上升，生活环境恶化，民风民俗的改变，宗教信仰受冲击，生活方式被改变，道德受冲击;③在经济方面:物价上涨。这对于合理开发利用旅游资源，保持优美的旅游环境，科学规划管理旅游城市和景点，确保资源开发使用的有效性和永续性都具有十分重要的意义。

长期以来，旅游业一直被誉为是“无烟工业”，其实不然。从 1841 年托马斯·库克组织的第一次包价旅游至今，旅游业在世界各地取得了巨大的成功。然而经济上给人们带来的巨大收益，却掩盖了它对社会、自然环境的破坏，所以多年来，关于旅游环境方面的研究相对于旅游学其他方面的研究显得很为滞后。有 20 世纪 60 年代以前，学术界对这方面的研究几乎是零。直到 1967 年，由莱佩奇首先引入了旅游容量的概念。但真正深入的研究是到 1977 年，由劳森等写出了《旅游和休闲的发展:旅游资源评价手册》时才开始，其中专门探讨了旅游容量的问题。

此后随着可持续思想的风靡全球，相关的论文、著作不断发表，引起万众瞩目。

而国内的研究则始于20世纪80年代，由赵红红(1983)在《苏州旅游环境容量初探》中首次提出了旅游环境容量问题。此后，汪嘉熙、陆林、保继刚、楚义芳、崔凤军、胡炳清等先后对旅游环境容量问题作出了研究，取得了一定的成绩。但是，由于概念体系未统一，测量模型处于定性描述阶段，参数不能科学得出等等，都表明研究尚处于起步阶段。

8.7.4.1 旅游环境容量的基本理论

1. 旅游环境容量的要领及特征

(1)旅游环境容量的概念。环境容量这一概念最初来自日本，它指环境单元可容纳某种事物的量。其涵义有两方面:①容量是相对于一定环境区域而言的;②环境容量是指某种事物的环境容量，这里所指的事物具有广泛的含义，如水环境容量、土壤中汞环境容量及人口环境容量等等。对游客而言，旅游环境容量是指，某一旅游地域单元(如旅游区、游览区、旅游点等)在不破坏生态平衡，达到风景区环境质量要求，并能满足游人的最低游览要求前提下风景区所能容纳的游客量。它包含有旅游地环境生态容量和游客感知容量两方面的分量。

(2)旅游环境容量的特征

①静态性与动态性。静态性主要是由游客进行某一游览活动所必需停留时间决定的，在这一活动过程中，环境容量不会发生变化，即具有一个瞬时环境容量。而动态性则由停留时间的有限性和开放时间的无限性这一关系决定的，游客的各种流动现象总是表现为输入和输出，开放时间与停留时间的比例就表明了这一特性，此比例称为旅游环境的周转率。这一特性决定了旅游环境容量在一定时段内可以达到可观的数量，其值一般大于瞬时值。同时静态性常常受当前条件的制约，反映了现状;动态特性则反映了运动和变化。

②客观性与可量性。在一定时期内，某一旅游环境在构成要素、功能、传达信息等诸方面具有相对的稳定性，所以由此决定的旅游环境容量的大小是客观存在的，可以通过数据调查、定量分析及数学模型加以计算。

③易变性和可控性。在一段时期内，环境具有相对的稳定性，但由于旅游业的发展常与山区、湖泊、海岸带、草原等自然景观以及古城、古村落、历史遗迹、少数民俗文化相联系，而这些地区恰恰处于世界经济的外围地带，环境脆弱度高，极易受到来自旅游业的影响。所以从较长远的角度来看，一个生态环境往往由于种种原因发生容量变化。其原因可能是人类外部施加的，如人类过度砍伐，造成风景区草场沙漠化，草皮面积减少，导致草场环境容量变小;也可能是来自自然环境本身，如一段时期内降水增加，而引起湖泊水面面积扩大，而致使水面旅游环境容量增大;还可能是人与自然双方的原因。

但是，无论何种原因导致的容量的变化，只要充分掌握了其运动的规律及系统变化的特征，即可根据自身的目标与需求，对环境进行适度改造，达到理想中的容量。如历史上所建的苏堤、白堤都产生了人为扩展水面环境的结果。所以说容量又是可控的。该特性在旅游业的发展中，常表现在对旅游资源充分有效地开发利用上。当然可控性是有限度的，应在承认规律，尊重客观的基础上进行。

(3)旅游环境容量与旅游环境承载力的区别。关于旅游的研究是近来学术界中一个较新的研究方向，虽然国内有不少相关著作发表，但目前仍没有一个较统一的关于概念体系的说法。一些文章将旅游环境容量等同于旅游环境承载力，但笔者认为二者是两个不同的概念。我们沿袭了保继刚(1987)在《颐和园旅游环境容量研究》中对旅游环境容量的定义，也吸收了崔凤军(1994)在《论旅游承载力——持续发展旅游的判断之一》中的说法，将旅游环境容量定位于旅游环境承载力的一个分量。崔凤军认为，“旅游环境承载，指在某一旅游地环境的现存状态和结构组合不发生对当代人及未来人的损害的前提下，在一定时期内旅游地所能承受的旅游者人数”，所以可将 TEBC 划分为：①与旅游区自然环境相对应的资源承载量；②与工程物质环境相对应的经济承载量；③与社会文化及精神相对应的当地居民的心理承载量。本文在此划分基础之上，将旅游环境容量等同于资源空间承载量，视二者内涵相同，并在后文的阐述中继续遵从了这一思路，以确保知识体系的完整性和传承性。

2. 影响旅游环境容量的两个分量

影响旅游环境容量的分量包括：旅游环境生态容量和环境感知容量。

(1)旅游地环境生态容量，即物理和生态意义上的环境容量。旅游活动的强度应限制在自然环境、生态系统不遭破坏，旅游点不受污染的范围内。确定这个范围又要涉及到两方面：

①自然环境承纳量。自然环境承纳量，指旅游地环境所能容纳最大游人数。当旅游者到达一旅游地旅游时，就必然会产生各种废弃物，会排出各种污水污染环境，废气、噪声也会随之产生，当然自然环境具有再生、恢复韵能力，但超过自我纳污和净化的限度后，就会对环境造成了污染。因此，随着旅游者数量增多，所造成的污染就可能突破环境自我调剂的限度，这个限度也就是所说的旅游地自然环境的承纳量。

②生态环境承纳量。生态环境承纳量，即旅游地生态保持平衡所能容纳的最大旅游人数。由于旅游者的大量涌入，还可能导致旅游地植被、土壤、生物、生活环境等遭到破坏，以致生态环境失调。如游人对草地等的直接践踏，对野生动物生存环境产生妨碍而致使物种迁移；游客对珍稀植物采集而造成的品质退化或灭绝等。所以为确保旅游地生态平衡，这又存在一个旅游地的生态环境承纳量的问题。

(2)游客感知环境容量。即旅游者旅游时在不影响感受质量，不破坏游兴的情况下所能承受的拥挤程度，也叫旅游者的心理承载能力。倘若旅游地的旅游人数长期饱和，主要景点总是超载，到处人满为患，拥挤不堪，旅游者的旅游体验质量就会大大下降，达不到最初期待的旅游效果，使旅游者认为该旅游地名不符实，从而影响了旅游地的声誉，使旅游地的回头客大大减少。因而在测算旅游地环境容量时应充分考虑该因素。但是由于不同旅游者的性格、年龄、性别、学识、经历、喜好等各不相同，从而导致每个旅游者对拥挤的忍受程度也不相同，为此通常要经过较为广泛的问卷调查，来测量这个限度。

当然，有一点必须注意，并非旅游地的旅游者数量大，旅游者的心理承载力就小，即二者并非一定成反比关系。这既要看旅游者对不同旅游地的心理需求，如在海滨浴场和娱乐场所，人多则更有可能增强旅游者的旅游感受质量，而在游览观光地，大多数则喜欢宁静，又要看旅游者在旅游时的心情，旅游者在心情特别好时，有可能更喜欢人多。由于旅游者心理承载力融入了旅游者的主观心情，就对我们量测旅游者心理承载力带来了诸多麻烦，所以此项数据的测量具有一定难度，需要较长时间较广泛的总结积累。

8.7.4.2 旅游环境容量的测算

旅游环境容量的测算方法有面积法、线路法与卡口容量法，在旅游景区规划与管理实践中，这三种测算方法也是相对比较容易操作的，因此至今依然是最常用的环境容量计算方法。在三种测算方法里面，通常以最小值为景区的环境容量标准。

1. 面积法

面积法是指在单位时间内，单位游客在特定游憩环境或服务设施内活动所必需的最小面积。在进行面积法计算的时候，首先要确定的是景区的面积及不同环境或服务设施的生态容量标准。在《风景名胜区规划规范》(GB50298——1999)中规定了风景区内游憩用地的生态容量。

【小资料】

相关旅游面积标准

西方国家或组织的相关标准设置西方一些国家对一些旅游设施设置的标准为：一般旅馆 $10-35m^2$/人，海滨别墅 $15m^2$/人，山区旅馆 $19m^2$/人，餐馆 $24m^2$/人，海滨度假区 $10m^2$/人，滑雪场 $100m^2$/人，室外电影场最多1000人/场，夜间俱乐部最多1000人/处。

当然，由于文化、心理、传统习惯等因素的影响，在同一场合，人的感受也会有所不同。例如在海滩，世界上比较常用的标准是 $10m^2$/人，日本人对这个标准的满意度是100%，而美国人的满意度只有50%。日本规定的不同游乐场所的个人空间及平均滞留时间标准为：动物园 $2.5m^2$/人，2.5h；植物园 $300m^2$/人，2.5h；高尔夫球场 $2000-3000m^2$/人，5h；溜冰场 $25m^2$/人，1.6h；射箭场 $230m^2$/人，2.5h；自行车道 $30m^2$/人，2h；徒步旅行 $400m^2$/人，3.5h；别墅 $70-100m^2$/人，3.5h。

世界旅游组织规定一些娱乐活动场所的容量或承载力标准为(以每公顷接待人数为单位)：森林公园15，郊区自然公园15-17，高密度野餐地300-600，低密度野餐地60-200，体育比赛100-200，高尔夫球场10-15，垂钓/帆船5-30，速度划船5-10，滑水5-10，徒步旅行40，骑马25-80。

在面积法计算中，可有三种算法：

(1)以整个景区面积计算这样算有简化的优点，适用于景区相对均质，即基本上每个地方都适合开展旅游活动，且每个景点或设施的生态容量标准差别不大。

(2)以景区可游面积计算这样虽然计算较准确，但是在实际操作过程中，可游面积通常难以恰如其分地进行界定。

(3)以景区景点面积计算适用于各个规划层次，同各专项规划口径一致，其他适应性也较强。同时，还可以衡量一个景区中景点疏密状况和景区划界的合理程度。当然，对于景点面积以外的范围，也可以用更加概略的指标匡算其容量，以补充某些景区中仅以景点面积计算的不足。

2.线路法

线路法是指在同一时间内每位游客所必须占有的游览线路长度。这类计算方法主要适用于那些游览空间呈狭长形的景区，如峡谷型旅游景区。同时，即使在相对平坦的旅游景区内，游客也并不是平均分布在可游区域内，而是集中在景区的游览线路上呈线性运动，导致游览线路成为人流最为集中的区域。因此，仅用面积容量法并不能准确地反映旅游景区的接待能力与生态容量。

线路容量的大小主要取决于景区内实际可游览线路的长度、宽度、可行程度或险易程度、线路交通组织方式、沿线景点布置结构等因素。通常，仅简单地以可游览线路的长度、宽度等指标进行计算。

3. 卡口容量法

卡口容量，即瓶颈容量，主要指旅游景区因交通、景观、空间等因素，限制游客进入景区景点参观、游览的“瓶颈”或“卡口”，同时成为生态环境保护与资源永续利用的脆弱点。通常旅游景区的核心区或著名的景点周围是人流最集中的地区，在旅游旺季往往形成人流过于集中、负荷过重的局面，从而给景区环境或服务设施造成巨大的压力。比如，敦煌莫高窟为了避免在旅游旺季游客过多，排放的大量二氧化碳会加速壁画、彩塑的褪色，为此景区在旅游旺季增加了参观项目，并设立了旅游接待中心，专门负责预订服务，以控制、分流游客数量。

根据上述三种环境容量测算方法，可以综合计算出旅游景区或游览参观点的接待能力。

8.7.4.3 环境容量的调控

1. 环境容量调控的原则

首先，保护生态环境的原则。通过环境容量的测算与控制，使得游客量低于景区环境容量的上限，以保证景区的生态环境。其次，保证服务质量的原则。尽量给游客提供更多的游憩机会与空间，以满足不同需求和目的的游客。

2. 环境容量调控的措施

首先，可以增加景区游览空间，以分流部分景点过多的客流量。比如，敦煌莫高窟在旅游旺季的时候，通常会开放平时不对外开放的北区，以分流游客，减轻南区的压力。其次，提供提前预订服务。很多景区虽然都设置了日最高容量，但是经常会超越这一警戒线，因为游客远道而来，很难将其拒之门外。如果为了保证控制容量而将游客挡在门口，则会给游客的旅途留下较差的印象。比如九寨沟为了保护其生态环境，设置并严格执行每日 1.2 万游客的最高值，导致很多游客吃了闭门羹，抱怨不断。因此，景区可以想一个两全其美的办法，即提供多渠道的预定渠道，以保证游客能进入景区游览。第三，建立早期预报系统。对景区内各个景点的客流情况提前进行预报，以便游客能够提前进行决策。

【小资料】

“数字南岳”凸现服务人性化

据湖南省南岳区政府介绍，近几年来，南岳区投巨资建设了涵盖景区智能管理、智能报警、森林火灾火险预报及公路交通安全实时监控的立体式全方位的“数字景区”。随后，电子门禁系统建成运行，包括门票生成管理系统、电子门票初始化系统、电子监控系统、售票系统、检票系统、信息统计及查询系统，一方面大大提高了售票验票的速度，另一方面能帮助景区管理部门及时、全面掌握景区游览人员的进出情况，为旅游高峰期对客源进行分流提供了详细的数字依据。

8.7.4.4 景区旅游环境容量模型的讨论

景区旅游环境容量模型具有以下特征。

1. 普遍性

各类模型的设计一般都是在总量与单位量相比的基础上建立的，无论是山岳型、园林型、海滩型、湖泊型等，各类景区大致都可被划分作两大类，即按照景区的景点分布特征来划分，一是平面型，一是线路型。在平面型景区中，如园林型、海滩型等，各景点平面分布，景点之间多条通道、门户可相通，游人流动性强，不受什么限制，景区处于游客均质分布、线路顺的理想状态，在此不考虑线路的因素，可将各景点面积作为容量计算中的总量，分别计算各景点容量，再平行相加，得到景区总的环境容量。在线型景区中，如溶洞型、山岳型等，各景点沿线分布，游人一般都是按线路呈线状流动的，为此，在景区环境容量计算中，不能简单地将线路中各景点相加，若这样得出的值往往会超出实际可能的容量，而造成线路阻塞，所以该类景区旅游环境容量即为线路容量，即在计算中以线路长度作为总量。

2. 独特性

各类景区在景点的构成和分布上的不同，使他们各自影响限制容量大小的因素也不同，所以在模型设计中考虑涉及参数指标也因景而异。

3. 灵活性

同一类景区因构成要素、景点分布的差异，模型选择上不尽相同，在确定参数反映标准时所侧重考虑的限制性因素也不同。如对于那些以游览观光为主的旅游的景区中，由于景区中自然构成的因素较少，即使有也非游人的主要必然的活动对象，因此游人对它产生不利影响行为发生的机率也较小，所以在旅游环境容量的测量中，更侧重以游客感知忍受程度为标准。但是在那些重点开发生态游的景区中，游客对自然产生的行为活动频繁且必然，所以生态环境的限制因素则不可忽视。

4. 适用性

不同类的景区的构成景点上都存在有这样的那样的相同之处，如山岳型景区可能拥有建筑、湖泊、自然景观等景点，而园林型景点也可能由建筑、湖泊等组成，形成一种"你中有我，我中有你"表形。因此在容量计算时，选用到的数学模型及参数指标中往往存在不少相同之处。一组模型，尤其是涉及具体详细的某种分类参数指标的确定成形，对另一景区旅游环境容量的测算往往具有极强的借鉴价值。

8.7.5 旅游环境综合管理

景区资源是大自然赋予人类的宝贵财富，具有不可再生、容易遭受破坏等特征。因此，景区在规划建设以及运营管理过程中，应该加强对景区资源的保护，尤其是世界遗产景区。目前，对景区资源和环境的破坏主要因素除了自然灾害、气候等不可抗拒的自然因素外，更多地应归咎于景区的超负荷接待、低层次开发和过度建设以及游客的不文明行为等。因此，加强景区资源与环境的保护，主要从以下几点入手：

1. 健全法律法规体系

虽然我国建立了很多关于资源与环境保护的相关法律、法规，但是至今依然没有出台综合性的旅游基本法，导致景区旅游资源保护的蹩脚、尴尬地位。旅游资源的法律保障还是一个相当薄弱的环节。完善我国旅游资源保护立法应着重做好：首先是在整理现行相关法律法规条文的基础上，制定并不断完善配套的系列法律法规。修改并完善《自然保护区条例》、《森林公园管理法》、《文物保护法》等特别区域保护法，并注重相互之间的协调性。其次，制定统一的旅游基本法。针对自然文化资源的整体性与特殊性，建立、完善、协调、充实有关国家森林公园、风景名胜区、自然保护区、国家重点文物保护单位等保护管理条例、标准和规范，如《景区管理法》、《旅游资源保护法》等。各个地方与景区应根据全国统一的旅游法，结合自身实际及时修订、完善地方或景区管理规范。

【小资料】

九华山风景名胜区管理条例

第八条　禁止在风景区内从事下列活动：

(一)在二级以上保护区(含二级保护区，下同)内采石、挖砂、取土；

(二)烧砖瓦、烧石灰；

(三)储存易燃易爆、有毒有害物品；

(四)进行野炊和其他违章用火作业；

(五)在景物上涂写、刻划；

(六)在二级以上保护区内放牧牲畜；

(七)破坏景观的其他行为。

第九条　风景区内的地形、地貌应当严格保护。因保护风景区内道路、维护设施，确需在三级保护区内采石、挖砂、取土的，应当经管委会审查同意后，报县级以上人民政府有关行政主管部门批准，并在指定地点采、挖。

风景区内的居民因生活需要，必须在三级保护区内采石、挖砂、取土自用的，由管委会指定采、挖地点。

第十条　管委会和县级以上地方人民政府有关行政主管部门应当依法做好风景区及其保护带内的护林、绿化、防火、防治病虫害以及泥石流、山体滑坡等地质灾害的防治工作，保护动、植物及其生存的自然环境。

风景区内的林木，不分权属均应当按照规划进行抚育管理。因景区景点的开发或者工程建设确需砍伐少量非珍贵林木的，以及集体或者个人所有的林木确需进行更新、抚育性采伐的，应当经管委会审查同意后，依法报县级以上人民政府林业行政主管部门批准。

保护带内的非珍贵林木，确需进行更新、抚育性采伐的，应当符合风景区总体规划的要求，并依法报县级以上人民政府林业行政主管部门批准。

因教学、科研等需要在风景区内采集物种标本、野生药材和其他林副产品的，应当经管委会审查同意后，报县级以上人民政府林业行政主管部门批准，并在指定地点限量采集。

第十一条　风景区内的寺庙和古民居、园林、奇峰、异石、名树、名泉、名瀑等，应当建立档案，设置标牌，严格保护。

前款所列景物周围，除建设必要保护设施外，不得建设其他设施。

第十二条　风景区内的河床、溪流、泉水、瀑布、深潭等，除按照风景区规划进行整修、利用外，应当保持原貌，不得截流、改向或者进行其他人为改变。

禁止向风景区内的水体排放、倾倒未经处理或者处理后未达标的污水和其他污染物。

第十三条　风景区及其保护带内应当建立、健全防火组织，完善防火设施。在室外吸烟、烧香、燃烛或者燃放烟花爆竹的，应当在管委会规定的地点进行。

第十四条　未经检疫部门检查的竹木及其制品、盆景、苗木、花卉、种子和动物等，不得运入风景区。

第十五条　保护带范围内风景名胜资源的开发、利用，应当依据风景区总体规划，经管委会审查同意，报池州市人民政府批准，并做好保护、管理工作。

风景名胜区所有开发、建设项目必须进行环境影响评价。需要建设防治污染设施的，必须与主体工程同时设计、同时施工、同时投产使用。

2. 加强规划的科学性与权威性

制定可持续发展的景区总体规划，通过规划对景区内各种旅游活动、服务设施进行合理的布局与建设，加强论证与环境影响评估工作，合理确定景区环境容量与功能分区，使得景区内的生态环境、社会经济效益达到最优化。同时，加强对规划编制后的实施情况监督，确保规划的权威性，以防出现“只规不做”或“规划无用论”的不良现象。应该发动最广大社区居民来共同参与规划、建设、经营与管理监督，最终实现景区的可持续发展。

3. 抓好景区综合环境工程建设

加强对旅游景区的环境综合治理工程建设，严格控制景区周边农业用地、工业用地及其他可能危及景区综合环境的污染物排放，确保景区的“清澈、清新、清净、清洁”。

(1)景区水体环境保护——清澈

水体环境是旅游景区的灵魂与生命力，水体清澈与否对当地社区居民和旅游业的可持续发展具有重要的意义，因此要特别注意旅游活动对水体环境的影响，对水体环境实施综合整治、有效监督与管理。首先，要统一水源管理。由于很多旅游景区的水体与周边地区与环境存在着千丝万缕的关系。因此，水体环境管理必须把一定范围内的水(包括用水、污水、地面水、地下水、雨水以及农田排水等)以及水体周边的陆地作为一个整体来考虑，以加强对水资源的统一管理。其次，加强水质监测。定期或不定期对景区内的水环境进行监测，主要是要加强对N(氮元素)、P(磷元素)的监测，防止出现水体富营养化现象。第三，引进最新的水体环境净化设备。

(2)景区空气环境保护——清新

随着旅游业的发展，景区知名度的提升与游客数量的不断增加，其乘坐的交通工具排放的大量有毒尾气、尘埃、宾馆饭店排放的废气以及景区内的单位和社区居民燃烧秸秆所产生的烟尘等，都会对旅游景区的空气质量产生影响。

景区空气质量的好坏直接关系到游客的满意度，因此景区空气质量的保护与控制变得越来越重要。为了避免景区内过多的汽车尾气排放，景区可以设置内部转乘系统，即游客至景区服务中心后转乘景区内部观光巴士，以降低景区空气质量的污染程度。比如杭州山沟沟景区就充分利用了景区的观光巴士，所有游客至景区后都改乘观光巴士至各个景点游览。此外，还应该积极地推广清洁能源，优化燃料结构，比如推广太阳能等等。

(3)景区噪声质量控制——清静

不同类型的景区以及同一景区的不同地域单元，由于其各自营造的意境和氛围的差异，对景区噪声的控制标准是不一样的。旅游景区的噪声管理主要包括交通噪声、生活噪声以及娱乐噪声。旅游景区的噪声会对游客的心理造成极大的影响，直接影响到游客的消费满意度。因此，加强对噪声质量的控制，必须做到：所有机动车禁止在景区内鸣喇叭、鸣笛，部分区段可以限制机动车进入；同时在主要道路两侧设置明显的禁音标志。在景区内尽量推行适用电瓶车等环保运输工具。对于可能产生噪声的大型游乐设施，应该人为设置隔音防护林带，以减少外界噪声对景区环境的影响。

(4)景区环境卫生控制——清洁

景区环境卫生管理与控制是景区环境管理的重要组成部分。但是，由于景区的卫生状况是整个环境系统中的一个不稳定的常变量，不像水体、空气等生态环境具有时间上的稳定性。因此，景区环境卫生控制是景区环境管理工作的一项特殊内容。

首先，明确环境卫生控制的内容旅游景区卫生管理工作涉及景区的各个环节，体现在接待服务过程的前前后后，可以分为静态卫生管理，即游览环节、设施设备和用品卫生管理和动态卫生管理，即工作人员与游客卫生管理。

其次，明确环境卫生控制的任务加强景区环境卫生控制，是保证景区游览环境清洁的基础。从行业管理的角度制定专门的景区卫生管理制度。目前，国家旅游局已制定《旅游区(点)质量等级的划分与评定》，对四个等级的旅游景区、参观游览定点卫生质量都规定了明确的标准并有相应的操作程序、规范。因此，景区应该根据该标准，结合实际制定景区自身的卫生管理操作程序，加强卫生检查，保证卫生质量。

再次，明确环境卫生控制的基本要求旅游景区环境卫生质量的好坏，将直接反映景区的管理水平和服务质量。因此，作为景区的高层管理者必须重视卫生管理，形成网络管理体制;实行分级归口，建立责任到人制度;对卫生控制进行分门别类，制定相应的控制标准;严格制度的执行，奖勤罚懒;同时，可以发动广大游客进行监督，加强培训提高员工素质。

最后，清理景区垃圾旅游景区需要对垃圾进行分类搜集与处理，对于可纳入城市垃圾处理系统的就统一运输处理;对于无法纳入城市垃圾处理系统的，则必须采用生态有机处理方法，就地处理。

本章小结

旅游景区环境质量指的是在具体的历史时期和时空条件下，一个景点的环境总体或者某些要素，如天气、水文、地质、地貌、社会环境等，对于游客的心理、生理和旅游活动的适宜程度。旅游景区的可持续发展是旅游景区管理的重要任务，旅游景区的经营者要以长远的目光来保护景区环境。

主要概念

旅游景区环境质量　旅游景区环境质量标准　旅游景区环境质量管理方法　旅游景区环境质量管理手段　旅游景区卫生管理措施

基础训练

1. 简述旅游景区环境的构成要素。

2. 旅游景区环境管理的对象是什么？为什么？

3. 为什么要进行旅游景区的环境审计？

4. 什么是可持续发展？它的主要内涵是什么？

5. 什么是环境质量评价？

案例分析

玉龙雪山的马帮道

云南丽江玉龙雪山下的玉龙、玉壶两村都有通往雪山的马帮道，目前开展由村民牵马上山的生态旅游活动，每户出一匹马，轮流出工。马票根据线路不同，价格从280－380元不等，上交有关部门管理费1/3左右，其余收入除了少量管理费和村提留外，在村民家庭平均分配。由于无需购买进入主景区的门票，且马票价格与主景区索道和门票价格相当，加上骑马对部分游客的吸引力较大，目前两村游客接待生意不错，日游客平均接待量500人次左右，旺季两村还会出现马匹数量不够的情况。

马帮道是2003年前后劈山开路而成，没有硬化，没铺弹石。玉龙雪山经1986年森林火灾以后，目前大部分山体都是低树和灌木丛，所以山风特别大，风一吹，踩踏形成的山路灰尘漫天飞舞，令游客难以忍受。一旦下雨，山雨顺着路沟冲刷而下，不但泥泞难行，水土流失特别严重。由于马匹长年累月踩踏，在大风和雨水的作用下，在山间形成了一条深约半尺的土石路沟。马帮道引发了较大的环境问题，急需改善。

问题：(1)马帮道对自然生态环境的影响主要表现在哪些方面？如果要评价其环境影响，应从哪些方面入手？(2)如果要比较马帮道和索道对环境的影响程度的大小，应从哪些方面考虑？(3)如果要重建马帮道，设计中要注意些什么？应该采取什么样的出资模式？

第9章　旅游景区安全管理

学习目标

了解旅游景区安全管理工作的方针、原则，了解旅游安全管理机构及其职责，理解旅游景区安全存在的问题与对策。掌握旅游突发危机事件处理方法，开展对游客行为安全管理，具备预防和处理突发安全事故的能力。

引例

游客溜索受伤，景区管理者应担责

旅游景区溜索存在安全隐患，导致游客乘坐溜索时受伤致残，景区经营管理者被告上法庭。原告韩女士与朋友利用假期自费到被告吴某个体经营的某景区旅游。次日上午，韩女士在乘坐该景区溜索至终端时，被突出的崖石撞伤，导致其左脚跟骨粉碎性骨折。后经法医鉴定为八级伤残，占全残的30%。出院后，韩女士多次找景区业主吴某协商解决赔偿事宜，被告吴某以事故系原告自身操作不当造成为由拒绝赔偿。法院审理后认为，事故发生时，景区溜索终端防护设施已破损，失去安全防护作用。被告吴某作为景区经营管理者，应及时排除安全隐患，为游客提供安全保障。被告吴某因管理疏漏，导致韩女士伤残事故的发生，依法应承担全部赔偿责任。吴某认为事故系原告操作不当造成的主张，因证据不足，法院未予采纳。

导读

安全，是人们外出旅游时所考虑的首要问题。没有安全，就没有旅游。我国各级政府历来十分重视旅游安全工作。国家旅游局、公安部多次发出有关通知，要求各地采取有力措施，保障旅游者的安全。为了使我国旅游安全管理工作规范化和制度化，国家旅游局自1990年以来，先后制定了《旅游安全管理暂行办法》、《旅游安全管理暂行办法实施细则》以及《重大旅游安全事故报告制度试行办法》、《重大旅游安全事故处理程序试行办法》等一整套旅游安全规章制度，从而使我国的旅游安全管理工作初步纳入规范化和制度化的轨道，使旅游安全管理工作有法可依，有章可循。根据《旅游安全管理暂行办法》的规定，为了切实加强旅游安全管理工作，保障旅游者人身、财物安全，旅游安全管理工作实行“安全第一，预防为主”的方针。

9.1 旅游景区安全管理概述

9.1.1 旅游安全管理工作的方针

所谓"安全第一"，是指在旅游活动中，无论是旅游行政管理部门，还是旅游经营单位或者是旅游从业人员，都必须自始至终把安全工作放在首位，丝毫不能有懈怠的思想。在旅游活动中，安全第的方针，是对以往实践的总结与认识。对旅游业来说，安全问题是一个十分敏感的问题，不仅影响到旅游业的形象和信誉，也关系到旅游业的生存与发展。所谓"预防为主"，是指对于旅游活动可能发生的安全事故，一定要把预防工作放在首位，切不可等到安全事故发生后再采取补救措施，这就要求各级旅游行政管理部门、旅游企业和旅游从业人员切实增强旅游安全责任心，建立健全各项旅游安全的规章制度，在实际工作中严格执行旅游安全规章制度，增强风险防范意识，切实做到到"防患于未然"。

依据《旅游安全管理暂行办法》规定，旅游安全管理工作实行"统一领导，分级管理，以基层为主"的原则。也就是对旅游安全管理工作实行在国家旅游局的统一领导下，各级旅游行政管理部门分级管理的体制。

9.1.2 旅游安全管理机构与职责

1. 国家旅游局在旅游安全管理工作方面的主要职责

(1) 制定国家旅游业安全管理规章，并组织实施。

(2) 会同国家有关部门对旅游安全实行综合治理，协调处理旅游安全事故和其他安全问题。

(3) 指导、检查和监督各级旅游行政管理部门及旅游企事业单位的旅游安全管理工作。

(4) 负责全国旅游安全管理的宣传、教育工作，组织旅游安全管理人员的培训工作。

(5) 协调重大旅游安全事故的处理工作。

(6) 负责全国旅游安全管理方面的其他有关事项。

2. 地方各级旅游行政管理部门在旅游安全管理工作方面的职责

(1) 贯彻执行国家旅游局制定的旅游安全法规。

(2) 制定本地区旅游安全管理的规章制度，并组织实施。

(3) 协同工商、公安、卫生等有关部门，对新开业的旅游企事业单位的安全管理机构、规章制度及其消防、卫生防疫等安全设施、设备进行检查，参加开业前的验收工作。

(4) 协同公安、卫生、园林等有关部门，开展对旅游安全环境的综合治理工作，防止向旅游者敲诈、勒索、围堵等不法行为的发生。

(5) 组织和实施对旅游安全管理人员的宣传、教育和培训工作。

(6) 参与旅游安全事故的处理工作。

(7) 受理本地区涉及旅游安全问题的投诉。

(8) 负责本地区旅游安全管理的其他事项。

3. 旅游企业在旅游安全管理中的职责

旅游安全管理要以"基层为主"，即旅游安全工作成效如何，关键在基层，也就是说关键在于旅游企业。旅行社、旅游饭店、旅游车船公司、旅游购物商店、旅游娱乐场所和其他旅游经营企业是旅游安全管理工作的基层单位，企业主要负责人对旅游安全负第一位的责任。旅游企业安全管理工作的职责如下：

(1)设立安全管理机构，配备安全管理人员。

(2)建立安全规章制度，并组织实施。

(3)建立安全管理责任制，将安全管理的责任落实到每个岗位、每个职工。

(4)接受当地旅游行政管理部门对旅游安全管理工作的行政管理和检查、监督。

(5)把安全教育、职工培训制度化、经常化；培养职工的安全意识，普及安全常识，提高安全技能。对新招聘的职工，必须经过安全培训，合格后才能上岗。

(6)新开业的旅游企事业单位，在开业前必须向当地旅游行政管理部门申请安全设施设备、安全管理机构、安全规章制度的检查验收，检查验收不合格者，不得开业。

(7)坚持日常的安全检查工作，重点检查安全规章制度的落实情况和安全管理漏洞，及时消除安全隐患。

(8)对用于接待旅游者的汽车、游船和设施，要定期进行维修和保养，使其始终处于良好的安全技术状况。在运营前进行全面的检查，严禁带故障运行。

(9)对旅游者的行李要有完备的交接手续，明确责任，防止损坏或丢失。

(10)在安排旅游团队的游览活动时，要认真考虑可能影响安全的诸项因素，制订周密的行程计划，并注意避免司机处于过分疲劳状态。

(11)负责为旅游者人身及财物投保。

(12)直接参与处理涉及本单位的旅游安全事故，包括事故处理、善后处理及赔偿事项等。

(13)开展登山、汽车、狩猎、探险等特殊旅游项目时，要事先制订周密的安全保护方案和急救措施，重要团队需按规定报有关部门审批。

由此可见，贯彻旅游安全工作的"安全第一，预防为主"的方针以及"统一领导，分级管理，以基层为主"的原则，重点在于旅游经营单位。只有旅游经营单位切实做到上述规定要求，真正树立起"没有安全，便没有旅游业的发展"这一观念，旅游安全工作才能收到实效。

【小资料】

游客需加强安全意识

国庆节前夕，广东省职工国际旅行社(以下简称旅行社)接受郑州优德伟业科技发展有限公司广州办事处(以下简称公司)委托，组织该公司101名员工前往肇庆西江边的砚州岛开展为期两天的拓展旅游活动。双方签订的旅游合同特别约定，旅游者不得擅自到西江游泳。开展活动前，旅行社团体部经理与公司负责人勘察了拓展旅游地，该区域有禁止游泳的警示牌。双方在签订旅游合同的基础上，又增加了旅游行程、活动安排、注意事项、有关要求等合同附件。拓展旅游活动按照合同的约定进展顺利。10月4日上午，在游览鼎湖区砚州岛、用完午餐后，公司负责人与随团导游员协商，给予旅游者1小时时间整理行李、稍事休息，下午4时集中乘车返回广州。导游员随即宣布自由活动，在告知集合时间的同时，提醒大家不要下西江玩水、游泳。当日下午约2:30时许，七八名旅游者擅自到沙滩戏水。约2:40时，三名游客走到水深处突然溺水，大呼"救命"，一名游客获救，两名游客失踪。旅游者向110报案。

公安部门接报后，及时赶赴现场，会同海事部门、当地村镇人员搜救。

10月6日上午8时许，在当地公安、海事、旅游及所在镇政府、村委会等有关单位努力下，于事发现场下游2公里处找到两名失踪者遗体。经法医鉴定和公司领导现场确认，死者为该公司委托旅行社组织的赴肇庆旅游的团队成员。事故发生后，肇庆市委、市政府和省旅游局高度重视事件的处理。肇庆市旅游局及时启动旅游突发事件应急预案，主要领导等有关人员赶赴事发地点，协调相关部门。事发地鼎湖区政府组成了由公安、海事、旅游以及所在镇政府、村委会等单位参加的工作小组，研究部署事故的善后处理工作。在当地政府以及旅游、公安、海事等有关部门和组团社、组团单位的共同努力下，经过与死者家属友好协商，由组团单位代表旅行社、砚州村委会与死者家属签订协议，每位死者获得经济补偿10万元、旅行社为旅游团购买的旅游意外保险8万元。死者家属随后返回原籍，事故善后处理结束。

无论是旅游行政管理部门，还是旅游经营单位或者是旅游从业人员，都必须自始至终把安全工作放在首位，丝毫不能有懈怠的思想。作为景区经营者没有及时排除安全隐患，一旦发生旅游安全问题，就要承担责任，因此在日常经营中，应该把预防工作放在首位，切不可等到安全事故发生后再采取补救措施，应严格执行旅游安全规章制度，增强风险防范意识。

9.2 旅游景区安全事故的表现形态及类型

【小资料】

中国游客在马来西亚遭绑架

2014年4月3日，中国驻马来西亚古晋总领事馆以及马来西亚官员证实，一名中国女性游客2日晚在马来西亚沙巴州仙本那地区遭疑似来自菲律宾的武装人员绑架。

北京时间2014年4月2日，马来西亚仙本那一个四面环海的岛屿酒店遭遇一伙武装人员袭击，1名中国上海籍女孩和1名菲律宾籍酒店女员工被劫持。一伙持枪武装人员突然袭击了马来西亚仙本那酒店。当时，酒店现场有60名中国游客，其中包括老人、小孩，现场一片混乱，酒店员工称有武装人员靠近，所有人立马趴在地上，情况很紧张。

马来西亚沙巴东部安全指挥区发布声明确认，一名中国游客和一名菲律宾籍度假村员工被一伙男子绑架。美联社援引菲律宾一名情报官员的话称，绑架者据信来自阿布沙耶夫反政府武装，这一武装此前曾在这一地区制造过绑架事件，以勒索赎金。

9.2.1 旅游景区安全事故的表现形态

景区安全事故的表现形态主要有以下几种：

1.犯罪

景区犯罪给游客带来了严重的伤害，给景区造成了恶劣的影响，使其在景区安全问题中显得最为引人注目。一般来说，景区地理环境特殊，隐蔽性强，游客在景区游览，正是兴致最高、疏于防范的时候，很容易成为犯罪分子的目标；加之我国旅游行业在一些环节的管理不够规范，这些都给景区犯罪提供了有利条件。在景区，常见的犯罪形式有抢劫、诈骗、盗窃和人身攻击。此外，价值观和文化冲突也是景区犯罪的一个诱因。近些年来，恐怖主义猖獗，为了造成更大的破坏和影响，恐怖组织将目光转向了景区。例如，2002 年 10 月 12 日，在巴厘岛的沙丽夜总会发生的大规模炸弹爆炸事件中，有将近 200 人死亡。有人说，恐怖分子之所以选择以夜总会为目标是因为夜总会与派对旅游联系紧密，而恐怖分子和当地人都不赞成这种形式的旅游。

2. 游览活动安全事故

游览活动安全事故是指游客在景区游览过程中由于麻痹大意、拥挤等原因而发生的走失、摔伤、踩踏、坠崖等事故。例如，2006 年 5 月，在甘肃省夏河县白石崖溶洞曾发生一起因游客麻痹大意而导致的安全事故：一个由荷兰籍和挪威籍游客自发组成的团队在白石崖溶洞旅游时，一名荷兰籍游客不慎坠入洞底死亡，给当地的旅游活动造成了很大的影响。

3. 自然灾害

自然灾害是景区安全事故中较常见的表现形态。自然灾害形成的机理主要与自然因素有关，是地球演化过程中的正常现象，是不以人们的主观意志为转移的。因此，自然灾害具有突发性与永久性，频繁性与不确定性，周期性与不重复性，广泛性与区域性等外在特征。威胁人类生命、破坏景区旅游设施的自然灾害主要包括：

（1）地质地貌类旅游灾害

地质地貌类旅游灾害是指由于地质地貌因素发生变化引起的旅游灾害。其主要表现为地震、火山活动、地裂缝、地面沉降、泥石流、滑坡、崩塌等。如 2004 年 11 月 26 日，印尼苏门答腊岛以北海域发生了地球上 40 年来最强烈的 9.0 级地震，由此引发的海啸将大量在海滨度假弄潮的游客溺毙。

（2）气象气候旅游灾害

气象气候旅游灾害是指由气象气候因素而引起的旅游灾害，主要表现为台风、暴雨、暴风雪、风沙、酷暑、严寒等。如 2002 年“五一”期间，巫山大宁河遇暴雨涨水，水位超过警戒线，为保证游客生命安全，小三峡被迫禁航达 96 小时。但由于大宁河水位的涨跌在 3 天前无法做出准确预测，致使旅游者到了巫山后又突然不能进小三峡游览，情绪激愤，导致小三峡游成为当年重庆“五一”黄金周投诉的热点。

（3）生物旅游灾害

生物旅游灾害是指由于森林火灾、病虫害等引发的对生态环境和文物古迹等旅游资源的破坏。例如，春城昆明筹办 1999 世界园艺博览会期间，曾遭受过一场很大的雪灾，严寒给大量的热带植物带来了巨大的威胁，在当地气象部门与世博会筹办各方的通力合作下，终于使这些热带植物渡过了危难期，保证了昆明 1999 世界园艺博览会如期开园。

4. 设施设备安全事故

设施设备安全事故是指因空中、陆地、水面游览交通，娱乐、服务设施设备问题而发生的安全事故。事故的起因主要有景区设施规划、规模预测不合理，部分设施年久失修、不符合规定要求或超过设施设备的承载力。常见的旅游设施设备安全事故有：游乐设施设备安全事故、区内交通事故、漂流事故、护栏断裂事故等。

5. 火灾

在景区，火灾的起因通常有：乱扔烟头、焚香燃蜡、使用炭火、漏电短路、违规操作、纵火等几种。一般来说，景区植被覆盖率较高或有大量的木构建筑。在旅游旺季，人流如织，十分拥挤，一旦发生火灾，较容易造成游客的伤亡和景区的重大损失。

6. 疾病

这里的疾病是指因水土不服、旅途劳累、饮食禁忌、食品卫生等问题引发的疾病或食物中毒，或由于景区特殊的地域环境和自然条件而发生的疾病，也包括传染性疾病。

7. 其他意外事故

指在景区中，因不可预料的因素引起的安全事故。

【小资料】

冰洞摔断腿

李某在冰洞摔断腿，遂与景区就赔偿责任发生纠纷。景区认为自己不应承担责任，其理由是：景区已在冰洞门口处放置了一个提示牌，上面有"小心路滑注意安全"的警示，因此景区已经尽到告知义务，况且李某是一个成年人，自己应该知道冰洞的危险性，所以不应承担责任。李某则辩称，虽然冰洞确实有一个提示牌，但是牌子太小且放在暗处，一般游客很难注意到，并且这种提示非常概括笼统，并没有明确地说明冰洞路面有冰，不宜穿高跟鞋等，所以自己摔断腿的责任，主要应由景区负责。双方各持己见，互不相让。后经法院调查，李某的陈述是真实的。

9.2.2 景区安全事故的特征

1. 复杂性

景区是一个满足游客多样化休闲娱乐需求的非日常的复杂的社会系统。游客在景区游览的每个环节都可能出现安全问题。同时，景区作为一个开放性的公共场所，一般线长面广，人流量大，车辆来往多。社会闲散人员、不法分子、外地盲流、乞丐等各类人员混杂其中，使安全事故表现出复杂多样的特征。

2. 巨大性

景区的安全问题不仅会使游客人身、财产安全受到威胁，遭受损失，而且会危害景区的社会形象，影响其经济效益，甚至会给当地的旅游业造成一定的负面影响。

3. 隐蔽性

由于安全问题本身的敏感性和其巨大的负面效应，景区的经营者往往会有所掩盖，禁止和阻碍消息的扩散和传播。所以，见诸于报刊的安全事故要比现实少得多。

4. 集中性

集中性体现在两个方面：一是时间上的集中性，表现为一年中的旅游安全问题多发生在旅游旺季，一天中旅游安全问题多发生在夜晚。在旅游旺季，游客大量涌向景区，给景区的环境、接待设施、安全管理等诸方面造成很大压力，导致安全隐患上升。在夜晚，不法分子利用夜幕的隐蔽更容易得手。二是形态上的集中性，景区安全事故主要集中在犯罪、自然灾害、设施设备安全问题等几个方面，其中又以犯罪最多。

5. 突发性

突发性是指景区出现的安全问题，是在极短的时间内，在毫无防备的情况下发生的。

6. 相关性

相关性体现在两个方面：一是景区安全问题的类型与景区的资源类型关系密切相关。一般来说，以自然资源为主的景区，自然灾害发生频率较高；以人文旅游资源为主的景区，诈骗、盗窃等犯罪现象所占比例较高。二是景区安全问题发生的频率、强度与景区所在地的文化背景、旅游业发展水平及旅游目的地、客源地的文化差异程度密切相关。

9.2.3 景区安全事故的类型

景区安全事故发生的方式很多，造成的损害也各不相同，而且发生的地点也是多种多样的，这使得旅游安全事故的归类没有统一的说法，可以以不同的依据、角度来进行。本书主要从景区类型的角度将景区安全事故分为两类。

1. 自然资源类景区旅游安全事故的类型

自然资源类景区一般包括地文景观、水域风光、生物景观等资源类型。在这类景区中，游客的活动基本上是以自然景观为基础开展的，如山地自行车、潜水、滑雪、登山等。自然资源类景区，社会环境相对简单，人口构成单一。社会环境原因造成的偷盗、抢劫等的安全事故较少。有些景区，如保护区、森林公园等，远离城镇，甚至无长住居民。因此，安全事故的诱因主要集中为自然因素或游客个人因素，如游客的旅行技能、道路安全状况、自然灾害、游客身体及心理素质等。自然资源类景区的安全事故类型主要为机动机械活动类、自行车活动类、飞行活动类、跳跃活动类、撞击类、水域活动类等（见下表）。

自然资源类景区安全事故类型

景区	旅游活动	安全事故类型	事故举例
地文景观	越野活动，登山、攀岩，山地、公路自行车，滑翔，沙漠探险，洞底探险，滑雪等	机动机械活动类，自行车活动类，飞行活动类，跳跃类，撞击类，自然灾害类	外部创伤，机械事故，雪崩，山洪，泥石流等
水域风光	冲浪，滑水，帆舢板，游游，潜水，跳水等	机动机械类，水域活动类，跳跃活动类，自然灾害类	溺水，外部创伤，水生动物伤害（如鳄鱼袭击）等
生物景观	原始森林探险，观鸟，野生动物观赏，草原骑马等	动物、植物伤害类，花草过敏类，野生水果中毒类	大型动物袭击（大象、非洲豹），花卉过敏，植物对皮肤的伤害，蘑菇中毒等
其他	特殊天象、气候观赏，如极光、雾淞、海市蜃楼观赏，动物活动观赏等	身体不适（由于海拔高度，气候变化，其他类等）	高原病，极温等

2. 人文资源类景区旅游安全事故的类型

人文资源类景区一般包括历史事件发生地、宗教与礼制活动场、度假区、主题公园、休闲健身运动场所、购物场所等。在这类景区中，游客的活动以朝圣、购物、饮食、娱乐等为主。人文资源类景区多位于人口集中的城镇，而有些城镇本身就是旅游目的地，其城市功能的规划、建设都是围绕旅游业而进行的。旅游社会环境复杂是这类景区的主要特点，这类景区人口构成复杂、集中，游客与当地人混杂在一起，人与物之间产生的伤害较少，而人为造成的安全事故，如偷盗、盗窃、食物中毒等占主要比例。

人文资源类景区安全事故类型

景区类型	旅游活动	安全事故类型	安全事故举例
主题公园	刺激型娱乐活动，如海盗船、蹦极、家庭娱乐活动	设施、设备事故类，游客健康突变类，盗窃类	停电、撞伤、心脏病突发、儿童走失等
度假区	休闲、疗养、会议、冲浪、潜水、一般性观光	食物中毒类，欺骗、盗窃、水域设备类，水灾类，恐怖事件类等	酒店食物中毒、游客财物被盗、炸弹爆炸类
首都、城市	购物、会展、参观（博物馆、植物园、古建筑等）	购物欺骗类、市内交通事故类，暴力抢劫、迷路、盗窃类，食物中毒类，健康突变类，恐怖活动类、火灾类等	假货、儿童走失、饭店食物中毒、游客财物丢失等
成熟的旅游中心地	一般观光、美食，如刺激型娱乐活动、节庆活动、家庭度假、购物	盗窃、暴力、抢劫类，食物中毒类，健康突变类，购物欺骗类，恐怖活动类，设施、设备事故类等	食物中毒、撞伤或摔伤、购买到假货等
宗教朝圣地	一般观光、朝圣	抢劫、欺客类，食物中毒类	财物被盗、强买强卖、火灾等

总之，在以自然资源为主的景区，身体外伤、撞伤、自然灾害、野生动物攻击、游客健康突变等是主要的事故类型，而其他类型不占主要地位。在以人文资源为主的景区，食物中毒、暴力、恐怖活动等是主要的安全事故类型，而其他类型则不占主要地位。

上面只是按照两种不同类型景区安全事故范畴的主导方向进行了大致的划分，实际上，造成景区安全事故的原因是多种多样的，形成事故的类型也是多种多样的，不同类型的景区中所发生的安全事故有时会出现重叠，主要表现在以下两方面：

第一，自然和社会大环境发生变化会对所有类型的景区均产生一定的影响。任何景区都是存在于一定的自然和社会环境之中的，会受到周围自然和社会因素变化的影响，因此，像地震、泥石流等自然灾害，战争、恐怖活动、国际关系紧张、国内政局动荡、金融危机、公共卫生安全问题、生态环境破坏等社会大背景下的灾害，都会对灾害发生地及相关区域的所有景区带来负面影响。例如，无锡太湖“蓝藻”事件就对包括当地所有景区在内的整个无锡的旅游业造成了直接的损失，给太湖旅游形象、无锡旅游形象甚至无锡的城市形象带来了长期的负面影响。

【小资料】

无锡"蓝藻"旅游危机

无锡太湖"蓝藻"事件，实际上是一次由太湖水域近年较为频繁发生的一般性蓝藻暴发所引发的水环境问题。由于蓝藻污染了无锡居民的饮用水源地，导致城市居民饮用水危机，引发无锡城市饮用水污染危机事件。事件的本质是饮用水污染，由于影响范围大、波及方面广而升级为无锡城市公共安全重大事件。

从总体上看，这一事件对无锡市旅游业影响是较为显著的，旅游业也是无锡市受影响最为直接、表现最为敏感的行业。通过部分旅行社的问讯调查，影响的结果主要表现在危机暴发阶段一些旅游团体取消了来锡旅游的计划、一部分旅游线路临时变更将无锡排除到旅游行程之外、一些旅游团体或缩短在无锡旅游的时间或取消在无锡过夜，且这种影响对来无锡旅游的散客的影响更加强烈一些，有一定比例的散客取消了行程。这些必然导致无锡旅游人数同比会出现一定程度的下降、过夜人数同比减少、人均旅游时间缩短、消费水平降低，且其影响波及到交通、饭店等众多行业部门。由于6月份是无锡市旅游的淡季，"五一"黄金周旅游旺季刚刚过去，7、8月份的旅游旺季还没有到来，因而这种对旅游业直接表现出来的影响被大大地弱化了，但其对即将到来的旅游旺季的影响情况还存在着许多不确定的因素，这一问题应该引起无锡市政府的关注。在关注这一事件的短期影响的同时，还要给长期影响以应有的重视。该事件对无锡太湖旅游形象、无锡城市旅游形象，甚至无锡城市形象造成的负面影响和对市场的潜在负面影响是长期的，形象的修复和市场负面影响的消除也需要一段时间。

在这样的背景下，如何应对这一危机、减弱或消除负面影响便成为无锡旅游业急需解决的问题。

第二，景区开发管理不善也是所有类型景区的一个共同的安全隐患。目前，在我国景区的开发过程中，规划不合理、长官意志、无序化、急功近利、乱砍滥伐等因素会对景区造成破坏，对景区景点的粗放式经营管理也会给景区生态造成破坏。由于旅游市场需求极不平衡(特别是近年几个旅游黄金周表现尤为突出)，高峰期游客量大大超过了景区的承载能力，也使景区生态环境遭到严重的破坏。如旅游设施设备管理不善、旅游超载、开发经营不当等都可能造成对旅游者和景区本身的破坏。

9.3 旅游景区设施设备的安全管理

9.3.1 景区基础设施设备安全管理

1. 景区安全标志、警示标志设施设置管理

在旅游景区易发生危险的区域、游客集散地、疏散通道等地方，应按照国家规范的安全标志符号设置安全标志和警示牌设施，用以提醒游客注意安全。安全标志和警示语用于表达特定的安全信息，由图形符号、色彩、边框和文字组成，包括禁止、警告、指令、指示等信息。

禁止标志和警示语有：禁止吸烟、禁止烟火、禁止启动、禁止触摸、禁止跨越、禁止攀爬、禁

止跨越、禁止靠近、禁止堆放杂物等，基本图形为带斜杠的圆边框；警告标志和警示语有：注意脚下、注意地面湿滑、注意超载、当心塌方、当心车辆，基本图形为正三角形边框，边框内有不同的内涵的象形图形；指令标志和警示语有：用于强制人们必须作出某种动作或采用防范措施的图形标志和语言，包括：必须戴安全帽、必须穿救生衣、请走左边/右边等；提示标志和警示语有：向人们提供某种信息（如表明安全场所的位置）的图形标志和语言，包括：前方某米——紧急出口处；右边某米——避险区等。

标志的内容要按照旅游行业通用的国家标准《公共信息图形符号》进行设计，这样不但有利于推广，而且方便游客使用，还要规范景区安全警示、安全引导用语的使用，这方面可参照《旅游服务用语》国家标准的规定。应明确告知游客在景区游览参观时的注意事项，以及所要遵守的纪律，并明确双方当事人的责任，尤其是景区经营者的责任，不可无端扩大经营者自身的权利，将义务强加给游客，加重游客违反规定所应承担的责任。

在放置上，安全标志设施要置于明亮的环境中，不可有障碍影响视线，不可放在移动的物体上，标志要坚固耐用，警示语言要清晰明了，外观设计要美观，与周围环境相协调；放置标志高度应与视线平齐，最大观察距离的夹角不应超过75度，为保证效果，标志应定期进行全面检查，对破损的、残缺的应及时进行更换处理。

2. 景区交通设施设备安全管理

（1）景区停车场安全管理

①人员岗位设置。旅游景区的停车场必须要安排专门的停车管理员，负责停交通协管员，对旅游团队包车、散客自驾车进场、出场进行有序合理的引导和看管，确保安全停靠，不发生车辆丢失被盗事件（包括车内物品丢失被盗），此外，还应对各种违章停车现象进行劝导和疏导，制止干扰景区停车秩序的不法营运车辆（必要时通知或协助交警）。

②划定停车通道和停车位置。旅游景区的停车场应在有限的停车空间范围内，通过设立标志、设计路线，划定好停车通道和停车位置。一般来说，一个规范有序的停车场应设有两个以上的车辆进出大门，停车路线宽窄适当，停车空间松紧适度，停车密度高的景区应设有垂直停放车辆的设施或地下停车场，停车区域划分为机动车停车道、停车位和非机动车停车道、停车位，停车宽敞的区域还可进一步划分为大型客车（35－55座）停车位、中型客车（25－35座）停车位、小型客车（6－25座）停车位、自驾车停车位、内部员工停车位、检修车停车位等。

③设置安防专项设施设备。一是设置安全监控设备，即在景区开放时间内车辆停放除了应有专人负责看管外，还应设置电子监控探头，电子监控探头应分布适量，确保车辆监控画面清晰、监控范围准确、监控成本适当；二是停车坡道上应设有减速带、减速道等设施；三是非停车范围内应设有隔离栏、隔离桩等设施。

④完善停车手续。工作人员应向进入停车场的各类车辆发放凭证，或进行刷卡管理，做到车辆凭卡进出车场，并实行定点看管。未经允许，非驾乘人员不得在停车场内逗留。

（2）景区道路安全管理

景区在发生下列情况时，应设置标志明显的指示牌或向过往车辆分发交通安全宣传资料或广播，提示、警示、告知过往车辆和过路游客、行人注意减速和避险：

①在较危险地段：陡坡、弯道、易塌方处、落石处、窄道、窄桥、隧道；

②在人流量大的地段：村镇、集市、学校；

③车流量大的交叉地段：铁路道口、高架桥口、大型互通立交道口。

景区在发生下列情况时，应设置路障，临时封闭，另辟便道通行或实行单向通行：

A. 新修、扩建、改建道路，埋设或架设设备时；

B. 特别危险路段，如路面下沉坍塌、坑槽、水毁、隆起或者交通信号灯、交通标志、交通标线等交通设施损毁、灭失的；

C. 浓雾、沙尘、暴雨、大雪、大风(十级以上)等天气。

景区对于特别危险的路段在临时封闭期间应及时进行修复、改造，采取降低路面坡度、增宽转弯半径、增加路面摩擦系数或平整路面等措施，必要时还要加固护栏、护墩、护坡、护墙，增加防撞能力；改善沿路的水土保持，对达不到通行保障要求的路线不得开通；遇到恶劣天气、自然灾害等严重影响交通安全的情形，并且相应措施难以奏效，应向公安交通管理部门申请实行交通管制；景区道路施工项目竣工后，要尽快实施绿化工程，防止水土流失；未经许可，景区各景点内的干道、便道上不得通行机动车，特殊情况需要通行的，速度也应控制在20公里/小时以下，一律禁止游客自驾车辆进入景点，景区专用的观光车须进行日常检修维护，专人专职驾驶，速度也应控制在10公里/小时以下。

景区实行统一的道路交通信号。道路交通信号包括交通信号灯、交通标志、交通标线、交通管理人员的指挥等，是一套机动车安全、行人安全维护系统，如下图所示。

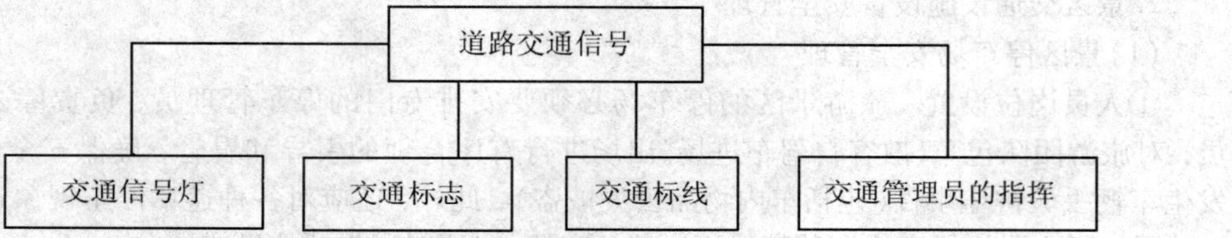

旅游景区交通信号体系

(3)水域安全管理

水域景区应适当建立水上交通调度中心，综合指挥、调度水域船只，并建立水上安全巡查队伍，开展水上安全组织监督工作，定时巡逻，配备先进的通讯、导航器材，对水面可能发生的安全意外险情进行防控，具体应做到：

①景区应定期对游船、游艇、快艇、竹排、水翼船、漂流工具等设备进行必要的保养和检修，或请有资质的权威部门(或鉴定机构)进行安全检测与鉴定，保障设备的良好运行；

②景区应定期开展对游船、游艇人员的安全技术培训，保证从业人员上岗安全操作，掌握安全操作技能；

③遇到复杂的天气环境，应将湖区、溪区、河区、海区关闭，暂停接待游客；

④在漂流区较为危险的水域通道内，应配备安全引导员，相关人员应经相应培训，具备较好的安全引导技能、安全逃生技能和一定的紧急救护技能。

【小资料】

西湖水域内机动船GPS定位

杭州西湖水域风景区管理处和杭州移动完成了对西湖水域内100余条机动船GPS定位终端的安装工作，为划船和管理人员配备了拥有卫星定位功能的手机。同时，水域管理处建立了监控中心，实现了对西湖内船舶的实时监控和管理调度，遇突发情况，船工可通过GPS

系统向监控中心求救，工作人员通过指挥中心的大屏幕，可以立即寻找到出事船只的位置，及时开展营救工作。此外，该系统还具有定位轨迹实时显示和查询功能，能准确地显示出某条船只的行动轨迹，可精确到分钟，对于解决各类突发事件非常有效。

(4)客运索道安全管理。景区过道经营者应定期对索道运行设备、承载缆车、供电系统等进行安全检测和必要的保养和检修，应通过省级以上质量技术监督部门的安全认证，严禁设备带故障使用，保障设备的良好运转；从业人员应进行设备安全操作技能培训，取得上岗操作资格；在索道设施附近开通必要的并行步道或公路。在接待游客方面，应树立索道乘坐的安全警示、安全引导用语，并正确引导游客乘坐缆车，禁止超载。

(5)游览便道安全管理。景区对于在游线范围内存在一定安全隐患的地方，应在显眼位置设立醒目的安全警示标志和安全引导标志，提醒过往游客注意安全，并在危险地段设置防护设施(栏杆、扶手)，防止危险的发生。

【小资料】

游客从“天桥”上坠落

一对风华正茂的年轻夫妇，为了庆贺新婚，来到北京郊外野三坡风景区游玩，该景区以原始、粗犷、神秘吸引户外运动爱好者。在景区内的百里峡景区附近，这对年轻夫妇走上了高高耸立在半山腰的陡峭的“天桥”，该“天桥”是天然形成的石桥，连接两边的山谷，距离地面20米左右，并且杂草丛生，游客通过时只能深一脚、浅一脚的，而且要小心翼翼，这对夫妇中妻子由于没看清路面，一脚踩空，掉到了山谷下，丈夫赶紧呼喊救人，将血肉模糊的妻子送往医院急救，经抢救和治疗，妻子还是落了终身残疾，下半身瘫痪。年轻夫妻随后状告景区管理部门，景区管理部门则认为自己在上山入口处设立了警示标志，提醒游客谨慎攀登，是伤者自己盲目行动，不顾警示，导致悲剧的发生，应由伤者自己承担责任，而受伤夫妇表示警示标志设立在大门口而不是在发生事故的地段，而且景区管理混乱，没有专门的管理队伍。

9.3.2 景区专项设施设备安全管理

1. 游览设施设备安全管理

(1)防火安全管理。景区游览场所应重视防火安全工作，认真贯彻公安消防部门有关消防安全的各项规定，与上级部门签订防火安全责任状，景区对存在消防安全隐患的区域应建立消防设施(如消防水源、隔离带、瞭望台、防火墙)。添置消骑设备，并设专人巡视和养护，大风、天气干燥的季节应禁止当地居民在远离水源地的森林、草原烧荒、明火作业，确保不出现火灾险情，各项防火设施设备运转正常；在员工与区内住户中普及消防知识，可采取挂横幅、贴标语、开辟专栏、专家培训等方式进行，可联台区内住户举行群众性的消防演练(每半年一次)，消防安全重点单位应制订消防灭火与疏散应急预案，对于区内属于省级以上文物保护单位的木结构古建筑等游览设施在未经当地公安消防部门验收、审校的情况下，不得开放，文物类的游览设施在日常维护、修缮、改建时，应配置消防疏散通道、隔火通道、灭火器材，禁止乱拉电线、乱接电源，避免烟火、香烛进入古建筑内，禁止在古建筑内使用高功率电器、电工设备和明火作业。

(2)治安管理。景区管理部门要在上级政法、公安、城建部门的指导下，会同当地公安机关、城管部门严厉打击各类侵害游客利益的违法犯罪活动，加强游览区的巡逻防控，组织安防、联防队伍，增加巡逻力量，更新巡逻装备、加大巡逻密度。将游览区划分为若干个责任区，每个辖区以主要路段、村寨、码头、岛屿为中心设岗布控，并安装报警装置，建立巡逻登记制；大型游览区可与公安派出所、区内社区联动设立警务室，对重点部位、治安事故高发地段实行不定时巡逻，延长巡逻时间，保障通讯条件，必要时可使用卫星导航和电子监控手段；发现形迹可疑的人员或游客不法行为应跟踪追查，及时制止；制订有效的安保预案，构建"群防群治"的长效防控体系，切实维护景区良好的治安秩序。此外，定期在区内开展法制宣传，对当地居民、经营者进行法制教育，帮助其树立法制意识、守法规念；景区导游在进行讲解时，应提醒游客注意自身安全保护。

(3)自然灾害管理。针对自然灾害给景区带来的破坏和对游客生命构成的威胁，景区可以与气象、水利、防讯、国土、林业、农业、建设等部门密切合作，搞好景区监测和旅游预警预报工作，设置警示标志、制定针对突发性灾害的应急措施；确定排洪防涝标准，搞好水土保持和小流域治理，修筑塘坝拇渠，利用水利设施进行水量调节，预留泄洪通道、疏通淤塞河道；雨季来临前加固薄弱设施；保证旅游景区交通沿线的植被覆盖率；对易发生灾害的区域设置防护设施、加固原有设施或封闭，条件成熟时可以应用工程治理与生物治理相结合的模式；加大宣传力度，普及防灾减灾知识。

(4)环境安全管理。有计划和有针对性地对可能存在的安全隐患区域进行专项监测；研究危害发生的特性和规律，邀请专家，有针对性地开展调查、追踪、排查等工作；设立警示标志、宣传告示；增设、加固防护设施；控制游客数量，设置符合紧急疏散需要，且标志明显的出口、通道，并保持其畅通；要配备消防、通讯、广播、照明等应急设施和器材。并保证其正常使用；禁止存放易燃易爆、剧毒、强腐蚀性和放射性的危险物品；搞好环境卫生建设，景区游览线路附近有在建施工项目，要协助做好施工现场的监护工作，对景区游客分发环境安全常识小册子，提高游客自我保护意识和自救能力。

【小资料】

井冈山索道轿厢松落

2014年4月12日上午，井冈山杜鹃山景区索道因机械故障致使一轿厢松落，导致厢内1人死亡，4人受伤，219名游客滞留在索道上。

事故发生后，当地紧急组织调集周边地区消防、卫生、特警等救援力量数百人赶赴现场施救，全力进行救治伤员、抢修索道故障。吉安市及井冈山市主要领导到达景区现场指挥。在组织特警就近成功解救出60余名游客后，经过周密研究，在确保安全的前提下，16时30分缆车恢复运行。截至17时30分，被困游客已全部获救。

2. 游乐园安全管理

主题公园类的景区部门应会同旅游、质监、安监、文化、建设、林业等行政部门定期对游乐场所、动物娱乐表演场所的设施设备开展检查，对检查中发现的问题提出整改意见并进行有效督促。景区要针对惊险刺激型的游乐设备进行必要的保养和检修，或请有资质的权威部门

(或鉴定机构)进行安全检测与鉴定，保障设备的良好运行，对动物娱乐表演的相关人员和场地进行安全认定;定期开展对设备操作人员的安全技术培训，保证从业人员上岗安全操作，掌握安全操作技能;规范设备安全警示、安全引导用语的使用，告知游客正确使用设备，并明确双方当事人的责任，尤其是经营者的责任，不可将责任强加给游客。具体做到:

(1)每年定期检修设备，及时维修、更新有关部件，严禁设备带故障运行。

(2)严禁设备超载、超限运行，并做好设备安全使用记录备案工作。

(3)凡遇到恶劣天气、紧急停电、意外失灵等情况，应有应变预案，并停止接客，作业人员应原地待命，等待现场管理人员和维护人员的到来。

(4)除设立必要的标志外。还应配备引导员，加强对游客的安全教育和宣传，合理引导游客，据醒游客游玩中应注意的有关事项，谢绝不符合游玩条件的游客参与大型惊险刺激游乐项目(如要求游客有较好的身体素质和心理素质，凡是有心、脑病史的人不能参加，凡是深度近视者要慎重参加，要求游客游乐前应充分活动身体各部位，以防扭伤或拉伤等)。

(5)游乐设备属于特种设备。必须保证每个上岗作业人员都经过有关部门的培训，持有特种设备操作岗位资格证书，严格按照特种设备安全使用规范来进行上岗作业。

(6)水上乐园应配备救生员、救生设施、救生用具等。

(7)设立医务室，方便紧急救助伤员。

3.住宿设施设备安全管理

(1)防火安全管理。景区内开办的度假村、度假宾馆、机关企事业单位培训中心、干部休养所、乡村旅馆等经营单位，应重视防火安全工作，在落实安全生产责任制的同时，更要把消防工作纳入正常的安全管理范围，认真贯彻公安消防部门有关消防安全的各项规定和消防技术规范，未经公安消防部门验收、审核的，不得营业。在职工岗位责任制中突出消防安全的内容，做到同计划、同布置、同检查。对存在消防安全隐患的场所应布设消防设施、添置消防器材和隔火材料(如石棉毯)，并设专人维护，确保设施设备完好、运转正常;厨房内的煤气管道、燃烧器具附近不准堆放可燃、易燃、易爆物品和化学危险品，可燃物体与火源的距离不得少于1.5米，使用明火作业的人员不得擅自离开岗位，使用完毕要仔细检查火种是否充分熄灭;瓶装液化石油气不得放置在宾客入住的楼层内;定期对消防设施、消防设备、电气线路元件、照明与加热部件进行检查，不符合要求的一律更换;住宿设施在筹建、改造、扩建项目时应使用安全性能高、阻燃性能好的材料、设备，并对电器、电路安装漏电保护装置，禁止在营业场所内使用高功率电器电工设备，明火作业;对员工进行消防知识宣传、开展集中培训与演练，要求员工意识到火灾的危险性，懂得预防、扑救火灾的方法。学会报警、使用灭火器材，掌握灭火和帮助住客逃生的基本知识，牢记“太平门、灭火器、消防栓”的位置和“易燃、易爆用品”的合理放置。

(2)治安管理。旅游景区住宿安全的犯罪大多以偷盗为主，盗窃案件是发生在住宿设施内最普遍、最常见的犯罪行为，景区饭店设施盗窃案件主要分为外部不法分子作案和内部员工借工作之便作案两类。景区内的住宿设施要建立健全的治安管理机构，在公安机关的指导下，不断加强饭店安全保卫工作，重视并打击各类违法犯罪活动，具体措施有:加强饭店入口、楼层走道、电梯口、楼梯口及其他公共区域的监控，采用人员巡视、闭路电视监控、值岗等方式;加强客房门锁与钥匙控制管理，做到客房除正门外所有连接外界的门都要上锁，维护好门锁装置，改进电子门锁系统，完善房卡、钥匙丢失补领制度;配置宾客财物保管箱并建立登记保管制度;严格规范饭店员工服务管理制度(如服务时走员工通道、设置员工安检口、饭店员工未经客人许可不得随意进入客人下榻的房间等,不得将员工亲友或无关人员带入工作场所、不准在值班室内或值班宿台留宿亲友或不明身份的人员);住店客人寄存的行李中如有贵重物品应当向饭店声明。由饭店员工验收并交饭店贵重物品保管处免费保管;发生客人物品被盗失窃事件。饭店直及时报案,并积极配合公安机关调查取证,安抚失主;在岗位上拾获遗失的物品时应及时向上级报告,并将拾获物品上交,有可能的设法与遗失客人联系;发现有形迹可疑人员进出饭店;或有不法分子行凶,或遇到疑似爆炸情况时,员工应立即报告安保部门,由安保人员赶赴现场处理,控制局面,并由安保部门向当地公安机关报警,由警方进行处理,安保人员要在现场设置警示标志,维护好现场秩序,疏散宾客,同时警告其他无关人员不得靠近危险区。

4. 餐饮设施公共卫生安全管理

景区内所有饮食经营单位(餐厅、餐馆、酒家、咖啡馆、酒吧、饮食小店、快餐厅等)设立开业均须向当地卫生部门申请卫生许可证,餐饮设施须达到国家规定的卫生水准,服务人员须通过体检,持健康证上岗;景区管理部门须会同当地食品卫生监督部门定期开展对区内饮食单位的卫生大检查、抽查工作,重点检查厨房卫生状况,防止生熟制品、原料辅料混放,导致交叉污染,以及器具消毒不力等现象,督促经营人员在食物采购、运输、生产、加工、烹饪、保藏环节严把卫生质量关;每日固定对炊具、盛器、餐具等进行卫生消毒;每日定时对饮食服务场所、厨房场所、物品贮藏场所及灶台、餐台、餐桌椅等设施设备进行卫生保洁;对卫生条件不过关的饮食经营单位进行处罚,责令其暂停经营甚至取缔;提高服务员保洁服务意识和服务水平,有针对性地加强这方面的培训;解聘、处分有关责任人员。与发生事故的饮食经营单位解约;在景区推广使用专业饮食服务企业提供的经过卫生清毒的清洁餐具;此外,针对非细菌性食物中毒,应在消毒防疫的基础上,开展景区环境治理,消除环境污染,消灭污染源,可采取杜绝使用当地水源,停止采购当地海产品、家禽、牲畜、蔬菜、山货、野味等应急措施,等政府部门作出的禁令解除后,方可恢复正常供给。

5. 购物设施综合安全管理

景区内的购物场所,包括各类大中型纪念品商场、大型综合购物中心、土特产批发市场、赌物街、购物城等,应建立消防、治安、环境安全管理制度,配备安全指示标志、消防器材、报警装置、防盗系统、照明应急系统、寻人广播系统等,设置安全疏散通道、安全救护设施,增加安防岗位、定时巡查,定期开展员工安全救援与逃生演练。

9.4 旅游景区突发事件的应急处理

9.4.1 景区交通事故的应急处理

(1)事发现场的目击人员应立即上报景区管理部门。景区管理部门及时报告主管部门和所在地的各相关职能部门(交通、公安、医疗卫生、部队),甚至当地人民政府。如事故涉及境外游客,还要上报外事部门,发现肇事逃逸车辆逃离现场时,要报告肇事逃逸车辆的车牌号、车种、颜色等特征,发现事故现场有汽油泄露或装载货物物品中有可燃、易燃、易爆物质时,在注意自我保护的同时，应迅速报警。

(2)会同事故发生地的有关单位严格保护现场。景区管理部门责成安防人员对事故现场实行变通管制，维持现场秩序，疏导过往车辆和群众。

(3)协同有关单位、部门进行抢救、勘查、车辆施救等现场工作。景区安防人员在事故现场应积极配合各有关单位的工作，提供必要的帮助。

(4)景区管理部门负责人应及时赶赴现场协调处理事故，配合有关单位、部门开展调查取证、保险理赔、行政处罚、民事调解等工作。并安抚旅游团其余未受伤成员的情绪，转送其去住宿处休息。

(5)写事故报告。景区安防部门应就事故发生的经过、造成的损失、处理过程等进行详细的说明，上报景区管理部门，并转交相关上级职能部门。

(6)妥善处理善后事宜。景区管理部门针对问题原因要对景区道路交通状况开展彻查与研究，从交通事故发生地的安全标志、防护设施、通讯保障、事故急救装备、应急车辆配置、应急人员救助技能等薄弱环节开始改进。

9.4.2 景区治安事故的应急处理

1. 景区盗窃和抢劫事故的应急处理

(1)了解情况，保护现场。景区安防人员应查明事故发生的经过，设置现场警戒区，对失窃处、犯罪分子必经之地和可能出入的场所所遗留的作案痕迹要妥善保护好，维持原状。对犯罪分子动过的物品、家具、门窗不准触摸，不要作模仿实验以免留下新的痕迹，破坏旧的痕迹。

(2)向警方报案，上报景区负责人或主管部门，请求批示。说明事故发生的时间、地点、经过，提供作案者的身材、长相、穿着等特征，受害者的人数、性别、年龄、工作身份等特征，损失物品的名称、数量、形状、规格、型号等特征。

(3)将游客转移到安全的地点，并设置隔离区、警戒线、纠察队，封锁通向案发现场的交通要道、设岗检查过往车辆、加强景区各个出入口的安全力量。

(4)划定勘察范围，确定勘察程序。盗窃案发现场勘察的重点是：

①现场出入口的勘察，因现场出入口是犯罪分子的必经之地；

②被盗财务现场勘察，被盗财物现场是犯罪活动的中心部位；

③理场周围的勘察，主要是为了发现犯罪分子的作案路线和作案后可能停留或藏身的场所，有无痕迹或遗物等；

④提取物证，供技术鉴定。

(5)稳定旅游者或其他住店客人的情绪，稳定景区正常的游览秩序和饭店正常的接待秩序，并作出一定的补偿措施。

(6)通过调看现场监控画面、现场拍照图片，根据报案人、在场当事人、知情人提供的资料，分析判断案情，做好记录，与警方合作，无条件服从警方的指挥，配合调查取证工作。寻找目击证人和物证，搜寻关键线索，在景区内部排查与案情有关的各类人员，在公安机关的指示下，向景区周边发出协查通报，最终锁定犯罪嫌疑人，在景区内张贴通缉令。

(7)写出书面报告，说明案件的性质，采取的措施，受害人的反映及要求。

2. 景区敲诈勒索、诈骗事故的处理

(1)了解情况，迅速报警求助。

(2)景区安防部门组成联防队(可联合当地民众)，根据受害者提供的线索，寻找目击证人和物证，搜寻关键线索，对购物区域的售货人员、相关闲杂人员展开拉网式的排查，发现可疑人员，立即向公安机关报告，进行缉拿抓捕，追回财物。

(3)与当地工商行政管理部门联手，整顿景区内部的购物中心、商店、摊贩等个体工商户，规范市场经营行为，查处不法经营的“黑店”、“黑户”，维护好经营秩序，保证游客购物安全，该取缔的坚决取缔，该处罚的坚决处罚，绝不手软，涉嫌犯罪的移交公安机关，依法追究刑事责任。

(4)安抚受害游客的情绪，作出一定的朴偿。

9.4.3 景区火灾事故的应急处理

1. 组织灭火

(1)火灾发生部位的工作人员应立即向景区安全职能部门报告，说明失火部位和火势影响情况，失火现场及附近关联区域应立即暂停游客接待。

(2)安全职能部门立即上报景区主要负责人，并报告当地公安消防部门，拉响警铃，下达紧急疏散命令。

(3)由景区负责人和有关部门成立火灾抢险指挥部。通知景区员工组成临时消防队赶赴火场，迅速查明起火准确部位，展开灭火救援；同时，命令员工通知并引导火场附近的客人或通过高音喇叭直接指示火场附近的客人在火势蔓延前，迅速通过应急疏散通道离开事故现场(不得使用电梯)，告知在火场中心被围困的客人自救逃生的方法；命令关闭所有电源，电梯、缆车等电力运载系统、通风系统。转移火场附近可燃的危险品；开启消防备用水源供给系统或开辟救火水源地；开辟、疏通并维护消防通道，向消防部门提供景区或住宿设施的消防规划设计图，引导消防队救援；设立警戒线，维持消防秩序，阻止员工、游客或周边群众私自闯入火场；指派医务人员赶赴现场开展抢救工作，将伤员转运到医院；安抚游客情绪，稳定接待秩序。

2. 保护火灾现场

(1)应注意划定和保护起火点。

(2)火灾扑灭过程中，不允许擅自清理火灾现场，火源全部扑灭之后，经公安部门允许方可开展清理工作。

(3)勘察人员在现场工作时应小心，不要贸然行动。

3. 组织力量调查起火原因、作出技术鉴定

积极配台公安部门，寻找有关起火证据和证人，推断起火的可能原因：一是员工失职、违反安全操作规程导致，二是自然现象造成的，三是人为纵火。

4. 善后措施

(1)对事故人员伤亡、财产损失进行统计。

(2)严肃处理有关责任人，追究其法律责任。

(3)对广大员工进行防火安全再教育。

(4)安抚受害游客及前来探望他们的亲属，作出相应的补偿措施。

9.4.4 景区自然灾害事故的应急处理

景区自然灾害事故，应作如下紧急处理。

(1)启动环境监测响应处理机制。事故发生后，景区应立即向上级主管部门报告，同时向当地旅游行政部门通告情况，在旅游部门的指示下，通过媒体发布旅游预警，或有计划地控制游客的接待数量。

(2)积极配合有关部门的抢险救助，开展紧急救援行动。组织专业救援队伍深入事发地抢救遇害遇险游客，将受害游客紧急转送到医院进行治疗抢救。

(3)救援队对难以靠近的事发地的遇险游客，应通过高音喇叭或喊话告知其安全自救的正确方法和避险的紧急措施，并使其克服恐惧焦躁的情绪。

(4)将受阻滞留的旅游团队迅速转移，安置在安全的区域，安抚其情绪。

(5)开展环境整治，请求有关部门扑灭山火、治理水患，划定隔离带、警戒区，适时封闭景区，停止接待，转移当地居民和服务员工。

(6)邀请专家到现场展开调查，配合林业部门，捕杀给游客造成危害的凶猛动物或昆虫。

(7)紧急增设、加固防护设施，并将紧急处理情况通报给有关部门，获得认可。

(8)开展灾后重建，恢复建设原有旅游项目，工程结束后适时对外解除旅游禁令。

9.4.5 景区食物中毒事故的应急处理

景区食物中毒事故，应作如下紧急处理：

(1)赶赴现场，核实确认事件。在现场棱实确认事件时应了解事发现场情况，访问相关人员和在场群众，观察受害病人，对其病原进行判断，并进行受害群体的统计工作。

(2)上报景区管理部门，成立临时指挥部。事件上报当地卫生医疗与防疫部门，同时向景区主管部门报告，服从上级部门作出的安排，临时指挥部负责整个抢救与处理工作。

(3)协同医疗单位组织开展紧急抢救工作。设法催吐游客，使他们多喝水排泄毒性，把严重的中毒者送到附近医院进行救治。

(4)收集物证，查明毒源。收集与食物中毒有关的食物、餐具、呕吐物等，交由卫生防疫部门化验取证，对现场遗留物和剩余食物、原料、容器具等切记不能移动、踩踏、洗刷、清扫，留待卫生防疫部门作调查用，并作消毒、扑杀(害虫)、销毁处理。

(5)写出事故发生报告后，要报告主管部门，追究饮食经营单位的责任。对事发的饮食经营单位责令停业，由卫生执法部门调查后暂扣一切食品原料和一切生产经营器具，令其接受处罚或被取缔。接受处理后应立即按照要求整改，经卫生防疫部门验收合格后，方可恢复饮食经营。

(6)安抚受害游客及探望他们的亲属，作出相应的补偿措施。

9.4.6 景区环境事故的应急处理

景区内发生环境事故，应作如下紧急处理：

(1)接到游客报警后，应快速核实信息，组织救援队，迅速赶到出事地点。

(2)开展紧急施救，对难以靠近的事发地的遇险游客，通过高音喇叭或喊话告知其安全自救的正确方法和避险的紧急措施，帮助他们克服恐惧、慌乱、焦躁情绪。

(3)抢救遇害遇险游客，将受害游客紧急转送到医院进行治疗抢救。

(4)重、特大事故情况上报景区主管部门和相关政府部门，服从上级部门作出的安排。

(5)发布预警信息，暂时封闭发生危害的景区区域。

(6)安抚受害游客及探望他们的亲属，作出相应的补偿措施。

【小资料】

钱塘大潮发威

每年农历8月18发生在浙江杭州湾的钱塘江大潮号称“世界奇观”。以其“滔天浊浪排空来，翻江倒海山为摧”的壮观景象，吸引了世界各地的游客。但和风暴潮一样，由潮汐现象引起的涌潮一样危害极大。

在浙江萧山市尚未开放的“钱塘江”观潮点，曾发生了一起游客被大潮卷走的特大伤亡事件。当天中午12时20分左右，部分观潮者冒险进入伸入江中的挡水坝，被突如其来的巨大浪潮卷入江中，或被冲向堤旁的乱石堆，灾害共造成19人死亡，27人受伤，40人下落不明。仅仅在1999年1年内，“钱塘江”就吞噬了19名游客的生命。2003年7月30日，“钱塘江”再度发威，当天杭州近江地段连续发生4起钱江潮卷人事件，共有33名市民和游客被钱江潮卷走，其中25人获救，8人被海浪吞没。

9.5 旅游景区游客行为安全管理

9.5.1 游客综合行为安全管理

景区游客服务中心可以展示景区景观的价值内容，提供相关便利的旅游信息，出售导游手册和各种旅游服务图书、音像制品等，还可以作为游客教育中心，播放声像资料让游客获得知识。因此，在对游客进行安全管理方面，要加强发挥游客服务中心的作用。通过设立旅游安全信息服务中心、编发游客安全指南、委派经过安全培训的定点导游陪团、分发和销售旅游安全必备用品等，开展对游客安全的综合管理。

其中，旅游安全信息服务中心的作用是协调处理各类旅游安全投诉，为游客集中播放旅游安全教育的音像等；编发游客安全指南。除了向游客说明景区旅游的安全注意事项外，还要强调游客违反安全守则应承担的责任；分发和销售旅游安全必备用品可以通过专柜、专窗的服务形式，用品包括安全帽、手电筒、帐篷、充电器、医疗卫生急救包等；委派经过安全培训的定点导游陪团是景区游客服务中心的一项重要职责。

9.5.2 游客游览行为安全管理

景区定点导游在陪团过程中应本着安全第一的原则。在出现下列情况时，针对危险隐患要向游客作出真实的说明和明确的警示，多提醒游客注意自身安全，讲清必要的安全注意事项、安全使用说明(必要时进行安全操作示范)。并主动保护游客安全，引导他们行进安全的路线，阻止他们危险的举动：

1. 在带领游客下车前、上车后。

2. 在带领游客游览中遇到登山、下海、钻洞、过桥、攀岩、渡河、越坎、过马路或经过较危险的地带时。

3. 在景区人流量、车流量较密集的地区集中时。

4. 景区治安状况不好时。

5. 游客自由活动期间，拍照、摄影时。

6. 在景区进行漂流、冲浪、骑马、滑雪、潜水、溜索、滑翔、开放式观赏野生动物、赛车、赛马、降落伞、滑板、帆船、蹦极、特技表演、仿真野战、热气球等高风险性项目时。

7. 温泉理疗等健身保养活动时。

8. 游客不遵守集体活动纪律或团内小孩顽皮，游客不随团活动或不走规定路线而私自行动时。

遇到天气突变、道路出现险情，或出现危及旅游者人身和财物安全的紧急情形时，景区定点导游经征得多数游客同意，可临时调整游览行程，此外，导游讲解员要自始至终与游客在一起活动，并随时清点人数，以防游客走失。

在不设景区定点导游的景区，应在显眼的位置张贴安全通告、摆放安全指南标志及说明内容，指示进入景日的游客应加强自身安全意识，主动了解景区安全状况，不要盲目冒险，私自行动。

9.5.3 游客住宿行为安全管理

游客在入住景区宾馆时，宾馆总服务台接待人员要向游客交代住宿的安全规定，提示客人将贵重物品和大量现金寄存在总台或客房保险柜中；在每个客房内放置(宾客服务安全指南》、防滑地垫、应急安全疏散图等，在游客即将离开宾馆时，要提醒客人自身行李物品是否带齐；宾馆服务人员应礼貌劝阻客人不得在公共场所吸烟，并做好解释工作；不与客人的小孩玩耍，发现客人的小孩玩火、玩电、玩水，应加以劝阻，避免意外事故的发生。

9.5.4 游客饮食行为安全管理

景区饮食经营单位在游客进店用餐期间，应安排服务员随时盯桌，征询游客对用餐卫生的意见，认真解答游客提出的食品安全状况，做到不回避、不敢敷衍。

9.5.5 游客购物行为安全管理

大型购物场所的员工有责任向进店的游客指引各个出口处的位置和疏散通道的位置，并提供广播寻人服务。针对游客购买的商品中存在的安全问题，应说明其有关安全携带事项、安全使用事项、安全保管事项。

本章小结

本章从旅游景区安全事故类型划分角度出发，以景区交通、治安、火灾、自然灾害、饮食环境为主线介绍了景区安全事故的表现形态，并就国家法规认定的安全事故等级进行了说明；在对景区设施设备的安全管理方面，本章从基础设施、专项服务设施两个角度进行了分类分析；本章还介绍了景区常见的突发安全事故的应急处置和处理方式方法；最后，本章提到了对景区游客的行为要进行必要的安全管理。

主要概念

旅游景区安全事故　交通安全事故　治安事故　火灾事故　自然灾害事故　食品中毒事故　环境安全事故　旅游景区安全事故等级　安全标志　警示标志

基础训练

1. 景区在哪些情况发生时，应设置路障，临时封闭，另避便道通行或实行单向通行？
2. 景区游乐园采取的具体安全管理措施有哪些？
3. 景区发生环境事故应当采取怎样的应急处理措施？
4. 景区讲解员如何对游客游览行为进行安全管理？

案例分析

借国庆50周年长假，广西三家旅行社组织的游客陆续聚集在马岭河峡谷谷底惟一的缆车乘坐点，在索道观光车下站候车平台处等候乘坐缆车去山顶吃午饭。此时，等候上车的游客已经多达200多人，由于从上游漂流归来的游客越来越多，各旅行团的游客为了早点上山，争先恐后地往索道车上挤，甚至互不相让、发生争吵，场面极为混乱。临时工韦某见状，乘索道观光车上到操作室，叫负责经营管理的黄甲下去处理。黄甲让无任何资格证和上岗证的临时工王某操作索道观光车，自己到谷底与临时工黄乙维持秩序。11:30，索道观光车下到谷底停下来，在一阵难以想像的拥挤后，面积仅五六平方米、核定限载10人的缆车厢竟满载了35名乘客缓慢上升。面对索道观光车严重超载的情况，黄甲不但不采取有效措施加以制止，反而按电铃发信号给在操作室的王某，该缆车操作控制是位于距谷底缆车乘坐站约118米高度的山腰部，从谷底到目的地约呈45度角上升，操作人员仅凭谷底乘坐站的管理人员按压信号指示开关而启动缆车。因此，当缆车操作室接到谷底缆车乘坐站发来的信号后，将严重超载的缆车启动。十多分钟后到山项平台停了下来，工作人员走过来打开了缆车小门，准备让车厢里的人依次走出来，上面接车的工作人员也开始着手接车，打开平台护栏铁栅门，一个8岁男孩一只脚已经迈出，然而就在这一瞬间，缆车竟不可思议地慢慢往下滑去。有人惊叫起来:“缆车失控了！”工作人置见此情景大吃一惊，立即跑进操作室猛按上行键，但已失灵。他又想用紧急制动，仍然无效。不得已拉下电源开关，以为可让缆车停下来，但缆车还是无可救药地向下滑去。缆车缓慢滑行了30米后，机房内卷杨机发生爆炸、牵引钢丝绳断裂，从而导致缆车如箭一般快速向山下坠去，一声巨响后重重地撞在110米下的水泥地面上，断裂的钢丝绳在山间四处飞舞……最后造成了14人死亡、21人受伤的严重责任事故。

分析本案例中事故原因，并说明应该如何落实设施设备管理工作。

第 10 章　旅游景区游客行为管理

学习目标

了解旅游景区游客的类型和旅游行为特征；理解游客管理与服务之间的关系；了解游客不文明行为产生的原因、表现及危害；掌握正确引导游客行为的方法，能够将旅游景区环境保护与自我行为约束运用到实践中。

引例

悬崖上的环卫工人

中华大地，名山无数，游客无数。随之而来的是无数的垃圾，使名山的环境恶化，越是险峻巍峨，就越是难清理。在山东泰山，节假日每天产生6吨垃圾，一个环卫工人每天弯腰无数，起码捡拾游客随意丢弃的垃圾10大袋；在安徽黄山，每年产生的垃圾有600吨，平均每天1.6吨，节假日则每天多达10吨，每年要花费千万元维护环境。黄山环卫工人中有一群“放绳工”，他们工作是捡拾游客扔在悬崖峭壁上的垃圾。央视记者撒贝宁曾经在黄山始信峰顶，体验清洁工放绳到50米的深谷里捡拾垃圾的工作，令围观的游客看得内心非常不安。而更为险峻的陕西华山，节假日每天产生垃圾也在10吨，一年的垃圾大约180吨。这些垃圾，相当一部分也是环卫工人放绳下沟，从悬崖上、悬崖下捡拾回来的。正是由于一些游客不自觉地随手将垃圾扔到悬崖下——这样随意的动作，却让环卫工人付出如此巨大的劳动代价。

结合上述案例，谈谈你对景区游客行为管理的认识。

导读

随着我国旅游业的迅速发展和人民生活水平的逐步改善，旅游已经成为人们生活中不可或缺的组成部分，它能够给旅游者带来身心的愉悦体验。然而旅游也是一面镜子，它能够折射出一个国家和地区公民的文明素质和社会文明程度，因而提升游客的文明素质已是当务之急。与此同时，游客在旅游景区游览过程中的不文明行为已成为导致旅游景区环境污染、景观质量下降的一个重要原因。因此，对游客的不文明行为进行引导、管理和防范已成为旅游景区游客管理的重要课题。

10.1 旅游景区内游客行为分析

旅游产品的生产需要游客的共同参与，旅游服务质量的好坏不仅仅由景区的服务人员决定，同样也取决于前来景区参观游览的游客的行为特征与素质。因此，在提高景区从业人员服务质量的同时，也应注重对游客类型及其行为特征的了解，通过影响、控制、引导、沟通等多种渠道与方法，加强对游客行为的管理。

10.1.1 景区游客的类型与旅游行为特征

游客的类型与游客行为特征之间的关系密切而复杂。通过对游客类型特征的剖析，有助于景区服务人员更多的了解游客的人格特征与旅游行为之间的关系，从而更好地预测、引导游客行为，进行有的放矢的管理，实行游客满意与景区保护的和谐统一。

1. 根据游客的生活表现来划分

根据游客在生活中的表现或与他人之间的关系，可以划分为以下几个类型：

(1)神经质的游客

神经质一词更多地应用在心理学或心理医学等领域，主要是指具有敏感、喜怒无常等不完善人格的人。随着社会经济的发展，生活节奏的日益加快，各种压力的不断加大，人们的失败感或挫折感越来越强烈，使得具有这类心理状态的游客也日渐增多。通常这种类型的游客在景区游览过程中，可能会呈现出厌倦、急躁、易激动、过于挑剔、敏感等性格特点。在面对这类游客时，景区管理服务人员应多加抚慰、多份尊重，随时为他们提供舒适、便利的优质服务。

(2)依赖性的游客

这种类型游客的主要特点是羞怯、易感动、拿不定主意等，常出现在初次出门、年老或年幼的旅游者当中。对于此类游客，需要景区服务管理人员给予更多的关注和热情，耐心详细地为他们介绍景区所提供的服务项目、收费情况等。如果景区服务人员缺乏对他们的关注或忽视了他们的需求，就会使其难以充分享受和消费景区所提供的各种旅游产品。对于景区来讲，一方面失去了商机，另一方面也易在这部分游客心目中留下不完美的印象。

(3)使人难堪的游客

这种类型游客的主要特点是爱批评抱怨、喜欢对他人提出各种要求，但却很少理解和关心别人、进行换位思考，比如在看到其他游客有不文明行为时会大声批评，但却不约束自己的行为;或者看到服务人员已忙的不可开交时，依然会不依不饶的大声叫嚷，等等。因此对于这类游客，景区服务管理人员要更为谨慎、周到、注意细节并对其给予更多的关注。

在面对以上几种类型游客时，景区的服务管理人员应多一份耐心和理解，多一份微笑。但总体来说，绝大多数的游客都是有礼貌、有理智的。总之，不论在在面对哪种类型的游客，景区服务管理人员都要在服务过程中充分发挥自己的能力、才智，提供更多人性化服务，将景区产品更好地全方位展现在游客面前，使其在游览过程中得到更好的旅游体验。

2. 根据游客的性格倾向来划分

在心理学上，性格倾向主要分为内倾和外倾两种。具体衍生到景区游客的分类上，可以分为心理中心和他人中心两类。心理中心的游客爱计较小事、多考虑自己，一般忧心忡忡的、心情有些压抑，不爱冒险；他人中心的游客则喜欢冒险，自信、外向，对外界好奇并急于接触，喜欢在生活中做出各种新尝试。在一项专为调查旅游景区受欢迎程度为什么会出现大幅度摆动而设计的研究中，人们发现心理中心和他人中心的游客在旅游行为的许多重要方面存在着明显的差别（见下图）。

心理中心人格和他人中心人格的旅游行为特点

心理中心人格	他人中心人格
选择熟悉的旅游目的地	选择非旅游地区
喜欢旅游目的地一般活动	喜欢在别人来到该地区前享受新鲜经验和发现的喜悦
选择晒日光浴和游乐场所，包括相当程度无拘无束的休息	喜欢新奇的、不寻常的旅游场所
活动量小	活动量大
喜欢能驱车前往的旅游点	喜欢坐飞机去目的地
喜欢正规的旅游设施，如设备齐全的旅馆、家庭式的饭店以及旅游商店	旅游设施只要包括一般或较好的旅馆和餐饮，不一定要现代化的大型酒店，不喜欢逛吸引旅游者的商店
喜欢家庭的气氛、熟悉的娱乐活动，不喜欢外国的气氛	愿意会见和接触具有他们所不熟悉的文化或外国文化的居民
准备好齐全的旅行行装，全部日程都要事先安排妥当	旅游的安排只包括最基本的项目（交通工具和住宿），留有较大的余地和灵活性

从上表中可以看出，具有心理中心的游客显然要求他的旅行生活具有可测性，他最强烈的旅游动机是休息和松弛；而具有他人中心的游客则希望旅行生活中有一些估计不到的事物，因而喜欢去那些较偏远、不太为人所知的地方旅游，能有一些新奇的体验经历。

3. 根据游客的生活方式来划分

生活方式是指社会生活的形式，它作为一种综合性的人格特征，与人的日常生活中的各种行为关系密切。按照生活方式来划分，游客类型大致分为以下几种：

（1）喜欢安静生活的游客

这类旅游者重视家庭、关心孩子，维护传统，爱好整洁，并对周围环境、身体健康等情况特别注重。尽管他们比较富裕，有足够的可自由支配收入用来旅游，但他们更愿意将大部分钱用来购置家具、装修房屋，以使自己能够有一个较好的生活环境，因而他们更喜欢幽静、闲逸的旅游度假方式。他们通常会选择环境宜人的湖滨、海岛、山庄等旅游景区作为旅游目的地，因为他们喜欢这类景区所拥有的清新的空气、明媚的阳光，喜欢与家人一起享受旅游的乐趣。这类游客喜欢平静的生活，不愿意受到太多的干扰，也不愿意做任何的冒险活动，而且多数情况下对广告持怀疑态度。

在了解这类游客的特点后，我们就可以知道哪些产品及其宣传方式符合这一类人的需要、爱好和价值观。因此，在激发这一部分人的旅游动机、引导他们的旅游行为时，就应该着重强调该旅游目的地能够提供全家在一起度假的机会，或是有助于培养孩子们对户外活动的兴趣，以及区内空气清新、环境整洁，等等。

(2)喜欢交际的游客

这类游客思想活跃、积极外向、自信乐观，易于接受新生事物，喜欢参加各种社会活动。他们认为旅游度假的含义不能仅仅局限于观光和休闲，而应该注重旅游情境的体验，并把它看成是结交新朋友、联络老朋友、扩大交往范围的良好机会和平台。同时，他们还喜欢到遥远的、有异国情调的、地方风俗和民族特色浓郁的旅游目的地去旅游。

(3)对历史文化感兴趣的游客

对历史感兴趣的游客认为旅游景区应该包含历史文化教育意义，能够使其增长见闻，因而相对来说，娱乐就成为一个次要的动机。他们认为旅游是了解他人、了解地方习俗和文化特色、了解世界发展史上重要的历史人物和重大历史事件的良机。对历史文化感兴趣的旅游者之所以对受教育和增长见识如此重视，是因为他们把自己的家庭和孩子看成是生活中最重要的组成部分，认为帮助、教育孩子是做家长的主要责任。因此，他们认为自己的闲暇时间应该专属孩子，并且认为与家人一起度假是一件非常幸福的事情。因此，在面对这类游客时，就要求旅游景区的服务管理人员具备深厚的文化素养和良好的业务能力，能够为其进行内容丰富的讲解和快捷到位的优质服务。

4. 根据游客的出游形式来划分

根据旅游的出游形式，可以将游客分为团队游客和散客式自助游客两种。

(1)团队游客及其行为特征

团队游客通常是指由旅行社组织、安排，按照既定的旅游线路、活动日程和内容进行一日或多日游的旅游者。因其行程安排大多比较紧凑、可变动性差，因而团队游客的行为往往受到较多约束。因此，景区可以根据旅行社的安排、游客的游览时间等要求，制定出一条相对高效、省时、优质的旅游路线；同时还可通过与导游、领队的有效沟通来了解服务对象的学历、职业背景等相关个人信息，以便安排相应的服务人员进行配套服务，并在服务过程中对其行为加以正确引导，防止出现盲目跟风等现象。

(2)散客式自助游客及其行为特征

散客是相对团队游客而言的自行结伴或自助形式的旅游者。他们往往根据自己的兴趣爱好或意愿来安排行程路线，几乎不受外界因素的影响和制约。散客旅游是人们突破传统团体旅游约束、追求自由与个性的行为表现，具有决策自主性、内容随机性和活动分散、灵活等特点。这类游客主要以年轻人为主，并且其旅游活动存在着巨大的不确定性，因而这就在无形之中增加了景区服务的难度、提高了服务质量的要求。

10.1.2 游客管理与服务的关系及游客的管理方法

1. 游客管理与服务的辩证关系

管理与服务具有辩证关系，管理中蕴涵着服务，服务又体现了管理，两者相互依存，不可分割。这是由于游客作为来景区参观游览的客人，首先是一名被服务者，因而这就要求景区要努力为其提供安全舒适的设施和令人满意的服务，并尽量满足游客所提出的合理要求，使之在游览过程中感到受尊重、被理解。与此同时，由于景区是以旅游资源作为吸引物是特殊产品，并且其一旦遭到破坏就不可再生，所以如果部分游客在景区游览过程中存在有种种不文明行为，就会不利于景区的持续、和谐发展。因此，加强对游客行为的管理就成为景区保护资源和环境的重要环节之一，从这个角度来看，游客也是被管理者。

综上所述，旅游景区与游客之间既是服务与被服务者的关系，又是管理与被管理者的关系。服务是管理的目的，管理是服务的方法和手段，也可以说是另一种形式的服务。与此同时，景区的服务管理人员除了在工作中要扮演"服务员"和"管理者"的双重角色之外，还要对游客行为实施有效监督，以防患于未然，更好地保护景区的环境和资源。

2. 游客的管理方法

景区的游客管理包括服务性管理和控制性管理两种方法。服务性管理方法是一种软性管理方式，它是通过为游客提供人性化的服务，间接地引导、改变游客的不良行为，使其自觉地遵守景区的各项规章制度，从而实现管理的目的。在这种管理过程中融入了更多的人情味和人性化因素，体现出了景区对游客的关心，使之意识到自己并不仅仅是被约束、监督甚至处罚的对象，而是被爱护、理解和尊重的客人；同时这种更趋于平等的沟通也能获得游客更多地理解，并使之意识到不文明行为是不利于旅游资源的保护及管理制度的顺利、公正实施的。因此，深入了解游客的行为根源并采用软性的管理方法是较为可行的管理方式。

当然，仅靠服务性的管理方法是不够的，旅游景区还要根据实际情况采取相应的方法，逐步在游客心目中树立起一定的威慑力，因而必要的控制性管理也是有助于保障管理措施顺利实施的有效方式。控制性管理方法是通过制定各项制度来达到规范游客行为的管理方式。在具体操作过程中，一方面要让游客事先对规章制度有所了解，另一方面要执行严格，做到一视同仁，以体现出公平、公正的原则。

总而言之，以上两种方法在实际工作中都是必不可少的，应互为依托、交叉使用，以达到有效管理、规范和监督游客行为的目的。

【小资料】

《行为指南》与《行为公约》

中央文明办联同中华人民共和国国家旅游局，于2006年10月01日公布了《中国公民出境旅游文明行为指南》、《中国公民国内旅游文明行为公约》。

《中国公民出境旅游文明行为指南》

中国公民，出境旅游，注重礼仪，保持尊严。

讲究卫生，爱护环境；衣着得体，请勿喧哗。

尊老爱幼，助人为乐；女士优先，礼貌谦让。

出行办事，遵守时间；排队有序，不越黄线。

文明住宿，不损用品；安静用餐，请勿浪费。

健康娱乐，有益身心；赌博色情，坚决拒绝。

参观游览，遵守规定；习俗禁忌，切勿冒犯。

遇有疑难，咨询领馆；文明出行，一路平安。

《中国公民国内旅游文明行为公约》

营造文明、和谐的旅游环境，关系到每位游客的切身利益。做文明游客是我们大家的义务，请遵守以下公约：

1. 维护环境卫生。不随地吐痰和口香糖，不乱扔废弃物，不在禁烟场所吸烟。

2. 遵守公共秩序。不喧哗吵闹，排队遵守秩序，不并行挡道，不在公众场所高声交谈。

3. 保护生态环境。不踩踏绿地，不摘折花木和果实，不追捉、投打、乱喂动物。

4. 保护文物古迹。不在文物古迹上涂刻，不攀爬触摸文物，拍照摄像遵守规定。

5. 爱惜公共设施。不污损客房用品，不损坏公用设施，不贪占小便宜，节约用水用电，用餐不浪费。

6. 尊重别人权利。不强行和外宾合影，不对着别人打喷嚏，不长期占用公共设施，尊重服务人员的劳动，尊重各民族宗教习俗。

7. 讲究以礼待人。衣着整洁得体，不在公共场所袒胸赤膊；礼让老幼病残，礼让女士；不讲粗话。

8. 提倡健康娱乐。抵制封建迷信活动，拒绝黄、赌、毒。

10.2 游客行为管理

10.2.1 游客不文明行为产生的原因、表现及危害

1. 游客不文明行为产生的原因

了解游客不文明行为产生的原因是正确引导游客行为的重要前提。游客的不文明行为产生的原因可能很多，其中最主要的有以下几种：

(1) 游客的环保意识不强、生态道德素质低下是产生不文明旅游行为的首要原因。文化素养低、环保意识差的游客很少会考虑自己行为对环境的影响，因而最容易在不知不觉中产生不文明行为。

(2) 人们在旅游过程中“道德感弱化”现象是游客不文明行为产生的重要原因。旅游者在超越日常生活的旅游活动过程中，没有了日常生活中众多目光的监督，往往想摆脱“清规戒律”的道德约束，因而会不同程度地存在着随意、懒散、放任、无约束的心理倾向，所以对自己的行为举止便少了许多顾忌与约束。这种“旅游者 + 无姓名 = 无责任”的心理倾向，使得大多数游客即使本身具有相当高的文化素养、在日常生活中也有明确的环保意识、能约束自己的行为，但在旅游过程中却产生种种与日常行为迥然不同的不文明行为。这种情况在目前旅游景区的游客当中表现得较为明显。

(3) 缺乏责任意识。就旅游活动而言，游客的不文明行为对资源环境的消极影响往往是潜移默化的，其所造成的严重后果也是长期累积所形成的，而游客的游览活动是具有暂时性、动态性、异地性特征的，因此游客并不能看到自己的不文明旅游行为所产生的严重后果。这就导致游客一方面对景区环境问题缺乏认知，另一方面对自己不文明旅游行为造成环境污染的严重性缺乏认知；另外由于众多游客不文明行为可能同时存在，也使得游客个体对解决环境的有效性缺乏认知，这些因素都造成了游客在游览活动过程中不易形成保护环境的愿望和行为。

【小资料】

清理地上口香糖动用斧头 景区呼吁游客自觉环保

在济南大明湖公园免费开放区域的石板路上，有很多因为游客乱扔乱吐口香糖而产生的黑色斑点。据景区保洁员讲，这些粘在石板路上的口香糖很难清理，相比其他工具，只有斧子更好用些，由于一些游客不自觉到处乱吐口香糖，他们四五天就得清理一次。

大明湖景区管理处的相关负责人介绍说，乱扔乱吐口香糖的现象屡禁不止，是公园管理的全国性难题。“以前我们也实行过一些措施来制止游客这些不文明的行为，但是效果不是很明显。”该负责人说由于管理处没有执法权，因此景区除了加强宣传和引导外，关键还是需要游客自觉规范自己的行为。

(4)游客的不文明行为也是游客在游览过程中占有意识的外在表现。旅游者在异地旅游活动的过程中除了眼看、耳听、鼻嗅、口感之外，还会忍不住有手触、手拿的倾向，比如用手摸摸、用刀刻刻，或写上“到此一游”等等。这种物质摄取意识是乱刻乱画、乱折乱摘等不文明行为产生的主要原因。

(5)一些不文明旅游行为可能是游客的故意破坏行为。例如，有的游客对眼前的垃圾桶视而不见而把废弃物故意扔入山谷或湖水中;故意破坏旅游设施;在野生动物园中袭击动物等等。这种行为动机一般有两种:一种是纯粹为了寻开心、寻求刺激和快感，有人称这种行为是“为了寻求刺激而对旅游资源的施暴行为”;另一种是为了发泄自己的某种不满情绪，把对环境、景观的破坏当作发泄心中不满的途径。这类行为所造成的资源和环境破坏也是相当严重的。

除此之外，还有一种情况就是由于游客缺乏旅游常识和技巧，在无意识情况下做出的“不文明旅游行为”。

2. 游客不文明旅游行为的表现及危害

游客不文明旅游行为是指游客在旅游景区游览过程中所有可能有损景区环境、景观质量，甚至国家形象的行为。它主要表现为两大类，一类是随处丢垃圾、吐口香糖，随地吐痰、擤鼻涕、便溺，上厕所不冲水，无视禁烟标志，乘坐公共交通工具时争抢拥挤，在宗教场所嬉戏、玩笑，大庭广众之下脱去鞋袜，说话脏字连篇、举止粗鲁专横，等等;另一类是游客在游览过程中不遵守景区有关规定的活动行为，如乱攀乱爬，乱涂乱画，乱摘乱采，越位游览，违规拍照，违章野炊、露营，随意给动物喂食、袭击动物，等等。这两类行为目前在我国旅游景区都很常见。

上述不文明旅游行为的危害体现在多个方面:首先，游客的不文明旅游行为本身就是旅游活动中的视觉污染，它会破坏环境气氛，影响其他游客的游兴和游览质量;其次，游客的不文明旅游行为会给自己的人身安全带来隐患，比如到一些尚未开放的景区游览、违章露营、随意给动物喂食、袭击动物、不按规定操作游艺器械等行为都有可能给游客自身造成意外伤害;最为严重的是，游客的不文明旅游行为会导致旅游景区环境污染、景观质量下降甚至寿命缩短，从而造成旅游景区整体吸引力下降、旅游价值降低，严重影响着旅游景区的可持续性发展，甚至带来灾难性后果，如违规抽烟、燃放烟花爆竹、违章野炊等行为很容易引起火灾，一旦发生其后果将不堪设想。

10.2.2 正确引导游客的旅游行为

从对游客不文明旅游行为产生原因所作的分析可以看出，对这种不文明行为进行引导和管理将是一项比较复杂的系统工程，涉及多个层面、多个环节，需要多方面共同努力。同时，由于游客与景区服务管理人员关系的特殊性，即游客既是管理对象，又是服务对象，因而在为游客提供服务的过程中要通过不断的提醒与引导，来影响游客的旅游行为，实现游客管理。

1. 实物引导法

(1)建立旅游标志。在景区明显位置悬挂或摆放规范的、美观醒目的旅游标志，并附上具有亲和力、幽默感的说明文字或提醒文字，达到使游客自觉维护旅游秩序和环境的目的。例如废物不乱扔，举止显文明；距离产生美，谢绝亲密接触；小草在睡觉，请别打扰它；我是干净的墙壁，不想化妆；等等。这种人性化的管理更易于得到游客的配合，比起严肃的警告会更加有效。

(2)完善各种设施。"破窗理论"告诉我们，人会受到周围环境的暗示，在不知不觉中产生与环境相应的行为与心情。假如一个场所越是脏乱差，游客对自身不文明行为的控制力就会越低；相反，如果游客置身于优雅、整洁的环境中，其环境意识、文明意识、社会责任感就会得到激发。因此，旅游景区为游客提供一个清洁卫生、设施齐全、服务周到的旅游环境，是防止游客产生不文明行为的重要措施。例如合理放置美观有趣的垃圾箱，便于游客随时处理废弃物；在景区内建立方便快捷的的意见反馈渠道，便于游客反映问题，以及时消除其不满情绪，从而预防破坏行为的发生；给每位来景区游览的游客发放垃圾袋，这样不仅方便了游客，而且还能够强化其环保意识，同时也有利于净化、美化旅游景区的环境。

【小资料】

金点子建议

奉节县政府为了鼓励游人不遗留垃圾，开展了'美丽奉节需要我们共同营造的环境保护工程。一天，"我为奉节献一策"金点子征集活动主办方收到了来自大洋彼岸的电子邮件，作者在文中建议，景区可在游人购票参观游览时，随票发送垃圾袋，上书类似于"美丽奉节需要我们共同营造"的语句，以提醒游人在旅游过程中不要忘记随手清理垃圾。另外还可以在游玩结束时把装有垃圾的垃圾袋交回售票处，由售票处给游人赠送一枚具有奉节特点的如景区风景、奉节地图等特色纪念章，这样既能减少环境污染，又起到了宣传奉节的效果。

2. 示范引导法

(1)发挥导游的示范引导作用

导游人员在帮助游客了解景区、欣赏美景的同时，还应担负起"环保大使"的重任，对游客的行为进行引导和监督，并以尊重环境、保护环境的实际行动为游客树立榜样，从而有效预防和制止不文明行为的发生。同时，旅游管理部门还可在导游考评、导游词设计等方面加入有关环境保护的内容，以鼓励他们在工作中积极主动地行使资源管理和环境保护的职责。例如有些景区的导游员也是义务环保员，他们不仅在游览途中主动向游客宣传环保知识，而且还用随身带的塑料袋接收、拾捡游客的废弃物，起到了很好的示范作用。

(2)发挥景区员工的示范引导作用

由于景区员工在履行其职责的过程中可以随时与游客进行交流，因而在为其提供所需信息、阐明注意事项的同时以身作则，以自己的实际行动引导游客爱护环境、保护环境、遵守景区的各项规章制度。目前，国内有不少景区都组织其员工开展各种环保活动，这样不仅能够强化自身环保意识，而且还能起到对公众的宣传效果。

【小资料】

景区员工扮阿凡达提醒游客保护环境

一位游客正走在西双版纳热带雨林的游道上，随手丢了一块果皮，旁边密林中突然冒出了一个“阿凡达”，手中举着牌子——“请勿乱扔垃圾”……这些由景区员工变身的“阿凡达”，专门隐藏在密林深处，每当有游客出现不文明行为时就会现身，并且还会随着游客行为的不同出现不同内容的文字。例如经过的游客中有人吸烟，牌子上就写着“请勿吸烟”；游客行为文明，牌子就会变成“欢迎光临”，等等。

这是随着电影《阿凡达》的全球热映，西双版纳热带雨林国家公园的望天树景区发现这里有着与影片极为相似的高大植物和令人神往的生态环境，于是便突发奇想，创意推出了真人版的热带雨林阿凡达。这种善意而有趣的形式，不仅使游客身心得到了进一步的放松，而且起到了规范其行为、保护环境的作用。

3.强制引导法

通过法律、法规的制定为旅游景区的游客管理提供管理依据，在保障了游客权益的同时，也对游客的行为进行了制约。我国目前已制定的相关法律法规有:《中华人民共和国环境保护法》、《中华人民共和国自然保护区条例》、《森林和野生动物类型自然保护区管理办法》、《风景名胜区管理暂行条例》，等等。除此之外，景区还可根据自身资源特点编制《游览须知》、《游客行为规范》等强制性管理条例或非强制性的规范指南，引导游客遵循环境保护准则、规范自己的行为。例如意大利威尼斯市政府为规范旅游者行为而专门出台了一本名为“您不能”的行为规范手册，以及著名的美国旅行商协会制定的《生态旅游十戒》:

①要尊重地球的脆弱性。意识到如果不保护环境，后代可能不会再看到独特而美丽的目的地。

②只留下脚印，只带走照片。不折树枝，不乱扔杂物。

③充分了解你所参观的地方的地理、习俗、礼仪和文化。

④尊重别人的隐私和自尊，拍照时要征得别人的同意。

⑤不要购买使用濒危动植物制成的产品。

⑥要沿着划定的路线走。不打扰动物，不侵犯其自然栖息地，不破坏植物。

⑦了解并支持环境保护规划。

⑧只要可能，就步行或使用对环境无害的交通工具，机动车在停车时尽量关闭发动机。

⑨以实际行为支持景区内那些致力于节约能源和环境保护的企业。

⑩熟读有关旅行指南。

通过这类规范指南对游客进行教育和引导，使其认识到哪些行为是正确的，哪些行为是不文明的，意识到自己对景区资源环境应负的责任，从而有效约束自己的不文明旅游行为。总之，通过法律法规、规章制度的制定和有效执行，加大对可能出现的各种不文明行为尤其是故意破坏行为的制约力度。

【小资料】

旅游法

全国人大常委会制订了《旅游法》，使其“为黄金发展期和转型升级期的旅游业呈爆发性增长保驾护航，让它更加理性、科学、健康，更可持续发展。”

旅游生态环境资源是依照法定程序批准建立并受到国家法律保护的一类环境资源，它是在漫长岁月中由特定的自然界和社会历史共同留下来的自然文化遗产，当属国家、民族，乃至全人类的宝贵财富，不仅供当代人享用，亦供后代人享用。正是由于旅游生态环境资源具有稀缺性、生态脆弱性和不可再生性的特点，所以一旦遭到破坏便难以恢复，甚至是不可能恢复。因此，对旅游生态环境资源的保护需要采取更为严格的保护措施，使绿色低碳真正成为旅游新时尚，这个严格的保护措施即为旅游法的立法规制。

4. 教育引导法

(1)加强环保宣传。政府相关部门、社会环保组织、旅游管理部门和旅游景区应共同加强环境保护重要性的宣传力度，提高公众的环保意识。通过大力宣传旅游与生态环境保护之间的密切关系，使公众认识到保护生态环境是旅游业可持续发展的前提，而不当的旅游活动、不文明旅游行为会给人体健康、社会经济、资源环境造成损害和污染；以及经常性地向游客、旅游地居民公布环境质量信息等种种措施引导游客树立生态旅游意识，使社会大众更多地了解环境保护的重要性。

(2)增加环保项目。旅游景区在旅游活动项目的安排中应有意识地增加与资源环境、景观保护有关的内容，使游客在生动有趣的活动中获得相关知识。例如国外有许多生态旅游地在游客进入景区中心部位之前，通过种种形象生动的形式如展览、讲解培训等，对游客进行生态知识、游览规范等方面的教育和引导，旨在唤醒游客的生态责任意识。另外，在景区内使用环保车、自行车等，也是一种较为可行的方法。

(3)增加游前教育。旅游景区可以对游客进行游前教育，将旅游景区内的注意事项、行为规范等信息通过景区指南、旅游手册、温馨提示卡、区内交通工具的视听设备等多种途径传递给旅游者。

总之，旅游景区可以通过种种措施和手段为游客营造保护景观和环境、遵守游览规范的良好氛围，使之意识到景区对其文明行为的期待，从而自我约束不文明旅游行为。

【小资料】

南极游

随着现代科技的发展，前往南极已不再遥不可及。1991 年，7 家国际大型南极旅游公司联合成立“南极旅游业者国际协会”(IAATO)，旨在“提倡、推动、实施安全的和对南极环境负责的南极旅游"，该协会制定的《南极游客活动指南》中，严格规定了游客不能在大陆上过夜停留，必须与企鹅等南极动物保持5米以上的距离，不能惊扰动物，不能扔垃圾，不能踩踏植物等行为规范。同时，游客在登陆前还必须参加有关行为规范的讲座，比如告诉游客这里苔藓一百年时间可能才生长几厘米，如果今天在南极苔藓上踩下一个脚印，50年后可能都会留在那里；让游客时刻谨记"除了脚印，什么也不带来；除了回忆，什么也不带走。"这句话，因为哪怕是看似不起眼的小石子，对于企鹅筑巢来说可能都是很难得的。此外，邮轮公司的向导一旦发现有游客出现违规行为也会严厉制止，因为如果被协会发现组织南极游的机构没能很好地控制游客行为，可能会中止该机构下次登陆的资格，严重者甚至会吊销旅游经营资格。

(4)加强对旅游景区居民的环保教育。培养当地居民保护家乡自然生态、文化传统的良好意识，引导他们积极参与景区环保工作，以充分发挥其示范与监督作用。

10.2.3 加强景区服务管理人员与游客的沟通

旅游景区服务过程即是与游客的有效沟通过程。景区服务管理人员对游客需求的理解能力，将直接影响到服务质量的高低；同时，游客对景区服务管理人员相关讯息的理解程度也将直接影响到其在景区内的旅游行为。因而加强管理者与游客的沟通与理解，可以获得游客的更多支持与帮助，从而有效地克服对立、抵触情绪，减少误会和冲突，实现景区资源环境质量管理目标。

(1)掌握与游客有效沟通的技巧。所谓有效沟通是指能有效地向他人表达自己的思想、看法和情感，并能够得到积极的回应和交流。有效的沟通可以促进彼此之间相互合作、交流融合、尽快地解决问题。其基本要求有：

①目光接触。在对游客的服务过程中与其进行礼貌、友善的目光交流，能够让人感觉真诚，也利于两者之间增加信任感、交流愉悦感。

②微笑服务。在面对与你不熟悉的游客时始终保持发自内心的微笑，能够快速、有效地拉近彼此之间的心理距离。

③表达含蓄。不能随意忽视或否定游客意见；当游客要求不能被满足时，景区服务管理人员的回答一定要含蓄、婉转，在阐述真实情况的同时也要尊重客人。

④表示兴趣。景区服务管理人员在与游客进行交流的过程中，通过认真倾听、积极回应，并将身体轻微前倾、礼貌地注视对方的眼睛，来表达对其谈话内容的兴趣和重视。

⑤语调柔和。通过营造良好的谈话氛围，来消除游客的拘谨感。

⑥建立友好关系。可以通过彼此认识、熟悉来增加相互之间的理解。

(2)有效避免沟通中的过失。沟通失败是很多景区服务管理人员面临的主要问题，它会造成游客恼怒、抵触和误解。下面几种情况是景区服务管理人员与游客进行沟通中应极力避免的：

①对游客的意见进行简单评价。如"你是个好人，但是……"、"你真让人失望"，等等。

②空洞的安慰。如"不要着急，总会找到的"，等等。

③自我感觉是心理专家。如"你根本没有完全理解……"、"我知道你想的是……"，等等。

④讽刺挖苦。如随意斥责小孩子等等。

⑤过分地或不恰当地询问，会引起游客的不安，感觉个人隐私被干涉。

⑥命令或威胁游客。

⑦多余而无用的劝告，引起游客的反感。

⑧模棱两可，不着边际的回答。

⑨保留真实信息。

(3)与难“对付”游客的沟通。所谓难对付，有三种情况，一种情况是游客确实有理，他找你解决问题；另一种情况可能是游客脾气大，易愤怒；还有一种情况是游客故意“找茬儿”。景区服务管理人员在与其沟通过程中，首先应通过真诚的态度、合理的方式稳定游客的情绪，继而专业、高效地为其解决问题。

本章小结

本章介绍了旅游景区游客行为管理的相关知识，包括旅游景区内游客行为分析：景区游客的类型与旅游行为特征，游客管理与服务的关系，游客的管理方法；游客行为管理：游客不文明行为产生的原因、表现及危害，如何正确引导游客的旅游行为，以及加强景区服务管理人员与游客的沟通。

主要概念

服务性管理方法　控制性管理方法　游客不文明旅游行为　有效沟通

基础训练

1. 简述旅游景区的游客行为特征。
2. 分析如何处理好游客管理与服务两者之间的关系。
3. 简述游客的管理方法，并举例说明。
4. 简述游客不文明行为产生的原因、表现及危害，可举例说明。

案例分析

案例1:“到此一游”、“青山白云好风光”等字句被大陆游客刻在台湾一家植物园的龙舌兰上，引起媒体关注，并纷纷指责这些游客的举动有损大陆游客的形象。5月7日，国家旅游总局特意发出“第5号警示”——向不文明行为说“不”。

国家旅游总局“第5号警示”提到，在台湾新北市野柳地质公园，不断有大陆游客轮流爬上易损坏的蕈状岩拍照，或者不顾禁令吞云吐雾、乱丢烟蒂。5月初，台湾观光部门北海岸及观音山风景区管理处向东北角风管处驻卫警察队借调2名人员，据台湾媒体报道，这是野柳开园以来，首次有警卫守护“女王头”。

类似龙舌兰刻字等游客不文明陋习令美景“打折”的事件还不少。近几年，陆续发生过大陆游客因插队在台湾阿里山景区群殴事件、违规拍照、大声喧哗等不文明行为，台北故宫甚至专门为大陆游客竖起“请轻声细语”的牌子。

国家旅游总局“第5号警示”中提醒游客:出门在外，应当规范个人行为，举止文明、言语得体，因为旅游者的言语举止代表的不仅仅是个体的形象，而是一个团队，甚至大陆游客的整体形象;

案例2:随手将竹签和瓜子皮扔在沙滩上，将采摘的花朵扔在地上……部分游客不经意间的不文明行为，让景区“很受伤”。

在某海水浴场，一些游客坐在沙滩上聊天，面前放着水果、瓜子等零食，虽然旁边有塑料袋，但周围仍有不少桃核皮、瓜子皮等废弃物;有的游客在离开后，将饮料瓶、小食品包装纸等垃圾留在了沙滩上或扔到海里;有的游客毫无顾忌地在花坛里摘花;还有部分游客将烟头丢在沙滩上，使保洁工人难以清理……

在某公园，游客的宠物狗随地大小便，和周围的美丽风景格格不入……

在某公园开园仪式结束后，举行仪式的广场座椅后面，留下了不少饮料瓶、雪糕纸、食品包装袋、破纸巾;在石径路旁的绿色树丛中，游客随意丢弃的红色废纸格外刺眼，偶尔还能发现丢弃的花朵;在清泉水涧里，孩子们将饮料瓶放进水流里当“船”玩……

案例3:蜀南竹海景区内500多个山头，生长着成片翠竹。但是在这千峰万岭都是竹的地方，一些游客却喜欢在竹子上乱刻乱画、胡乱“涂鸦”，使美丽的景区受到严重影响。在景区的一些竹子上，“×××到处一游”、“××我爱你”、“××曾到此”等，随处可见;在一株10多米高的楠竹上，有人用小刀刻下“永结同心”的深深印痕;还有一株较大的楠竹上，被人刻上“好男儿志在四方”的“豪言壮语”;甚至一株今年刚出土的新竹也未能幸免，被人在上面刻上“忘掉忧愁”字样。这些字迹有的是用钢笔写的，有的则是用毛笔写的，还有直接用刀子刻上去的。为此，景区决定进行为期一个月的整治，对乱刻乱画的情况进行处理:在多处设立提示牌，以期得到广大游客的配合;与旅行社等有关部门联系，倡导“文明之旅”等;另外景区还决定在整治期后，对那些喜欢乱刻乱画、留下“芳名”的游客进行公开曝光。

问题:通过以上三个案例，谈谈旅游景区加强游客行为管理的意义以及如何进行游客行为管理。

第11章 旅游景区标准化管理

学习目标

了解目前应用于景区管理中的相关国际标准；掌握ISO9001和ISO14001的基本知识及其应用于景区管理的基本原理；了解ISO9001和ISO14001体系的运行能给景区管理带来的效益和积极影响。

引例

北京动物园通过ISO双认证

2001年北京动物园通过了IS09001和ISO14001的双认证。北京动物园园长谈到，进行ISO双认证，最大的体会就是真正懂得了什么是科学管理。

北京动物园在1997年曾按照行业管理规定，制定了《动物园职业道德行为规范》，内容覆盖了全园各岗位各工种，此规范从管理上和服务上都取得了一定的成效。但在进一步深化管理中，即使天天检查仍然漏洞频出，因为其中有许多不定的、模糊的东西，无法定性定量地管理落实，可操作性差，使管理规范流于形式。而现在的管理体系程序清楚，管理变得清晰容易。如在以往大熊猫的饲养中，没有依据的做法很多，少给个鸡蛋多加个窝头，为什么这样做，谁去执行，都不清楚。而现在有ISO一整套科学的管理程序，用饲料要在研究熊猫状况的基础上，由专业人员确定并签署意见，一级级下达，有案可查。如大熊猫病了，也可根据以往的饲养状况、运动状况，对症下药，去除工作中的众多盲区。

动物园的ISO认证，动物自然是其中的焦点，动物园围绕动物做了大量的文章——过去动物园爬虫馆中因绿化不够，环境较为干燥，蛇类蜕皮，脱下的都是一块一块、残缺不全的，而现在随着爬虫馆环境的改善，蛇皮已可整个蜕下；河马、犀牛原来都生活在水泥地面的监狱式兽舍中，而改造后的兽舍更符合这些动物的生活习性，更为兽性化。

估计去过动物园的人们都曾为动物馆中的刺鼻气味“落荒而逃”，有关人员经过调查取证，发现兽舍的气味是由于保温等缘故通风不良所致，动物园按照IS0对空气质量的要求，采取安装排风扇等机械措施，同时研究用生物制剂减少兽舍内的怪异气味。

现在“吃动物饭”的越来越多，对于北京动物园来说，南有北森野生动物园，北有八达岭野生动物园，竞争态势明显。因此打破老的习惯型、经验型管理模式的桎梏，转变观念，开拓创新，已成为了北京动物园生存的必然，也是适应时代发展的必须。

在进行ISO系列认证的过程中，职工们从不甚理解到自觉地参与其中——在动物园的各个商店中，都设置了废旧电池回收箱；办公室用纸都使用两面等等。尤其一线职工们对自己工作中现有的和潜在的环境因素能够识别，园内各部门对重大环境因素都制定了管理方案进行有效控制。饲养队是一个有职工270人的大队，全园列出的10项重大环境因素，7项涉及他们，该队饲养着400余种5000余只动物。他们在实际操作时养成了良好的节能意识，在他们的配合下，动物园把新鸟馆的长流水改为定时换水，在他们的建议下，用定时喷雾设施代替了大熊猫馆24小时用水龙头喷淋竹子的保鲜做法……

对动物粪便等的处理，饲养部门改变了直接水刷的做法，做到先清扫，然后用水冲刷，减少了洁净水的使用，也减少了污水的产生。

动物园的工作在科学严谨的规范之下，不仅保护了环境，节约了能源，还收到了意想不到的经济效益。据统计，2001年，动物园中用水78万立方米，比上年下降了13%，仅节水一项就节约60多万元;2001年用电610万度，比上年下降了9%，节电70万度;用油31.6吨，较上年下降10%;各种材料开支25.2万元，较上年下降13%。

通过ISO双认证，北京动物园付出了17万元的代价，但却回报了数倍于17万的经济效益，还有难以用金钱衡量的无形资产……

导读

中国入世之后，旅游景区管理如何与国际接轨成为业界人士的热门话题。上世纪90年代末，中国很多景区加入到了申请世界标准化管理体系认证的行列，我国各部门也非常支持景区的这一做法，我国颁布的《旅游区(点)质量等级的划分与评定》标准的评分细则中明确规定，通过ISO9001和ISO14001认证的景区可获分值40分，建立体系但未认证的景区可获分值20分。国家旅游局有关人士在参加完第一批4A级景区评审工作后表示ISO9001和ISO14001景区4A级评定活动的促进作用不仅表现在单项加分上，还体现在景区管理活动的井然有序。本章着重对ISO9001和ISO14001的产生背景、体系的重点基础知识以及体系应用于景区管理所带来的好处和效益进行了介绍。学习者可通过本章的学习，初步掌握ISO9001和ISO14001标准概况，并了解景区建立这两大标准有何受益。

景区是旅游系统中最重要的组成部分，是激励游客旅行的主要因素，同时景区也是旅游业中一个结构复杂的组成部分。21世纪中国景区管理面临多方面的挑战，自上世纪90年代末以来，中国的很多景区都加入了建立一系列标准体系的行列，旨在提高景区综合的管理水平，得以可持续发展。其中主要包括世界标准化组织(ISO)制定的系列标准，如ISO9001标准、ISO14001标准;由全球数家最知名的标准制度研究、认证机构共同制定的OHSMS18001标准;国际绿色环球21基金会推出的标准"绿色环球21"。本章就ISO9001和ISO14001如何应用于景区管理进行简单的介绍。

11.1 ISO9001与景区管理

11.1.1 关于景区的服务质量管理

景区质量问题的研究一直滞后于旅游业中的其他行业，如饭店业。其原因在于饭店以企业化经营为主，对服务质量管理相对重视，而旅游区由于其属性的多样性以及产品的特殊性，对服务质量问题并没有引起高度重视。即使像美国、英国那样的旅游业发达国家，旅游区服务质量管理也处于相对弱势地位，原因在于自1874年以来，美国将自然资源与环境条件最优越的地区都已划定为国家公园，属于国家所有，由国家进行统一管理与经营，并以环境资源保护为己任，虽然也对公众开放，从事旅游开发经营活动，但不属于纯经营性景区，资源保护经费与公园的日常开支主要以国家财政拨款或由大财团捐款为主，这样就使得对以游客为中心的服务质量的研究与管理相对滞后。当然，商业化运作的景区对服务质量的管理与控制是十分重视的，如迪斯尼公司经营的主题公园。迪斯尼以经营娱乐性的产品和项目为主，创始人迪斯尼被公认为是世界主题公园的鼻祖，目前在美国、欧洲、日本和中国香港建设了5家迪斯尼乐园。迪斯尼的良好发展与其产品创意固然有关，但是一种以顾客为中心，以顾客满意为追求的营销理念的贯彻是迪斯尼得以稳健发展的关键。迪斯尼顾客至上的服务理念使其成为世界范围内景区服务质量管理的楷模。

景区服务质量管理上的欠缺，很大程度上与景区服务质量认定上的难度与管理控制上的难度有关。这导致对其的研究和管理也处于落后状态。

1979年，英国政府颁布了BS5750，为英国的制造业和服务业制定了质量管理标准。BS5750也是ISO9000标准的前身。BS5750作为英国的官方标准被很多英国的景区所采用。Swarbrooke在其《景区开发与管理》一书中指出景区和景区的经理们都希望能够与通过BS5750认证的供应商合作，这样可以最大限度地降低可能由供应商提供的劣质产品和服务引发的问题。

国内对景区服务质量的研究和实践与国外有相同之处。长期以来，我国的旅游区以风景名胜区为代表，其主要功能是保护资源，经营管理水平包括服务质量管理水平相对滞后。1989年深圳锦绣中华主题公园的开园，使人们对景区经营管理思路的认识发生改变。与此同时，随着国内旅游的快速发展，景区在实际经营过程中也暴露出越来越多的服务质量问题，损坏了景区形象，影响了景区的可持续发展。至此，旅游业界才开始关注景区服务质量管理。

1995年5月23日，云南省率先颁布了由云南省人民政府批准的《云南省旅游景点规范服务规范及考核标准（试行）》。

1998年6月26日，深圳锦绣中华和中国民俗文化村率先成为我国首家通过ISO9002国际标准认证的旅游景区，标志着我国旅游质量管理开始与国际接轨。1999年10月1日，国家旅游局正式颁布《旅游区（点）质量等级的划分与评定》标准，2001年按该标准首次评选出187家AAAA级景区，标志着我国旅游区质量管理已全面走向正轨。在该标准的细则制定中，将建立ISO9001和ISO14001管理体系并通过认证的要求也列入了其中。之后国家旅游局又重新修订了该标准，并于2003年2月24日发布。

11.1.2 ISO9000族介绍

11.1.2.1 ISO9000发展概况

国际标准化组织是目前世界上最大的、最具权威性的国际标准化专门机构，是由131个国家标准化机构参加的世界性组织，ISO是它的缩写。ISO9000族系列标准是国际标准化组织颁布的一系列标准中的一个系列。国际标准化组织（ISO）在总结各国质量管理经验的基础上，特别是日本的全面质量管理的实践经验，于1987年发布了ISO9000系列标准，后来在1994年和2000年两次修订，分别形成了ISO9000:1994和ISO9000:2000两个版本。ISO9000族标准是指由国际标准化组织（ISO）组织所属的TC/176质量管理和质量保证技术委员会制订并颁布的关于质量管理和质量保证的族标准的统称，该技术委员会根据标准的应用情况和管理技术的发展和进步态势，一般每6~7年修订标准一次。

ISO9000系列标准的颁布，使各国的质量管理和质量保证活动统一在ISO9000族标准的基础之上。标准总结了工业发达国家先进企业的质量管理的实践经验，统一了质量管理和质量保证的术语和概念，并对推动组织的质量管理、实现质量目标、消除贸易壁垒、提高产品质量和顾客满意程度等产生了积极的影响，得到了世界各国的普遍关注和采用。迄今为止，它已被全世界ISO多个国家和地区等同采用为国家标准，并广泛用于工业、经济和政府的管理领域，有50多个国家建立了质量管理体系认证制度，世界各国质量管理体系审核员注册和质量管理体系互认制度也在广泛范围内得以建立和实施。

11.1.2.2 ISO9000:2000标准的组成

第一部分:核心标准

ISO9000:2000《质量管理体系——基础和术语》

ISO9001:2000《质量管理体系——要求》

ISO9004:2000《质量管理体系——业绩改进指南》

ISO19011:2002《质量和/或环境管理体系审核指南》

第二部分:辅助标准(目前只有一项)

第三部分:技术标准

ISO/TR10006《质量管理——项目管理质量指南》

ISO/TR10007《质量管理——技术状态管理指南》

ISO/TR10013《质量管理体系文件指南》ISO/TR10014《质量经济性管理指南》

ISO/TR10015《质量管理——培训指南》

ISO/TR10017《统计技术指南》

第四部分:小册子

ISO/TC176将根据实施ISO9000族标准的实际需要，编写一些宣传小册子形式的出版物作为指导性文件，包括《质量管理原则》、《选择和使用指南》、《中小型组织实施指南》等。

在这些标准中，企业用以建立质量管理体系并寻求认证的标准是ISO9001:2000标准。

11.1.2.3 ISO9001:2000标准的特点

1.强调以顾客为中心

ISO9001不断地吸取现代管理科学的精华，顾客为中心的理念就是来自于现代营销管理科学。营销观念强调组织要以顾客需求为中心并通过顾客满意获得利润。组织内的营销部门要持续不断地努力使每个部门的注意力集中在消费者的满足上，使每一个部门的工作得到有效控制从而使产品和服务完全适合顾客的需要而形成产品的自我销售。

2.结构化和系统化的管理方法

ISO9001对服务质量策划的方法，是一种结构化的、系统化的管理方法，可以正确识别顾客需求，完善服务规划，确定和制定客户满意所需的步骤;识别与合理安排资源，以适当的成本提供顾客满意的服务。

3.通过过程控制实现管理目标

ISO9001将服务的最终质量视为所有工作过程质量的输出，因而要对所有与质量有关的工作过程进行控制，将影响质量的资源和活动作为过程进行管理，体现了PDCA的管理思路。

ISO9001 服务质量体系建立，就是要对各个服务过程进行梳理，去芜取精，去繁就简，提高服务的效率，保证客户满意。服务流程设计一直都是要围绕顾客需求，以最简洁的服务流程和最贴近顾客需求的产品设计为企业赢得更大的竞争优势。

质量管理体系的四大过程“管理职责、资源管理、产品实现和测量、分析和改进”彼此相连，最后通过体系的持续改进而进入更高的水平。从水平方向看，顾客(及其他相关方)的要求形成产品实现过程的输入，产品实现过程的输出是最终产品。产品交付后，顾客(及其他相关方)将对其满意程度的意见反馈给组织的测量、分析和改进过程，作为体系持续改进的一个依据。

4. 文件化的管理体系

ISO9001 强调“该说的要说到、说到就要做到、做到还要看得到”，不仅要求以满足顾客需求为核心的质量策划严格按文件执行，同时还要求保存开展质量活动的记录，用这些证据向外界证实质量体系的运行，证明质量活动的有效开展，展现符合顾客要求和质量改进的途径。此外，文件还可以作为培训资料，质量活动记录提供了一种可追溯性。当然，ISO9001 强调，制作文件的本身并非目的，而是一项增值活动，其目的是使质量管理体系的过程得以有效的运作和实施。

5. 强调基于事实的决策

1S09001 要求最高管理者在制定方针和战略时，必须在相关信息和数据的基础上，进行合乎逻辑的分析和决策。确立经营目标也同样需使用大量的信息和数据。只有通过市场调研，了解同行业竞争对象的状态和策略，才能确立现实的、富有挑战性的目标。

6. 持续改进的管理体系

IS09001 是一个动态的、具备防错与纠错功能的、保证质量管理水平螺旋式不断上升的体系。该体系着眼于差错的预防，但并不苛求每一项工作都不出错。如果出了错，通过系统性的溯源，可以找出原因，并实施有效的纠正，防止差错的重复发生。体系内部质量审核和管理评审也使该管理体系具备自我诊断功能，因此，有效运转的 ISO9000 质量体系，可以让顾客、管理者和员工都看得见公园管理的进步。

7. 强调人在质量体系中的作用

管理的本质是对人员的管理，ISO9001 的实施促使各类人员遵守各项质量规范，开发人员的技巧与能力，激励人员去提高质量和满足顾客的期望并重视与顾客的联络。ISO9001 非常强调“领导作用”和“员工参与”的原则，IS09001:2000 标准认为:“领导者确立组织统一的宗旨、方向。他们应当创造并保持使员工能充分参与现实组织目标的内部环境”，“各级人员都是组织之本，只有他们的充分参与，才能使他们的才干为组织带来收益。”

11.1.2.4 景区建立 ISO9001 管理体系的收益

景区(点)实施 ISO9001 标准化质量管理，对内起到提高管理水平、提升服务品质、提高工作效率、降低经营风险的作用，对外意味着企业品牌、信誉和实力的增强，并逐渐与国际管理水平接轨。景区(点)实施 ISO9001 标准化质量管理是自身生存和发展的需要，那么景区建立 ISO9001 体系能取得哪些效果呢?

(1)景区(点)是体验产品，管理环节多，ISO9001 能有效地进行过程控制

景区(点)服务具有综合性的特点。景区(点)是一个综合性的游乐场所，它要向顾客提供吃、住、行、娱、游、购等一系列综合性的服务，满足不同顾客的需求，质量控制的环节非常

多，每一个环节都会影响到景区(点)的整体服务质量，进而影响到游客的回头率和公园的管理成本。

景区(点)产品是一种体验产品。景区(点)产品的核心是为游客带来的一种经历，一种身心的愉悦，如峨眉山戏猴、观日出，黄果树看瀑布、品民风，主题公园则更是体验式经济的先锋。景区(点)产品具有生产和消费同时性的特点，景区(点)提供服务的时候就是产品形成并被消费的时刻。因此，如果出现服务缺陷，后果往往难以弥补。

景区(点)对提供持续稳定的服务要求高。旅游业流行一句话"100－1＝0"，即做了100件令顾客满意的事，但如果有一件事出现差错，很可能功亏一篑。对于景区(点)来说一件小事就可能影响到游客的体验、经历，持续稳定的优良服务是游客享受完美体验的前提。

而通过实施ISO9001可以加强过程控制，防患于未然，进而降低管理成本，保证每一环节的工作有序合理展开。峨眉山的滑竿服务管理和戏猴区的管理一直以来是峨眉山景区管理的难点，游客投诉多，安全事件亦时有发生，在建立ISO9001管理体系之后，景区管理当局对管理过程进行了梳理，管理归口，责任到人。建立了《景区滑竿服务控制程序》和《景区戏猴管理控制程序》，通过对滑竿人员从业要求、归口管理、督察奖惩等程序规定，实行区域管理、专人负责、总量控制、分段经营、价格指导、着装统一、佩戴标志，使景区滑竿服务更加规范化、制度化；在猴区管理程序中，对猴区安全、游客投诉、猴区保护、工作检查及归口管理等进行了相应规定，规范了景区猴群的驯养管理，确保向游客提供良好的动物展示服务的安全性。规范化的管理获得了游客的称赞，游客满意度不断提高。

作为景区来说需要大量从别处采购产品和服务，ISO9001认为这些向景区提供产品和服务的组织就是景区的供方。我们以ISO9001:2000标准7.4.1条款为例，进一步了解一下ISO9001对于景区采购过程是如何控制的。

【小资料】

ISO9001:2000标准7.4.1条款中的采购过程

组织应确保采购的产品符合规定的采购要求。对供方及采购的产品控制的类型和程度应取决于采购的产品对随后的产品实现或最终产品的影响。

组织应根据供方按组织的要求提供产品的能力评价和选择供方。应制定选择、评价和重新评价的准则。评价结果及评价所引起的任何必要措施的记录应予保持(见标准的4.2.4部分)。

景区应用：

为景区提供物资和服务的都是景区的供方。特别应注意的是景区的服务分包方的控制，景区服务分包一般有：酒家、茶室、小店、摄影、娱乐项目、园林养护、保洁等，应确定评价准则，对服务分包单位进行合格评定，将其列入合格供方一览表；

签订服务分包合同，明确服务要求；

应利用日常的检查，征询游客意见等形式对服务分包方进行验证和后续管理；

对供方控制的力度与其在产品中所处的地位相当；

对包括分包方在内的供方进行动态管理，根据准则选择、评价，并记录评价结果及采取的措施。

(2)景区(点)是劳动密集型的行业，景区(点)的服务质量取决于由人提供的服务，ISO9001 可以规范部门职能，变人治为法治。

景区(点)的成功不但依赖于景区(点)的硬件设施、景区环境及其营造的氛围，更重要的是取决于由人提供的服务。生动和规范的服务有助于保证景区旅游的流畅性和旅游安全，对主题公园来说这一点尤为重要，主题公园整体氛围营造和始终如一的主题体验是其成败的关键因素，如进入“宋城”的每一位工作人员都有责任为游客提供一种宋代的市井繁华的气氛，因此，人力资源是优质服务的重要方面。而“管理”指的就是对人员的管理，怎样培养成熟、训练有素的员工，如何激励员工，如何确保每一位员工的工作都为提高顾客满意度作出贡献，这些问题是景区(点)管理者十分关心的问题。不同技能的人员提供的服务效果不同，服务质量具有较高的可变性。

ISO9001 通过确定质量方针、规定人员职责、梳理过程、建立程序和持续改进的系统机制，文件化的管理要求，变人治为法治，在一定程度上保障了服务质量的稳定性，确保每一个环节的服务都能令客户满意，产品的质量不会随着人员、地点和时间的不同而改变，并且提高工作效率。

(3)持续稳定的服务和不断创新的产品是景区(点)成功的关键，通过实施 ISO9001 可以有效贯彻这一经营理念。

景区(点)产品具有不可贮存和不可移动的特点，因此，提供持续稳定的优质服务，给予始终如一的完美体验，着眼于市场不断创新是吸引游客，提高公园回头率的重要方面。ISO9001 可以规范新产品开发的环节并且要求为项目决策提供充分的依据，在一定程度上保证了新产品开发的成功率。ISO9001 是科学的管理工具，管理者可以利用这一管理平台，有效贯彻管理思想，管理者变得轻松了，不必事必躬亲，可以集中精力于公园的战略发展和新产品的开发。对外则可以树立企业形象，增强竞争力，吸引更多的游客，培养品牌忠诚。

11.2　ISO14001 与景区的可持续发展

11.2.1 ISO14000 系列标准的产生背景

随着社会、经济的不断发展，人口的不断增加，越来越多的环境问题摆在了我们面前：温室效应加剧、酸雨不断蔓延、臭氧空洞的出现、水体不断遭到严重污染、土地大量沙漠化、草原退化、森林锐减、许多珍稀野生动物濒临灭绝……这一系列环境问题中，可以说大部分是由于人类自身行为对自然的破坏造成的。这些问题已经危及到了人类社会的健康生存和可持续发展，面对如此严重的形势，人类开始考虑采取一种行之有效的办法来约束自己的行为，各种各样的组织开始关注自己的环境行为和环境形象，并希望能有一套比较系统、完善的管理方法来规范人类自身的环境活动，以求达到改善生存环境的目的。

国际标准化组织(ISO)于 1993 年 6 月成立了一个庞大的技术机构——环境管理标准化技术委员会(TC207)，开始制定环境管理领域的国际标准，即 ISO14000 环境管理系列标准，并于 1996 年首批颁布了关于环境管理体系及其审核方面的 5 个标准，并于 2004 年推出了 ISO14000 的修订版。ISO14000 是一个系列的环境管理标准，它包括了环境管理体系、环境审核、环境标志、生命周期分析等国际环境管理领域内的许多焦点问题，旨在指导各类组织（企业、公司）取得和表现正确的环境行为。ISO14000 系列标准共预留 100 个标准号。该系列标准共分七个系列，其编号为 IS014001 – IS014100。

11.2.2 景区面临的各种环境问题

随着全世界旅游活动的发展，人类进入了一个“大众旅游时代”，许多国家和地区都将旅游业视为新的经济增长点。但人们逐渐认识到在旅游业推动经济发展的同时，也带来了生态环境遭受不同程度破坏的负面效应，甚至比其他产业带来的环境公害更有过之而无不及。景区是旅游业的重要组成部分，景区的健康发展是旅游业可持续发展的重要前提。但景区的发展正面临着各种环境问题的挑战。

1. 旅游活动造成对环境的污染

旅游者的不良行为造成的污染：在山岳旅游区，由于草木繁茂，交通不便，垃圾清运成为管理部门普遍感到棘手的问题。1991 年游览日本富士山的人数多达 360 万。许多人为了观看日出，连夜上山，途中边登边吃，随手将罐头盒、饮料瓶、食品袋、包装纸等杂物丢在山上，既不卫生，又有碍观瞻。为了保持富士山的清洁，日本的保持富士山清洁协会动员 3.99 万名自愿者从山上清理出 140 吨垃圾。为清除每年夏季丢在山上的 200 万 ~ 300 万个易拉罐，有关部门在山下及登山沿线设置了数百个自动易拉罐粉碎机，但这一努力最终也宣告失败。当地政府别无他法，只得广泛宣传，呼吁登山游客手下留情。

过多的游人、超负荷的旅游活动也是造成旅游环境质量下降的重要原因：据联合国环境署的报告显示，每年到地中海地区旅游的人数在成倍增长，但由此产生的废水仅有 30% 是经过处理的，因此造成近海的水体污染。

据统计，仅 1988 年就有 190 多万游客进入埃及金字塔内参观，而环境监测所获得的数据表明，6 个人的呼吸就足以使金字塔内的空气温度提高 5 个百分点，那么 190 多万人的吐故纳新所造成的破坏就可想而知了。在巴黎圣母院，教堂的地板遭到磨损。在英国伦敦，著名的圣保罗天主教堂已向游客收取 3.25 美元的入场费，原因是该教堂不得不花费 15 万美元对它那罕见的大理石地面进行修缮。类似的例子不胜枚举。

2. 开发建设中的破坏性行径对环境的危害

所谓破坏性行径，是指处于开发利用的目的在旅游区或城市中兴办的建设项目。尽管建造者的初衷不是危害旅游环境，但实际上造成对旅游资源、旅游环境的破坏。其具体表现是：在旅游区逢山开路，遇水搭桥，炸山取石，砍伐森林，大兴土木；在城市中无视规划要求，见缝插针，乱建高楼，破坏了城市整体景观的和谐美。

西班牙以阳光及海滩著称于世，但在利用外资上对外国公司缺乏必要的约束，在许多黄金海岸建造了过高、过多、过密的旅馆和公寓群，不但自然景观遭到严重破坏，也给环境保护、供水和污水处理以及现有设施的更新改造带来了许多难题。在埃及的吉萨，离古墓不远处修筑的高速公路对古墓建筑构成了严重威胁，汽车排出的废气和经过时产生的震动，对古建筑必然产生破坏。此外，有人在墓穴旁开设了咖啡店，咖啡店每天排出大量污水，不断深入墓穴，在墓穴内形成许多盐层，给古代文化遗产，尤其是壁画造成了无法弥补的损失。

我国名山旅游区修建索道成风，出现了一股索道热，为此付出了巨大的代价。修泰山索道，仅岱顶一站，月观峰被炸掉 1/3，留下 16000 平方米寸草不生的荒山坡。黄山的云谷寺——白鹅岭索道，仅建白鹅岭站房就毁山7750平方米，开发成材林48450立方米。这种状况已引起有关部门和专家的注意和担忧。

11.2.3 旅游业可持续发展问题的提出

旅游业可持续发展离不开全球可持续发展理论。1987年联合国召开的世界大会提出可持续发展理论后，各行各业都在研究可持续发展的关系。旅游业可持续发展明确的提出是在1990年加拿大召开的旅游国际大会上，会上通过了《旅游业可持续发展的行动纲领》，纲领中提出了旅游可持续发展的五个目标：①增进人们对旅游所产生的环境效应和经济效应的理解，强化其生态意识；②促进旅游业的公平发展；③改善旅游接待地区人民的生活质量；④向人们提供高质量的旅游经历；⑤保证未来旅游开发赖以存在的环境质量。1990年这次会议对旅游业可持续发展所规定的目标是明确的，也是系统的，是最早对旅游业可持续发展的论述。

1995年世界旅游组织又在西班牙的加那利群岛上召开了旅游国际会议，会上通过了两个非常重要的文件，一是《可持续旅游发展宪章》，二是《可持续旅游发展行动计划》。这两个文件全面地阐述了旅游业可持续发展的基本内容和主要观点。

旅游业的可持续发展理念概括起来有以下几点：

(1)可持续性地利用资源保护和可持续性地利用自然资源、社会资源和文化资源，这应当成为景区等旅游企业的长远发展目标。

(2)减少过量消耗，降低废弃物以此减少对环境的污染，提高旅游质量。

(3)保持多样性保持和提高自然、文化、社会的多样性，为旅游业创造一个弹性基础。

(4)加强对旅游业的规划管理。通过环境影响评估，进行合理规划，以增强旅游业的长期竞争力。

(5)支持当地经济旅游业。在支持地方经济活动的同时考虑到环境成本和环境价值，避免环境破坏后再次恢复造成的经济浪费。

(6)鼓励当地社区的参与。通过当地社区的参与，共同解决环境问题。

(7)员工培训。通过培训员工，提高员工的服务水平和素质，以提升旅游业的整体服务水平。

这对旅游景区提出了全新的管理要求，即通过景区环境影响评估，环境容量控制，制定各类规章制度，建立科学的管理体系实现景区的可持续发展。这一理念与ISO14001环境管理体系标准的宗旨完全相同。

11.2.4 ISO14001标准的特点

1. ISO14001标准是科学的环境管理体系，体现PDCA的管理模式

ISO14001标准是一个系统化管理标准，采用戴明博士提出的PDCA管理模式：策划(Plan)、实施(Do)、检查(Check)和改进(Action)四个阶段，根据组织制定的环境方针，进行体系的策划，识别组织活动中的环境因素和法律法规的要求，对不符合法律要求之处，以及重要环境因素制定目标指标，通过环境管理方案的落实保证环境目标的达成，通过建立一系列的运行和管理程序，对环境因素和各项活动进行有效控制。ISO14000标准具有自我监控、自我纠错、自我完善等功能，对各类活动的定期监视和测量，当发现有不符合时，采取纠正预防措施以杜绝问题的再次发生，通过内审保证体系的有效运行，通过管理评审对环境方针、

目标指标进行定期评估，并提出持续改进的要求。ISO14000 标准吸取先进的管理原则和方法，在导入和实施过程中极大地提高了组织的管理水平。

2. 强调节能降耗，污染预防，防患未然

ISO14001 标准中的核心思想是"节能降耗，污染预防"，通过能源的有效利用，减少资源的消耗和有害物质的产生。通过对识别的重要环境因素实施控制和检测，对潜在的重要环境因素采取应急准备，对相关方(例如游客、工程承包方)的环境因素施加影响，对环境因素进行全方位的控制和管理，实现未雨绸缪，防患未然。

例如：景区的生活污水排放是主要的环境污染问题，许多景区的污水是未经过处理就直接排放至景区的湖塘溪流中，通过建立污化池或沼气池，对景区餐厅、客房、厕所排放的污水进行集中处理，或采用免水冲使得厕所实现零排放。

对景区游览活动中产生的固体废弃物(一次性餐盒、废塑料袋、饮料包装、电池等)进行分类收集处理。

采用电力或煤气替代汽油，以减少汽车尾气对大气造成的污染；合理安排缆车、电力线路、路灯、停车场，使之尽可能不妨碍景观；尽量减少使用化肥、农药、洗涤剂等化学品；识别各类景区活动中可能产生的紧急情况，并制定相关的应变措施，加强防火管理，对香客进香、游客吸烟、供电设备短路等问题造成的火灾采取有效措施，对旅游高峰期游客超出环境容量时的疏导措施等。

3. ISO14001 不是一个规定环境绩效水平的标准，而始终把焦点放在管理上

ISO14001 是一个达到环境改善和污染预防的"手段"标准。由于这两个特点，ISO14001 未对组织的环境水平和绩效提出绝对要求，因而两个从事类似活动但具有不同环境绩效的组织，可能都符合 ISO14001 的要求。但 ISO14001 重视管理手段并不意味着不关心组织的环境表现，它为组织的环境绩效设置了一条底线，要求组织在环境方针中遵守有关法律、法规以及进行污染预防和持续改进做出承诺。

4. ISO14001 标准强调持续改进

在满足环境法规的基础上，ISO14001 要求组织的环境管理体系和环境绩效得以持续提高。实施 ISO14001 确保一个组织的环境行为不仅现在满足，将来也一直能满足法律法规的要求，并持续提高环境管理水平和环境质量。

11.2.5 建立 ISO14001 体系和通过认证带给景区的效益

1. 内在效益

(1)控制各类污染物的排放，减少环境污染和生态资源的破坏。峨眉山管委会投资 1724.5 万元，启动污水处理计划，从 2000 年至 2004 年四年时间，建设高、中、低山片区污化池或沼气池，实现景区排污集中处理，使新建旅游生活污水处理设施率达到 60% 以上，并达到国家一级排放标准。

为了保护风景区一级大气质量，减少大气污染排放，峨眉山管委会投资 400 万元，建立景区充气站；按景区环保客运车辆投入运营达到 20% 的目标，投资 1500 万元购买了 100 台环保车，控制汽车尾气排放量，并改造景区的燃煤锅炉，使用电、气等清洁能源。

(2)有效利用资源，节能降耗，加强对废弃物的资源化，带来显著的经济效益。广东肇庆星湖风景区通过体系的实施，减少了水、电资源的消耗，一年内回收 6200 吨垃圾，由此创

造的经济效益竟达60万元。

(3)统筹规划，合理开发旅游资源。ISO14001标准要求实施全过程污染控制，并遵守法律法规要求。因此在景区规划设计时，将充分考虑开发项目对环境和生态资源带来的影响，并通过环境影响评价，全面考虑到景区建设对植被、动物、景观等带来的影响。

(4)提高环境意识，保护自然资源。人是组成环境的一个部分，人体的活动同时也是一个污染源。景区的主要服务对象是人，对员工和相关方的环境保护宣传和培训，提高环境意识，在很大程度上将发挥重要作用。

(5)通过环境管理体系的导人，健全景区管理体系。ISO14001标准的导入，收集了景区管理相关的法律法规，识别出重要环境因素，制定相关的管理程序文件，遵循“写你所说，做你所写，纪录你所做了的，评价做的结果，改进不足之处”的原则，形成了一套科学的管理体系，保证各项管理活动的持续符合性。

2. 外在效应

(1)提高景点的知名度，扩大市场影响力。ISO14001认证通过第三方审核的方式，对外界展示管理体系与标准的符合性，环境管理实现与国际接轨。提高了景区的服务档次和对外形象，吸引更多的国内外旅游客源。

(2)推动地方经济的发展和形象的提高。旅游景区是地方形象的突出代表，是城市的名片，有些城市或地区经济不发达，原先知名度不高，但有一个好的景区景点就能够形成市场影响，推动当地经济的发展。

因此，ISO14001认证对景区的可持续发展起到积极的作用，不仅提高了景区的知名度，扩大了市场影响力，使管理水平提升了一个档次，同时在保护资源、节约能源、提升防灾减灾能力、减少与预防污染、改善环境质量等方面提供了系统保障。

目前全国很多景区都通过了ISO14001的认证。据了解，截至2006年，北京市属10大公园在内的30多家公园和风景名胜区都在积极准备获得ISO9001和ISO14001认证。这30多家占了全市园林数量的1/4，这意味着今后两年内北京市公园将有40%实现国际标准的ISO规范化管理，服务游客的人数占到北京公园游人总量的70%以上，业内人士认为这将有助于北京市园林业整体服务水平的提升。

本章小结

景区是旅游系统中最重要的组成部分，是激励游客旅行的主要因素。同时景区也是旅游业中一个结构复杂的组成部分。21世纪中国景区管理面临多方面的挑战，自上世纪90年代末以来，中国的很多景区都加入了建立一系列标准体系的行列，旨在提高景区综合的管理水平，得以可持续发展。本章主要介绍了ISO9001和ISO14001的一些基本知识以及景区建立和实施ISO9001和ISO14001标准后得到的收益。

主要概念

ISO9001　　ISO14001

基础训练

1. 景区实施ISO9001的好处是什么？
2. ISO14001能给景区带来哪些效益？

案例分析

宝天曼景区与ISO9001

宝天曼景区导入ISO9001质量管理标准，构建公司管理体系。公司从2005年9月开始导入ISO9001质量管理体系，运用ISO的思想，全面梳理各项管理制度，不断补充、修订和完善工作程序和岗位操作流程，使之成为一套统领公司运行的管理标准体系，从安全、成本、服务三方面执导管理工作，指导公司整体的运营管理，去掉了极大的经济和社会效益。

结合上述案例，谈谈你对ISO9001质量管理标准对于旅游景区发展的认识。

第12章 旅游景区管理创新

学习目标

了解旅游景区管理创新的途径与原则，理解我国旅游景区管理制度存在的问题和创新的关键点，理解旅游景区产品创新的原则和关键点。

引例

玉龙雪山旅游开发区管理委员会加快景区信息化建设

2005年8月以来，玉龙雪山旅游开发区管理委员会为有效地保护玉龙雪山自然与文化资源，合理高效地利用景区的游客接待资源，提升景区的管理服务水平，提高景区的品位与档次，在全省率先加快了景区的信息化建设。玉龙山旅管委投资1500万元，分三期开展。一、二期以景区基础网络建设和综合信息管理为主，三期由景区内部的管理和服务转向对外部市场的经营拓展，进行景区电子商务平台的建设。一期工程已于2005年“十一”黄金周投入运行，玉龙雪山景区管理人员通过收费站、甘海子、冰川公园、云杉坪、白水河景点的安全监控、景观摄像系统，就能及时查看各景点的人流、票务、车辆、秩序、安全等具体情况；游客也可通过丽江古城入口处彩屏、景区收费站的双基色屏、景区游客接待中心的电视播放内容等适时了解到景区票务、人流量、天气及交通等全面的旅游信息。以景区相关信息进行实时观测、主要交通路段及部分森林防火区域视频监控、自动化办公系统为主内容的二期工程正在建设中，以网络票务预订和销售、景区电子商务平台为主内容的三期工程将于今年上半年实施。

通过玉龙雪山景区信息化管理系统的实施，规范化、现代化、数字化的管理，将形成玉龙雪山景区内协调资源、高效管理、指挥调度、秩序维护、护林防火等于一体的信息化服务，以及及时为上级部门提供决策的信息化体制，为广大游客提供全方位、标准化的服务，推动玉龙雪山旅游区的品质提升，进一步打造丽江旅游的良好形象。

以上述案例为例，谈谈你对旅游景区管理创新的认识。

导读

创新是旅游景区管理的灵魂。不论是战略管理，还是日常运营，旅游景区都需要不断地进行创新，才能保证旅游景区管理充满活力。

12.1 旅游景区管理创新的途径与原则

12.1.1 旅游景区管理创新的含义与形式

创新是旅游景区管理的灵魂。随着旅游经济的发展，旅游景区之间的竞争越来越激烈，旅游景区管理水平也在不断提高，新的旅游景区经营理念和模式不断出现，这意味着现代旅游景区管理已经不再拘泥于传统的管理理论，而是坚持管理科学原理的同时，不断更新管理观念、鼓励采用富有创造性的管理方法手段，实行一种开创性管理，即创新管理或管理创新。

从一般意义上讲，所谓管理创新，是指创造一种新的更有效的资源整合范式，这种范式既可以是新的有效整合资源以达到旅游景区组织目标和责任的全过程式管理，也可以是新的具体资源整合及目标制定等方面的细节管理。

在旅游景区管理中，管理创新至少应包括下列5种情况：

1. 提出一种新的旅游景区经营思路并加以有效实施

随着旅游景区经营环境的变化，旅游景区管理需要新的思路，如果新经营思路是可行的，取得了良好的效果，这便是管理方面的一种创新。

2. 创设一个新的旅游景区组织机构并使之有效运转

组织机构是旅游景区管理活动及其他活动有序化的支撑体系。一个新的组织机构的诞生是一种创新，但如果不能有效运转则成为空想，不是实实在在的创新。

3. 提出一个新的旅游景区管理方式方法

一个新的管理方式方法能提高生产效率，或使人际关系协调，或能更好地激励员工等等，这些都将有助于旅游景区资源的有效整合以达到旅游景区既定的目标和责任。

4. 设计一种新的旅游景区管理模式

所谓管理模式是指旅游景区综合性的管理范式，是指旅游景区总体资源有效配置实施的范式，这么一个范式如果对所有企业的综合管理而言是新的，则自然是一种创新。

5. 进行一项制度的创新

管理制度是旅游景区资源整合行为的规范，既是旅游景区组织行为的规范，也是员工行为的规范。制度的变革会给旅游景区行为带来变化，进而有助于资源的有效整合，使旅游景区管理更上一层楼。因此，制度创新也是管理创新之一。

12.1.2 旅游景区管理创新的基本途径

从我国旅游景区目前的管理制度变迁以及所遇到的市场深化状况来看，旅游景区管理至少在下述几方面可进行管理的创新：

1. 理念创新

理念创新是旅游景区管理创新的前提。随着我国改革开放的发展，各种新的管理理念不断出现，极大地开拓了人们的视野。我国旅游景区管理的改革比较晚，和饭店、旅行社等相比，在经营观念方面比较滞后。许多旅游景区已经习惯于计划经济体制，其动作模式及价值取向很不适应市场经济的要求，为此有必要在经营理念上来个大转变、大革新，树立适合社会主义市场经济和旅游景区组织特性的经营理念和运作模式。观念创新是一种难度较大的创新，因为中国旅游景区长期处于计划经济时代，其价值观及行为存在一种惯性。这种惯性根植于人们的头脑之中，常常会不自觉地在其行为中表现出来。因此，这种革新是对人们头脑中观念的革新，是价值观与行为取向的重新塑造。

2. 管理制度创新

管理制度是组织运行赖以支撑的架构，科学的管理制度和机构设置是管理理论与规律的产物，也与企业实际管理的要求相关。随着我国经济改革和转型的深入以及地方发展旅游经济竞争的需要，我国旅游景区的产权制度改革必将进一步展开，旅游景区的企业化经营势在必行。目前，中国的旅游景区组织正在进行制度创新，在新的企业制度下，组织机构必须有相应的变革与创新，才能适应全新的委托代理关系、集权与分权要求、管理效率的提升等等。目前，许多旅游景区正在探索新的管理制度和治理结构，出现了股份制、租赁制、经营权转让等多种形式。

3. 运作管理创新

运作管理创新实际上是旅游景区企业流程的创新。正像许多企业正在致力于企业流程再造那样，对旅游景区组织原有生产经营管理的流程进行改革与创新可以提高资源配置效率，给旅游景区带来很大的经济效益。我国旅游景区企业现有的企业经营管理流程比较落后，管理效率不高，因此，从理论上说我国旅游景区更应该加大流程改革与创新，以便通过创新缩短差距，直接创新出现代科学技术和信息技术条件下的高效生产经营流程。

4. 市场营销创新

市场营销是旅游景区管理的核心内容。旅游市场是一个高度竞争的市场，具有季节性突出、弹性较大等特点。因此，具有创新性的营销策略是旅游市场制胜的重中之重。营销创新主要表现为各种营销手段的创新，如产品创新、渠道创新和促销创新等。

12.1.3 旅游景区管理创新的基本原则

管理创新的原则是指产生管理创意的行为准则，是管理创新的基准和出发点。一般而言，旅游景区管理创新的原则主要有：

1. 有效性原则

有效性原则具有双重含义，一方面是指管理创新必须具有效率，无效率的资源整合达不到提高旅游景区综合效益的目的，就称不上管理创新；另一方面是指管理创新不是停留在设想或空想的阶段，必须加以实践。

2. 开放性原则

管理创新不是一个封闭的管理过程，旅游景区组织要与外界进行互动，管理者要首先运用先进的科学管理理论和方法指导旅游景区的管理实践，并结合具体情况适时进行管理理论和方法的推广和创新，以促进旅游景区组织的振兴和发展。

3. 创造性原则

创造性体现在多个方面，可以是一种新的管理范式的创造性应用，可以是提出一种新的管理思路或方法，也可以是创设一种新的组织机构或制度并使之有效运作等等。管理创新的灵魂在于创造性，同时管理创新没有完全有章可循的模式可以参考，没有创造性，管理也就只能是一种重复性的工作，管理创新也就无从谈起。

4. 重点性原则

管理创新是一种系统性的活动，涉及旅游景区经营的全过程，如果一开始就全面铺开，期望立刻取得很多新成果，则会导致管理创新没有重点，造成精力分散，达不到预期效果。管理创新的广泛性，决定了只有抓重点进行创新活动才能取得事半功倍的效果。

5. 全员性原则

管理实践是管理创新的源泉，作为旅游景区管理主体的员工是创新管理的核心来源之一，因此，全员参与管理创新是十分必要的。而且，现代管理提倡“以人为本”，旅游景区创新活力的大小、经营成果的好坏，其重要一环就在于员工积极性和创造性的发挥。

6. 分析综合性原则

创新的过程是一个系统的分析综合、探索事物的运动规律性的过程。因此，必须在调查研究的基础上对创新的每一个机会和来源进行有目的的、系统的分析，从中发现事物之间的内在联系和相互关系。

7. 系统性原则

管理创新一方面是一个系统工程，对于外部环境多变、内部因素众多、相互关系复杂的管理进行创新，没有系统的观点，不采用系统思考的方法是绝对行不通的；另一方面，系统是指管理创新的原则自成一个系统，彼此之间相互依存。

8. 可行性原则

管理创新必须考虑到旅游景区自身的主客观条件的可行性。为完成某项创新，旅游景区必须使资源、人力、财力、信息等主客观条件能够保证创新的必要条件。

12.2 旅游景区管理制度创新

12.2.1 旅游景区管理制度的构成

旅游景区管理制度是指旅游景区在生产和经营过程中所必须遵守的各项规则、规程、程序、办法等的总称。制定旅游景区管理制度的目的在于使旅游景区各个职能部门分工明确、职责清楚、互相协作、提高工作效率，以实现管理目标，它是对旅游景区内工作人员行为的总体规范和约束。

从我国旅游景区管理的实践来看，旅游景区管理制度可以分为两大部分：一是旅游景区的外部行政管理制度，二是旅游景区的内部经营管理制度。

1. 旅游景区外部行政管理制度

外部行政管理制度是指旅游景区的行政管理部门的安排。一般来说，对于资源依托型旅游景区，由于旅游景区资源所有权属于国家或全民所有，因此，国家和地方政府要对旅游景区实施一定的管辖权。而旅游景区作为一个经营性组织，在旅游市场中从事经营，其经营管理行为会对市场竞争形成一定的影响，需要政府放权，做到政企分开，才能有效的进行管理。目前我国旅游景区治理结构的改革正逐步深入，形成了复杂的外部行政管理制度。对于资源分离型旅游景区而言，由于旅游景区多属于某一企业集团或企业集团之间联合投资开发，其行政隶属关系比较明晰。

2. 旅游景区内部经营管理制度

(1)产权安排

旅游景区产权安排是旅游景区内部经营管理制度形成的基础，属于第一层次。通过对旅游景区产权的分配，各经营管理主体的责、权、利的相互关系能进一步明确，从而减少管理过程中的权利纠纷，提升旅游景区管理效率。因此，旅游景区的产权安排可以视为对于旅游景区经营管理制度的总体安排，产权的分配形式决定了旅游景区管理制度的类型。

(2)组织结构

组织结构是指旅游景区全体员工为实现旅游景区发展目标而进行的分工协作，在职务范围、责任和权力方面所形成的结构体系，在内部经营管理制度中处于第二层次。组织结构是针对旅游景区全局管理的概念，可以通过组织结构分析图来对其进行分解和设计。从本质上来看，旅游景区管理制度中组织结构的设计就是将各部门整合起来，实现有序运营。一般而言，较为常见的组织结构形式有直线型、职能型、直线－职能型以及事业部型等。

(3)激励制度

激励制度在旅游景区内部经营管理制度中处于第三层次。激励制度的设计目标是为了提升员工士气，增强旅游景区活力。在激励制度中，通常采取的形式是将旅游景区员工的利益与责任和绩效挂钩，如员工的奖金与旅游景区经营的利润挂钩，负责人的晋升与部门的经营管理业绩挂钩等。对于现代企业而言，激励制度早已经成为企业发展中的重要推动力量，只有充分调动员工的积极性才能使企业创造更多的价值和财富，从而获得更具优势的市场竞争能力。因此，旅游景区经营和管理目标的实现也需要以各种形式的激励制度作为依托。

除了上述三个较为抽象的层次外，旅游景区管理的制度还可具体表现为企业组织机构设计、职能部门划分及职能分工、岗位工作说明、专业管理制度、工作或流程、管理表单等管理制度。

12.2.2 我国旅游景区管理制度

马勇详尽地研究了我国旅游景区管制度，采用了如下分类，并对其存在问题与创新进行了阐述，其要点如下：

1. 公益性旅游景区管理制度

公益性旅游景区管理制度是在计划经济体制下形成的产物。在改革开放以前，旅游景区主要扮演着纯粹的接待部门的角色，而不是作为独立核算的经济主体存在，因此，我国的旅游景区管理制度主要是公益性旅游景区管理制度。目前，这种管理制度并未随着市场体制的建立而完全消失。在一些地方，尤其是在城市，为了吸引外来游客，增强旅游市场竞争力，以及为当地居民增加社会福利，一些旅游景区作为公共产品，向游客和当地居民提供服务，例如，大连星海公园、傅家庄公园等，就属于这种情况。

在公益性旅游景区管理制度的约束下，旅游景区管理的目的主要是保护旅游景区内的资源，并为政府的接待任务服务，同时也满足民众的旅游需求。在这种情形下，旅游景区缺乏经营权，因此，在公益性旅游景区管理制度框架下，旅游景区的行政管理权是属于旅游景区的拥有者——全民所有，并委托中央和地方政府代为管理。

在内部管理制度安排方面，公益性旅游景区功能较为单一，不承担经营风险和生存发展的压力。旅游景区日常运营维护费用均从政府或各主管职能部门经费中划拨。旅游景区中的日常管理人员均属于政府或事业编制。由于所有权归政府所有，决定了旅游景区内部激励机制的缺失，旅游景区管理人员没有任何财产权利，也不承担相应的经济责任。

2. 经营性旅游景区管理制度

随着我国市场经济制度的不断完善和旅游业的不断发展，原有的单纯的资源保护型旅游景区管理方式已经不能适应旅游经济的发展，主要表现为:第一，公益性旅游景区管理无法满足旅游者日益多元的旅游产品需求。第二，政府提供的旅游景区运行费用已经无力支持旅游景区接待压力并扩大生产服务规模。第三，市场竞争的压力使得各旅游景区不得不采取措施面对。正是在这些因素的共同影响下，旅游景区开始了由公益性管理向经营性管理的转变。

经营性管理制度下的旅游景区管理以市场为导向，以高效率的运作来满足市场需求实现市场竞争。政府采取多种形式，对旅游景区经营权进行改革，形成了多种管理类型。

【小资料】

我国经营性景区管理制度分类

目前，我国经营性旅游景区有以下几种类型：

1. 多个机构共同管理

这种类型是指一个旅游景区由两家以上的机构进行管理，主要有三类，第一种是将旅游景区按照资源类型和功能进行分类归口管理，第二种是将旅游景区按照空间布局进行归口管理，第三种较为特殊，是按照功能和区域共同确定管理机构。

(1)按照资源类型和功能划分管理机构及其权限，将不同类型的资源归属于不同的管理机构。例如，一个风景名胜区，它归口建设部门管理;而旅游景区内的树木则归林业部门管理;如果旅游景区内有座寺庙，则该寺庙归宗教部门管理;庙里的古代石碑划归文物局管理。

(2)按照空间布局划分旅游景区行政管辖权主要出现在旅游景区跨越几个行政区的情况下，对于位于不同行政区内的部分则由相应地区的管理部门进行管理。这种按照行政区划对旅游景区进行管理的方式使得旅游景区内部分裂较为严重，尤其是交界处的旅游景区，往往会陷入无人管理的境地，对其发展较为不利。

(3)按照资源类型和旅游景区内部空间布局共同划分管理权限。这种方法是上述两种情况的结合，以庐山旅游景区最为典型。庐山是江西旅游业发展的龙头，现分别属于庐山风景名胜管理局、九江市庐山区、九江市庐山垦殖场、江西省庐山自然保护区、星子县、九江县6家单位共同管理，实行分治。其中庐山风景名胜管理局为省政府派驻机构，它实际管辖范围只有山顶部分46平方公里，占庐山山体面积的16%。这样，庐山就形成了一山多治、政出多门、分而治之、管理薄弱的不合理局面。

2. 单一机构管理单一机构管理可以分为县市直接管辖、乡镇管理和管理局管理三种情况

(1)县市直接管辖是指旅游景区由所在地的县市政府直接管辖，如龙虎山旅游景区由鹰潭市管辖，黄山旅游景区由黄山市管辖，井冈山旅游景区由井冈山市管辖。这些旅游景区由所属县市进行统一规划、统一招商和投资开发，统一管理。县市政府直接管理旅游景区的最大优势就是能够从全局发展的角度出发，协调旅游景区内各分区的规划和开发，避免出现各自为政、旅游设施重复建设以及旅游产品恶性竞争的情况。

(2)乡镇管理是指旅游景区由旅游景区所在乡镇政府直接进行管理。如吉安青原山旅游景区由河东镇、庐山的三叠泉中的第三叠旅游景区由庐山区海会镇管理等。乡镇管理与旅游

景区的规模和影响力密切相关，当旅游景区逐渐发展而超出了乡镇的界限时，这种管理模式也会向县市直接管辖或多元化的管理模式转变。当采取乡镇管理模式时，旅游景区的发展会受制于管理理念和手段、技术和资金以及配套设施和服务等因素，因为在大多数情况下，乡镇对于旅游景区发展的支持力度无法与县市政府相比。

(3)管理局管理是指一个旅游景区由上级政府设立的旅游景区管理局进行统一管理，如江西省的庐山、三清山等地就采取这种管理模式。旅游景区管理局实际上是当地政府的派出机构，实施对旅游景区的统一规划、开发和管理。但与此同时，由于旅游景区管理局只是一个职能管理机构而并非等同于地方政府，因此，管理局的管理与上述政府直接管理最大的差异在于旅游景区管理局及其设置的下属职能管理机构都没有行政执法权。

12.2.3 我国旅游景区管理制度中存在的问题

1. 产权不清，多头管理现象严重，严重制约景区效益

随着现代企业管理制度在我国企业管理中的实施，加速了企业改革的进程。现代企业中产权的分配决定了企业所拥有的权利和义务，只有将产权问题彻底解决，才能激发出企业的活力。我国旅游景区改革同样面临着产权不清，所有权和经营权混乱，缺乏有效的治理结构问题。虽然目前已经有不少旅游景区进行了尝试，取得了可喜的成绩，但是我国大部分旅游景区的经营权、管理权和所有权尚未分离，并且由诸多相关部门所共有，这样的产权分配模式导致了相关管理机构都能对旅游景区的经营管理握有权力，责权不清，致使旅游景区的经营管理者无法对旅游景区的长远发展方向进行决策。由于旅游景区内资源的所有权和管理权分属于不同的管理部门，在开发旅游景区内的不同区域和不同资源时，需要向不同的管理部门提出申请，这往往会使旅游景区项目的投资开发商们无所适从，大大降低了旅游景区开发的效率。

2. 政企不分，现代企业制度推行缓慢，管理效率低下

我国目前的许多旅游景区在管理上还存在着政企不分的情况，即旅游景区的经营管理活动由政府派出管理机构执行，甚至有的旅游景区成为政府部门的下属企业。政府与企业身份的重叠大大降低了旅游景区的盈利水平和能力，管理效率低下，例如目前在不少政企不分的旅游景区中，政府消费、旅游景区埋单的情况时有出现。可见，旅游景区管理中的政企不分已经成为制约我国旅游景区发展中的难题之一。

3. 责权不清，激励约束机制缺位，管理决策混乱

我国旅游景区管理长期处于产权不清、责权不明确的状态，导致旅游景区经营者在管理决策中无需为其决策的后果承担责任，也无法从其管理产生的绩效中获得回报。在这种情况下，旅游景区管理者可能从自身的利益，而非旅游景区利益出发来进行决策，决策缺乏理性，随意性突出，对旅游景区管理造成极大危害，如在悬崖峭壁上修建现代化的电梯，在古城墙上修建跨越式人行天桥等。由于旅游景区管理上的政企不分导致了政府管理机构对旅游景区经营管理过程监管不力，旅游景区管理者的约束机制十分缺乏，不少旅游景区因盲目开发资源而造成对资源的永久性破坏。

12.2.4 旅游景区管理制度创新的要点

1. 适度集中旅游景区行政管理权

旅游景区作为一种特殊的地域空间，集中了各种产业要素，这种特性决定了旅游景区管理要适当集中行政权。我国旅游景区之所以存在管理条块分割、多头管理等问题，其根本原因就是旅游景区内部要素的多元化，而解决这一问题的基本途径就是适当集中旅游景区的行政管理权。旅游景区管理的经验表明，强化跨部门、跨行业、跨地区的协调管理力度是实现旅游景区管理健康发展的基本保证，而集中旅游景区行政管理权就是非常有效的一种措施。从我国旅游景区实际出发，具体分以下几种情况：

(1)区域内部集中

这种方式是对于处于一个行政区域内的旅游景区而言的，主要解决旅游景区决策权的归属。对于该情况，主要采取“就低不就高”的原则，即将各种管理的权限集中下放到最基层的政府部门，并由政府部门指定或成立旅游景区管理机构，对旅游景区实施统一的行政管理。对于属于同一行政区划内部的旅游景区，应严格按照相关法律法规的要求，建立综合性的旅游景区管理机构，如旅游景区管理委员会，并赋予其县级人民政府的职权，成立旅游景区综合执法部门，将公安、工商、物价、税务、城建、交通、路政、林业、环保、质检等职能由旅游景区综合执法部门统一行使，并由政府对其执法行为实施监督。这样一来，各种管理职能可以得到有效的协调，旅游景区的管理效率也能得以有效提升。

(2)跨区域集中

这种方式是对于那些跨越不同行政区的旅游景区而言的。由于跨越不同的行政区，由于存在行政区之间的管理主体上的差异和利益冲突，从而造成旅游景区人为分割、重复建设、恶性竞争等现象较为常见。典型的例子就是位于湖北、湖南和江西三省交界处的黄龙山旅游景区，跨越了湖北和湖南两个省域，结果同样的一座山头，在湖北被称为黄龙山旅游景区，在湖南则被称为幕阜山旅游景区。两个旅游景区之间具有良好的通联性，但是，由于上述两个旅游景区分属于不同的管辖区域，在旅游景区资源开发和市场营销上，两个旅游景区互相竞争，对资金和客源市场形成了强烈分流效应，大大影响了两个旅游景区的发展。可见，旅游景区跨区域的管理对其发展十分重要。这类旅游景区的行政管理往往受制于不同管理主体间的利益冲突，因此，对跨越行政区域的旅游景区只有通过第三方来进行管理，才能避免“本位主义”的弊端。

2. 建立法人制度，构造现代企业型经营主体

现代企业制度则是指在世界范围内为人们所共识的，适应市场经济体制需要，体现企业成为独立法人实体和市场竞争主体的要求而确立的制度规范。对于经营性的旅游景区而言，必须建立起法人制度，才能构造具有独立性的经营主体。旅游景区要想改变传统的政企不分的状况，必须将经营主体转变为以现代化企业制度为基础的独立法人，实现旅游景区的市场化经营。构建一个真正意义上的现代企业型经营主体，旅游景区应做好以下几方面的工作：

(1)建立旅游景区的企业法人制度

法人制度是指旅游景区具有依法享有法人财产的权利。法人财产的界定是以建立明晰的企业产权制度为基础。在产权明晰的前提下，旅游景区拥有对自有财产的处置权。只有明确了旅游景区所拥有和能处置的财产，才能真正明确旅游景区经营盈亏的主体身份，才能让旅游景区形成自主经营和科学合理配置资源的管理机制。

(2)完善旅游景区责任制度

旅游景区在经营管理中主要扮演三种角色，承担三种职责：一是作为旅游景区内资源的

经营者，要对资源的完好程度和可持续利用负责；二是作为旅游景区开发建设投资者的投资对象，要为投资者资产的保值增值负责；三是作为旅游市场所需求旅游产品的提供者，要最大可能地为旅游者以及旅游景区所在的社区负责。为保证旅游景区能够扮演好三种角色，承担好上述责任，应将上述责任进行细化分解，最终形成完善的旅游景区责任制度。

(3)科学选择并实施组织重构

科学完善的组织领导制度是现代企业制度的重要组成部分，旅游景区应根据自身情况，选择适当的组织结构。一般而言，旅游景区可供选择的组织结构主要有直线式、职能式、直线职能式和事业部制组织结构。

(4)完善并优化旅游景区内部管理制度

现代企业的内部管理制度包括劳动制度、人事制度、分配制度、财会制度等一系列的内容。只有在旅游景区内部形成了完善的规则和制度，员工才能按照制度行事，旅游景区的经营管理才会有序进行。

3. 明晰旅游景区产权的分配关系

按照资产的类型，旅游景区内的产权关系基本可以分为两个层面。第一，所有权归国家或全民所有的旅游资源属于旅游景区内的国有型资产，一般只能出让其经营权，而所有权和管理权则归政府所有。第二，旅游景区内其他与经营管理相关的经济资源属于经营性资产，其产权可以实现完全转移，实行企业化经营。

上述产权关系的确立意味着旅游景区经营权和所有权能够分离，这为有效解决旅游开发及保护过程中的政企不分问题及资金不足问题奠定了基础。鉴于我国在体制、法规等方面尚不健全，产权分离后可能会出现违反可持续开发原则的经营管理行为，经营管理者借助其拥有的旅游景区经营权对旅游景区资源的所有者权利加以侵害。为此，在实施旅游景区产权关系重新分配时，应借助公正、科学的方法和程序，以有效遏制上述情况的发生。例如，通过旅游景区经营权拍卖等形式对旅游景区经营者进行遴选，以确保信誉良好的国内、外企业取得旅游景区的经营权。在旅游景区经营过程中，旅游景区产权的主体还应依法对经营者的投资与经营行为予以有效的监控和帮助，以保证资源被合理使用。

4. 营造健全的政策法规环境

为保证旅游景区管理制度改革的顺利进行，取得预期的效果，国家和地方政府还应制定相应的配套法规和政策，对原有法规和政策中对管理制度创新有限碍的条款进行修正和删除，同时，对旅游景区管理制度改革创新中可能出现的问题应制定详细的实施细则。显然，健全的政策和法制环境对于旅游景区管理制度的改革和创新具有重要的意义。

12.2.5 我国旅游景区产权制度改革的实践

近年来，旅游景区的产权分离工作已经在四川、湖北、湖南、山东、山西、福建等省市的部分旅游景区相继展开。从实践来看，目前的旅游景区经营权转让的方式主要有以下几种：

1. 整体租赁模式

整体租赁模式是目前国内旅游景区经营权转让过程中最为常见的模式，是指将旅游景区一段时期内(一般为 30 - 50 年)的经营权按照一定的价格租赁给某个或几个非国有独资企业共同经营的形式。在整体租赁模式中，旅游景区的经营权、所有权完全分离。经营权归租赁的企业所有，主要负责旅游景区内资源的开发。所有权则归当地政府所有，负责对旅游景区资源的保护。按照租赁企业的类型又可以分为民营企业租赁（如四川碧峰峡旅游景区、重庆芙蓉洞旅游景区、桂林阳朔世外桃源旅游景区等）和上市公司租赁（如黄山旅游景区、峨眉山旅游景区等）。

2. 整合开发模式

整合开发模式是指旅游景区的经营权出让给国有独资旅游企业集团，由该企业对旅游景区实施企业化经营管理以及资源开发和保护，同时旅游景区的所有权归政府所有。在该模式下，企业集团能够根据市场的需求全面整合所能运用的资源，通过整合开发实现旅游景区的快速发展和带动旅游景区所在区域的经济发展。实施整合开发模式的旅游景区如陕西华清池由陕西旅游集团公司开发经营，海南天涯海角由三亚市旅游投资有限公司经营等。

3. 自主开发模式

自主开发是指旅游景区由拥有所有权的主体进行开发和经营管理的模式，在该模式下，旅游景区实行的是非企业化管理，经营的主体为旅游景区主管部门或主管部门的派出机构。此时，旅游景区的所有权与经营权、开发权与保护权对外统一，对内则实现一定的分离。如旅游景区管理职能、经营职能、开发职能、保护职能等分别由不同的部门和机构来承担。这样的旅游景区如北京故宫和颐和园、江西龙虎山、山东蓬莱阁等。

12.3 旅游景区产品创新

12.3.1 旅游景区产品创新的重要性

所谓旅游景区产品创新，就是通过开发、设计、包装旅游景区产品，以吸引游客，实现旅游景区管理目标的活动。旅游景区产品创新是旅游景区创新的核心，这是因为旅游市场是一个日新月异的市场，旅游者外出旅游的主导动机之一就是追新求异，只有创新的产品才能满足旅游者的心理需求。旅游景区产品创新的关键在于开发、设计、包装具有强烈吸引力的旅游项目和景点，这就需要旅游景区经营者在深入研究旅游市场需求的基础上，依据自身特色，进行准确定位，突出独特性和地方性，开发出精品旅游项目和景点。许多旅游景区就是依靠产品创新这一法宝取得经营成功的。

12.3.2 旅游景区产品创新的基本途径

1. 开发新产品

旅游景区推出全新的产品项目，以吸引游客，其基本过程包括：

（1）获得创意

新产品开发开始于产品创意。一个好的创意一般是在深刻把握旅游景区资源特色和游客需求之间的内在联系的基础上，通过一种产品形式将其内在联系表现出来。创意的途径很多，可以闭门造车，也可以通过广泛征求游客、员工意见而获得，也可以通过与人交流、在媒体上征询等方式。创意需要获得灵感。

（2）资源整合

在确定创意具有可行性之后，需要通过资源整合，来发现能够实现创意的资源所在。在这一过程中不要局限于自身的资源，要看到资源的有机整合而形成的优势。

(3)实地考察产品

开发人员要实地考察，深入分析所遇到的问题。

(4)实施与完善

旅游景区新产品在开发后，还需要不断地进行完善，使其符合旅游市场的需求。

2. 改进老产品

改进旅游景区老产品基本分为五个阶段：确定问题、搜集主意、筛选方案、实施方案、评价与修正。

(1)确定问题

创新源于问题，在产品创新之初，首先要对问题进行识别，找到问题的关键所在。问题的确定过程往往意味着创新的发展方向，意味着创新过程最后的成果是否有价值、有意义，以及价值和意义的大小。无论是推出新产品还是改造老产品，确定目前的问题是关键。

(2)搜集主意

问题确定后，就要寻求解决问题的方法，即搜集各种解决方案。这一过程中可以依靠管理者的个人灵感，但更要注意发挥群体的智慧，集思广益。可以借鉴使用“头脑风暴法”来激发各种决策及解决问题的方案。

(3)筛选方案

筛选方案是一个比较、分析、判断的过程，决策者需要对各方案的优缺点进行综合评判，对各方案的可行性进行深入的论证，以提高所选方案的成功率。

(4)实施方案

将所选方案付诸实施。

(5)评价与修正

通过对产品进行评价，不断地进行修正，使产品不断得到完善。

12.3.3 旅游景区产品创新的原则

1. 市场导向原则

旅游景区产品创新的起点在于游客需求，只有符合旅游市场需求的创新产品，才能被市场所接受，并取得良好的经济效益，才具有强大的生命力。只有以市场为导向，通过科学调研，深入研究市场，把握市场脉搏，才能真正做到产品创新。

2. 主题突出原则

主题是旅游景区产品的灵魂，旅游景区产品创新必须具有明确的主题，才能给游客以深刻的印象，在市场竞争中更好地避免或减少重叠性的市场竞争并占有一席之地。旅游景区主题的选择多种多样，在确定主题时应充分发挥创造性思维，围绕主题，努力塑造氛围。

3. 特色性原则

旅游景区产品创新要有特色，尽量做到“人无我有，人有我优”。所谓特色并不意味着一味地标新立异，追求怪诞，而是以自己鲜明的形象区别于竞争对手，并被旅游者甚至竞争对手所认可。

4. 参与性原则

旅游景区产品创新应努力让游客参与到旅游景区产品中去。随着旅游市场的发展，人们越来越希望参与，获得令人难忘的旅游经历。旅游景区产品创新应遵循参与性原则，在每个细节上都要充分考虑游客能够参与其中，如何参与其中。

5. 经济可行性原则

产品创新要具有可行性。有些创新虽然很有诱惑力，但缺乏可行性，导致难于在实践中展开。有些创新虽然在技术上可行，但经济效果不佳，甚至是负效应，这种创新就不值得提倡。

12.3.4 旅游景区产品创新的关键点

1. 从游客体验出发，强化游客体验

旅游景区产品是一种体验型产品，为游客提供高质量的旅游体验是旅游景区取得成功的根本前提。如何加深游客的体验，给游客一次难忘的体验，是旅游景区产品创新最为关注的要点。为此，旅游景区需要在满足游客个性化需求的基础上制造更多的体验成分，给游客留下更多的体验空间，让游客和产品有一个互动的体验过程，让游客融入体验。

(1)突出主题。旅游景区应该突出鲜明的主题。如果缺乏一个明确的主题，游客就抓不住体验的主轴，不能将游览过程中的各种体验相整合，也就难以留下长久的记忆。尤其是主题公园，一定要将旅游景区主题化，是通过营造旅游景区的环境与气氛来聚焦游客的注意力，使游客在某一方面留下深刻的印象与强烈的感受。主题的确定要以当地的历史、文化和自然环境为基础，根据主导客源的市场需求，突出个性、特色与新意，避免与周边邻近地区同类旅游景区的雷同。

(2)强化体验。充分利用各种手段来强化体验设计，例如利用旅游纪念品营销，强化游客体验。顾客的体验是以商品为道具的。游客在旅游景区的游览经历中，旅游纪念品扮演的是一种体验标志物的角色，是引发游客回忆的重要线索，起到强化旅游体验的作用。

2. 深度挖掘文化内涵

旅游景区产品的内涵是文化。任何一个旅游景区产品都涵盖着丰厚的文化底蕴，文化是旅游景区的宝贵财富，也是旅游景区产品创新的源泉。因此，旅游景区产品创新的重要手段就是要利用自身的文化内涵，进行深度挖掘，寻找其内在可供旅游市场策划的要素，将潜在的历史文化资源优势转化为现实的产品优势，进而转化为经济效益，其要点如下：

(1)古为今用。深入挖掘旅游景区的文化内涵为现代所用，这种挖掘要充分体现时代的潮流，既要扎根于中国优秀的历史文化传统，凝聚着民族文化精华，又要反映时代发展的主流和方向，具有浓郁的民族风格和地方特色。

(2)立足本土。要开发和建设文化含量高的旅游景观，整合历史文化内涵，要着重反映我国民族文化的优秀传统，摒弃封建迷信以及低级趣味的东西，在设计上、风格上、形式上赋予新意，体现出丰富的文化内涵。

(3)传承创新。文化不是一成不变的，要创新历史文化传承，着眼于从历史文化中寻找旅游景点的灵感和独特魅力，用反映时代精神和现代文明成果的景观、景色、景点风貌去激励游客，感染游客，熏陶游客，显示民族文化的当代性与创新性。

3. 开展各种活动

增加游客的参与性活动创新是旅游景区产品创新的重要手段，也是旅游产品创新的切入点和闪光点。一般而言，旅游景区基本上是形成一景一品，比较单一，观赏性多，参与性少，更缺乏必要的时尚活动和时代特色。因此，有计划地策划、组织、营造、宣传、举办和利用具有景点特色的活动，推出丰富多彩的民间民俗民风，吸引主流媒体和社会公众的兴趣，才能吸引游客。活动能够激活旅游景点，活动创新更是旅游景点扩大影响的法宝。活动创新需要注意以下几方面：

(1)要精心策划具有时代意义的活动。根据现代游客的审美观念和消费心理，结合自身景点的文化资源和当地民风民俗，着重反映本地区、本景点民族文化的优秀传统。坚持不断挖掘旅游景点历史文化传统，推陈出新，让一个主题活动成为景点的一道靓丽风景线。

(2)推出参与性强的活动。使游客身临其境，赏景、看物、见精神，受教育，既可让游客驻足观看，又能使游客积极参与，丰富和陶冶游客情操，赏心悦目，心旷神怡。

(3)对游客形成强烈的视觉冲击和情感震撼的活动，满足多层次游客的精神文化需求。

4. 保护生态环境，提高旅游景区环境质量

旅游景区生态环境保护是许多旅游景区面临的严重问题之一，许多旅游景区在经营过程中没有处理好保护与开发的关系，致使旅游景区生态环境遭到严重破坏。一些建设以发展旅游经济为名，在旅游景区内大兴土木，把其建成了大型“吃喝玩乐综合体”，旅游景区“城市化、人工化、商业化”的现象屡见不鲜，一些旅游景区开山采石、毁林种地、滥用水资源等破坏旅游景区生态环境的行为时有发生，有的甚至大搞高档房地产，致使旅游景区生态环境恶化，吸引力大大下降。从旅游景区管理来看，旅游景区作为一种产品形态，保护旅游景区生态环境，提高旅游景区环境质量，就是旅游景区管理创新的关键点。

本章小结

创新是旅游景区管理的灵魂。随着旅游经济的发展，旅游景区之间的竞争越来越激烈，旅游景区管理水平也在不断提高，新的旅游景区经营理念和模式不断出现，这意味着现代旅游景区管理要不断更新管理观念、采用富有创造性的管理方法手段，进行管理创新。

主要概念

旅游景区管理创新　旅游景区管理制度　旅游景区产品创新

基础训练

1. 旅游景区管理创新的途径有哪些？
2. 我国旅游景区管理制度存在的问题有哪些？
3. 我国旅游景区管理制度创新的要点有哪些？
4. 旅游景区产品创新的途径有哪些？
5. 旅游景区产品创新原则有哪些？

案例分析

深圳欢乐谷管理创新

管理是基础，执行是关键。深圳欢乐谷通过规范管理制度，统一经营理念，强化过程监督，有效提升企业执行力。围绕管理创新和企业发展两大主题，先后实施二个导入，搭建三个体系，构筑了一个利于持续改进的管理平台，以提高旅游景区管理水平和核心竞争力。

导入国际先进的顾客服务圈理念，建立服务标准体系。从关注游客需求，追求游客满意，树立"游客满意"为最高价值导向的服务理念出发，一方面优化内部服务流程，另一方面倡导二线服务一线，一线服务游客，管理服务现场。2004年，结合《华侨城旅游服务标准》和欢乐谷企业文化倡导的"三先五会"的精神，对旅游景区各岗位进行研究，总结经典案例，编制服务标准手册作为公司培训的教科书，并在实践中进一步强化服务标准。

导入"领班行动"战略，搭建人才培养体系。为全面提升企业管理品质，坚持以管理创新的思维培养干部，通过"圆桌会议"、管理干部轮换、国外考察等方式培育企业核心领导力，将管理人员的培训对象扩展到基层领班，以"以一带十、全面提升"为指导思想开展了"领班行动"。由此突破了主题乐园人力资源管理的瓶颈，延伸了管理链条，形成了高层、中层和基层三个层面的管理模式，初步搭建起欢乐谷人才梯队培养体系。

作为旅游企业，欢乐谷始终把安全置于首位，并贯穿于全过程。坚持"安全第一，预防为主"的方针，紧紧抓住大安全的概念。一是牢固树立安全防范意识，学习掌握安全知识和消防技能；二是进行安全知识的培训与考核。目前，欢乐谷资产管理工作也已逐渐步入规范化的管理轨道，针对公司各类重点资产，出台专项管理规定和工作流程，引用安装资产管理软件系统，形成一套完整的资产管理制度。

问：(1)欢乐谷旅游景区在哪些方面进行了创新？(2)创新对于欢乐谷旅游景区带来了怎样的变化？

参考文献

1. 李洪波. 旅游景区管理. 北京:中国科学技术出版社, 2009
2. 高午阳, 陆丽娥. 景区服务与营销管理. 北京:化学工业出版社, 2011
3. 李娌, 王丽萍. 旅游景区服务与管理. 北京:经济科学出版社, 2008
4. 周国忠. 旅游景区服务与管理实务. 南京:东南大学出版社, 2007
5. 王昆欣. 旅游景区服务与管理. 北京:旅游教育出版社, 2004
6. 孙喜林, 荣晓华. 旅游心理学. 大连, 东北财经大学出版社. 2007
7. 吴贵明, 王瑜. 旅游景区安全案例分析. 上海:上海财经大学出版社,2008
8. 马勇, 李玺. 旅游景区管理. 北京:中国旅游出版社, 2006
9. 张丽梅. 旅游安全学. 哈尔滨:哈尔滨工业大学出版社, 2010
10. 郭亚军. 旅游景区管理. 北京:高等教育出版社, 2006
11. 姜若愚. 旅游景区服务与管理. 大连:东北财经大学出版社, 2003
12. 王瑜. 旅游景区管理实训教程. 北京, 机械工业出版社, 2009
13. 王雅丽, 周丽君. 旅游景区服务与管理. 长春:东北师范大学出版社, 2008
14. 沈雁飞. 旅游景区人力资源管理. 北京:旅游教育出版社, 2012
15. 潘晓云. 人力资源管理. 上海:立信会计出版社,2012
16. 杨力行, 谢昕. 公共人力资源开发与管理. 福州:福建人民出版社, 2010
17. 李红, 郝振文. 旅游景区市场营销. 北京:旅游教育出版社, 2006
18. 王昆欣. 旅游景区服务与管理. 北京:旅游教育出版社, 2004
19. 苏日娜. 旅游市场营销. 北京:机械工业出版社, 2008
20. 张凌云. 旅游景区景点管理. 北京:旅游教育出版社, 2003
21. 宋玉蓉, 姜锐. 景区管理与实务. 北京:中国人民大学出版社, 2006
22. 王莹. 旅游景区服务质量管理. 北京:中国旅游出版社, 2008
23. 章平, 李晓光. 旅游景区管理. 北京:科学出版社, 2009
24. 王庆国. 旅游景区经营与管理. 郑州:郑州大学出版社, 2006
25. 陈刚平, 周晓梅. 旅游社交礼仪. 北京:旅游教育出版社, 2004
26. 蒋炳辉. 导游带团艺术. 北京:中国旅游出版社, 2001
27. 刘哲编. 康乐服务与管理. 北京:旅游教育出版社, 2003
28. 邹统钎. 中国旅游景区管理模式研究. 天津:南开大学出版社, 2006
29. 马永立, 谈俊忠. 风景名胜区管理学. 北京: 2003
30. 陈才, 龙江智. 旅游景区管理. 北京:中国旅游出版社, 2008
31. 杨桂华. 旅游景区管理. 北京:科学出版社, 2006